W I Z A R D

〔新訳〕

バブルの歴史

最後に来た者は悪魔の餌食

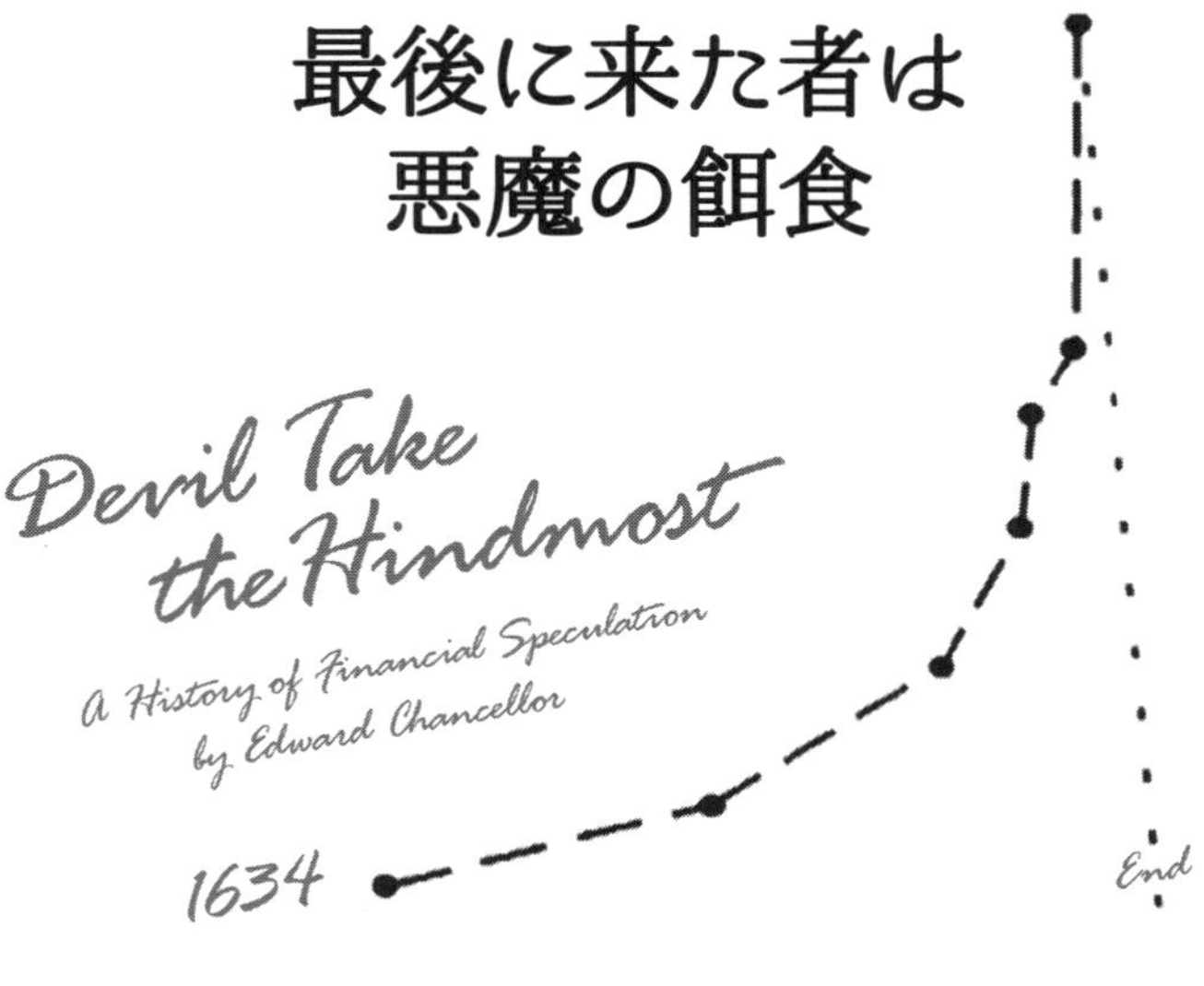

エドワード・チャンセラー［著］
長尾慎太郎［監修］　山下恵美子［訳］

Pan Rolling

監修者まえがき

本書はエドワード・チャンセラーの著した〝Devil Take the Hindmost : A History of Financial Speculation〟の邦訳である。原書は一九九九年六月の発行で、日本でも二〇〇〇年に日経ＢＰ社から『バブルの歴史』という邦題で出版されたことがある。本書は、邦訳が長らく絶版になっていたことを受けて新訳で刊行されることになったものである。ここで著者は古今東西のバブルにおける投機の歴史について代表的な事例を挙げることでその共通性ならびに、狂気および荒唐無稽さを明らかにしている。これが書かれたのは米国におけるＩＴバブルの真最中で、バブルの発生や投機そのものに対するチャンセラーの眼は一貫して否定的であるが、その後に文字どおりＩＴバブルはじけるわけだから、彼の警告は正しかったことになる。

ところで、第９章にもあるように、日本でも一九八〇年代にバブルが発生し、その崩壊と混乱は私たちの社会に少なからぬ爪痕を残した。そのなかで最も深刻なものの一つは、経営行動や投資行動でのリスクテイクに対する寛容性が失われてしまったことである。つまり組織内においては、「失敗は許さない」という有形無形の圧力ゆえに、多くの企業人が「新しいことは何もしない」という局所解に陥っている。そして投資家は「絶対に損をしたくない」がために、客観的な安全ではなく主観的な安心を優先して不合理な投資から抜け出せないでいる。

だが、イノベーションとはプレシジョン（適合率）ではなく、リコール（再現率）が重要なゲームである。リスクも本来は善でも悪でもなく、単に正負のリワードの源泉として存在するにすぎない。それは乱暴に扱えば怪我をするが、上手に付き合えば利得をもたらすドライバーにもなる。むしろリスクをとらない、行動を起こさないことは、天から与えられたチャンスや時間を無駄にしていることにほかならない。だから、もし私たちが本当に未来をより良いものに変えたいと願うならば、いたずらにゼロリスクを求めるのは間違いである。また、一般的な判断としてはバブルにおける投機にはかかわり合いになるべきではないのかもしれない。しかし、著者が本書で詳説したように、バブルの構造やメカニズムがある程度客観的にプロファイリングできるのであるならば、むしろそれを利用する方略を考えてもよいのではないだろうか。

翻訳にあたっては以下の方々に心から感謝の意を表したい。まず山下恵美子氏には正確で読みやすい翻訳を、そして阿部達郎氏は丁寧な編集・校正を行っていただいた。また本書が発行される機会を得たのはパンローリング社社長の後藤康徳氏のおかげである。

長尾慎太郎

二〇一八年五月

目次

本書は二〇〇〇年四月、日経BP社から『バブルの歴史』として刊行されたものを新たに翻訳し直したものです。

アントニアへ

序文――最後にやって来た者が悪魔の餌食になる

「若いころ、私はギャンブラーと呼ばれた。投資資金が多くなると、投機家と呼ばれるようになった。今、私は銀行家と呼ばれている。しかし、私がやってきたことはいつの時代も変わらない」――アーネスト・カッセル卿（エドワード七世の銀行家）

今日ほど投機というものが注目を浴びている時代はない。通貨危機、株式市場のバブルと崩壊、デリバティブの失墜、技術革新といった現在の金融・経済ニュースの裏には、必ず投機家の姿が見え隠れする。米国では毎日、何百万という個人投資家が株式の取引を行っている。一九九〇年代のアメリカ経済の成功は、株式市場に流れ込んだ投機マネーが生んだものだった。当時、米国では新興企業が台頭し、旧来の企業は統合され、会社は投資を促され、投資家は株式市場で得た利益を水のように浪費した。繁栄という名の大きな泡が私たちの眼前ではじけた今、私たちが不安に思うのは、繁栄は復活するのか、である。

投機をめぐっては人々の間で意見が分かれる。アジアの政治家を含む多くの政治家は、投機家はグローバル経済を人質に取っていると警告する。彼らに言わせれば、投機家は強欲と恐怖に駆られ、金融危機に寄生して成長する寄生虫のようなものだ。彼らはエゴイストで、自分の熱い思いに酔いしれる。高揚感を感じたり鬱状態に陥る投機家は、群衆の狭い視野を映しだす鏡とも言えるだろう。政治家にとって、国民の富を守ることはこの野獣をオリに閉じ込めることができるかどうかにかかっている。一方、欧米の経済学者たちは、投機に対してまったく異なる考えを持っている。彼らは、投機は基本的には無害で、資本家システムが正しく機能するうえで不可欠なものであると言う。この考えに従えば、投機家は新たな情報——最新のインフレを表す数値の場合もあるだろうし、ハリケーンがコーヒー生産に与えた影響の場合もあるだろう——が価格に反映されるのを推進するパイプ役を担っていると言えるだろう。投機家がいなければ、市場は障壁にあふれ、経済危機はもっと頻繁に発生するはずだ。さらに言えば、インターネットなどのニューテクノロジーは株式市場にいる投機家の活動に大きく依存している。投機家を押さえつければ資本主義は活力を失うだろう、と経済学者は言う。

「投機」の意味するもの

どんなに議論を尽くしても、投機はとらえどころのない概念であることに変わりはない。投機が経済的意義を見いだしたのは一八世紀末のことだが、当時でも投機とは曖昧な言葉だった。一七七四年五月一日付の手紙で、ホレス・ウォルポールは、国会議員で銀行家のジョージ・コールブルック卿が織物の着色に使われるミョウバンを買い占めようとして失敗し、その結果破産したとき、彼のことを「いわゆる投機に殉じた人物」と述べている。[1] 二年後、アダム・スミスは『国富論』のなかで、突然手に入る富のことを、「時として……いわゆる投機によって得られるもの」と述べている。ただし、国富論に出てくる「投機的商人」とは相場師ではなく、起業家だった。起業家は国富論では次のように描写されている。

> 決まった一つの確立された、あるいはよく知られたビジネスに従事するのではなく、今年はトウモロコシ、来年はお茶という具合に、行うビジネスが毎年異なる。普通以上に儲けが出そうだと見て取るや、どんな商売にも手を出し、利益がほかの商売と同程度になると思ったらその商売からはすぐに手を引く。

アダム・スミスは、投機家を「利益のために短期的機会を進んで追求しようとする者」と定義づけている。普通のビジネスマンの投資は程度の差こそあれ安定しているのに対して、投機家の投資は流動的である。ジョン・メイナード・ケインズはこの定義を踏襲し、「企業」を「その存続期間にわたって資産からの見込み収入を予測する活動」と記述している。これに対して、投機は「市場の心理を予測する活動」と述べている。

通常、投機は、市場価格の変動から利益を得ようとする試みと定義される。この定義から言えば、将来的にインカムゲインよりもキャピタルゲインを重視することは投機とみなされる。投資が受動的であるのに対して、投機は能動的だ。オーストリアの経済学者であるJ・A・シュンペーターは、「投機家と投資家との違いは、『トレード』する意思、つまり証券価格の変動から利益を実現する意思があるかどうかである。そういう意思がある人を投機家と言い、そういう意思がない人を投資家と呼ぶ」[2]と述べている。投機と投資の違いは非常に微妙であるため、失敗した投資は投機、成功した投機は投資と言われてきた。ウォール街の奇才であるフレッド・シュエッドは、「投資と投機の違いを語ることは、悩み多き思春期の若者に、愛と情熱は違うものなのだと説明するようなものだ。若者は、愛と情熱は違うことは理解できるが、彼の問題を解決できるほどの違いがあるようには思えない」と述べている。シュエッドは、投資の第一の目的が資本の保全であるのに対して、投機の第一の目的は富の増大であるとすれば、投資と投機はかろうじて区別することはできるかもしれないと結論づけている。シュエッドが言うように、「投機は少ないお金を多くのお金に変えるための努力であり、これは不成功に終わることが多い。一方、投資はお金が減らないようにする努力で、これは成功することが多い」[3]。

投機とギャンブルを区別するときにも同様の問題に直面する。悪い投資のことを投機と言うが、失敗した投機のことはギャンブルと呼ばれることが多い。アメリカ人資本家のバーナード・バルークは、事業案について話し合っている場で「ギャンブル」という言葉を使ったがために、ピアポント・モルガンに退去を命じられたことがある[4]。のちにバルークは次のように回顧している――「何のリスクも伴わない投資などあり得ないし、ギャンブルの要素をまったく含まない投資などない」。投機とギャンブルの心理は区別しがたい。投機もギャンブルも富を得ようとする危険なほどに依存症的な習慣であり、妄想行為を伴うことが多く、感情をコントロールできるかどうかによって成功するか否かが決まる。[一]

投機は人によって取り方が異なるが、元々ある哲学的意味は変わらない――投機とは、確固たる事実的根拠もなく、思案すること、あるいは理論化すること。一七世紀、投機家は「神秘的な観察や研究に没頭する人」と定義された。金融投機家は、紙を金に変える難解な理論を常に構築しようとして大概の場合は失敗する、という意味では、今でも錬金術師と変わりはない。[二]投資家はパフォーマンスを上げるために、時として占星術や霊媒に頼ることがある。現代のニューヨークでも、「自然に輝かしいリターンを手に入れることができる」と約束する占星術ファンドというものが存在する。

人々は不確実性に直面したとき、占いに走る。金融的な不確実性のことを「リスク」という。経済学者はギャンブルと投機を次のように区別する――ギャンブルは娯楽のために新たなリスクを丹念に作りだし、投機は金持ちになるためには避けることのできないリスクがあることを前提とする。[三]つまり、ギャンブラーは馬に賭けることで新たにリスクを作りだすことになるのに対して、株を買う投機家は既存リスクを移転させるだけである。一般に投機は投資よりもリスクが高いとみなされる。証券分析の父と呼ばれたベンジャミン・グレアムは、「堅実な投資は、元本の価値が不測の逆境においても維持されるように『安全域』というものが重要なのだ」と述べている。情報不足の衝動的な投資は、投資家が時間をかけて潜在的リターンを調査・査定する投資よりも投機的要素が強い。さらにグレアムは、借りたお金で株を買うのは投機であるとも言っている。資本家はさまざまなリスクに直面する。慎重な投資はリスクが低く、無鉄砲なギャンブラーはリスクが高い。投機はその中間に位置する。

市場は効率的である――つまり、株価は本質的価値を反映している――、そして投機家は自分たちの富を最大化することに熱中する合理的な経済主体である。こうした近代経済理論を前にすれば、投機の歴史など実につまらないものに映る。効率的市場の世界では、アニマルスピリットなど存在せず、群集心理もなく、強欲や恐怖といった感情もなく、トレンドフォローの投機家もいないし、「非合理的な」投機バブルも存在しない。しかし、古来からの投機家の活動は、経済学者による解釈よりも豊かで、モチベーションも多岐にわたり、素晴らしい結果を出しているように私には思える。私のアプローチは、ディケンズの友人で『**狂気とバブル――なぜ人は集団になると愚行に走るのか**』(パンローリング)の著者でもあるチャールズ・マッケイのアプローチに近い。チャールズ・マッケイは、チューリップバブル、ミシシッピバブル、南海バブルというヨーロッパの三大バブルについて初めて書籍にした人物である。マッケイは、投機バブルは社会が時として妄想や大衆の狂気に流される傾向の現れであると述べた――「よく言われるように、人間は群衆で考える。人間は群衆になると理性を失うが、正気を取り戻すときにはゆっくり一人ずつ取り戻す」。

投機バブルの歴史を描いた書物はマッケイのもの以外にない。私はこのテーマについて調べ直すときではないだろうかと思ったが、投機の歴史を徹底的に洗い直して書こうとは思わなかった。とても手に負えるような作業ではなく、二番煎じになるのがオチで、とても貫徹できるようなものではないと思ったからだ。そこで私は、現在の投機に時折触れながら、一七世紀のオランダから一九八〇年代の日本に至るまで主要な経済大国で発生した投機事件に焦点を当てることにした。投機は社会的事象としてしか理解できないことであり、投機の歴史は単なる経済事件の記述ですませることはできず、社会史としてとらえるべきものであると私は思っている。特に重要なのは、投機に対する政治家の行動や態度である。なぜなら、市場を支配する法律は政府によって作られ、執行されるからである。自らの利益のために投機バブルをあおる政治家も多い。[四]読者諸氏が本書から、私がマッケイから受け継いだ意気込みのようなものを感じ取ってくれれば幸いだ。「(投機という)このテーマは小説家も欲しがるほどの関心を引き寄せることができる」という彼の考えにはきっとうなずいてくれるはずだ。国民全体が理性をかなぐり捨て、黄金のビジョンを追いかけて狂気に走り、そして窮地に陥れられるまで、まるで鬼火[五]に惑わされたかのように、それが現実であることをかたくなに否定し続けても、得るものは何もないのではないだろうか。

注

一．投機では「強欲」と「恐怖」をコントロールすることが要求されると言われる。投機家のジョージ・ソロスは彼の成功は自分の可謬性に対する強い警戒心のおかげだと述べている。フョードル・ドストエフスキーはギャンブル依存症に悩みながら、妻に手紙を書いた――「ルーレットに勝つコツは、愚かなほどシンプルで、ゲームのどの段階においても自分をコントロールすることを忘れず、けっして興奮しないことである」（一八六三年八月二〇日付）。

二．ジョージ・ソロスの『新版　ソロスの錬金術』（総合法令出版）を参照。ソロスは、「錬金術は自然科学としては失敗したが、社会科学は錬金術として成功する可能性がある」と述べている。つまり彼は、投機家の考えを取り入れれば市場状態を変えることができるかもしれないと言っているのである。換言すれば、投機家は予言を自己成就（予言を信じて行動することによって、結果として予言通りの現実がつくられるという現象）できるかもしれないということである。

三．ヘンリー・C・エメリーは次のように述べている――「ギャンブルでは、一方の当事者が損をすれば、もう一方の当事者が儲かる。しかし、投機では必ずしもそうはならない……ギャンブルは偶然の出来事に人工的に創造したリスクにお金を投じるのに対して、投機は価値が変化すれば避けられない経済的リスクがあることを前提とするものだ（『Speculation on the Stock and Produce Exchanges of the United States』の一八八ページ）。また、ジェームズ・グラントは次のように述べている――「投機家とギャンブラーの最大の違いは、投機家のリスクは投機家がそのリスクを望む望まないにかかわらず発生する点だ」（『The Trouble with Prosperity』の二二一ページ）。

四．ケインズを育てたことで知られるアルフレッド・マーシャルは、「政治家が自らの政策に基づいて株式市場で投機をすれば、すぐに投機に基づいて政策を決めるようになる」という格言を残している。一七二〇年のサウスシーバブル（南海泡沫）事件と一九八〇年の日本のバブル経済はそういった行為によって発生した。マルコ・ダーディアとマウロ・ガレガティの「Alfred Marshall on Speculation」（『History of Pulitical Economy』［XXIV, No.3, 1992, p.591］から引用）。

五．沼地などのメタンガスによって燃える青色の火。道行く者を危険に陥れる。転じて、人を惑わす考え。

第1章 「バブルの世界」――金融投機の起源

「夜の深いまどろみのなかにあり、夢うつつとも区別がつけがたい。
鋤の下の地面には日の光のようにまばゆい金が眠っている。
われわれの強欲な手はその略奪品に指を伸ばし、その財宝を引き出す。
汗が額を濡らし、心臓は底なしの恐怖につかまれる。
まるでだれかがわれわれの打ちひしがれた胸を振り落とすかのように。
その男は金の隠し場所を知っている。
やがてこの喜びはわれわれの脳裏から消える。
そして彼らはあざ笑う。
物事の真の姿がよみがえる。
われわれは失ったものを取り戻そうと過去の幻影のなかに力いっぱい動きだす」――
ペトロニウス・アルビテル著『サテュリコン』(西暦50年ごろ)

交易や交換を行おうとする傾向は人間の本質的な特性である。未来を予測しようとすることもまた、人間の持って生まれた本性である。交易・交換と未来予測を組み合わせたものが金融投機である。「人生はすべて投機である。投機の精神は人間とともに生まれた」と言ったのは一九世紀の著名なアメリカ人トレーダーのジェームズ・R・キーンである。投機の最も初期のケースについては、紀元前二世紀の共和国時代のローマに目を転じる必要がある。このころには、ローマの金融システムは近代の資本主義に見られる多くの特徴をすでに備えていた。ローマの法律では財産の自由な移転が許可されていたため市場は繁栄し、お金は利子を付けて貸し出され、両替商は外貨も取り扱い、ローマの領地では支払いは小切手によって行われていた。のちの時代のアムステルダム、ロンドン、ニューヨークのように、当時、資本はローマに集まっていた。[2] 信用取引という考えもすでにあり、船などの財産に対する保険の原型も存在した。ローマの人々は富の蓄積に夢中になり、それは行きすぎた誇示や浪費を生んだ。賭博は日常茶飯事だった。

ラテン語では、speculator（投機家）という言葉は「トラブルを見張る（speculare）」見張り番を意味する。しかし、古代ローマでは金融投機家は財務官（クァエストル、quaestor）と呼ばれ、国家財政の監督や国庫の管理に従事する人を意味した。投機家はまとめてギリシャ人（ラテン語ではgraeci）と呼ばれることもあった。[二] 古代ローマの集会場はフォーラムと呼ばれ、カルトル寺の近くにあった。フォーラムには大勢の人々が集まり、税金の取り立て請負企業の株式や債券が取引きされ、さまざまな物品が現金やつけで売買され、イタリアや属州の農場や土地、ローマなどにある家屋や店舗、船舶や倉庫、そして奴隷や牛までも売買されていた。[三] 古代ローマの劇作家であるプラウトゥスはフォーラムを、娼婦や小売店主や金貸しや裕福な男たちが集まる場所と記述している。彼は二つのいかがわしいグループがいることを発見する。一つは「すぐに膨れっ面をする連中」で、もう一つは「ずうずうしくて、おしゃべりで、悪意のある連中で、彼らは何の理由もなくお互いを中傷する言葉を発する」[3]。これら二つのグループはのちの株式市場における強気派と弱気派の原型である。

古代ローマでは、税金の取り立てから、寺院の建築やプブリカヌス（公共事業請負人。特に徴税請負人）として知られる資本家協会に至るまで、多くの業務を下請けに出していた。近代のジョイント・ストック・カンパニーと同じように、プブリカヌスは法人であり、所有権が株数（ラテン語ではpartes）によって決まるその法人の会員とは独立していた。プブリカヌスには経営幹部がいて、公会計（ラテン語ではtabulae）を行い、時折、株主総会も開かれた。彼らは多くの事業を行い、何万人という奴隷を雇っていた。株の保有形式は二種類あり、一つは大株主（ラテン語ではsocii）で、もう一つは少数株主（ラテン語ではparticulae）だった。未登録の少数株主の株の扱いは非公式で、現在の店頭株に似ている。[4] プブリカヌスは情報取集のためにローマの領地内に諜報員のネットワークを持ち、得た情報を使って、オークションにいくらで入札するかや、継続企業の株はいくらの価値があるかなどを計算した。

株がどれくらいの価格で売られていたかについては、証拠は残っておらず、株式市場の活動に関する記述もない。しかし、株の価値が変動していたことは確かである。ローマの執政官であるウァティニウスが腐敗のかどで告訴されたとき、彼は尋問を受けた——「君は最高値を付けていた株をくすね取ったのではありませんか?」[5]。キケロは「最も高い株(partes carissimas)」について言及し、公開企業の株を買うのはギャンブルであり、保守的な人だったら絶対にやらないことと述べている[6]。プブリカヌスの株に魅力を感じたのは政治家や大資本家だけではなかった。ギリシャの年代史家であるポリュビオスは株の所有に対する関心が高まっていたことについて次のように書いている——「イタリア全土にわたって、多すぎて数えきれないほどの数の契約が、公共建造物の建築や修理だけでなく、航行可能な河川や港湾や庭園や鉱山や土地からの収益の収集についても検閲官によって認められた——つまり、ローマ政府の統制下に置かれるすべての取引は請負人に一任されていたということである。これらの活動は一般大衆に受け継がれた。こうした契約やその契約から生みだされる利益に微塵の関心もない人はただの一人もいない」[7]。ローマ共和国の晩年について、ペトロニウス・アルビテルは次のように書いている——「卑しい高利貸しとその金銭の扱いは一般大衆を混乱に陥れ、彼らを崩壊させた……狂気が身体の末端にまで広がり、トラブルは愚かな肉体に植えつけられた病のように、どこまでもしつこく追いかけてきた」[8]。強力な証拠はないものの、これらの記述はおそらくは投機バブルを初めて描いたものだろう。[四]

ローマ帝国になるとプブリカヌスは衰退していったが、土地や商品や通貨の投機は続いた。[五]西暦三世紀に法定不換紙幣（本質的価値を持たず、信用で流通する、政府が発行する貨幣）が導入されたあと、通貨危機が頻繁に発生するようになった。カリアのミラーサ（今のトルコ）の市議会は次のように嘆いた――「投機によってため込んだ正貨によって、市の治安はコミュニティーを襲撃し盗みを働く少数の人間の悪事によって揺らいでいる。彼らは投機をわれわれの市場に持ち込み、市は生活必需品の供給を確保することができなくなった。多くの市民やコミュニティーは生活必需品の入手が困難になっている」[9]。これはまさに現在に通ずる嘆きである。

近世の金融投機

中世ヨーロッパの文化は、実務的にもイデオロギー的にも、金融投機にとっては不都合なものだった。封建制度はローマで行われていたような金融取引とは無縁で、支払いは現金の代わりに同価値の物品によって行われていた。「物の価値以上に高く売り、安く買う」ことは不正であり非合法であると説いた聖トマス・アクィナスの教えに従い、中世の教師はアリストテレス哲学の「公正価格」という概念を復活させた[六]。高利貸しも非難され、利益の追求は道徳的に腐敗した行為であり、社会にとって危険であるとみなされた。聖アウグスティヌスは、利益に対する無限の渇望（ラテン語では appetitus divitarum infinitus）を、権力欲と性欲と並ぶ三つの大罪の一つととらえた。彼の「神の国」では、投機家が存在する余地はなかった。飢饉に見舞われたとき、国家が介入して食料を提供した。投機によって財を成すことは違法だった。投機に対するこうした非難は昔から人々の共感を呼んできた。現代の政治家は投機家の悪質な行為を非難するとき、中世の修道士のスコラ哲学的偏見を無意識に取り入れている。

　中世後期、イタリアの都市国家のなかには市場性のある政府証券を発行し始めた国家があった。ベニスでは、政府証券の取引所での取引は一三世紀の中ごろに始まった。投機は自然の成り行きをたどった感がある。一三五一年、国債の価格を押し下げることを目的とした風評を禁じる法律が成立し、一三九〇年、一四〇四年、一四一〇年には国債を後払いで売る（つまり、債券先物）ことを禁じる試みが繰り返された。また、ドージェ（昔のベネチア・ジェノバ共和国の総督）と侯爵協議会は「インサイダー取引」を不法化しようと試みた。一四世紀のフローレンスやピサやベローナやジェノバでは国債も売買されるようになった。イタリアの都市国家は徴税を、資本が市場性のある株式（luoghi）に分割された会社（monti）にアウトソーシングした。こうした初期のジョイント・ストック・カンパニーはローマのプブリカヌスとまったく同じと思われる[七]。

　古代ローマのフォーラムとバッカス祭を起源とする北ヨーロッパの市は、商業や金融に対する中世の制約の多くから免除され、事実上、株式市場の原型となった。ライプチヒの市では、一五世紀にドイツ鉱山の株の売買が行われていた。四旬節のあとにオープンしたパリ近くのサンジェルマンの市では、地方債や為替手形や宝くじが売買されていた。アントワープでは春と秋に大きな市が開かれ、一年を通じて自由売買が許可されていたため、アントワープの市は「連続市」と呼ばれた。[10] 一六世紀の中ごろ、アントワープに世界初の証券取引所が設立された。近隣のブリュージュにあるブールスホテルで商人たちが集会を開いたことにちなんで、証券取引所はブールスと呼ばれた。

　一七世紀中ごろから投機市場の実態を示すより詳細な証拠が登場する。金融市場は信用（いわゆる、ditta di borsa。「証券取引所に関する意見」という意味）という概念を発展させ、債券価格はデフォルト（債務不履行）など将来のイベント予測を反映していた。市場操作が行われ始めたのは一五三〇年代で、フローレンティン・ガスパール・ダッチが組織したシンジケートがリオンズ市場で価格を抑えようとした（今で言う「売り崩し」）のがその始まりである。[11] 一五五〇年代の中ごろ、アントワープとリオンズの市場で王族債券の投機ブームが突如として発生したが、一五五七年、フランスのヘンリー二世が償還を一時中止したことでブームはあっけなく終わった。[八]

　個人レベルでは、アントワープの商品トレーダーであるクリストフ・クルツは市場で緊張緩和（strettezzaとlargezza）が繰り返されていることに戸惑いを感じていた。彼は将来価格は神が決めるものであり、占星術によって解明できると信じていた。人々が最高値で買うのは、「もっと上昇してほしいという気持ちが人間が元々持っている理性を曇らせてしまう」からである。彼は現在のテクニカルアナリストのように、朝早くに起きて、大海にいる人間が水に囲まれるように仕事漬けになった。「占星術師はいろいろなことを書いているが、根拠は何もない。それゆえ私は彼らの教義は信じない。ただ独自のルールを見つけるのみである。そしてルールを見つけたら、歴史をひもといてそれが正しいのか間違っているのかを精査する……」[12]。のちにクルツは市場の理解を断念し、政治的占星術師として大成功を収めた。彼が行った最大の仕事は、教皇制度が消滅の危機にあることを予言したことだった。

フランスとフランダースの資本市場の発展は、一六世紀後半の宗教戦争とオランダの反乱、そして相次ぐ国家の倒産によって一時中断した。一五五七年以降、金融センターとしてのリヨンは衰退していった。そして一五八五年アントワープはスペイン軍によって占領され、ブールス（証券取引所）は崩壊し、復活することはなかった。アントワープに代わって台頭したのがアムステルダムだった。スペインから逃れてきたプロテスタントとユダヤ人難民が資本と交易スキルを持ってオランダにやってきたのだ。歴史家たちは移民によってもたらされたこの刺激を一五九〇年代の「オランダの奇跡」と呼んだ。一七世紀初頭にはオランダ共和国はヨーロッパ随一の経済大国になっていた。オランダ商人は世界を駆け巡り、ノルウェーで材木を買い、西インド諸島で砂糖を買い、メリーランドでタバコを買い、ウェールズの鍛冶場やスウェーデンの土地に投資し、ロシア皇帝の輸出独占権を請け負い、中南米諸国に奴隷を提供した[13]。

オランダは銀行業、複式簿記、ジョイント・ストック・カンパニー（株式会社の原形）、為替手形、株式市場といった制度や慣行は何一つ発明していないが、彼らはこれらを統合して、高度な利益追求を目的に組織された商業経済の基盤として発展させていった。[14] 一六〇二年、アジアにおける交易を独占するオランダの国家認可企業として初めてのジョイント・ストック・カンパニーである合同東インド会社が設立された。それから一九年後、南北アメリカ大陸での商業機会を開拓するためにオランダ東インド会社が設立された。一六〇九年にはジェノバのサンジョルジョ銀行を起源とするヨーロッパ初の中央銀行であるアムステルダム銀行が設立された。アムステルダム銀行の業務は非常に保守的で、預金に対して利息は払わず、紙幣は金の保有者に対してのみ発行し、融資も行わなかった。しかし、アムステルダム銀行が存在したおかげで、世界中で活動するオランダ商人たちは世界各国の通貨で支払われた手形勘定の決裁を行うことができた。[15] オランダの市当局は債券の発行や大衆の関心を集めた宝くじで資金を調達した。一七世紀初期にはヨーロッパ中から集められた資本は、不動産から年金・地方債・為替手形・中期公債といったオランダのさまざまな金融資産に投資された。今やアムステルダムは金融の単なる中継地点ではなく、世界の金融の中心地になっていた。

アムステルダム証券取引所（新しい証券取引所は一六一〇年に設立された）ではありとあらゆる金融商品やサービスが取引された。「商品や通貨、株式に海上保険……、それはマネーマーケットであり、金融市場であり、株式市場だった」[16]。当然ながら、アムステルダム証券取引所は投機家たちの活動の場となった。将来のある時点で決められた価格で商品を取引する先物取引も普通に行われていた。前世紀以降、先物は穀物、ニシン、スパイス、鯨油、砂糖、銅、硝石、イタリアのシルクなどさまざまな商品で取引されてきた。一七世紀初期には東インド会社の活動（株式）も先物取引の対象になった。投機家は保有する株を担保にその市場価値の五分の四までお金を借りることができた（のちの「マージンローン」）。ストックオプション（あらかじめ定められた価格で契約期間内に会社の株式を売買することができる権利のことだが、必ずしも売買する義務はない）もアムステルダム証券取引所で取引された。一七世紀の終わりには、東インド会社のドゥカトーン株（ドゥカトーンはオランダで一七世紀～一八世紀に使用された銀貨）も取引されるようになった。ドゥカトーン株の価値は値段の高い株の一〇分の一であったため、ドゥカトーン株のおかげで資金に余裕のない投機家たちも市場で活動することができた。[17]先物やオプションやドゥカトーン株は、今、私たちがデリバティブ（株など原資産となる金融商品から派生した金融派生商品）と呼んでいるものの例である。株式を担保にした借り入れとデリバティブとによって投機家はレバレッジをかけた取引が可能になり、株価が少し上昇しただけで多くの利益がもたらされた（逆に、株価が少し下がるだけで莫大な損失を生んだ）[九]。

ベガの『混乱』

西欧の株式市場の活動について初めて書いたのはジョセフ・ペンソ・デ・ラ・ベガで、スペイン語で書かれたその著書『コンフュージョン・デ・コンフュージョネス（混乱）』は一六八八年にアムステルダムで出版された（ベガはスペイン系ユダヤ人）。商人と株主との一連の会話のなかで、デ・ラ・ベガは株式市場を、奇妙な迷信や特殊な慣行が横行し、何かにとりつかれたような精神病院のような場所と記述している。『コンフュージオン・デ・コンフュージョネス』では投機家心理が鮮明に描かれている。

投機というゲームは愚か者のやるものであり、参加者は儀式めいた遊び心を見せる。

> 取引所のある会員が手を開き、別の会員がそれを取る。こうして多くの株式が決められた価格で売られる。二度目の握手で取引は成立する。三度目の握手では別の商品が提供され、再び入札が始まる。手は殴り合いで赤くなっている（残念ながら、どんなに立派な人でもビジネスを行うときには殴り合いといった破廉恥な手段を使うこともあるのだと私は思っている）。握手のあとには怒号が続き、叫び声を上げ、怒号のあとには侮辱、そして侮辱のあとにはずうずうしさが顔を出す。ビジネスが終わるまで、侮辱、怒号、押し合い、握手は延々と続く[10]。

詩人のチャールズ・コットンが書いたとされ、一六七四年にロンドンで初版本が出版された『コンプリート・ゲームスター（Compleat Gamester）』ではギャンブルは次のように記述されている――「魅力的な魔法で、怠惰と悪行の中間に位置する。かゆみを伴う病で、頭をかきむしる者もあれば、タランチュラに噛まれたときのように死ぬほど笑い転げる者もいる。あるいは、ジステンパーに冒された麻痺患者のような者もいる。ジステンパーは腕が肘から先しか動かなくなる病気で……重大なことは何もできなくなり、不満が募る病だ。成功して狂気の喜びの頂点に持ち上げられるか、失敗して絶望のどん底に突き落とされる。常に極端な状態にあり、常に嵐のなかにいる……勝てば有頂天になり何もかも見失い、大きく膨らんだ情熱の大きなうねりの上に押し上げられ、そしてやがては感覚も理性も失っていく」[18]。アムステルダム証券取引所でも同じようなメンタリティーが見られた。ベガは幸運を引き寄せようとする強迫観念に取りつかれた投機家の行動を次のように記述している――「彼はどうしたら最大の利益を確保できるかについてあれこれと迷い、爪を噛み、指を引っ張り、目を閉じ、四歩歩いて四回自分に言い聞かせ、歯が痛いときにやるように手で頬をさすり、考え深そうな表情をし、指を突き出し、額をなでる。これらの行為を行うとき、幸運を強引にでも引き寄せることができるかのように、謎めいた咳をする[19]。投機家によっては神経が高ぶり、いつもそわそわと落ち着きがなく、執着心を持っている人もいるようで、死に際でも株のことを心配している者もいる。彼らの多くは解離性同一性障害の様相を呈する。どの投機家も身体が二つあるように思えるときがよくある。だから、自分自身と闘っているような様子を見て驚く人もいるほどだ[20]」。

　のちの証券取引所と同じく、一七世紀のアムステルダム証券取引所でも強気派と弱気派が永遠に続く対立を繰り広げていた[21]。ベガは、「つり上げる人、強気派（ブル）」（liefhebbers）と

「押し下げる人、弱気派（ベア）」（contremines）を対比させている。強気派は「何ものも恐れない」人で、弱気派は「恐怖、不安、緊張感に完全に支配されている」人である。弱気派は価格を押し下げるためにカバラ（ベアプール）に加入した。ベガの時代、アムステルダム証券取引所では相場を押し下げるための投機は目新しいことではなかった。一六〇九年、フランドル出身のアイザック・ルメールは東インド会社の株価を押し下げるためにアムステルダム証券取引所に売り崩しを仕掛けたという記録が残っている。[三] 彼の市場操作は失敗に終わったが、この操作によって、株を持たずに空売りしたあとで安く買い戻す投機家による売りを禁止する法令が施行された。投機を禁じる後続の法律と同じく、この禁止令も完全に無視された。

ベガの描く株式市場は価格を合理的に調整するフォーラムとは程遠いものだった。彼に言わせれば、投機家は「感情の起伏が激しく、精神異常を来し、プライドと愚かさで充満しているような人物だった。動機もなくやたらに売り、理性もなく買う」。彼らの行動は株価の不当な動きを生みだした――「彼らの予想行為は、出来事の発生そのものよりも取引所に大きな印象を与える」[21]。むやみに情熱を持たず、頑固さもなく、物事を誠実に見る鋭い観察者のみが、常にとは言わないが、正しいことを無限回思いつくものである。欠点はあるものの、市場はベガにとって邪悪な魅力を放つものであることに変わりはなかった――「取引所という魅力ある場に一度足を踏み入れた者は興奮から逃れることはできず、刑務所に送られることになる。刑務所の鍵は海の底深くに沈められ、鉄格子が二度と再び開くことはない……」[22]。

ベガの描く投機家は、躁鬱病患者のありとあらゆる振る舞いを彷彿させる特徴を示している。躁鬱病になると暴力的で制御の利かない心の浮き沈みを経験する。躁状態のとき、人はエネルギッシュで壮大になり、また強欲になり性欲は旺盛で、注意散漫になったりやたらに人を説得しようとしたり、魅力的な雰囲気をかもしだしてリーダーシップを発揮する。何といっても楽観的なのが特徴だ。しかし、期待が次第に現実不可能なものになるにつれ、躁状態は影を潜め、急速に落ち込んでいく。躁状態と鬱状態は周期的にやってくる。鬱状態になると、内気になり、不安になり、無気力になり、臆病になり、決断力もなくなり、自信を失う。物事を大局的に見ることができなくなり、どうでもよいような細かいことが気になり始める。

ホッブズの『リヴァイアサン』のように、株式市場そのものは個々の投機家の活動からなっているが、こうしたノイローゼ患者のような特徴は、強気市場と弱気市場における大衆心理のなかに見ることができる。[一三] 強気相場（躁状態）では人々は熱狂的になり、やがて期待していたことが実現不可能であることが分かってくる。[一四] 一方、弱気相場（鬱状態）ではだれもが無気力（株式市場の売買高を見ると分かる）になり、悲観主義が蔓延し、非現実的な楽観主義に取って代わる。**『賢明なる投資家』**（パンローリング）の著者であるベンジャミン・グレアムは、「ミスターマーケットは自分の情熱や恐怖を爆発させ、合理的な思考ができない」と述べている。グレアムの信奉者であるウォーレン・バフェットはミスターマーケットの情緒不安定さを示すこの記述について詳しく説明している――「舞い上がっているときは事業の見通しに自信満々で……落ち込んでいるときは先行き真っ暗になる」[23]。市場が過度に変動する傾向は投資を行うときには無視してもよい、とグレアムとバフェットは助言する。あるいは、それは一九世紀の経済学者であるデビッド・リカードが行って成功したように、投機の基礎を形成することもある。リカードは、人は出来事の重要性を誇張する傾向があることを見いだすことで富を築いた。株式の売買では、上昇がわずかでも少しだけ上昇しても理由があるときには彼は買った。なぜなら、非合理なレベルまで上昇することを彼は確信していたからである。また株価が下落すると、人々は不安になりパニックに陥り、状況によって正当化できないほど下落することがあることを確信していたため、彼は売った[24]。

チューリップバブル

一六三〇年代のオランダは、投機バブルが勃発するに打ってつけの状況だった。それは、スペインの軍事的脅威からようやく解放され、オランダの織物貿易のブームが到来し、商業的楽観主義が台頭した時代だった。オランダの織物貿易は、三〇年戦争が始まって中央ヨーロッパが荒廃の真っ最中にあるときに発展していった。アムステルダム証券取引所は一六三一年にはすでに新家屋に移転していた。東インド会社はバタビアの植民地化を進めていたため、株価はその世紀のどの時期よりも急激に上昇していた[25]。住宅価格も急上昇し、郊外の大邸宅の建築ブームが沸き起こった。オランダ共和国は国民がヨーロッパ一高い収入を得ていたため、カルビン主義の質素倹約の精神は失われ消費大国となった。彼らはチューリップを展示することの喜びを、富の貪欲な追求の対象と見るようになった。

オランダ人の花に対する情熱はオランダ国土の地形によってある程度は説明がつく。平らな地形と豊かな土壌は球根の栽培にとって完璧な条件を満たしていた。一方、土地が狭いため、パルテール状の小さな庭園しか造ることができず、その中央には珍しい花が植えられ、その鮮やかな色は近隣の田園の単調さを補って余りあった。花のなかで最も珍重されたのがチューリップだった。一六世紀の中ごろ、トルコからヨーロッパに初めてチューリップの球根を持ち込んだのが、ローマ帝国の大使としてオスマン帝国に赴任していたオージェ・ギスラン・ド・ブスベックである。ちなみに、チューリップはターバンを意味するトルコ語のtulipan（ツリパム）がその名前の由来である。西欧に持ち込まれた当初、チューリップは貴族や植物学者の庭だけに植えられていた。ブスベックが帰任してから数年後、チューリップはフッガー家のアウクスブルクの庭園を飾るようになった。外来新種の花がヨーロッパ随一の銀行家大富豪の庭園の花となった。一五七三年、ブスベックは有名なオランダ人植物学者であるカロルス・クルシウスにチューリップの球根を進呈した。クルシウスはチューリップを流通させ、著書『ラリオラム・プランタルム・ヒストリア（Rariorum plantarum historia）』のなかでチューリップを紹介した。彼はチューリップの球根に莫大な代金を要求したと言われている。ところがある夜、彼の球根が掘り返されて盗まれた。こうして彼はこの珍重植物の高まりつつある投機熱の最初の犠牲者となった。

収集家はチューリップを花の色で分類し、植物の分類体系における地位を示すために高貴な軍事名を付けた。最高級品は花弁が深い紫色の縞模様をした「センペル・アウグストゥス（無窮の皇帝）」で、「副王」「提督」「将軍」と続く。チューリップは登場してからというもの富の象徴とみなされ、一七世紀初期には異国情緒あふれる品種が登場し高価な値段が付けられた。一六二四年にはセンペル・アウグストゥスには一二〇〇フローリンの値が付けられた。これはアムステルダムのタウンハウスが買えるほどの価格だった。その一〇年前、ローマー・ビスシャーのエンブレムブック（寓意画集）が出版されたが、そのなかには二つのチューリップの版画が掲載され、そこにはチューリップバブルを予見するような標語が書かれていた――「愚か者め、お金はお前からすぐに離れていく[26]」。

　チューリップは投機に打ってつけの対象だった。人々は花弁の縞模様（当時はまだ分からなかったが、これは球根についたウイルスによるものだった）の不思議さに魅せられた。そしていよいよゲームの火ぶたが切られた。単色のチューリップがセンペル・アウグストゥスに化けることもあるわけで、これがギャンブラーたちを夢中にさせた。チューリップの球根は広い土地を必要とせず栽培が比較的簡単で、またチューリップにはギルドがなく、だれでも参入できたことも投機熱をあおぐ要因になった。大きなジョイント・ストック・カンパニーの高価な株を買えない人は、球根に投資し始めた。昔はチューリップ市場は球根が地中から掘り起こされる夏の間だけ開かれていたが、チューリップに対する関心が高まるにつれ、一年を通じて売買されるようになった。栽培者は球根の列ごとに点数を付け、各球根は品種と植え付けたときの重さを表す番号が記録され、球根の売買履歴は別のシートに記録された。高貴な品種は一株単位で売られ、重さはエース（一グラムの二〇分の一）で測定され、もっと一般的な品種は花壇単位で売られた。チューリップはアムステルダム銀行の紙幣や東インド会社の株式と同じように標準化され画一化されて取引されるようになった。

　チューリップバブルの始まりは、パリや北フランスでチューリップの球根の価格が上昇しているという話を聞きつけた素人たちが、一六三四年にチューリップ市場に参入するようになってからである。[27]新規参入者には織工、紡績工から靴屋、パン屋、食料雑貨商、そして農夫までもいて、オランダの草花栽培業者は彼らを「ニューアマチュア」として取り合わなかった。チューリップ熱はほとんどの社会階級を巻き込むまでに過熱したが、この狂乱に加わらなかったグループが二つあった。一つのグループは裕福なアマチュアの球根収集家で、彼らが市場に参入すれば売買を安定させることもできたかもしれない。彼らは以前から珍しい品種には高値を支払うこともやぶさかではなかったが、価格の急騰を見て市場から撤退した。もう一つのグループはアムステルダムの大商人たちで、彼らは貿易で得た利益をタウンハウスや東インド会社の株や為替手形に投資し続けていた。彼らにとってチューリップは単に富の象徴であって、富を稼ぐ手段ではなかったのである。

取引量が増えるにつれチューリップ市場の様相は変化していった。個人間の交渉はなくなり、宿の部屋で行われるカレッジと呼ばれる非公式な会合がそれに取って代わるようになった。カレッジでは商人や投機家がお祭り気分で売買することができた。投機家である「強欲者」（Gaergoedt）とその友人の「正直者」（Waermondt）の間で交わされた三つの会話が収められている当時のパンフレットは、チューリップ投機の新規参入者にこのビジネスを紹介するものだった。

まず宿に行く、と強欲者が言う。候補はいくつかある。宿には必ずといってよいほどカンパニーやカレッジが設けられている。宿についたら草花栽培業者がいるかどうかを聞くんだ。そして彼らの部屋に入ったら、君は新参者だからカモのようにキーキー言う人もいるだろう。「新米の売春婦が売春宿にやってきたよ」なんて言う人もいるだろうけど、取り合っちゃいけないよ。それは宿に付き物だから。そして君の名前がスレートに刻まれる。そしてプレートが巡回する。参加している人は全員が、スレートに刻まれた名前の順にプレートを提示しなければならないんだ。プレートを持っている人は何らかの商品が欲しい人だ。君の商品をオークションに出す必要はないけれど、会話のなかで何気なくほのめかしてだれかが興味を示したら、取引が成立したってことになるんだ。

取引の仕方には二通りあって、一つは個人間の直接交渉で、もう一つはオークションだ。直接交渉は「上記のパンフレットにあるように、プレートを使って行う」もので、カレッジが提供する木のプレートに球根の価格を刻み込み、同じ価格の買い手と売り手の間で取引交渉する。オークションは、売り手がゼロで囲まれたスレートの真ん中に数字を書いて開始価格を設定するため、「ゼロのなか」と呼ばれた。買い手はカレッジに「酒代」として三ギルダーの手数料を支払う。その手数料はタバコや酒や照明や暖房に使われた。取引は娯楽であり、利益を生むものでもあった。「私はあっちこっちの宿を回った」と強欲者は言った。「宿に持っていったお金よりも家に持ち帰った金のほうが多かったとき、家ではワインやビールを飲み、タバコを吸い、焼いた魚に肉、鳥肉やウサギの肉もたらふく食べた。そしてしまいにはデザートだ。これが三晩も四晩も続く……かなりの儲けになったからね[28]」。利益を得たり、交渉がうまくいってしかるべきお金が入ってくることを確信していた投機家たちは、得た利益で新しい馬車や馬を買った。「想像しうるかぎりの贅沢品。一体、彼の財産はどこまで増えるのだろうか[29]」。

一六三六年の終わりから一六三七年初期にかけてのブームの最中、球根はまだ土のなかにあったため、チューリップが実際に受け渡されることはなかった。やがて「風の取引」と呼ばれるチューリップ先物市場が登場する。先物取引では売り手が翌春に一定の種類と重さのチューリップの球根を受け渡すことを約束し、買い手は受け渡される権利を取得する。その間は市場価格が変われば差額が現金で支払われる。ほとんどの取引は球根が掘り起こされて受け渡される春に期限が来る個人のクレジットノートで行われた。強欲者はチューリップの投機で六万ギルダー儲けたことを自慢するが、実際には「他人が書いた紙」を受け取っただけだった。バブルの晩年には風の取引と紙券信用とでチューリップの取引は完全に実態のないものになっていた。ほとんどの取引はチューリップの球根を巡るもので、球根が存在しないため受け渡されることはなく、支払いはクレジットノートで行われたが、お金が存在しないために信用はなかった。

　オランダの平均年間賃金は二〇〇ギルダーから四〇〇ギルダーで、小さなタウンハウスがおよそ三〇〇ギルダー、最高級の花の絵画は一〇〇〇ギルダーを下らなかった。[二五] チューリップ価格がどれほど高価であったかを見てみることにしよう。『ダイアローグ・オブ・バールモント・アンド・ガールグート（Dialogues of Waermondt and Gaergoedt）』によれば、四エースのゴーダの球根は二〇ギルダーから二二五ギルダーで、一〇エースの大元帥は以前は九五ギルダーだったが今や九〇〇ギルダーに高騰していた。一ポンドの黄色単色のクローネンはおよそ二〇ギルダーだったが、数週間で一二〇〇ギルダーに高騰した（つまり、一カ月の賃金に相当する価格から五年分の賃金に相当する価格にまで上昇した）。「そうなんだ。雑草のように肥やしの山に投げ捨てられていたような球根が高値で売られるようになったということなんだ」と強欲者は言う。[30] センペル・アウグストゥスは依然として最高価な球根の地位を維持していた。「センペル・アウグストゥスは三年前は二〇〇〇ギルダーで売られ、銀行ですぐに名義変更が行われていた」が、ブームの最盛期には「たかだか二〇〇〇エースで六〇〇〇ギルダー以上の値がついた」と強欲者は言う。[31] また総督は以前は三〇〇〇ギルダーだったが値段は倍に跳ね上がった。当時のパンフレット作成者が計算したところ、一つの球根に支払われた二五〇〇ギルダーで、小麦は二七トン、ライ麦は五〇トン、太った雄牛は四頭、太った豚は八頭、太った羊は一二頭、ワインは五〇〇リットル、ビールは三八〇〇リットル、バターは二トン、チーズは三トン、カバー付きのベッドが一台、衣装ダンスいっぱいの服、銀のビーカーが一つ買えた。[一六] 価格を正そうとする人はだれ一人いなかった。投機家のほとんどは買ったあとすぐに高値で売る腹づもりだったからだ。強欲者は正直者に投機するようにアドバイスしている――「球根を買っても夏になるまでお金を支払ってはならない。夏になれば買った球根はすべて売れるから[32]」。この熱狂はいつまで続くのかと問われた強欲者は、「二～三年ってところだろう。私にとってはそれで十分だ……[33]」と答えた。ある匿名のパンフレット作成者は不安を抱いていた。「買い手よりも売り手のほうが多くなれば、そしてこれはかかわった人の数を考えると必ずそうなるはずで、この熱狂はすぐに崩壊するでしょう[34]」

そして一六三七年二月三日、チューリップ市場は突然大暴落した。パニックの原因は、春が近づき球根の受け渡しの時期が到来すれば、ゲームオーバーになるということ以外になかった。花の売買の中心地であったハールレムでは、もう買い手がいないという噂が流れ、翌日にはどんな価格を提示しても球根は売れなくなった。契約は履行されず、契約不履行が相次いだ。プロの栽培家は契約不履行の投機家に支払いを迫ったが結局無駄だった。[一七] しかし、チューリップバブルの崩壊で国家経済が危機に陥ることはなかった。チューリップバブルの歴史を描いたN・W・ポスチュマスはもっと近代になってから「オランダ共和国の西部全域で起こった混乱」について言及している。[35] 国家経済を支えていた大商人たちはほとんど影響は受けなかった。しかし、下層の商人たちはそれほどハッピーというわけではなかった。土地を担保に入れ、動産を売って手っ取り早く利益を手に入れようとした人々は富を永遠に失ったに違いない。破産した個人のなかには風景画家のヤン・ファン・ホーイェンがいたが、彼は市場崩壊の前夜に九〇〇ギルダーと二枚の絵画で大量の球根を買った。一九年後に彼が亡くなったときは一文無しだった。[36]

　チューリップ市場関連の訴訟は一六三八年五月まで続き、政府委員会はチューリップの契約は約定価格の三・五％を支払って無効とすると宣言した。[37] このころにはアマチュアの球根収集家はすでに市場に舞い戻り、安値で珍しい球根を買いあさっていた。そして数年のうちにはセンペル・アウグストゥスを含む貴重なチューリップの価格は、バブル前の水準にまで戻っていた。二流品やボロと呼ばれる普通の球根はブームの間は小口投機家を引きつけていたが、価格が元に戻ることはなかった。

崩壊するバブル――投機の寓話と伝説

チューリップバブル崩壊のあと、チューリップはしばらくの間は嫌悪の対象になった。これは一九二九年の大恐慌のあと人々が株を嫌うようになったのに似ている。ライデン大学の植物学教授であるエブラール・フォルティウスはチューリップをひどく嫌い、チューリップを見ると杖で叩きつぶさずにはいられなかったと言われている。[38]汗水流すことなく利益だけ与える投機フィーバーはカルビン主義の勤労観とは相容れなかった。正直者は『ダイアローグ・オブ・バールモント・アンド・ガールグート』のなかで次のように問うている。

もしこうした投機で利益を得ることができるのならば、商人が海外で商品をリスクにさらしたり、子供が取引を学んだり、農民が種を蒔き、土を一生懸命に耕したり、船長が危険な海を航海したり、兵士が大して得るものもないのに戦場で命がけで戦ったりすることに、何の意味があるというのでしょうか[39]？

さらに、投機はある者は裕福にし、ある者は極貧にするため、社会のさまざまな階級間の関係を悪化させた。強欲者によれば、「投機家たちは人々の上に立つ指導者だったのである」[一八]。チューリップは、金融投機の格好の対象になったように、今ではオランダ画家の寓話的静物画における頭蓋骨や砂時計や本の伝統的なイメージと並んで、おごりや邪悪さや贅沢を表す象徴となった。チューリップはビスシャーのエンブレムで予見されたように愚行のシンボルとなり、そのつかの間の美しさは不用心なものを魅了する幻想とみなされた。[40]もう一つのよくある寓話的静物画の象徴は、人の人生のはかさなを表す泡だった。ローマの道徳家であるウァロは、「人は泡である」と言った。泡は急に大きくなり、見る者を反射する輝きで楽しませるが、一瞬のうちに消える。泡を持続させるものは空気、つまり風のみである。風は、先物取引を意味する「風の取引」や、風の戦車に乗った花の女神の寓話的絵画を描いた当時のチューリップバブルの絵や、のちには株式ブローカーの「株価をつり上げる」という極悪非道なやり口を象徴するものである。[一九]泡が次に投機フィーバーにたとえられたのは、一七二〇年のサウスシーバブル（南海泡沫）事件である。サウスシーバブル事件ではチューリップの愚行が再び繰り返された――チューリップは色鮮やかに突然開花したが、花弁が突如、風に吹き飛ばされて、花はしおれた。時を経て、自然のサイクルが次のバブルを生んだ。

チューリップバブルを巡っては多くの伝説が生まれた。アレクサンドル・デュマの小説『黒いチューリップ』はなかでも最も有名な伝説が題材になっている。

ハールレムの園芸協会はハーグの靴屋が黒いチューリップの栽培に成功したことを聞きつけて、彼のもとを訪ねた。そして値段交渉の末その球根を一五〇〇フローリンで譲り受けた。しかし、彼らは球根を手にした途端、地面に放り投げて靴で踏みつぶしてしまったのである。「忌々しい！」と彼らの一人が叫んだ。驚いた靴屋は「何をするんですか」と彼らに抗議した。すると一人が靴屋に言った。「黒いチューリップくらいわれわれだって持っているさ。おまえの運も尽きたようだな。おまえが望めば一万フローリンだって払ってやったのに」。靴屋は巨額の富をつかみ損ねたことを知るとやるせない気持ちになった。落胆した靴屋は病に伏せ、やがて息を引き取った。[41]

黒いチューリップの栽培は不可能で、どんなにがんばっても暗褐色の色を出すのがやっとであるという伝説は、チューリップバブルが招いた堕落と金銭欲を反映したものである。『黒いチューリップ』とのちの時代の数々の伝説は、よく知られる投機の歴史に登場する。例えば、ミシシッピバブルでは、召使いたちがいきなり富を手に入れて新しい馬車を買ったとき、彼らはわれを忘れて慣れ親しんだ御者の席に乗り込んだという話がある。また、こんな話もある。年老いた女性患者の脈を取りながら、医者は小声でつぶやく――「おお、神様。下がっていく」。それを聞いた女性は恐怖であわや死ぬところだった。彼女が助かったのは、医者が脈拍の話ではなく、ミシシッピ会社の株の話をしていることに気づいたからである。[40] さらに、サウスシーバブル事件と一九二九年の大恐慌からは投機家の自殺にまつわる話が誇張されて伝えられている。[42]

こうした話が金融市場の伝説を作っていくのである。金融市場は噂を餌に伝説が醸成される場所なのだ。中世の教訓話のように、伝説には人間のだまされやすさからくる愚かさに加え、七つの大罪（傲慢、憤怒、嫉妬、色欲、暴食、強欲、怠惰）のたとえ話が含まれる。伝説には道徳的に腐敗した投機に対する不信感が反映されている。金融バブルは社会的秩序を壊し（召使いが馬車を買う）、勤労観を弱め（医者の職務怠慢）、人々を破滅に追いやる。バブルの伝説は戒告的役目を果たし、投機のワナにはまらないように警告する。イギリスのジャーナリストであるクリストファー・フィスデスは最近のスペクテイター誌（一九九六年七月一九日号）に、「一九八〇年代後半、最高値で家を買った人は住宅ブームの危険な幻想とは何かを身をもって学んだはずだが、喉元を過ぎればすぐに忘れる。事実、どんな市場でも下落した人気株が復活することはない。オランダでは今日でも黒いチューリップは人気がない」と書いている。いつの時代でも投機家にとって伝説からのメッセージは明白だ――「黒いチューリップを忘れるな！　摩天楼の下に横たわる死体を忘れるな！　そして用心せよ！」。

愚か者の浮かれ騒ぎ？

トーマス・バビントン・マコーリーの『イングランド史』、ウォルター・バジョットの『ロンバード街』、チャールズ・マッケイの投機バブルのベストセラー**『狂気とバブル――なぜ人は集**

団になると愚行に走るのか』（パンローリング）といった数々の歴史書や金融関連書にはチューリップの伝説が登場する。こうした本を読んだ人のなかには、チューリップバブルは本当に存在したのだろうかと疑問に思う人もいる。[43]アメリカの経済学者であるピーター・ガーバーは、事実に反するチューリップの伝説によってバブルの信憑性が疑われる、と述べている。さらに彼は、『ダイアローグ・オブ・バールモント・アンド・ガールグート』といった当時の原資料は政府のプロパガンダであったと見るべきであり、疑ってかからなければならない、とも述べている。チューリップ投機はバブルというよりもむしろ自然なものだったと彼は言う。この観点からすれば、異国情緒のある花の価格が高かったのは、親球から派生した子球によって将来的に価格が下落してもそれを補うことができると考えられたのだろう。チューリップの価格変動はほかの貴重な球根によく見られる変動パターンと同じだったことも分かった。流行の新種の最初の球根はプレミアム価格で売れるが、花が一般化したり、競技会で紹介されると価格は急激に下落する。一八世紀のオランダではヒヤシンスも一時人気が高まったことがあり価格は急騰した。この理論から言えば、いわゆるチューリップバブルは流行の商品に対する需要が一時的に高まっただけであると言えよう。花の価格はこのように上下動するものなのである。

　歴史を修正しようとするガーバーのこの大胆な試みは精査に耐えるものではない。ガーバーの目的は「効率的市場仮説（ＥＭＨ）」を支持することだった。効率的市場仮説によれば、市場価格――株であれチューリップであれ――は常に本質的価値を反映しているため、バブルや熱狂など起こらない。[三] しかし『ダイアローグ・オブ・バールモント・アンド・ガールグート』は一六三〇年代のチューリップ市場をよく分析したものであるという印象を与える。これは対立する二人の登場人物が交わす会話方式で描かれているが、これは物事を記録する伝統的な手法だった。彼らの会話には人を諭すような反投機的なメッセージが含まれているが、チャールズ・マッケイらの主張を裏付けるようなチューリップの伝説は含まれていない。仮に『ダイアローグ・オブ・バールモント・アンド・ガールグート』が政府のプロパガンダだったとしても、これはプロパガンダの必要性――特に投機後の危機においては――を見込んでの出版だったと言えるだろう。

高価なチューリップの球根は投資家の「合理的な期待」を反映したものでもなかった。これは二〇世紀になってから分かったことだが、チューリップの花弁の縞模様は球根に付いたウイルスによるものだった。センペル・アウグストゥスの子球は数年間は花もつけずそこからさらなる子球が生まれることはなく、普通の単色に戻ってしまう可能性もあり、親球の品質が受け継がれるという保証はない。チューリップは当時は切り花の取引はなかったため、チューリップはキャッシュフロー（配当）さえ生みださなかった。さらに、ヒヤシンスなどのほかの花を見ても、価格は最初は急上昇するが、やがて急落する。花の価格にはこうしたパターンがあるからといって、チューリップバブルが必ずしも存在しなかったと言い切れるわけではない。一方、のちの「バブル」の例を見ても分かるように、オランダの花市場は株式市場同様、特に投機フィーバーの影響を受けやすかった。普通の球根の価格はブームの晩年には二〇倍に跳ね上がった。短期間に価格がこれほど上昇したのはなぜなのかは「説明がつかない」とガーバーは述べている（ガーバーはこれをペストが大流行したためだと言っている。ペストの流行は人々を絶望の淵に追いやり、「市場ファンダメンタルズ」では説明のつかない投機発作を引き起こしたというのである）。一六三六年の冬、縞模様であれ単色であれ、人々はチューリップの球根を買った。これは合理的な期待ではなく、買った球根はすぐに「もっと愚かな者」に高値で売ることができるという「希望」だったのではないかと考えることができる。何はともあれ、「投機バブル」という言葉は一六三〇年代中盤のオランダのチューリップ市場の状態をよく表している。

チューリップの売買にかかわった者にとって、チューリップの売買は企業株の投機に代わるものだった。チューリップ市場と株式市場はいくつかの類似点を持つ。チューリップの株にはいろいろな種類があり、のちの株式市場に見られるさまざまな銘柄と同じである。高価な縞模様のチューリップの球根はブルーチップ銘柄（いわゆる一九七〇年代初期のニフティーフィフティー銘柄［アメリカの優良な五〇銘柄］）に相当し、普通の球根は資産の少ない投機家を引きつけるペニー株に相当する。「風の取引」は先物取引に当たる（マッケイはチューリップは取引所で取引されていたと言うが定かではない）。さらに、チューリップのカレッジでの取引スタイルは、一九世紀初期のニューヨーク株式市場における株のオークション形式での取引に相当する。

チューリップバブルがたどった過程はのちの金融バブルがたどった過程に似ている。チューリップバブルが貴重な球根の価格の高騰から始まり、新たな参入者を市場に引き寄せたように、株式ブームは特定のセクターの株価の急騰が引き金になった。一八四〇年代は鉄道株、一九二〇年代は自動車株といった具合だ。これがアウトサイダーに投機を促す。これは、バブルが進むと投機家を引きつけていた株の質が下がるといった強気相場によく見られる特徴でもある――満ち潮になるとすべての船が海上に浮く、航海に不適切な船までも。チューリップバブルも同じだった。センペル・アウグストゥスの投機はやがて単色の普通の球根の投機へとつながった。チューリップバブルにはのちの株式ブームと共通する特徴がほかにもある――噂がブームに油を注ぐ、先物や紙券信用によってレバレッジが急激に上昇する、投機家の顕示的消費、価格が突然急騰して、そのあと理由もなく突然パニックに陥る、最初政府は消極的だがあとで介入してくる。

オーストリアの経済学者であるJ・A・シュンペーターは、新しい産業やテクノロジーが台頭すると、人々は潜在的利益を大きく見積もり、巨大資本が新しいベンチャーに引きつけられるため投機バブルが起こる、と述べている。一六三〇年代の投機家はチューリップの斬新さに引きつけられ、今や世界一を誇るオランダの花産業が発展することを予見していたに違いない。もしそうなら、のちの多くの投機家と同じように、彼らの予見は金銭的には報われなかった。ジエイムズ・バカンが言うように、投機家たちの視界は時間というとらえにくい概念によって曇ってしまう――「株式市場の偉大な強気は長い履歴を割り引いて未来全体の現在価値をとらえるために、未来を数日間に凝縮しようとする」[44]。残念ながら、未来は投機家が思うほど従順ではない。

チューリップバブルに最も似たバブルと言えば、一九八〇年代初期に起きたクウェートのスークアルマナーフ事件だろう。このときも投機市場で紙券信用が過剰に発行された。クウェートの株式市場では先日付小切手という形の信用を利用して地元の「湾岸会社」(湾岸会社の事業は土地から養鶏場まで多岐にわたった)への投機が行われた。先日付小切手はチューリップバブルで投機家が使ったクレジットノートのようなものだ。一九八二年の最初の八カ月で三五億万株が売買された。簿価はわずか二億ドルであるにもかかわらず、その市場価格は六〇億ドルにも上った。金利が三〇〇%を超えたにもかかわらず、先日付小切手の残高は九〇〇億ドルを超え、チューリップバブルでクレジットノートの決済が春まで先延ばしされたように、先日付小切手の支払いもその年の年末まで先延ばしされた。一九八二年の春先、株価は一時間ごとに二倍になり、人々は価格がどんなに高くても株を欲しがった。しかし八月、ある女性投機家が期日よりも早く現金化したいと言い出した。これを期に呪縛が解けたかのように市場は暴落した。政府は何十億ドルという資金を投じて秩序の回復に取り組んだ。政府の介入によって、ブームの間に交わされた契約は無効になり、市場は閉鎖された。

投機のカーニバル

オランダ人アーティストのピーテル・ノルペが製作した版画『愚か者を乗せた花の帽子』が発表されたのはチューリップバブルが崩壊した直後のことだった。この版画にはチューリップのディーラーたちが大きな道化師の帽子のなかで押し問答している様子が描かれている。一九九〇年代にアメリカが強気相場にあった時代、「モトリー・フール」と呼ばれる高い人気を誇るオンライン投資フォーラムがあった。そのフォーラムの若い創設者は公衆の面前で道化帽をかぶり、ウォール街の「英知」に対抗して、「愚行」こそが株で大金持ちになるための道だと説いた。このように投機をイメージするものとして愚か者が再び登場したのはけっして偶然ではない。投機は群衆とルネッサンス時代の市やカーニバルから始まった。一七世紀にはカーニバルは衰退し、市は常設の証券取引所に取って代わられたが、カーニバルの精神は市場に引き継がれた。

カーニバルや市ではギャンブルは日常茶飯事だった。さまざまな階級の人々が入り乱れた、卑俗的なギャンブルはカーニバルを象徴するものだったと言ってもよいだろう。富の前では社会的な階級など意味をなさず、すべての者は平等になる。カーニバルと言えば、「グロテスクリアリズム」が連想される。グロテスクリアリズムは文芸評論家のミハイル・バフチンが生みだした概念で、崇高で精神的なものを物質・肉体的なものに移行させると価値が低下することを言ったものである。「ギャンブラーの典礼」は風刺的なテキストのなかでよく見られた。カーニバルではロンドンの魚市場で使われるような粗野で卑猥な言葉が行き交った。これは今日の株式市場で仲間内で使われる専門用語のようなものだ。取引所ではカーニバルの平等の精神が今も根付いている。『コンフュージオン・デ・コンフュージョネス（混乱）』（これ自体、カーニバルのようなパロディー的なタイトル）のなかでベラは次のように言っている――「あるユーモアのある男は証券取引所でのやり取りに見られる粗野な振る舞いを見て、取引所でのギャンブルはすべての人を平等にするという意味で死のようなものだと言った」[45]。

カーニバルの精神は株式市場にも息づいているが、投機熱とはカーニバルの儀式がそのまま引き継がれたようなものだ[三]。カーニバルもバブルも「世界をひっくり返してしまう」という意味では同じものである。カーニバルは中世の厳格さと戒律からつかの間の解放感を与え、社会的階級は逆転し、村のバカ者がカーニバルキングになることだってできた。近代の市場経済は中世に比べるとはるかに自由だが、新たな緊張を生んだ。カーニバルは教会の権威を弱体化させることに狙いがあったが、投機の熱狂は天職に身をささげるとか、誠実とか倹約とか身を粉にして働くといったウソくさい資本主義の慣行を転覆させてしまう。しかしカーニバル同様、投機熱は一時的な解放感しか与えてくれない。バブルが崩壊すれば、何もなかったかのように資本主義の慣行に戻るだけでなく、その慣行はより一層強化される。

中世のカーニバルは日常的な現実から切り離されたイベントとして周期的に繰り返された。フランスの歴史家であるエマニュエル・ル・ロワ・ラデュリはカーニバルを「一時的なオーガズム」[46]と言っている。投機熱も周期的に発生する常軌を逸したイベントである。投機家たちはのちに投機熱のことを幻想的で夢のようだったと回顧している。バフチンはカーニバルを危機につながるもの、自然のサイクルをあるいは社会と人間の生活を崩壊させるものととらえている。死と復活の瞬間、変化と再生の瞬間は人々をお祭り騒ぎへと駆り立てる。[47]これは、投機バブルが発生するのは経済が大混乱に陥ったときであるとするシュンペーターの見解に一致する。カーニバルのディオニュソス的な特徴は投機家の顕示的消費とどんちゃん騒ぎのなかに生き残っている。カーニバルが終わるときも投機バブルが終わるときも同じである。カーニバルが終わると、カーニバルキングを火あぶりにして秩序は回復する。投機バブルが終わると、投機を主導した投機家たち――ミシシッピ会社のジョン・ロー（一七二〇年）やジャンクボンド王のマイケル・ミルケン（一九九〇年）など――はやり玉に挙げられ、財産を没収され、刑務所に送られた。彼らはカーニバルキングのように共同体の犯した罪の身代わりとしてスケープゴートにされる。そして、世の中は正常に戻る。

投機の精神は無秩序や非礼や非階級社会によって特徴づけられる。自由を愛し、説教や規制を嫌う。一七世紀のチューリップカレッジから二〇世紀終わりのインターネット投資クラブに至るまで、投機は最も民衆的な経済活動としての地位を築いてきた。投機は非常に現世的ではあるが、単なる欲だけで片づけられるわけではない。投機の神髄は自由と平等を飽くなく追求する理想郷であり、これによって近代の経済システムの単調で合理主義的な実利主義と、富がだれにも平等にもたらされることはないという不平等とが相殺されるのである。投機バブルはさまざまな形で現れる。それは太古の昔から「愚か者の饗宴」であり、資本主義のカーニバルだった。それは今でも変わらない。

注

一．「心より軽いものは？　それは思考。では、思考より軽いものは？　それはこのバブルの世界である」（フランシス・クォールズ著『エンブレム集』iiv, 1635）。

二．ローマ人がだれかのことを「ギリシャ人」（特に、「つまらぬギリシャ人」）。ラテン語ではgraeculus）と呼ぶのは嫌がらせでもあったが、投機家は先祖が古代ギリシャ人だったのでこのように呼ばれたのではないかと思われる。

三．ロシアの歴史家であるミハイル・ロストフツェフによるフォーラムの株式市場の原型としてのこの記述に異議を唱える経済歴史学者もいる。ロストフツェフはカニンガム著『Essay on Western Civilisation』（New York, 1913, p.164）から次の言葉を引き合いに出している――「大きな集会所を持つフォーラムはあらゆる種類の金銭的投機が行われる巨大な証券取引所さながらである」。ロストフツェフ著『The Social and Economic History of the Roman Empire』（Oxford, 1957, p.31。邦訳は『ローマ帝国社会経済史』）とアントニン・デローメ著『Les Manieurs d'Argent a Rome』（Paris, 1892）を参照。

四．M・ケアリーとH・H・スカラードは『A History of Rome』（London, 1975, p.609）のなかで、「金融投機に対するこの突然の熱狂は、一八世紀初期にイギリスで起こった投機ブーム（一七二〇年のサウスシーバブル事件）を彷彿させるものがある」と書いている。

五．ロストフツェフによれば、ローマ帝国の新たな富の大部分は投機によって取得された（『A History of Rome』の一七ページ）。また別の歴史家、ジェローム・カルコピノは、「ローマ帝国時代、質素な暮らしは労働によって賄われたが、帝国が望むような投機ギャンブルによって得られるような富はもはや労働では得ることができなかった……今や投機は経済システムの活力源であり、製造業は日に日に人気がなくなり、重商主義があらゆるもののなかにはびこっていた」と書いている（カルコピノ著『Daily Life』の八〇ページ）。

六．アクィナスは、「生活のニーズを満たすことなく、ただ儲けを得るためだけにお金をお金と交換したり、物をお金と交換することは……罪である」と説いた（A・E・モンロー著『Early Economic Thought』London, 1934, p.15を参照）。

七．フェルナン・ブローデルは、「地中海が株式市場のゆりかごであったことは疑いようのない事実である」と述べている。これに付け加えるならば、もし地中海が株式市場のゆりかごだとするならば、その起源は古代ローマにさかのぼることができると言えよう（フェルナン・ブローデル著『The Wheels of Commerce』New York, 1982, p.101［邦訳は『交換のはたらき』］と、Ｒ・Ｃ・ミューラー著『The Venetial Money Market』Baltimore, 1997, p.517-19を参照）。

八．ルビス著『Histoire de Lyons』には、一五五五年にリオンズのイースター祭でヘンリー二世が公募したフランス国債（Grand Parti）に対する大衆の熱狂ぶりが描かれている――「こうした度を超えた利益にわれわれがどれほど強欲であるかを神はご存知だ。人々は〝無料のプレゼント（don gratuit）〟という名の甘い汁にだまされておびき出される。だれもがこぞってフランス国債に投資し、使用人さえも貯金をすべて注ぎ込んだ。女性は装飾品を売り、未亡人は年金を売ってまでもフランス国債を求めた。一言で言えば、人々はまるで火事でも見にいくかのように、フランス国債を買うために走り回ったのである」。国債の利回りは一六％で、そのうちの一％は減債基金への四半期ごとの寄付金だった。フランス国債はスイス、ドイツの投資家は言うまでもなく、トルコの投資家までも引きつけたと言われている。のちにフランス国債は割引率が八五％にまで落ち込んだ。一六世紀の国王の信頼が揺らいでいたことを考えれば、これは世界初の〝ジャンクボンドフィーバー〟と言えるかもしれない（エーレンバーグ著『Capital and Finance』の三〇三ページ）。

九．株式デリバティブのレバレッジはストックオプションを使って説明することができる。例えば、一株が一〇〇ドルで、一〇〇ドルで株を買えるオプションが五ドルだとすると、株価が一〇％上昇して一一〇ドルになると、オプションの価値は一〇ドルになる（つまり、購入価格から一〇〇％上昇するということ）。

一〇．ベガが『コンフュージオン』で描いている投機家と、アメリカの証券取引所でのトレーダーの描写を比べてみよう――「狭苦しいリングに集まってトレーダーたちは互いの顔の前で握り拳を振り回す。顔はこわばりゆがむ……叫び声はより一層大きくなり、防音タイルが敷き詰められているにもかかわらずうなりとなってこだまする。騒音は波のように押し寄せ、耳は騒音のせいで痛む。指を振り回し、腕を振り乱し、リングは絡み合い、束となって回転する……背の高い投機家が二本の指、いや三本の指を振り回し、頭を振り、うなずき、手を頭上で振る」（ベガ著『Confusion』

の二一ページ、グレゴリー・ミルマン著『Around the World on a Trillion Dollars a Day』London, 1995, p.2)。

一一．「下げ相場に投資する投機家」を意味する英語の「弱気（ベア）」は、「熊を捕まえるまえに熊の皮を売る（まだ所有していないものを売る契約をする）」から来ている。一七一九年に初版本が出版された『Anatomy of Exchange Alley』でデフォーは「熊の皮の買い手」について述べている。一方の「強気（ブル）」はドイツ語の雄牛を意味するbullenから来ており、「吠える」を意味する。ブルはベアと対をなす言葉としてベアのあとに作られた言葉と思われる。ブルについての記述はもっとあとになってからで、おそらくは「ベア」との対比として使われたと思われる。ブルについて最初に言及したのはチャールズ・ジョンソンで、その著書『Country Lasses』（一七一五年）には、「投機的に買って利益を上げようとする者、あるいは株価をつり上げようとする者」と記述されている。Oxford English Dictionaryによれば、『Country Lasses』には「ベアとブルで取引せよ」という下りがある。

一二．ルメールは東インド会社の設立にかかわった人物だが、二四人の子供のいる大家族を養うために投機に走った。売り崩しを行うに当たっては、東インド会社の会計係から情報を仕入れた。これは著者の知るかぎり、株式市場における初めてのインサイダー取引である。一六二一年、オランダは空売りと先物取引を法的に禁じようとした。

一三．コラムニストのマイク・ロイコはマーケットを躁鬱病患者と記述している――「株式市場の取引では、あなたがやるべきことは新聞の見出しを読み、テレビやラジオで毎日の放送を聞くことだけだ。そうすれば、セラピーを受けたり、精神安定剤を処方されたり、ベッドに縛りつけられる人について最新の治療情報を知ることができるとあなたは思うだろう。これぞまさに躁鬱病患者の心理描写である」（シカゴ・トリビューン紙、一九八九年一〇月一六日付。チャールズ・D・エリスとジェームズ・R・バーティン編集の『The Investor's Anthology』New York, 1997, p.58にも転載）。

一四．ジェームズ・グラントによれば、「強気相場では進歩と空想の境界は不明瞭である」（『Minding Mr. Market』New York, 1993, p.xvii）。

一五．テイラー著『Dutch Flower Painting』, p.5。静物画に描かれた生け花は非常に高価になったため、画家は同じ花を使い回さなければならなかった。

一六．支払いは時としてお金と物品で行われることもあった。「三七〇エースのブランバンソン・スプーアの球根一つは七〇〇ギルダーで売られていたが、二〇〇ギルダーはお金で支払って、グラスがたくさん入った黒檀製のキャビネット食器棚、鉢植えの花の大きな絵画も付けるという条件が付けられていた」と強欲者は書いている（テイラー著『Dutch Flower Painting』の一〇ページとポスチュマスの「Tulip Mania」の四五八ページ）。

一七．夏の終わり、ハールレムの六人の栽培家が弁護士に苦情を訴えた――「彼らは大量に売買して、大量に輸入したにもかかわらず、多くの者は受け渡しも支払いもしていない。何人かの正直者は支払いを約束してくれたが、それでも一〇〇の契約のうちの一、二、三、四、最高でせいぜい五つの契約にすぎない」（ポスチュマスの「Tulip Mania」の四六四ページ）。

一八．サイモン・シャーマによれば、バブル崩壊後、オランダ当局は投機家たちの悪行が人々を堕落させたとして、小冊子を配布したり、説教活動をしたり、活字を通じて愚行に対する啓蒙運動を行う必要性を感じていた。（『The Embarrassment of Riches : An Interpretation of Dutch Culture in the Golden Age』London, 1987, p.362）。

一九．シャーマはクリスピン・ファン・ドゥ・パスの風の戦車に寄りかかる花の女神を描いた寓話的静止画「愚か者を乗せた花の女神の車」」（これは寓話的静止画だが、風の取引を風刺したものでもある）について記述している。彼女は、だまされやすい「富の熱望（Graagryk）」と「旅する光（Leegwagen）」と乾杯するフラスコを口に携えた「愛しい髭（Lekkebard）」に付き添われながら風の戦車に乗っている。戦車には二人の少女も乗っている。一人は球根の重さを測り、もう一人（「怠け者の希望」）は鳥を放っている。これは無邪気さの喪失を意味する。戦車の後には戦車に乗せてくれと叫びながら追いかける人々。道には折れたチューリップがまき散らかされている。背景には先行した風の戦車が波に沈む姿が描かれている（『Embarrassment』p.327, 364）。

二〇．一八三〇年代にシカゴで起きた土地の投機フィーバーにも似たような伝説がある。これはイリノイ州のミシガン運河が売った土地にまつわる話だ。街の区画を売るのに忙しい医者は、メッセンジャーに呼び出されて病気の女性をしぶしぶ往診した。そそくさと処方箋を書いて帰ろうとしたとき、医者はその女性に呼び止められた。「先生、薬の飲み方を教えてくださらないのはなぜですか?」。土地のことで頭がいっぱいの医者は振り向きざまにこう言った。「運河の販売条件。頭金が四分の一で、残りは一年、二年、三年のローン」（ジョン・フィリップ・ウッド著『The Life of John Law of Lauriston』Edinburgh, 1824, p.51とA・M・サコルスキー著『The Great American Land Bubble』New York, 1932, p.249を参照）。

二一．ガーバーがチューリップバブルの歴史的説明を改定しようとしたことには特別な動機があった。一九八七年一〇月の株式市場の大暴落の直後に発表されたガーバーの論文には、株式先物市場の政府による規制を阻止しようという意図があった。

二二．ついでながら言えば、「ブルーチップ」という言葉は、モンテカルロカジノの最も高価なチップの色から来ている。

二三．「投機のカーニバル」という言葉は、一八六〇年代のニューヨークの金市場と一九二〇年代のウォール街の強気相場にも当てはまる（ウィリアム・ファウラー著『Ten Years of Wall Street』1870, p.387とゴードン・トーマスおよびマックス・モーガン・ウィッツ著『The Day the Bubble Burst』London, 1979, p.152を参照）。

第2章　チェンジアリーの株式売買と一六九〇年代のプロジェクトの時代

「ウォール街ほど歴史が頻繁に、しかも形を変えながら繰り返される場所はない。ブームやパニックについて書かれた当時の記述を読むと、株の投機や投機家が今も昔もさほど変わらないことに驚くはずだ。ゲームは変わらないのだ。そして人間の本質も変わることはない」――エドウィン・ルフェーブル著『欲望と幻想の市場――伝説の投機王リバモア』（東洋経済新報社）

現在の投資銀行家にかつらを被せ、フロックコートを着せ、ズボン、靴下、バックルシューズを履かせて一六九〇年代のチェンジアリーにタイムスリップさせてみよう。チェンジアリーはロンドン金融街（シティー）にある小路で、コーンヒル通りとロンバート通りを結ぶ曲がりくねったこの狭い道には精肉や鮮魚や果物や野菜の屋台が並ぶ。彼らのカートが銀行家の行く手をさえぎる。腐った野菜の悪臭に耐えかねた銀行家は床屋や本屋や安酒場が立ち並ぶなかにあるコーヒーハウスに思わず逃げ込んだ。紅茶を注文するとあたりを見回した。壁には「このあたりで落としたダイアモンドと為替手形を見つけた方には賞金を差し上げます」と書かれたポスターが貼られ、「貴重な不老不死薬、人気の丸薬、美しさを保つ化粧水、ドロップ、のど飴」を宣伝する広告が金箔の額のなかに飾られている。ローマ法王のように完全無欠なものばかりだ。コーヒーハウスの隅では、「三センチ弱のローソク」によるワインのオークションが行われている（ローソクが燃え尽きると入札は終了する）。もう一方の隅では、男たちがフランドル地方の村の包囲攻撃ではどっちが勝つか賭けをしている。タイムトラベラーがうろたえ困惑し始めたとき、身なりの良い男がジョナサンのコーヒーハウスに入ってくる。彼は「株はどうかね？」とユダヤ人紳士に話しかける。清教徒のようないでたちをしたさえない風貌の男たちの群れから抜け出してきたユダヤ人紳士は、彼にあいさつする。「どの銘柄を売ろうと思っているのですか？　ロフティングスやブルーペーパーの値段は？　東インド会社のプットはいくらですか？」。自信をなくしかけていた銀行家の顔がパッと明るくなる。耳に入ってくる「金利」「割引」「譲渡」「勘定」「社債」「株」「プロジェクト」と言った言葉は理解できたからである。彼は株式仲買人を手招きして説明を求めた。株式仲買人は近代の銀行家に、新興のテクノロジー会社が群れをなして市場に参入していること、株価が上昇していること、記録的な売買高、最新の金融デリバティブ、信用が急激に拡大していること、株式市場を取り巻く噂や著しい慣行、知識を持たない愚かな投資家が株の購入に走っていることなどを話してきかせた。どの話も銀行家にとっては馴染みのあるものばかりだった。そして、最後に株式仲買人はこの浮かれ騒ぎから稼ぎだそうとしている利益について興奮気味に語った。タイムトラベラーは知っているよと言わんばかりに微笑み、居心地の良さを感じ始めていた。過去はけっして失われた時間ではないのである。

一六九〇年代の株式ブームのたどった過程と特徴は、現在の株式市場にいる者で知らない者はいない。当時のロンドン株式市場は創設からまだ一〇年足らずで、極めて原始的なものだった。ブローカーや顧客はチェンジアリーのコーヒーハウスや王立取引所の屋根付き歩道に非公式に集まって取引していた。数年前までは「ブローカー」は斡旋人と呼ばれ、株式仲買人、幹事、株式募集、引受業務、プット、買い取る権利（つまり、コールオプション）といった言葉を知っている者はいなかった。ところが、これらの言葉は突如としてだれもの口に上る金融の隠語になった。株式市場は成熟期間が与えられ、学習過程を経て静かに進化するというようなものではなく、知恵の女神アテナのごとく、完全なる形でいきなり現れた。市場は誕生を待たずにいきなりブームを迎えたのである。

信用は金（かね）なり

ロンドンにおける株式市場の出現は一七世紀終わりのイギリスにおける数あるイノベーションの一つで、金融革命と呼ばれた。これは一六八八年の名誉革命と同時期に起こった。名誉革命とは、オランダのオレンジ公ウィリアムがカトリック教徒であった義父のジェームズ二世を国王から追放したクーデター事件のことを言う。金融革命では、一六九三年に公債の発行が始まり議会が支払いを保証した。これはのちの「国債」の始まりである。さらに一六九四年にはイングランド銀行が設立され紙幣の発行が許可され、一六九六年には大蔵省証券が導入された。一七〇四年には約束手形法が施行され、これによってすべての負債が売買可能となり、したがって譲渡可能になった。これらのイノベーションはオランダの影響を強く受けたため「ダッチファイナンス」とも呼ばれ、ルイ一四世のフランスとの戦争の巨額の戦費を賄うのに貢献した。

イギリス内戦（一六四二年～一六五一年）以降、ゴールドスミス（金細工職人）が銀行家としての役割を担い、貸し出しを行ったり商人の交換手形（クレジットノート）のための市場を作ったりしていた。一六九〇年には流通している交換手形の総価値はイギリス王国の貨幣量を上回っていたと言われている。この新たな形態の信用はお金と共通の特徴をたくさん持っていたと言う著者もいる。しかし、信用が金（きん）と異なるのは、作ることができ、破壊することもできるという点だった。信用には実用性はなく、その価値は信じるという行為に支えられている。だから、信用（ラテン語ではcredereやcreditum。信じることを意味する）と呼ばれた。信用は絶えず変化し、とらえどころがなく、独立したもので、制御できなかった。当時の人は信用を気まぐれな若い乙女になぞらえた。当時の経済学者のチャールズ・ダベナントは、「信用は強要されるものではなく、世論によって決まり、われわれの希望や恐怖という感情によって絶えず揺れ動く。信用は求めるものではなく、わけもなく消失することが多い。いったん消失すれば、回復はほぼ不可能だ[1]」と書いている。信用は投機のシャム双生児のようなものだった――同時に生まれ、同じ性質を持ち、密接に絡み合っているため完全分離はほぼ不可能。

一六九〇年代は無節操で利己主義的な人々を生み出した。彼らはいわゆる富裕層で、金融革命を利用して財をなした人々である。その代表がジョサイア・チャイルド卿とジェイムズ・ブリッジス（シャンドス伯爵で、のちに侯爵になった）だった。ジョサイア・チャイルド卿は銀行家で東インド会社の株主でもあった。彼は「利益に夢中にならない人間などいない」と言ってのけた。もう一方のジェイムズ・ブリッジスはシャンドス伯爵で、陸軍の主計長官になって財産を築いた。社会的地位がもっと低い人物では、書籍商のトーマス・ガイと商人のジョン・〝バルチャー（ハゲワシ）〟・ホプキンスといった取引所をうろつくディーラーがいた。彼らのケチぶりは伝説的でさえあった。ガイとホプキンスは、自己の利益がノブレス・オブリージュに優先し、以前は悪とみなされた強欲と消費が経済的効果をもたらすとみなされる新しいリベラルなイデオロギーを生身で具現化した人物だった[2]。この概念が最も発展したのは、株式仲買人と顧客がほかのことは考えずに個人的な利益のみを追求する株式市場である。

チャールズ・ダベナントは『ザ・トゥルー・ピクチャー・オブ・モダン・ホイッグ（The True Picture of a Modern Whig）』のなかでこの新たな富裕層を皮肉っている。チェンジアリーで株式の取引が行われていたコーヒーハウスの一つで、情報交換の重要な場となったギャラウエー・

コーヒーハウスの経営者であるトム・ダブルは、同書で道徳観念のない利己主義者のモデルとして描かれている。「得られるものはどんな手段を使ってでも手に入れる。これはわれわれ近代ホイッグ党の指針である」とダブルは言う。彼は貧困から身を起こし富裕層に上り詰めた人物で、出生を自慢することを大変軽蔑する。[三] ダブルは成り上がり者によく見られる高慢さで自分の富をひけらかす――「私は別荘を持っていて、別荘には女王のように美しい愛人がいる……フランス料理のコックもいれば、ろうでできたローソクもある。私はエルミタージュ、シャンパーニュ、ブルゴーニュしか飲まない。カオールワインなんて食器棚に入ることすら許されない。召使いたちはフランスのクラレットなんてワインじゃないと嘲笑っているよ」。馬車といい、ワインといい、愛人といい、ダブルは今の時代のヤッピーさながらだ。まさに「宇宙の支配者」である。ダブルはトム・ウルフの小説『虚栄の篝火』に出てくる債券トレーダーのシャーマン・マッコイをモデルにしたような人物だ。二つの時代には類似点がある。一九八〇年代同様、一六九〇年代も「金と銀の雨が降る」時代だったのである。[四]

初期の株式市場――隆盛と衰退

資本が株式という形で出資者（株主）に所有される企業形態、すなわち個人資本を統合して一つの企業活動を行うジョイント・ストック・カンパニーはイギリスでは一六世紀から存在していたが、一六九〇年代までは株式を売買するための正式な市場はなかった。一六九〇年代以前は東インド会社の株式は会社の商品と同じくオークション形式で売られていた。一六九〇年代になって初めて、「完璧な市場」の必要条件――流動性と株が自由に譲渡可能であること――が満たされたのである。外国人は株を所有することはできず、株を売るときは特別委員会の許可が必要で、特別委員会には部外者が会社に入るときは「罰金」を課す権利が与えられていた。また、東インド会社、王立アフリカ会社、ロイヤルアフリカン、ハドソン湾会社といった勅許会社の株は少数の富裕層が独占し、売買高が少なかったため過去の株価のデータはなかった。この時代以前には、投機が行われるのは王立取引所で取引される商品だけだったため、大衆が関心を持つことはなかった。

「国は大金持ちで、取引量は桁外れに多く、紙券信用は高まり、ロンバード通りのゴールドスミスは巨額のお金を自由自在に操っていた……」[2]とダニエル・デフォーは一六八〇年代を回顧している。名誉革命は栄華を極めた時代に起こった歴史上唯一の革命である。当時イギリスでは豊作が続き、対外貿易が盛んで、オランダやユグノーの移民が新しい技術や資本を携えてイギリスにやってきた。勅許のジョイント・ストック・カンパニーも栄華の一翼を担った。一六八二年から一六九二年まで東インド会社は名目資本の四倍に相当する配当を出した。一六六〇年に東インド会社の株を買って会社の「所有者」となり、一六八八年に株を売っていれば、当時の金利を一二〇〇%を上回るリターンを上げていただろう。[3]一六九〇年代の終わりには勅許会社の株は純資産価値に大きなプレミアムが付いた価格で取引されていた。売買高が飛躍的に多くなったのはチェンジアリーに正式な株式市場が登場してからである。ジョサイア・チャイルド卿は、「起こるべくして起こった変化であり、この絶え間ない変化によって、東インド会社の株式は二年かそこらで所有者が変わっている」[4]と述べている。

一七世紀の統計学者であるグレゴリー・キングによれば、経済の黒字は一六八八年までの四半世紀で二倍になった。これは新しいタイプの会社発起人、いわゆる「事業家（プロジェクター）」に潤沢な資金を提供した。オレンジ公ウィリアムが招聘される前から、コンベックス・ライト・カンパニー（一六八四年に設立された新しいタイプの街灯を製造する会社）といったジョイント・ストック・カンパニーが設立されるなど起業家精神は旺盛だった。新会社の設立――デフォーは「無からまったく新しいものを生みだそうとする気概」と呼んでいる――が本格的に始まったのは一六八七年である。その年、ニューイングランドの船長であるウィリアム・フィップスはイスパニョーラ島沖で沈没した財宝を積み込んだスペイン船から引き揚げた三二トンの銀と大量の宝石を携えてイングランドに戻ってきた。王、フィップス船長、船の乗組員が分け前を取ったあと、残りの一九万ポンドは航海を支援してくれた共同出資者に一〇〇〇〇％の配当という形で配分された。「共同出資者は思いもよらない配当で大金持ちになった」[5]とジョン・エベリンは日記に書いている。この航海の成功は国中を興奮の渦に巻き込んだ。昔は羊番だったフィップス船長は航海から戻って三週間でナイトの称号を授与され、記念メダルが作られた。人々はフィップスの成功を見習って宝探しの旅を計画した。しかし、フィップスのようにパートナーシップを組むことはなく、ジョイント・ストック・カンパニーを設立した。エリザベス女王時代の私掠船を起源とするアドベンチャーの時代は、突如として投機の時代へと変貌した。

フィップスの成功を受けて、二つのタイプの「潜水」会社が作られた。一つは政府から「特許」を取得し、特定の場所に沈んだ難破船から「財宝を探し出す」専売権が与えられる会社である。造幣局長で当時の有力な事業家だったトーマス・ニールは、ジャマイカやバミューダやポルトガル沖で難破船を探索する専売権を有する三つのサルベージ会社に関与した。トバゴ・カンパニーのジョン・ポインツ船長は西インド諸島で「難破船を引き揚げて真珠とアンバーグリスを探し出す」特許を申請した。[6] もう一つは最近発明された潜水艇の技術特許を持つ会社である。「エンジンがエンジンを生み、企業が企業を生む」という言葉どおり、多くの潜水会社が設立された。そのなかには王室天文官であるエドモンド・ハレーが考案した「潜水鐘（ダイビングベル）」の特許を取得したイングランドのカンパニー・フォー・レイジング・レックも含まれていた（同社は「ダイビング・ハレー」として初期の株式リストに登場した）[五]。『ロビンソン・クルーソー』の著者のダニエル・デフォーはジョセフ・ウィリアムズというコーンウォール人が設立した別の潜水鐘会社の財務主事として雇われた。

潜水会社の事業家は大衆の関心を自分たちの株式に向けさせようと乗り出した。評判を高めるために、「海底から引き揚げられた財宝は世界中で喧伝され」、潜水艇の実演がテムズ川で行われ、大物著名人には株式が無償で交付された。著名人の名前は大衆から金を巻き上げるために使われたにすぎない。貧乏人にはごちそうやお金を与え、友人や知り合いが潜水艇を見物に来るように仕向けた。[7]ポインツ船長の潜水会社は目論見書で一〇〇%のリターンを謳った。こうした誇大広告によって株価には発行価格を大幅に上回るプレミアムが付いた。「ジョイント・ストック・カンパニー、特許会社、潜水艇会社、企業の株はこうした誇大宣伝によって一気に跳ね上がり、ある潜水会社の株は五〇〇%も上昇した」とデフォーは書いている。しかし、潜水会社や財宝探し会社が引き揚げたものが「鉄製の銃、煙突の裏板、船の索具装置」にすぎないことが判明するや、これらの会社はすぐに消滅した。五倍にも膨れ上がった潜水会社の株価は一株一二、一〇、九、八ポンド……と下落し始め、ついには買い手が付かなくなった。[8]これはウィリアムズの潜水会社で二〇〇ポンドの損失を出したデフォーの痛い経験からの記憶だ。何年もあとになって彼は「特許屋のこっけい話はまだまだたくさんある。だまされたのはほかならぬ私だったのだ[六]」と書いている。

　一六八九年、ルイ一四世がオレンジ公ウィリアムからイギリス王権を剥奪しようとして英仏間で戦争が勃発した。この戦争は恐慌を引き起こすどころか、むしろ発生期のイギリスの株式市場の刺激剤となった。フランスのことわざに「大砲が鳴り響いたら買い（戦争の始まり）、トランペットが鳴ったら売れ（戦争の終結）」というものがあるが、まさにそのとおりになったわけである。対外貿易が中断したため商人は資本の別のはけ口を探さなければならなかった。一方、議会はフランスからの輸入を禁止する法律を可決した。[七] 事業家たちは以前はフランスから購入していた商品を製造させるために多くの新興企業に出資した。[八] こうしたベンチャー企業の代表が王立ラストリング会社だった。同社は「アラモード（流行）」（繊細で軽い光沢のあるブラックシルク――ラストリング）と呼ばれるファッショナブルなフランス服を製造するために株で六万二〇〇〇ポンドの資金を調達した。[9]

　潜水会社同様、こうした新興企業は当初は市場で大成功を収めた。ホワイトペーパー会社は一六九〇年に五〇ポンドで株式を募集発行したが、次の四年で価格は三倍になった。ニコラス・デュパンのリネン会社の株は一六九〇年には一〇ポンドだったのが三年後には四五ポンドになった（一六九一年六月、デュパンは事業を多角化するためにイングランド南岸沖での難破船引き揚げの特権を申請した。これはリネン業界が揺籃期に支援不足のために沈まないようにするためだった）[10]。事業家たちは異なる多くのプロジェクトでの利益を維持して本事業をヘッジした。例えばトーマス・ニールは、潜水特許会社や水道会社や製紙会社や鉄鋼会社や鉱業会社など三九の会社に関与した。いくつかのプロジェクトではニールはジョン・タイザックとパートナーシップを組んだ。ジョン・タイザックは潜水艇の特許を持っていただけでなく、「ロシアの擬革」を製造する会社を設立するための特許も取得していた。ニコラス・デュパンはイングランドとスコットランドとアイルランドにある三つの「ホワイトペーパー」会社を経営し、スコットランドの鉱業会社も経営していた。

こうした新興企業の多くは発明の特許を取得するために設立された。一六九一年六月から一六九三年一〇月までの間に全部で六一の特許が発行された（そのうちの一一件は潜水艇の特許）。こうした新興企業の一つがジョン・ロフティングの消防車会社で、同社は「イギリスではこれまで見たことのない消防車」の特許を所有していた。ナイト・エンジン・カンパニーもこうした新興企業の一つで、同社は「家のどこにでも取り付けられ泥棒の侵入を防ぐ」ための防犯ベルを製造する会社だった。[11] 新興企業は設立当初から懐疑的な目で見られた。ある当時の著者によれば、「これらの新興企業の多くは〝単なる思い付き〟で設立され、世界に貢献することはなかった。彼ら（事業家）はその価値と良さについて高らかに喧伝し、彼らの発明を誇大広告するエージェントを雇い、何も知らない罪のない人々を食い物にした。無知な人々は商品の斬新さ（おそらくは外国のものをまねたか再現したのだろう）に魅せられ、株を買わされた。つまり、お金をだまし取られたのである。路上強盗よりもたちが悪い……」[12]。

一六九二年の戯曲『ザ・ボランティア（The Volunteers : or The Stock-Jobbers）』のなかで桂冠詩人のトーマス・シャドウェルは株式市場に特許会社が出現したことを風刺的に描いている。あるシーンでは株式仲買人が「ネズミ捕り」を製造する新会社のことを次のように話している。「ネズミ捕りはどんなネズミも否が応でも誘い込む。特許を取得する前の株価は一五ポンドだったが、特許取得後は六〇ポンドは下らないだろう。イギリスではネズミ捕りのない家はないからね」。ある裕福な投機家の妻が潜水会社に興味を示すと、夫は女性特有の信じやすさをやさしくたしなめた。「いいかい、よく聞くんだ。私たちにとってそれが役に立とうと立つまいとどうでもいいことだ。重要なのは株式売買で一ペニーを大金に変えらえるかどうかなんだ」[13]。アイザック・ニュートンと王立協会の「科学の時代」にあっても、一六九〇年代の特許会社は科学の進歩を商業のために応用しようとする真剣な取り組みではなかった。特許は有効性が審査されることなく登録され、事業家はそれを時間とコストをかけることなく会社を立ち上げる便利なツールとして使った[14]。

初期の資本市場におけるギャンブル

薬剤師でコーヒー商人のジョン・ホートンは、一六九二年から自らが発行する隔週の商業紙「ア・コレクション・フォー・ザ・インプルーブメント・オブ・ハズバンドリー・アンド・トレード」で株価リストの掲載を始めた。株式ブームのなか、ホートンのリストは一〇銘柄から五七銘柄（一六九四年五月）に増え、新しい企業は市場におけるニックネーム（例えば、「ナイト」「ロフティング」「ダイビングW」など）でリストに加えられた。また株式の譲渡を促すために標準的な販売契約書が作成された。株式オプションや先物（当時は「定期売買取引」と呼ばれていた）といった高度な投機手法はアムステルダムから入ってきた[15]。ホートンは東インド会社の先物については価格をほかとは別に提示したり、プットオプション（株式を決められた価格で売る権利を買うこと）を株価が下がったときのヘッジ、つまり保険として使うにはどうすればよいかなどを説明した。彼はオプションが投機になり得ることを認識していたのである。「こうして多くの人が株式投資に参入してきたが、それが成功するかどうかは定かではない……」[16]。

株式売買が流行し始めるとホートンはそれを「ア・コレクション・フォー・ザ・インプルーブメント・オブ・ハズバンドリー・アンド・トレード」の読者に解明する努力を惜しまなかった。「トレードはこのように行われる。お金を持った人がブローカー（主に取引所だが、ジョナサンのコーヒーハウスのときもあれば、ギャラウエーやそのほかのコーヒーハウスのときもある）の元を訪れ、『株価』を聞く。情報を収集したその人はブローカーたちにこれこれの銘柄をこれこれの価格で売買してくれるかどうか聞く。株を持っている、つまり株を売ることができるブローカーと交渉して、契約を結ぶ[17]」。小さな会社の株は、「全株式を手に入れようとする（今で言う「買い占め」）同盟のメンバーである少数の人」によって操作される可能性が高いとホートンは言った。金融業者のあやしげな「策略」と、オプションや先物でヘッジするといった高度な投機テクニックは、初期の株式市場でも実に鮮やかな手口として使われた。

オレンジ公ウィリアム統治下のイギリス政府は、株式市場ブームに乗って、対フランス戦争の戦費を調達するためにギャンブル好きな国民を利用することを思いつく。それが宝くじである。オランダの先例に倣って、一六九四年、トーマス・ニールはイギリス初の政府宝くじを発売した。「ミリオンアドベンチャー」の一等賞金は、毎年一〇〇〇ポンドを一六年間にわたって受け取ることができるというもので、一〇ポンドで買うことができた（外れ券［ブランクと呼ばれた］も一六年間にわたって毎年一ポンド受け取ることができた）。一〇万枚の宝くじはたちまちのうちに売り切れた。宝くじフィーバーに続いて多くの民間宝くじが発売され、新聞などで宣伝された。何にでも首を突っ込みたがるニールは、「プロフィタブル・アドベンチャー・トゥー・ザ・フォーチュネット」という三つの宝くじを独自で発売した。大きな宝くじのあと「ペニー宝くじ」が発売され、株式仲買人は貧乏人向けに一〇ポンドの宝くじ券を分割して売り出した。一六九〇年代の中ごろには宝くじ券はクレジットノートのように通貨として流通するようになっていた。[九]

株式市場で事業家が宝くじフィーバーを利用することを思い立つのに時間はかからなかった。カンパニー・オブ・マイン・アドベンチャラーズのケースは宝くじギャンブルと株式市場の投機とが絡み合った金融スキャンダルとして興味深い。一六九三年にウェールズで銀を採掘する会社として設立された同社は翌年、ハンフリー・マックワース卿というたちの悪い冒険家に乗っ取られた。マックワースは二〇ポンドの株を利付き債に交換すると発表した。債券が宝くじ券の代わりになることに目をつけたのである。一〇の債券のうち一つには賞金が付き、一等賞金は年間二〇〇〇ポンドの収入が見込める株式と債券のパッケージだった。七〇〇人の株所有者が交換を申し出、五分の四以上の株式が宝くじ券に交換された。[一〇] マコーリーによれば、宝くじを少し違った方法で使ったのがロイヤル・アカデミーズ・カンパニーだった。会社の取締役たちは、「あらゆる分野の知識人を招聘し、二〇〇〇枚の宝くじ券を一枚二〇シリングで発売する予定であることを宣伝した。二〇〇〇枚の宝くじは抽選が行われ、見事賞金を獲得した人はラテン語、ギリシャ語、ヘブライ語、フランス語、スペイン語、円錐論、三角法、紋章学、漆加工、築城術、簿記、テオルボ演奏が会社の費用で教えてもらえる」[二]と宣伝した。

金融革命を研究している最近の歴史家は、一七世紀終わりのギャンブル熱は当時の金融発展にとって「逆行するトレンド」であったと述べている。[18] 資本主義を近代の合理主義の進歩と見れば、それは確かに相反するものである。資本主義を啓蒙思想の一分野として提唱したのは社会学者のマックス・ウェーバーである。彼は『プロテスタンティズムの倫理と資本主義の精神』のなかで、「資本主義の精神は合理主義の発展のなかで発達してきたと考えるとよく理解でき、資本主義の精神の発達は、合理主義が人生の基本問題において基本的にどういう立場にあるかによって推論することができる」と述べている。ウェーバーにとって、資本主義システムの発達は合理的であるだけでなく禁欲的なものでもあり、質素倹約してカルビン派の天職に励み、その結果として利潤を得ることができるというものだった。[三] 資本主義システムは利潤に対する無限の強欲とは正反対のものだった。「資本主義とは、非合理的な衝動を抑制するもの、少なくとも合理的に静めるものであると私は思う」と彼は述べている。

一七世紀の終わり、リスクを合理主義的な尺度によって数値化する科学が大きな発展を遂げた。エドモンド・ハレーは潜水鐘を発明しただけではない。一六九三年にはプロイセンのブレスラウという町の統計を使って世界で初めて死亡表を作成した。ハレーは死亡表を使って死亡率を推定した。これが生命保険業界が依って立つ数理科学発展の基礎となった。当時のギャンブルでも人々がまず第一に考えるのが確率だった。一六九三年、サミュエル・ピープスとアイザック・ニュートンはサイコロ投げや確率や賭けについて、長い書簡を交わしている。またミシシッピ計画を提案し、次世代の有力な投機家であったジョン・ローは一六九〇年代にはギャンブラーとして生計を立てていたが、ハザードと呼ばれるサイコロゲーム（クラップスに似たサイコロゲーム）に高度な確率論を使って財をなした。[18] ローはギャンブラーから投機家に転向した人物だが、これはこの時代の金持ちには珍しいことではなかった。ダベナントの小説の主人公であるトム・ダブルもセントジェームスのギャンブラーからチェンジアリーの投機家に転じた人物である。

公的ギャンブルに賭けたり民間ギャンブルに賭けたりすることは、チェンジアリーのコーヒーハウスではごく当たり前の風景になっていた。デフォーによれば、一六九〇年代には賭けは単なるギャンブルではなく「何かを保証する」という性質のものになっていき、この「取引」は王立取引所やコーヒーハウスで次第によく見られるようになった。やがて「取引」は株式仲買人の支配下に置かれるようになった。[19] 保険はギャンブルによって発達した。一六九一年にエドワード・ロイドがコーヒーハウスをロンバード街に移したときには、ブローカーは路上強盗保険や「女性の貞操保護」保険[20]などさまざまな保険を扱うようになっていた。商人が戦争が勃発するかどうかで賭けをしたり、ウィリアム王がいつまで生きるかで賭けをしたり、包囲戦ではどちらが勝つかで賭けをしたりしたのは、賭博に夢中になったからではなくビジネスリスクをヘッジするためだった。

「リスクをカバーする」という考えが株式市場にもあったのは明らかである。当時の人々はフィップスの宝探しについて語るとき確率という言葉を使った。フィップスの宝探しの航海が成功する確率は「一〇万分の一」だったとデフォーは言っているが、アーロン・ヒルは一〇〇万分の一だったと言っている――「彼の航海が成功し大金持ちになったのは幸運だったとしか言いようがない」[四]。ギャンブルと投機のおかげでリスクと確率に対する分析は進んだが、これは資本主義がカルビン派の禁欲を具現化したものであるとするウェーバーの考えとは無関係で、合理主義の延長ととらえるべきである。

ギャンブルは確率理論の発展には貢献したが、非合理的なものであることに変わりはなかった。宝くじ券の番号の選び方について言及したリチャード・スティール卿は、「理性よりも思い付きで選ぶ傾向が強く、それが根拠のない空想上の動機を生む。そこに現実感はない」[21]と述べている。のちにアダム・スミスは宝くじ券の購入者の例を引き合いに出して、「リスクを無視して、成功すると思い上がる」人間の普遍的性向について言及している。[一五]これは一六九〇年代に特許会社に投資した投機家にも当てはまるかもしれない。ギャンブルの心理は新しい金融世界の隅々に浸透し、その中心にいたのが株や宝くじ券や賭けを扱う株式仲買人だった。株式市場は厳格なカルビン派の資本家に資金を提供するために登場したわけではなく、倹約を重んじる清教徒の心をとらえることもなかった。株式市場は宝くじのようなフィップスの冒険の成功にヒントを得たのである。株式市場の投機とカンパニー・オブ・マイン・アドベンチャラーズのような宝くじギャンブルの融合は自然の成り行きだったと言ってもよいだろう。

ギャンブルと金融革命との間に矛盾はなかった。なぜなら、賭博は株式市場の本質だったからである。デフォーが言ったように、「株式売買はゲームのようなものだ。サイコロは株の仲買に比べると危険性は低いが、どちらも危険であることに変わりはない」[22]。ウェーバーが言ったように、欲とギャンブルの非合理な衝動は資本主義の対極にあるものではなく、むしろ資本主義システムを発展させるのに役立った。ケインズは投資ゲームを次のように記述している。

> 投資ゲームは、賭博本能をまったく持っていない人にとっては耐えがたいほどに退屈で、厳格すぎる。一方、賭博本能を持っている人はその本能に対して代価を支払わなければならない。これは一七世紀も二〇世紀も変わらない。[23]

株式市場とジョイント・ストック・カンパニーがほかの形態の資本組織以上に成功したのは、内部にゲームの要素を取り入れたからである。金融資本主義の起源においては合理主義は補助的な要素にすぎなかったのである。

髪飾りとスカートの丈

一七世紀の投資家は近代の投資家と比べても遜色がないほど教養があった。年金と宝くじ券――いずれも一定年限の間は収入が入るが、元金は戻ってこない――の評価には割引キャッシュフロー法が使われていた。[二六]今日、「貨幣の時間的価値」と呼ばれているものは、「予測は必ず割り引いて考えなければならない……今日支払われる一〇〇ポンドは、年間一〇ポンドずつ一〇〇年にわたって支払われる一〇〇〇ポンドよりも価値がある」といったジョン・ローの言葉と同じ意味であることは明らかだ。[二七]

さらに初期の株式市場のプレーヤーたちは「本質的価値」という概念も理解していた。ただし誤解を招く趣意書や株価操作、そして株式ブームは、本質的価値を発見するというただでさえ難しい作業をさらに難しくした。一六九〇年代のブームのあと、デフォーは次のように書いている――「多くの株価が本質的価値を上回って上昇し、東インド会社の株価は本質的価値は変わらないのに額面価格を三〇〇%から四〇〇%上回る価格で売られていた」[24]。金（きん）を担保にした通貨を土地を担保にした通貨と交換することをもくろんだ当時の土地銀行の事業家は、本質的価値が矛盾した表現であることを認識していた。なぜなら「本質的」が内面的資質を示唆するのに対して、「価値」は外面的資質を示していたからである。例えば、ニコラス・バーボンは、「物そのものには価値はない。物が使われるようになり、それに価値を与えるのは、世論と流行である」[25]と言った。同じく土地銀行の事業家だったジョン・ローも、価格は需要と供給の相互作用の結果として決まるものだと言った。ローの言葉を株式市場に当てはめれば、株価は本質的価値を反映したものではなく、流動性（市場に対する新たな資金の提供）によって決まるのである。

　価値というものは内在的なもの、つまり常に変化する「世論と流行」によって決まるという土地銀行家の主張は株式市場を言い当てたものだった。なぜなら潜水会社が設立されてからというもの、市場ではブームが続いたからである。一六九〇年代に株式市場が登場したあと、女性のけばけばしい髪飾りが流行するようになった。髪飾りの高さは一六九〇年代初期から徐々に高くなり、一六九五年にピークを迎えたときの高さは実に二メートルを超えていた（一六九五年は株式市場が暴落した年）。リチャード・スティール卿をして、「株価は髪飾りの高さに比例して上下動した」と言わしめたほどである。女性のスカートの丈が短くなったことと一九二〇年代の株式市場の上昇もまた、一定の関連性を持つ（これは「株式市場のスカート丈理論」と呼ばれるようになった）[26]。スティールのコメントについては、いくつかの解釈が可能だ。例えば、大胆でけばけばしいファッションは、株式市場で得られた利益がけばけばしさを見せびらかすために使われていたと見ることもできる。これは投機のエピソードに見られる顕示的消費を表すものだ。あるいは、金持ちの男の愛人の髪飾りの高さが高くなった（あるいは一九二〇年のフラッパーたちのスカートの丈が短くなった）のは、利己主義の精神が支配的になり厳格さが嫌われた投機時代のモラルの低下と見ることもできる。しかし、スティールが言わんとしていたことは、「一時的に高騰する市場の価値は、女性の衣服の流行と同じように、一時的な流行を反映したもの」であるということではないだろうか。投機のような流行は民衆の総意に影響され、絶頂に達するまではトレンドに乗って拡大していくが、そのあとは廃れるだけである。[一九]

数年後、スティールは逆張り理論について述べているが、これはおそらくは逆張りについての最初の理論だったと思われる（逆張りとは大衆とは反対の売買をすること）。

株式の歴史を読み、株価が同じ日に突然上昇したり下落したりする秘密を知ること以外に、若者が暇つぶしする方法があるだろうか。チェンジアリーの達人によって書かれたチェンジアリーの歴史を読む以外に、人生における重大事項である富に近づく方法があるだろうか。希望と恐怖についてよく知る以外に役立つものは何もない。つまり人が買うときには売り、人が売るときにはほくそえんで買うということである。[26]

ケインズは、「将来を確実に知ることは不可能で、株式市場の価値というものは自信の状態に影響されるものであり、〝多くの無知な人々の群集心理〟によって決まる[27]」と述べている。波動にも似た市場の姿と常に変化する信用に注目したスティールは、二〇〇年以上も前に、価値の「砂上の楼閣」理論と呼ばれるものをすでに見越していたのである。[30] スペクテイター紙のなかでスティールは訪問者が「穴だらけであぶくのような」虚空の宮殿に入ったときの様子を次のように記述している――「虚空は虚飾、うぬぼれ、おべっか、気取り、流行を従えて座っていた。崩壊した信用が愚行（投機の非合理性を寓喩するもの）とともに姿を現すと狼狽が沸き起こり、宮殿が少しだけ宙に浮いた……訪問者の心が沈み始めると、宮殿も彼らとともに沈み始め、彼らが持っていた敬意の念に相当する地点まで沈むと、やがて彼らが立っていた宮殿の一部は地面に到達した」。金融革命によって新しい経済システムが姿を現すと、そこに経済の実態はもはやなかった。今や価値は気まぐれな群集心理の産物となり、トレードはつかの間の自信の状態に左右され、会社は投機の陶酔感の波の上に浮かんで漂うばかりのものに変貌した。

スキャンダルと腐敗

一六九〇年代の株式市場では、健全な利己心と詐欺の区別はほとんどつかなかった。事業家が私腹を肥やすために偽造会社が設立され、株価は操作され、ウソの噂が流された。『ザ・ボランティア』のなかでトーマス・シャドウェルは株式市場を、利益のために互いを「だまし合う」詐欺師といかさま師の世界だと記述している。[31] さらにチャールズ・ダベナントは、金持ちの男は富を追求するために「いかさま、ゆすり、詐欺、贈賄、汚職」を行っていると書いている。「株式売買」という言葉は投機と同義語だが、これもまた、株価を真の価値以上につり上げると同時に、会社の将来性をこきおろす行為でもある[三]。クレジットノートや宝くじ券がお金として流通する世界では、株式は腐敗通貨となった。株式はほかの投資家を引き付けるために、あるいは彼らの反対を封じ込めるために、著名人に密かに無料で贈られた。シャドウェルの本に登場するハックウェル大佐は次のように自慢する——「私はいくつかの会社の株式を持っているが、これらを入手するのにお金はまったくかかっていない。これは私の抗議を封じるために与えられたものなのだ」。

株は政治家の買収にも使われた。政治の世界では昔からお金を使っての買収がよく行われてきたが、東インド会社の贈収賄事件では新しい形の金融投機も一枚かんでいた。事件の発端は一六九三年三月に東インド会社がその株式価値に対する特別税を支払うことができなかったことにある。その結果として、東インド会社の特許状が「表向き」は無効になった。それは折しもライバルのシンジケートが東インド会社から東洋貿易の独占権を奪い取ろうと画策していた時期だった。両グループは新しい特許状を取得するために、法廷や議会で大規模な贈賄を繰り広げた。争いは「秘密のサービスマネー」として二〇万ポンドを使った新東インド会社の勝利に終わった。贈賄にオプションや株式を使う手口は比較的高度なものだった。例えば、議会のメンバーであるバジル・ファイヤーブラス卿は、東インド会社に新しい特許状が与えられたときには、そのときの市場価格に五〇%のプレミアムを乗せて東インド会社の株式六万ポンドをその会社に売るオプション（プットオプション）の契約を交わした。これによってバジル卿は三万ポンドの利益を手にした。ほかの多くの議員たちはコールオプション（あらかじめ決められた価格で株を買う権利）を受け取った。これは会社の見通しが明るいことを確信したからであり、価格が上昇すれば儲けになる。一六九五年、事件を調査した議会は報告書を発表し、下院議長は罷免され、枢密院議長は弾劾され、東インド会社の理事は投獄された。ジョン・ポレックスフェンは有名な言葉を残している――「会社は肉体を持っているが魂はないと言われている。魂がなければ、良心もない」。この事件は彼のこの言葉を証明しているように思えてならない。この事件からの教訓は、金持ちの考えというものがいかに伝染しやすいか、そして株式市場というものは株式仲買人と同じくらい強い私欲を持つ政治家にとって危険なワナになり得るということである。この事件はこのあとの投機時代における政治家の組織的腐敗の幕開けとなった。二〇年後のサウスシーバブル（南海泡沫）事件の前夜にデフォーが警告したように、「政治家が株式仲買人になれば、国家は陰謀の犠牲者になるだろう」[三]。

老婦人、第一歩を踏み出す

一六九四年六月二一日、イングランド銀行の株式の募集発行が始まった。イングランド銀行の設立は金融界の常識をくつがえす驚きの連続だった。まずは一二〇万ポンドを政府に貸し出すという条件で、勅許と銀行業の独占権が与えられたことである。この貸し出しは本質的価値のない紙幣の形で行うことが許可された（つまり、金によって担保されていないということ）が、それにもかかわらず政府からは毎年一〇万ポンドの利息が支払われた。このとき紙幣――金融資本主義の賢者の石――は初めて政府によって暫定的に承認されたのである。イングランド銀行の株式の募集発行は大成功のうちに終わった。募集帳は数日で埋まり、ウィリアム王お気に入りのポートランド伯爵から、薬屋、運送業者、布地屋、刺繍屋、農民、船乗り、波止場管理人までさまざまな投資家が名を連ねた[28]。イングランド銀行の株価は二〇％のプレミアムが付くまでに跳ね上がったが、株式ブームは最終段階に入っていた。さまざまな土地銀行プロジェクトが進められたが、実現したものは一つもなかった[29]。ロンドン金融街の孤児ファンドの収入を担保として孤児バンクに資金を提供するというプロジェクトまで提案された（匿名のパンフレット作成者は、この敬虔な慈善プロジェクトにまで私欲と私的利益が入り込んでいる、と批判した[30]）。

この時代最後の大きな株式募集発行はチェンジアリーから遠く離れたエディンバラで行われた。イングランド銀行の創設者の一人であるスコットランド人のウィリアム・パターソンは、パナマ地峡に入植することを目的にダリエン会社を設立した。パターソンはパナマ地峡は世界貿易の中継地点になると考えていたのである。ダリエン会社の資金提供者たちは、これを隣国イングランドに対抗してスコットランド帝国の基礎を築く絶好の機会ととらえた。ナショナリズムにあおられて、スコットランド国民は一六九五年六月末に始まった三〇万ポンドの株式募集に大きな関心を示した。スコットランドの国務大臣であるジョン・ダルリンプル卿によれば、「スコットランド国民は厳粛同盟も熱狂的に支持したが、ダリエン会社の株式募集にはそれ以上に熱狂した……若い女性はわずかばかりの財産を株につぎ込み、未亡人は寡婦給与財産を売って株を買うためのお金を調達した。[31]ダリエン会社の立ち上げには新手の特徴がいくつかあった。一つは、パターソンは資本の半分だけスコットランドで調達して、残りの株をまずはロンドンで、次にアムステルダム、そして最後にハンブルクで売ろうとしたことである。ハンブルクでは二〇万ポンドの株式が売られたが、これは世界初の国際的株式募集だった。もう一つはもっとうさんくさく、ダリエン会社の取締役が株を担保にして株主に貸し出す紙幣を発行したことである。数十年後、パターソンのスコットランド人の友人であるジョン・ローは、パターソンの例に倣って、ミシシッピ会社の株を担保にして何百万ポンドもの紙幣を発行した。

スコットランド国民が熱狂するなか、ダリエン会社の立ち上げの準備は着々と進められていた（設立後すぐに倒産して国民は落胆する）が、国境の南側では金融危機が迫っていた。のちに発生する多くの危機と同様、この危機もまた金銭的困窮と投機に対する嫌悪感とによって発生した。「ダッチファイナンス」の多くのイノベーションにもかかわらず、フランスとの戦いにかかる戦費は公収入を上回り、政府は硬貨の質を落とすという古い策に走った。「グレシャムの法則」（エリザベス女王一世の王室財務官であるトマス・グレシャムが唱えた法則で、「悪貨は良貨を駆逐する」という意味）に従い、人々は良貨の買いだめに走った。一六九六年夏のジョン・イブリンの日記にはこう記されている――「通貨は小さな買い物をするのに不足しているだけでなく、共同市場で日々の供給ができないほど不足している」[32]。そんなとき、イングランド北部で暴動が起こり、信用という神経質な生き物はロンドン金融街から逃げ出した。短期公債の割引率は四〇％に下落し、一四〇万ポンドの当選債券で売れた額は一万八〇〇〇ポンドに満たなかった。株式もそのあおりを受け、「指標」となる東インド会社の株価は一六九二年の二〇〇ポンドから一六九七年には三七ポンドにまで下落した。また、ハドソン湾会社の株価は七〇％、リネンカンパニーの株価は九〇％下落した。潜水会社と特許会社を含む新興企業のほとんどは姿を消した。一六九三年にあったイギリスとスコットランドの会社一四〇社のうち、危機を乗り切って一六九七年まで存続した会社はわずか四〇社だった。倒産率は実に七〇％である。事業家の一人であるダニエル・デフォーは危機の原因はチェンジアリーにおける株式仲買人の活動にあったと分析している。

ライバル関係にあった二つの東インド会社の対立は並々ならぬ影響を及ぼし、あらゆる株価を本質的価値を上回って大幅につり上げることは致命的な問題となり、つり上げられた株価はやがては大暴落し、業界全体が痛手を被ることはみんな、予見できたはずだ[33]。

これは経済危機が投機と関連づけられた最初の危機だった。一六九六年に発行されたパンフレット「イングランドの防衛」の匿名作成者は、「狡猾な詐欺行為や極悪な不正行為を公正明白に発見することは大衆に大きな利益をもたらすだろう」と述べている。この作成者は立派な事業が崩壊した責任は日和見主義の事業家にあると考えていた。貿易官たちの意見も同じで、彼らの危機に関する報告書は一六九六年終わりに発表された。[三四] 貿易官は、共謀して株価を操作したブローカーも非難した。そして一六九七年、議会は「ブローカーと株式仲買人の数を制限し、不正業務を取り締まる」法律を可決した。これによって株式仲買人の数は一〇〇人に制限され、ロンドン金融街の参事会員による許可制になった。この規制は一七〇八年に更新され、ブローカーには年間登録料の支払いが義務付けられ、ユダヤ人ブローカーの数は最大で一二人に制限された。さらに、株式仲買人は自分の勘定で株式を売買することを禁じられ、八分の一％以上の手数料を取ることも禁じられた。[34] しかし、その昔オランダが投機を規制しようとして失敗したように、これらの法律はほとんど効果はなく、ほとんどのブローカーは何らの制裁も受けることなく彼らのやり方を続行した。[三五]

投機パラダイム

チャールズ・キンドルバーガーは『熱狂、恐慌、崩壊――金融危機の歴史』（日本経済新聞出版社）のなかで、投機バブルは通常、投機への関心をあおる「転位」から始まると述べている。転位はまったく新しい投資対象、またはすでに行った投資からの収益率の上昇のいずれかによって発生する。転位のあと「ポジティブフィードバック」が発生する。株価が上昇すると未経験の投資家が市場に参入し、熱狂する。株価がさらに上昇すると投資家たちは儲かり、するともっと多くの投資家が参入して、株価はさらに上昇して、投資家たちは儲かる。投資家たちは「陶酔感」を覚え、やがて理性を失っていく。これがポジティブフィードバックだ。バブルの最中には投機はさまざまな資産クラスに拡散していく。そして新興企業が投資家の陶酔感を利用して新株を発行し、投資家は金融デリバティブや貸株を使って得た利益にレバレッジをかける。信用は拡大し、詐欺が横行する。すると経済は財政難に陥る。これが金融危機の始まりである。

キンドルバーガーは、どの二つの投機バブルも同じものはないが、似たような経路をたどると述べている――「詳細は異なるが、構造は変わらない[35]」。一九世紀の中ごろにも似たような過程が観測されている。ジョン・スチュアート・ミルは『経済学原理』のなかで次のように述べている。

株価の上昇に対する期待をかきたてる出来事が発生すると……投機家が動き始める……価格が確実に上昇すると、大衆は一定の心理状態になり、投機を模倣しようという者がたくさん現れる。投機は株価の上昇を期待する元々の理由によって正当化される以上のことを行うだけでなく、何の脈略もなかった商品にまで触手を伸ばす。投機が始まるとこうしたことが起こるのだ。そしてこれが信用の拡大を生みだす[36]。

一七世紀後半、イギリスはまだ貴族社会でありその経済は農耕によって成り立っていたが、一六九〇年代の株式ブームはこの投機パラダイムの枠組みに沿って発生したように思える[三六]。プロジェクトの時代は、フィップス探検隊の成功（これによって多くの潜水会社が設立された）、一六八〇年代における東インド会社をはじめとする貿易会社の巨額の収益、金融革命と戦争（株式投資に余剰資本を提供）といったいくつかの潜在的な転位とともに幕を開けた。市場ではポジティブフィードバックも観測された。詩人のアーロン・ヒルによれば、「フィップスの帰還後、国は何をしても成功するという偏った考え方を取るようになった」。それ以来、株価の上昇はあらゆる社会階層から新たな投資家を引き付けた。「イングランドの防衛」の著者は次のように述べている。

心優しい人、単純な人、賢明な人……あらゆる性質の人々が引き込まれて利用された。たぐいまれな才能を持つ偉大な人物も、これで大金持ちになれるという希望を抱き、誘惑に負けた……。[37]

事業家は投資家の「高揚感」を利用して新しいベンチャー企業を立ち上げた。その多くは新しいテクノロジーを売り文句にしていたが、実は事業家と相場師に利益をもたらすためだけに設立された詐欺会社にほかならなかった。会社の評判を高めるために有名人には株が無償で与えられた。株価操作や議員への贈賄を見るとその腐敗ぶりは明らかだった。金融詐欺と投機は複雑に絡み合っているため両者を区別するのは難しかった。のちの株式ブーム（一九九〇年代のブームなど）同様、一六九〇年代の熱狂は潜水会社に始まり銀行で終了した一連のミニバブルからなるものだった。投機家たちは金融デリバティブ（オプションや先物）や紙券信用を使って株価を本質的価値以上につり上げた。明るい未来予測が失望に変わり、疑わしい会社が倒産するとブームは勢いを失っていった。やがて株価が暴落し、厳しい経済危機に陥った。

キンドルバーガーモデルに見る投機フィーバーは経済的な視点でしか検証されていないが、熱狂がどういった経路をたどるのかを見るには、社会的・政治的視点も重要になる。金融ジャーナリストのアレクサンダー・ダナ・ノイズによれば、二〇世紀初めのアメリカの株式市場ブームは金融にまつわる出来事であっただけでなく、社会的・心理的現象でもあった。[38]これはほかの時代の投機的陶酔感にも当てはまる。投機の経済モデルに社会的条件と政治的条件を加えるとどうなるだろうか。まず第一に、社会にほかの優先事項があるときは熱狂は起こりにくいため、熱狂の最大の経済的モチベーションは私欲である。「利益に対する執着心」は一六九〇年代の事業家、株式仲買人（「無限の貪欲」とデフォーは非難した）、裕福な人々を導く光だった。「イングランドの防衛」は、投機が発生したのはイギリスの国民性によるものだったと書いている。

イギリス国民は何か新しいものが発明されたり、気まぐれな考えが浮かんだり、プロジェクトが開始されると、すぐに熱狂する。愛すべきイギリス国民はこうした不幸な気質を内に秘め持ち、乱暴で、プロジェクトを当面は熱心に推し進めるが成功することはない。彼らは良いことをしようと思ってはいるが、すぐに断念してしまう……。[39]

投機を好む国民性は、早くはオランダ共和国に見られ、そしてのちにはアメリカでも見られた。企業心があり、リスクテイキングを好む国民は投機に走る傾向が強い。

もう一つは政治的条件で、投機は政府の干渉によって抑制されるべきではないというものである。一六九〇年代の経済的思想のなかにはすでに自由市場イデオロギーという概念が生まれていた。これはアダム・スミスののちの研究に影響を及ぼした。オレンジ公ウィリアムはこの新しいリベラルなイデオロギーは認めなかったが、彼を支えていたのはこのイデオロギーを支持する資本家だった。いずれにしても政府はフランスとの戦争に明け暮れて経済の統制者としての従来の役割を果たしていなかった。当時の経済史家はイギリス政府を「無秩序な政治団体による消極的な自由放任主義」[40]と記述している。一六九〇年代のブームが起こり発展していったのは、政府が新しい株式市場を統制・監視することを怠り、それが宝くじ「フィーバー」へとつながったからである。こうした政府の不手際に追い打ちをかけたのが議員たちだった。議員たちは守銭奴で、行きすぎた株式市場を規制するどころか、株の取引で利益を得ることに並々ならぬ関心を抱いていた。のちの世界を見ると分かるように、自由放任主義と政治的腐敗がのちの熱狂に見られる共通の特徴である。特に一九八〇年代の日本のバブル経済にはこの特徴が色濃く現れている。ブームが終わり経済危機に陥ると、政治情勢は一変した。株式仲買人や事業家たちの自己中心的で近視眼的な振る舞いは、経済における利己主義の役割には限界があることを示していた。かくして自由放任主義は貿易と株式市場の規制に取って代わられた。熱狂のあとには「強欲」に対する嫌悪感の波が押し寄せたが、これはどちらかというと欺瞞的なものにすぎなかった。一九三〇年代に「金貸し」(フランクリン・ルーズベルト大統領の言葉)が厳しく非難されたように、一六九六年の危機以降、株式仲買人は「強欲」の象徴となった。

投機フィーバーは共通の特徴を見いだすのは簡単だが、そのパターンがなぜそれほど初期に確立されたのかを説明するのはそれほど容易なことではない。キンドルバーガーも投機フィーバーを「多年草」と形容し、そのモデルを作成しているが、大昔に発生してから今日に至るまでそのパターンがほとんど変化していない理由については説明していない。二〇世紀後半には金融は高度化の時代を迎えたが、私たちは新しい金融についてはほとんど理解していない。一七世紀のアムステルダムとロンドンでは、金融デリバティブはすでにリスクコントロールと投機に使われていたし、価値とか、キャッシュフローの割り引きとか、現在価値といった高度な概念も存在していた。当時の人々は、リスク・リワード・レシオが一定の条件下で計算できることを賭けや確率理論から理解していたのである。デフォーは本質的価値を上回る株式を買ってはならないと忠告し、リチャード・スティール卿は望みと恐怖を抑制する逆張り投資戦略を考案した。彼らの言葉は多かれ少なかれ、証券分析の父と呼ばれるベンジャミン・グレアムの「バリュー投資家」というアプローチを予見するものであったと言えよう。この三〇〇年間、投資家の考え方や振る舞いがそれほど変わっていないとすれば、投機の性質も変わっていないと考えるのが自然だろう。プロジェクトの時代に潜水会社に奔走してだまされた人々同様、近代の投資家も新しいテクノロジーを標榜する会社に熱狂する。金融ジャーナリストで歴史家のジェームズ・グラントは、「科学やエンジニアリングの世界では進歩は累積されていくが、金融の世界では循環する」[41]と言った。

よく言われるのは、投機が変わらないのは人間の本質が変わらないからであるというものである。デビッド・ヒュームは一八世紀に次のように書いている――「強欲、つまり何かを得たいと思う気持ちはいつの時代でもどこにいても、すべての人間が持つ普遍の感情である」。これに付け加えるとするならば、喪失に対する恐怖、隣人のまねをすること、大衆の信じやすさ、ギャンブルの心理もまた普遍的だと言えよう。初期の株式市場が希望と恐怖によって動かされていたように、現在の株式市場もまた希望と恐怖によって動かされている。こうした感情は投機の陶酔感に酔っているときに解き放たれる。感情は抵抗の最も少ない道を選び、熱狂を歴史的背景とは無関係に共通の型に成形する。投機フィーバーはなぜ繰り返されるのか、そして、一六九〇年代の経験が初めてではない感覚を覚えるのはなぜなのかはこれによって説明がつくのではないだろうか。

注

一．一七世紀の終わり、チャールズ・ダベナントは流通している譲渡可能な信用商品の価値は一五〇〇万ポンドに上り、貨幣の総額を四分の一だけ上回っていると推定した（K・C・デービスの「Joint-Stock Investment in the later Seventeenth Century」［『Economic History Review』2nd. Ser., IV, No.3, 1952］, p.287を参照）。

二．経済史家のジョイス・アップルビーによれば、一七世紀末の富裕層は、競争や虚栄心や野心や模倣を市場の新しい原動力とみなす経済成長論を打ち立てた。アップルビーはこうした富裕層の例としてジョン・ホートンの例を挙げている。当時のジャーナリストであり商人でもあったホートンは従来は悪習として異端視された消費――過度の浪費、高慢さ、虚栄心、贅沢――は実際には国家の富の源であると述べている。ホートンはバーナード・マンデヴィルが『蜂の寓話』で述べている主張を予見していたのかもしれない。『蜂の寓話』（初版は一七一四年）は贅沢品を買うことは経済活動を刺激するものであると述べている（ジョイス・アップルビー著『Economic Thought and Ideology in Seventeenth Century England』Princeton, 1980を参照）。

三．トム・ダブルは、「私はポケットにたくさんのお金を持っている。そんな人物は、出自がどんなに卑しくても有名でなくても、尊敬され機嫌をうかがわれるべきである……勤勉のおかげで私の財産は今や五万ポンドにもなった。一四年前には足に合う靴さえ持っていなかった私が……金融革命で財を築いた友人は五〇人はいる。彼らは昔はみんな貧乏だった」と自慢する（チャールズ・ダベナント著『The True Picture of a Modern Whig』London, 1701, 6th ed., P.15-16）。

四．二つの時代の類似性を描いたのは近代のイギリスの脚本家のキャリル・チャーチルである。彼女はシャドウェル著『ザ・ボランティア』（一六九二年）のなかに出てくる株式仲買人のシーンを、戯曲『シリアス・マネー』（一九八七年）の序文で使っている。『シリアス・マネー』はサッチャー政権下で行われたビッグバン当時のマネー文化を風刺したものである。

五．ハレーの潜水鐘は円錐状をした構造物で海底につり下げられる。底が開いていて、内部には小さなベンチが備えつけられている。内部には水が浸入しないため、人が服を着たまま座れるようになっている。搭乗者は革のスーツを着て搭乗し、潜水鐘には「キャップ」と呼ばれるものがエアパイプで取り付けられている。ハレーは深度計、水中ランプ、水中で船を爆破させる装置も発明した（『Correspondence and Papers of Edmund Halley』Oxford, 1932, p.150-56）。

六．一六八〇年代、デフォーはスペインで商人をやっていた。一六九二年、彼は香水を製造するための七〇匹のハクビシンを買うのにアフリカ会社に八〇〇ポンド投資した。この投資やそのほかの投機でも大きな損失を出した彼は一六九四年破産宣言した。彼の出した損失は一万七〇〇〇ポンドにも上った。これ以降、彼は作家に転向した（J・R・ムーア著『Daniel Defoe』Chicago, 1958, p.284）。

七．一六九四年六月の株式市場の高騰を回顧して、ホートンは次のように述べている――「貿易が行き詰まり、少数の金持ちはお金を遊ばせておくわけにはいかないと考えた」。長期にわたってお金を眠らせておくわけにはいかないと思った彼らは、株に投資したのである（ジョン・ホートン著『A Collection for the Improvement of Husbandry and Trade』1694, issue 98）。

八．これらの新興企業には、浸漬機械の製造会社、漆加工会社、ガラス瓶会社、ベネチアン金属会社、革加工会社、リンネル製造会社……白紙製造会社、青紙製造会社、吊り広告会社、真珠採取業者、硝酸カリウム製造会社、刀身製造会社……リフト製造会社、描画機製造会社……などがあった（「イングランドの防衛（Angliae Tumamen）」の四～五ページ）。

九．日本では宝くじ券は今でも有価証券として扱われている。株や債券と同等のものとして扱われているため、宝くじを販売できるのは銀行のみである（グラント著『Trouble with Prosperity』の二二〇ページ）。

一〇．この手法は実際には詐欺だった（W・スコット）。マックワースは、リーズ公爵を総督に迎え、慈善事業に寄付をしたり、将来的な見通しを誇大広告するためのパンフレットを配布したりと入念に会社の評判を高めていった。しかし、のちに粉飾決算や、銀の生産量についてウソの報告書を提出していたことや、債券の利息を借りたお金で支払っていたこと、権限もないのに株を売ったこと、自ら使用するためにお金を保持していたことなどが発覚した。マックワースはこうした詐欺行為が明るみに出たため会社を追われた（W・スコット著『Joint-Stock Companies, II』の四四七～四五一ページ）。

一一．マコーリー著『History of England, V』（London, 1855, p.321）。マコーリーはこれが宣伝されたのは一六九二年だと推測しているが、そうなると『ミリオンアドベンチャー』より以前ということになり若干疑わしい。スコットはこれについては言及していない。

一二．当時の人は清教徒のことを宗教をビジネスととらえる偽善者と見ていた。『ザ・ボランティア』（一七九二年）でシャドウェルは、清教徒の株式仲買人グループが中国人の綱渡り芸人をイギリスに連れてくるのは彼らの宗教に照らしたときに「合法」かどうかを議論しているシーンを描いている。結局、彼らは次のような結論を出した――「綱渡りを見ることでむなしさを感じたり気晴らしをするのではなくて、それを満足のできる利益を上げたり、何らかの啓発に使えるのなら……まぁ、例の株がよく売れれば、綱渡り芸人が来ようと来まいと私たちには関係のないことさ」。

一三．ある伝記作家によれば、ジョン・ローがハザードで使った高度な確率計算は、エドモンド・ホイルの確率に関する著書『Essay towards making the Doctrine of Chances easy to those who understand Vulgar Arithmetick only』（初版は一七五四年に出版）に先んじるものだった（H・モンゴメリー・ハイド著『John Law : The History of an Honest Adventurer』London, 1969, p.21を参照）。

一四．フィップスの航海は当初の投資額の一〇〇倍の利益を生んだためヒルの分析は正しいが、航海が失敗に終わる確率はそれをはるかにしのぐものだった。したがって、合理的に考えればフィップスへの投資は悪い投資だったということになる（アーロン・ヒル著『An Account of the Rise and Progress of the Beech-Oil Invention』London, 1715, p.13）。

一五．スミスは『国富論』のなかで次のように書いている。「ほとんどの人は自分が優秀であると思っている。この傲慢さは、どの時代の哲学者や倫理学者も述べているように太古の昔からある人間の悪い面である。自分はきっと幸せになれるはずだと思う愚かさに気づいている人はあまりいないかもしれないが、これは傲慢さよりも多くの人が抱いている感情だ。どんな人でもこう思わない人はいない。儲かる確率はだれでも程度の差こそあれ過大評価するが、損をする確率はほとんどの人が過小評価する。どんな人でも物事をその価値以上に評価する」

一六．割り引きは「明日の一〇〇より今日の五〇」の原理に基づく。将来のキャッシュフロー見積額に割引率を適用して現在価値に割り引く。割引率には通常そのときの金利が使われる。キャッシュフローの割引については詳しくは第七章を参照。

一七．ローの例では、彼の計算は将来のキャッシュフローに一〇％を上回る割引率が適用された場合にのみ当てはまることに彼は気づいていたに違いない（ロー著『Essay on a Land Bank』［一七〇四年］。アントワン・マーフィー著『John Law』Oxford, 1997, p.60から引用）。

一八．コロンビア・ビジネス・スクールのポール・H・ニストロム教授は『The Economics of Fashion』で次のように述べている。「一九一九年には地面からのスカート丈の平均は女性の身長の一〇％だったが、戦後復興期の一九二〇年になるとスカート丈は身長の二〇％まで短くなった。そして一九二一年の景気後退期には再び一〇％に戻った。一九二四年に強気相場が始まると、一九二七年には二五％まで短くなり膝が見えるようになり、その流行は一九二九年まで続いた。ウォール街の大暴落のあと大恐慌が始まると、スカートの丈は地面をかするまでに長くなった」（『スペクテイター』IV, p.18、フレデリック・ルイス・アレン著『Only Yesterday』New York, 1957, p.103-104,［邦訳は『オンリー・イエスタデイ』〈筑摩書房〉］、バートン・マルキール著『A Random Walk Down Wall Street』New York, 1990, p.143-45,［邦訳は『ウォール街のランダム・ウォーカー』〈日本経済新聞出版社〉］）。

一九．大衆の好みの変化を先導するファッションデザイナーの活動と、市場心理の変化を予測しようとする投機家の活動を比べてみるとよく分かるはずだ。株価とファッションの関係についてはエール大学のロバート・シラー教授が最近書いたエッセイ「Fashion, Fads, and Bubbles in Financial Markets」を参照のこと。このエッセイは『Nights, Raiders, and Targets』（New York, 1988）に掲載された。

二〇．価値の『砂上の楼閣』理論とは、株式には本質的価値などなく、株価は投資家心理が生みだすことを言ったものである。「砂上の楼閣」と投資を初めて関連づけたのがジョナサン・スイフトの詩『ザ・バブル（The Bubble）』（一七二〇年）である。この詩は南海会社崩壊のあとで書かれたもの。詩のなかでスイフトは詐欺行為を働いた南海会社の経営陣と、自らも含めて彼らを信じてだまされた株主を批判している。

　楼閣を空中に建造するものもいるが、

経営者は楼閣を海のなかに建造する。
株を買った者は楼閣が存在するものと信じこむ。
賢明な者がほくそえむ姿を愚か者はただ眺めているだけ。

二一．例えば、『ザ・ボランティア』のなかでは「詐欺師」のニッカムは「イングランドのバブルでは多くの人が私に借金をした」と言っている。一方、スティールは虚構の宮殿の「あぶく（バブル）」のドームについて言及しているが、これは投機とバブルの寓話の間には何らかの関連性があることを示唆するものである。

二二．作者不明の「イングランドの防衛」では、鉱業会社の事業家が無知な投資家をだますために使った「トリックと計略」について書かれている。事業家はまず金脈を発見したと装う。そして二一年のリース契約をし、「条項に基づいて会社を設立し、会社は株式会社とし、委員会、書記の人選を行い、株式台帳を作成し、これらの作業はすべて投資家のためにやっているのだと見せかける。事業家は株式を例えば一〇シリングや二〇シリングあるいは一ギニーという安値で買うと、突然株価を三ポンド、五ポンド、一〇ポンド、一五ポンドとつり上げていき、株式仲買人に豹変する。彼らは持っていた株式を売ると撤退して、この偽装工作に終止符を打つ。不正な手口で互いをだまし合うこうした偽装工作は結局は失敗するのがオチで、だれも見向きもしなくなる」。

二三．デフォー著『アナトミー（Anatomy）』（三七八ページ）。一六九五年の東インド会社の贈収賄事件と一七二〇年のサウスシーバブル事件とのつながりについて語ったのは下院議員のジェームス・クラッグスで、彼は一六九五年、東インド会社から賄賂を受け取ったかどでロンドン塔（監獄）に送られた。二五年後、郵政長官になったクラッグスは南海会社から株式を無償で受け取り、バブル崩壊後に自殺した。

二四．検査官たちは、自分たちが利益を得るために、株価が高騰しているというウソの噂を流し、その噂につられた無知な人々に売る目的で会社を設立した事業家を非難した。株式を売って利益を得た事業家たちは、会社の運営は手に負えなくなるほど悪化するまで放置したと言われている（『Journals of the House of Commons』XI, p.595）。

二五．サウスシーバブル事件後の一七三四年に空売り、先物、オプションを禁止するサー・ジョン・バーナード法が議会を通過し、一九二九年の大恐慌後に証券取引委員会が設立されたが、一六九七年に施行された法律は、こうした株式市場危機の直後に施行された投機を禁じる法律のパターンに一致する。

二六．マコーリーは一六九〇年代の株式ブームと一七二〇年、一八二五年、一八四五年の投機ブームを比較している。いずれのケースでも、金持ちになりたいと切望する気持ちや、勤勉と忍耐と倹約に対する正当な報酬で、確実に手に入るがすぐには手に入らない利益を軽んじる傾向が社会に蔓延していた（『History of England』IV, 1855, p.322）。

第3章　忘れ得ぬ許しがたい南海計画

「人間の性質には愚かさというものが巣くっているに違いない。でなければ同じワナに何度も何回も引っかかるはずがない。人間は過去の失敗は忘れないが、将来、失敗した同じ原因に引っかかって、不幸を自ら招き入れてしまうのだ」――『カトーの手紙』（一七二一年一月）より

「全ヨーロッパとその王国は……イギリス軍のおかげで……戦禍から解放されるべきときが来た……本国会がつつましやかに運ばれるかぎり、全会一致をもって閉会を迎え、全ヨーロッパとその王国に永遠の平和と栄光がもたらされるであろう。私たちの苦労もついに終わりのときを迎える。私が問いたいのは、あなた方が偉大な国民、繁栄する国民になる意思があるかどうかである」。一七一九年一一月二三日の国会開会式で国王ジョージ一世はこう述べた。国王がなぜこれほど希望に満ちた美辞麗句を並べ立てたのかはその背景を考えれば納得がいく。当時、ジェームズ二世の息子である「老僭王」の侵略軍はスコットランドのハイランド地方のグレンシールで大敗したばかりで、トーリー党指導者はパリに亡命中だった。したがって、ジョージ一

世と彼の信任を背景にしたホイッグ党は、彼らの権力が将来的にも揺るぎないものになることを信じて疑わなかった。一七一四年にハノーバー朝が王位を継承し、フランスとの和平が確立されたことは資本家たちに大きな満足感を与え、資本家たちはトレードを再開した。金利は低く、国民が「繁栄する」というジョージ一世の予言は口先だけの自慢ではないように思えたからだ。しかしただ一人、国全体に広がる歓喜を共有できない者がいた。一七一九年に出版された『ロビンソン・クルーソー』の著者のダニエル・デフォーである。『アナトミー・オブ・エクスチェンジ・アレー（Anatomy of Exchange Alley）』のなかでデフォーは次のように警告している――「これはジステンパーがペストに飲み込まれてしまう天罰のようなもので、敵は友に変わり、小さな不満はかき消されてしまう」[1]。しかし、デフォーのような債務未返済の破産者が法廷や議会やロンドン金融街を敵に回してわめき散らしても、一体、何の効果があるというのだろうか。

一年後、デフォーの言葉が正しかったことが証明された。国は大きな災難に見舞われ、王国を根底から揺るがした。人々はこれをデフォーが予見した天罰と思った。それまでの繁栄は消え失せ、倒産が相次ぎ自殺者もあとを絶たなかった。政府省庁は混乱し、議会は無法地帯と化し、暴徒化した群衆はウェストミンスターに集まり、大臣たちを罵倒し処罰を求めた。新しい王朝は揺れていた。ここで「老僭王」が侵攻してくれれば、ウェストミンスターの群衆を無抵抗で鎮圧することができたのに、とある議員は言った。政治と商業を揺るがすこれほど劇的な革命は、内戦や王権簒奪の歴史を持つこの国でもいまだかつて経験したことはなかった。この転覆の原因はだれの目にも明らかだった。それは人々が口々にした二語によって説明がついた――イギリスは「南海（サウス・シー）」の波の下に沈んだのである。

最初のバブル

一六九〇年代以降も金融革命の勢いは続いており、数々の重要なイノベーションも生みだされた。一七一〇年、世界初の保険会社であるサンファイヤーが設立されたあと一時的なブームが発生した。その一年後、一〇〇〇万ポンドの政府負債を肩代わりするために南海会社が設立され、一〇〇〇万ポンドの国債は南海会社の株式に転換された。その見返りに南海会社は政府から利払いを受け、南米のスペイン植民地との貿易の独占権を得た。数年後には南米で奴隷を売る占有権も取得した。貿易事業はうまくいっていなかったが、南海会社は金融会社として頭角を現すこととなる。一七一九年初頭、南海会社はさらに一七〇万ポンドの年金国債を引き受け、それを会社の株式に交換した。[二]

このころには、一六九〇年代半ばの危機のあと激しいバッシングを受けていた利己主義というイデオロギーはすでに復活していた。このイデオロギーのことを書いた最も有名な本は、私悪――強欲、浪費、うぬぼれ、贅沢――は公益を生むことを説いたバーナード・マンデヴィルの『蜂の寓話』[三]（法政大学出版局）である。利益に対する欲が最もはびこっていたのはチェンジアリーのコーヒーハウスだった。『ア・ボールド・ストローク・フォー・ア・ワイフ（A Bold Stroke for a Wife）』（一七一八年）のなかでスサンナ・セントリブ（宮廷料理人を夫に持つ劇作家）はチェンジアリーを、強気派と弱気派が争い、ブローカーが顧客をだまし、ウソの噂を流す場所として描いている。数年前の一七一四年一月、「アン女王が死んだ」という噂によって株価は大暴落した（しかし女王が数カ月後に本当に死んだとき、市場はそのニュースに冷静に反応した）。

一七一九年は繁栄と自信に満ちた年だった。[四] フランスでは、史上最大の銀行家と言われるスコットランド人のジョン・ローが彼の「システム」に最終仕上げを施そうとしていた。フレンチ領ルイジアナ（大規模な北アメリカの中央部からなる植民地）、フランス東インド会社と中国の会社、タバコの専売特許、造幣局、税金取り立て会社、バンク・ロワイアル（フランス王立銀行）を傘下に置くローのミシシッピ会社は一七一九年八月、一五億リーブルのフランス国債を全額引き受けることになった。彼のシステム――紙幣を金と交換する業務も含まれていた――は、ロシア革命よりも以前に行われた最も大々的な経済実験だった。エジンバラの金細工師の息子として生まれたローは、貨幣を本質的価値を格納するものというよりも交換手段ととらえていた。彼の考える貨幣という概念は広大で革命的ですらあり、彼は紙幣や債券やクレジットノートや会社の株式をすべて含めて貨幣と呼んだ。一六九〇年代のダリエン会社を倣って、ローの銀行は次々と紙幣を発行し、株を買う人々に貸し出した。ミシシッピ会社の株価が上昇すると印刷される紙幣は増え、やがてインフレスパイラルを生みだした。これによって、システムが立ち上がったときには五〇〇リーブルだった株価は、一七一九年の終わりには二万リーブルを超えていた。[五]ローの策略はフランスで前例のない投機ブームを生み、「百万長者」という言葉が生まれた。カンカンポワ通りにあるパリの株式市場にはヨーロッパ各地から投資家が押し寄せた。ジュネーブでは市民がミシシッピ株で儲けた利益を現金化すると、住宅価格が上昇し始め、ハンブルクでは保険会社が新たに設立され、オーストリアでは東洋貿易会社の設立が提案された。ヨーロッパ中が世界初の強気相場に沸いた。[2]

　秋には投機熱はロンドンにまで拡大し、チェンジアリーでは新しい会社が次々と設立された。投機のお金がロンドンからパリに流れ込むと、ホイッグ党の閣僚はローのプロジェクトの成功に頭を痛めた。フランスがヨーロッパ大陸で支配権を握り、イギリスとの戦争が始まるのではないかと危惧したのである。何らかの策を講じる必要があった。フランス最大の企業の名前が川にちなんでつけられたとするならば、名前が海にちなんでつけられた会社はすでにあった。南海会社である。南海会社はイギリス版ミシシッピとなっていく。

南海計画

南海計画はフランスのミシシッピ計画に比べると比較的地味だった。南海会社の経営陣はさまざまな年金国債からなるイギリスの国債を肩代わりすることを提案し、引き受けた国債を南海会社の株と交換することで同意した。その見返りとして、南海会社は政府から毎年利子を受け取った。この計画にはいろいろな先例があった。ほかの計画との違いはその規模にあった。何せ国債の額は三〇〇〇万ポンドを超えていたのだから。

年金国債の保有者には国債を南海株と交換することは強要できなかったため、会社は彼らに国債を南海株と交換したくなるような魅力的な条件を提示しなければならなかった。すでにプレミアム価格で取引されていた株式の価値を上げることができれば、国債保有者には高値を提示できる。南海会社は額面価格で三一五〇万ポンドの株式を発行する許可を得た（株の額面価格は一〇〇ポンドだったので、最大で三一万五〇〇〇の新株を発行できる）。発行が許可された株式は市場で売ることができるため、負債の引き受けを一手に担わせてもらった上納金はそうして調達した資金で支払うことができると会社は考えた。そして売上金の残りは会社の利益になる。[六] したがってこの計画が成功するには、少ない株数で国債と交換できるように、交換前に南海株の株価が上昇する必要があった。

こういった仕組みは読者にとっては複雑だと思うが、当時の人々にとっても複雑で理解できなかった。そこで、南海株と国債の交換の仕組みについて見ていくことにしよう。株価が額面価格の一〇〇ポンドで、すべての国債保有者が交換に同意したとすると、南海会社の新株が三一万五〇〇〇株発行されることになる。国債保有者が受け取る利子は微々たるもの（南海会社との契約で政府は国債に対する利子の支払いを五〇万ポンドに減らしたため）だが、その見返りとして彼らは五％の利回りで売買しやすい証券を手にすることができる。しかしこのケースの場合、会社が政府に七五〇万ポンドの上納金を支払えばお金は残らないし、残余株もないのでそれを売って利益を手にすることもできない。そこで株価が二〇〇ポンドで、すべての国債保有者が交換することに同意したとしよう。この場合、国債と交換する株数は半分になり、残りの株を売れば三一〇〇万ポンドの儲けになる。これで政府への上納金も支払えるし、株主に対しては大きな余剰キャッシュが残る。この計画の原理は至って簡単だ――株価が上がれば、会社の利益は増える。

しかし、会社が実際にやったことはもっと複雑だった。会社は株価をつり上げ、国債保有者には最初の交換レートよりも有利な価格で株を提供したのである（ただし、彼らが受け取った株式の本質的価値は当初の条件よりも低くなった）。こうすれば国債保有者は交換に同意しさえすればすぐにキャピタルゲインを手に入れることができる。南海計画は非常に複雑なので、二つの事実だけを覚えておいてもらいたい――①南海株が上昇すれば、国債と交換する株数は少なくなり、会社と政府が山分けする利益は増える、②南海株の価値が上がれば、交換時に国債保有者が受け取る株式の市場価値が上がる。国債保有者も政府も既存株主や潜在的株主も、株価が上昇すれば全員が儲かる仕組みだったのである。

一七二〇年一月二一日、大蔵大臣のジョン・アイラビー卿が議会にその計画を発表するや否や、南海株は上昇し始めた。その年の始めには一二八ポンドだった株価は、二月中旬には一八七ポンドにまで上昇した。ダニエル・デフォーはミスツ・ジャーナルのなかで、「チェンジアリーには町中の人が押し寄せた」と書いている。南海はすでに「イギリスのミシシッピ」と化していた。「これは最終的にはどうなるのだろうか。年金国債を買わせるために新株を発行し、株が本質的価値の二倍で売れるとするならば、株価が下落したら一体どうなるのか。二〇〇ポンドで買った株が額面でしか売れないとなるとどうなるのか」[3]とデフォーはいつもながらの洞察力を駆使しながら疑問を感じた。大衆の南海株に対する熱狂は、会社が政府から交換を許可される前から、そして会社が交換条件を国債保有者に発表する前からすでに始まっていた。

南海バブルの投機家を特徴づけるのんきさは、詩人のアレクサンダー・ポープが二月二一日に株式ブローカーのジェームズ・エッカーサルに送った手紙に見て取ることができる。

> 南海株を買って大儲けした話を毎日聞いていると、自分も大金持ちになれるかもしれないと勇気づけられますが、六頭立ての馬車のことなんてもう忘れました。馬車に乗っているエッカーサル婦人を拝めるだけで幸せです。真面目な話、君が宝くじを売ったことを祈る

ばかりです。現金がなくてももう南海株を買う支障にはなりませんからね。あのときは本当に不運でした。南海株はあれから下落したと聞いていますが、買えただけ幸せだって思わなきゃいけませんね。そういえばアフリカ会社の株に応募すると大儲けできるって聞きましたが。何とか手に入らないものでしょうか。手に入るかどうか調べてみてもらえませんか。私はその株にふさわしい人物だと思うし、君もそうですよ。幸運がわれわれに味方してくれるといいのですが。世界もきっとわれわれのつつましさを称賛してくれるに違いありません。手に入らなければ、それは不運だったってことです。でも希望に満ちた黄金の山の時代に冒険しない手はありません。どうぞよろしくお願いします。感謝します。

あなたの忠実なるしもべ　A・ポープ

一カ月後、南海株が三〇〇ポンドを上回ると、交換の条件を巡って庶民院で議論が沸き起こった。ロバート・ウォルポール卿、リチャード・スティール卿、アーチボルド・ハッチソンら数人の国会議員は国債・南海株の交換レートは固定すべきだと主張した。閣僚たちはこれに反対したが、理由は公表されなかった。政府や法廷のメンバーのなかには、南海会社の経営陣から秘密裏に南海株が与えられていた者がいたことを考えると、おそらく理由はこれだろう。ストックオプションを与えられたなかには、大蔵大臣のアイラビー、郵政長官のジェームズ・クラッグス、財務長官のチャールズ・スタンホープ、王のドイツ人の愛人たちがいた。株の価格は市場価格に若干のプレミアムが付いた価格だったが、預託金を支払う必要はなかった。株は実際には存在しなかったのだから、これは贈賄だった。今で言う執行役員に対するストックオプションのようなものである。株価が上がると、株を受け取った者は株を売って利益を手にすることができる。架空の株（オプション）を受け取ったあと、彼らは国にかかるコストなどおかまいなしに、ただ株価の上昇を願った。自らも市場で南海株を買っていた貪欲なアイラビーはウォルポール卿らの意見に激しく反対した。一七二〇年三月二三日、結局政府は南海会社に交換条件を自由に設定する権利を与えた。

国債と南海株との交換条件について議会で議論されているとき、一つの疑問が生まれた。南海株が上昇し続ければ、政府も会社も国債保有者も既存の株主も、だれもが儲かる。株価がどんどん上がり続ければ、株の適正価値を冷静に判断できる人はだれもいなくなる。株価が上がり続ければ、その本質的価値も上がり続けると言う人もいた。これは四月九日のフライング・ポストの記者が言った言葉である。「株価が上がれば、株を買った人の利益は増える。一株三〇〇ポンドでは本質的価値は四四八ポンドになり、一株六〇〇ポンドでは本質的価値は八八〇ポンドになる」。もっともらしく聞こえるが、実はこのバカげた計算に、経済に詳しい国会議員のアーチボルド・ハッチソンは激怒し、南海株の上昇に疑問を投げかけるパンフレットを発行した。余剰分の株式（株価が額面よりも高くなれば、国債と交換する株数は少なくてすみ、その結果南海会社の手元には余剰株が残る）を高値で買った人々は「常識も理解力も失った」に違いないとハッチソンは述べている。彼らはお金を株主や国債保有者にくれてやったも同然だと。「国家を巻き込むこうしただましのテクニックがこれまでにあっただろうか……この計算によれば、価格が高すぎるということはあり得ないことになる。買った価格が高くなるほど利益も大きくなるのだから」とハッチソンは述べている。この計画が成功するか否かは、国債保有者（国債を少ない株式と交換させる）と南海会社から余剰分の株式を買った人たちをだませるかどうかにかかっていたことをハッチソンは明確に見抜いていた。「会社の収入は政府からもらう五％の利子だけであり、本業はうまくいっていなかったことを考え合わせると、最後にはどこかで損失が出るはずだ[4]」とハッチソンはパンフレットに書いている。リチャード・スティール卿も彼のザ・シアター誌のなかで同じようなことを指摘し警鐘を鳴らしている――「これがトレードの基本にのっとるものではなく、目に見える形での利益の追求で、しかもこれが偶発的な利益であることを考えると、それは損失にほかならない。大きな利益に見えるかもしれないが、それは幻想でしかない[七]」。

南海会社の秘史と通俗史

南海会社には良心の呵責などこれっぽちもなかった。会社を取り仕切っていたのはジョン・ブラントと会計主任のロバート・ナイト率いる秘密結社だった。ブラントは南海会社の創設理事で、南海計画を考案した人物でもあった。靴屋の息子でバプテスト派、そして貿易の公証人だったブラントはまったく魅力のない人物で、南海バブルについて書かれた最近の歴史書には、「ぶっきらぼうで威圧的で、おしゃべりで、こざかしく、頑固」[5]であったと書かれている。また『シークレット・ヒストリー・オブ・ザ・サウスシー・スキーム（Secret History of the South-Sea Scheme）』という作者不明のパンフレットには一七二〇年の彼の活動について内部関係者が語った話が載っている。[八]このパンフレットの作成者によれば、ブラントには一つの大きな目的があった。

それは彼のモットーで、これまで何回も繰り返し公言されてきたものだった――「会社の利益を上げるには、何が何でも株価をつり上げるしかない」[九]。

彼はこの目的を達成するためのありとあらゆる方法を考えた。最初は国債を株式に交換したあとで「余剰分」の株式を売る計画だったが、ブランドはまずは利益を確保することにした。一七二〇年四月七日に南海計画法が国王の裁可を得ると、彼はすぐに株式の募集発行を始めた。その年は合計四回の株式募集が行われた。四月一四日に一回目の株式募集が行われ、二〇〇万ポンドの南海株が一株三〇〇ポンド（額面価格の三倍）で売り出された。株は一時間で完売した。株式募集を国債との交換前に行ったため、株の本質的価値の計算は困難になり、交換による利益がどれだけになるのかだれにも分からなかった。これは人々を混乱させることがそもそもの狙いだったのである。『シークレット・ヒストリー・オブ・ザ・サウスシー・スキーム』によれば、ブラントの第二のモットーは次のとおりだった。

　人々が混乱すればするほどよい。彼らは自分が何をしているのかなど知る必要はない。何をしているのか分からなければ、彼らはますますわれわれの計略にはまる。計画の実行はわれわれのビジネスなのだ。ヨーロッパ中がわれわれに注目している。[6]

　株式募集でより多くの人を引き付けるために、ブラントは購入条件を緩め、二〇％の申込金を払えば、残金は次の一六カ月で八回の分割払いで払えばよいことにした。これはジョン・ローがミシシッピ会社の株式発行で行ったのと同じ方法である（この模倣は意図的なものだった）。そして再びジョン・ローに倣って南海会社は申込金を担保にした融資も始めた。[10] 融資は株を売った売上金（自転車操業的）からと、政府からの一〇〇万ポンドのローンとでまかなわれた。この効果は絶大で、株式に対する需要が高まり（投機家は信用を使ってより多くの株を買うことができたため）、市場に出回る株式の供給量が減少した（抵当株は会社に保管されていた）ため株価が急上昇した。国債との交換に同意した国債保有者に南海株を渡すのが遅れたのを見ても、株式の供給量が不足していたのは明らかである。四月三〇日の二回目の募集（一株三〇〇ポンド）では配当率を一〇％に引き上げると発表した。欲深いブラントはさかのぼること一月に南海株配当のコールオプションを買っていたので、配当率の上昇を心待ちにしていたのはブラント本人だった。

一七二〇年四月二八日、会社はシニアクラスの年金国債（非償還債）の交換を開始した。国債保有者は交換に殺到したが、会社ははっきりとした交換条件は提示しなかった。[7] 七月、交換はほかの年金国債（償還債）にも及んだが、交換条件はまたしても提示されなかった。[二] 結局は非償還債の交換率は八〇％、償還債は八五％だった。何も疑わずに南海株との交換に走ったなかには、イングランド銀行やミリオン銀行（国債や公債をたくさん保有し、今の投資信託銀行のような銀行）といったプロもいた。南海会社が引き受けることになった三一〇〇万ポンドの年金国債のうち、二六〇〇万ポンド分が南海株との交換に差し出されたが、額面価格はわずか八五〇〇万ポンドだった。[三] この結果、会社の手元には一七万五〇〇〇株が余り、会社はこれを市場で売った。

最後にやって来た者が悪魔の餌食になる

南海株の高騰に疑問を抱く者もいた。一七二〇年四月二二日、すでに購入された株式を担保に融資することが発表された日の翌日、海軍チケット（海軍が支払いの代わりに発行したクレジットノート）を大幅な割引価格で買って巨額の財を築いていたケチな文具店店主のトーマス・ガイが、保有していた南海株を売却し始めた。彼は六週間で額面価格五万四〇〇〇ポンドの株式を二三万四〇〇〇ポンドで売却した（貪欲な人生を悔いて、彼はのちに利益の一部をロンドンの病院に寄贈し、その病院には彼の名前が付けられた）。同じころ、造幣局長のアイザック・ニュートン卿は保有する七〇〇〇ポンドの南海株を売り始めた（市場の方向性を聞かれたニュートンは、「天体の動きは計算できるが、人々の狂気までは計算できなかった」[8]と言ったと言われている）。銀行家で経済学者のリチャード・カンティヨンにとって、バブルは永遠に続くものではないことはあまりにもはっきりしていた。顧客のメアリー・ハーバート婦人に宛てた一七二〇年四月二九日の手紙で彼は次のように述べている――「株価はしばらくの間は、そう数年は上昇するでしょう……でも最後までとどまった人には悲しい結末が待っているでしょう」[9]。

南海会社の元出納係のアダム・アンダーソンは、「南海株を買った人や広告に踊らされてほかの商品を買った人はどさくさに紛れて自分たちよりも愚かな者に株を売りつけようとしていたことを考えると、南海株への投資は安心できる長期投資とは考えていなかったことが分かる」[10]と述べている。一七二〇年五月にはダブリン大主教のウィリアム・キングも、「南海株を買った人は、それがうまくいかないことをよく認識しており、株価が下落する前に売りたがっていた」[11]と言っている。匿名のパンフレット作成者はこのときの投資家の状況を明確に記述している。

南海株の株価が実質資本を上回って上昇するなんてことは絶対にない。どんな計算を使っても、一＋一が三・五になるなんてことはないのである。これは偽りの価値であり、だれかが損をすることになる。自分がそういう人間にならないためには、遅くならないうちに売るしかない。つまり、最後にやって来た者が悪魔の餌食になるのである。[12]

合理的期待という光に導かれて最適な戦略を追求する投資家にとって、南海というバブルは冷静に計算できるものではなかった。次の詩はエドワード・ワードの『ア・サウスシー・バラード（A South Sea Ballad)』からの抜粋である。

理性の法則に従わない者は
南海を食べて太る
それで増殖するのは
おしゃべりな若者と何も考えない愚か者だけ

投資家の異常とも言える狂乱は南海株に対してだけではなかった。一月に南海計画が発表されるのに先立って数多くのジョイント・ストック・カンパニーが設立されていた。こうした「泡沫会社」と呼ばれるベンチャー企業が乱立されたのは夏だった。[三] 彼らの株式募集の手順は至って簡単で、新聞で広告を打ち、ロンドン金融街の数あるコーヒーハウスで株式募集が行われた。泡沫会社には実にいろいろな種類のものがあり、マシュー・ウエストの「南海株をはじめとする公開株を売買する会社」といった金融サービス会社から、キャプテン・ウェルベの「貿易を行ったりテラアウストラリス（オーストラリア大陸）の植民地への入植を行ったりするロンドン・アドベンチャラーズ会社」といった海外の植民地開拓会社まで多岐にわたった。キャプテン・ウェルベの会社はキャプテンクックがオーストラリアを発見する半世紀以上も前に設立された本物のベンチャー企業だったように、本当の投機対象となる会社もあった。[一四]さらに、「パックル機関銃社」やリチャード・スティール卿の水槽会社といった新しいテクノロジーを基に設立された会社もあった。リチャード・スティール卿の水槽会社は、魚を生きたままロンドン市場に運ぶ船で特許を取って設立された。[一五]

　泡沫会社はしばらくの間は株式市場でもてはやされた。ロイヤルエクスチェンジ保険会社とロンドン保険会社という二大保険会社の株価はピーク時でそれぞれ払い込み済み資本の二五倍と六四倍にまで上昇した。また、スティールの水槽会社は株券の支払い請求が行われる前から一六〇ポンドというプレミアム価格が付いた。さらに、将来の帆布プロジェクトに申し込む権利を与えるグローブ・パーミッツの株は会社が設立される前から七〇ポンドで売られた。[13]上昇相場に乗って古くからある会社の株価も上昇した。例えば、東インド会社株は一〇〇ポンドから四四五ポンドに、王立アフリカ会社株は二三ポンドから二〇〇ポンドに、ミリオン銀行株は一〇〇ポンドから四四〇ポンドに上昇した。ロンドン株式市場の合計時価総額は一七二〇年夏のピーク時には五億ポンドを超え、一六九五年の一〇〇倍にまで増大した[14]。

一七二〇年五月七日付のウィークリー・パケット誌は次のように書いている――「これらの会社の多くは得体の知れないうさんくさい会社ばかりで、どの会社が最も怪しいのか見分けもつかない。こんな会社が会社設立の提案書を提出するなんて厚かましいにもほどがあり、こんな会社の株式募集に応募するなんて愚かしいにもほどがある。しかし、ワナにかかった愚かな人間が星の数ほどいる。もう少し賢明であれば偽の会社だということが分かっただろうに」。泡沫会社のなかには奇妙な目的で設立されたものもあった。ある会社は、イングランド中の「必要な家」（トイレ）で排尿して硝酸を収集するために設立され、またある会社は国中で葬式サービスを提供するために設立された。こうした計画のバカバカしさ、そして投資家の信じやすさが伝説の会社のストーリーを生み、のちの歴史に刻まれることとなった。金融錬金術と投資家の不合理をテーマにしたパンフレット「ザ・バブラーズ・ミラー（The Bubbler's Mirrour）」には、本物の会社も掲載されたが、鉛から銀を作ったり、水銀を黄金に変成したり、南海ハウスをムーアフィールズ（精神科病院）に移転するための会社や、脳への空気ポンプを製造する会社も掲載された[一六]。

実在の会社と言うよりも伝説とも言える会社には、「性病を治す会社」「人毛を取引する会社」「自重によって動く永久機関会社」などがあった。伝説の泡沫会社のなかで最も有名だったのは、

「利益にはなるがそれが何なのかだれも知らない会社」[一七]だった。腐敗した事業家、金融錬金術、だまされやすい投資家、不合理、そして狂気を連想させるこうした泡沫会社はどんちゃん騒ぎのようなもので、当時の人々が投機に対して抱いていた強い不安をよく表していると言えるだろう。バブルが崩壊したあと、これらの泡沫会社はチューリップの球根にまつわる伝説同様、将来の投機家に対する警鐘を鳴らす役割を果たした。

サウスシーバブル（南海泡沫）を研究している最近の歴史家は泡沫会社に同情的で、彼らは時代に先駆けて物質的進歩やテクノロジーの進歩を実現しようとしていたのではないかと述べている。[15]いずれにしても機関銃は開発され、オーストラリアは発見されたのだから、泡沫会社を一概に責めるわけにもいかない。スティールの水槽会社などは欠点はあったとは言え本物の会社だったが、大部分の会社は投機熱を利用して利益を得ることをもくろんだ詐欺まがいの会社だった。設立者はそもそも最初から合法的な会社を作ろうなどとは思っていなかったに違いない。一七二〇年に設立された泡沫会社のうち生き残ったのは四社だけで、残った四社のなかのロイヤルエクスチェンジ保険会社とロンドン保険会社という二つの保険会社はのちに大成功を収めた。大部分の泡沫会社の餌食となったのは、だまされやすく皮肉な考えを持つ彼らの株を買った人たちだった。投機家たちは泡沫会社の株は長期投資とはみなさなかった。彼らは自分たちよりも愚かな者に売りつけて利益を得るために買ったにすぎない。しかし、彼らが自分たちよりも愚かな者はもういないことに気づくのに時間はかからなかった。

暴走

一七二〇年六月一五日、南海会社は三回目の株式募集を行った。発行額に上限はなかった。その三日前、ブラントから賄賂としてストックオプションを受け取っていた財務長官のチャールズ・スタンホープは秘密裏にストックオプションを売って二四万九〇〇〇ポンドの利益を得ていた（お金は南海会社の金庫から直接支払われた。これは株主を欺く行為にほかならない）。同じ日、大蔵大臣のアイラビーはジョージ一世に南海株を売るように説得したが、ジョージ一世はこの忠告を無視し、株式募集でさらなる株を買う資金を調達するためにわずかばかりの株を売った。

王が導く道に国民は従った。南海株は現在価格の七五〇ポンドよりも三三％も高い一〇〇〇ポンドであったにもかかわらず、五〇〇〇万ポンドの南海株は数時間のうちに売り切れた。彼らが南海株を買ったのは支払い条件の良さにあった。一〇％の手付金を支払えば、次回の分割払いは一年先で、残りは四年かけて支払えばよかったのである。会社に支払われたお金は株を担保にした融資に回され、株主には一日で三〇〇万ポンドの融資が行われた。八月二四日の四回目の株式募集までには時価で七五〇〇万ポンドの株式が発行され、株を担保にして一二〇〇万ポンドを超える融資が行われた。

ブラントたちの無謀ともいえるやり方に対して財務大臣のアイラビーは、これはもう会社も政府も制御できないほどの暴走だ、とのちに述べている。

> もう制御は不可能だ。水門を開けた紳士たちは歓喜と同じくらいの大洪水が押し寄せてくるのを見ているだけである。激情に駆られた人々を見るに、これは一人の男の手に負えるものではなく、全政権をもってしても止めることはできない。

ブラントらは巧妙に水門を開け、その夏、投機熱を抑えようという気などさらさらなかった。南海計画の成功と降り注ぐ栄光は彼らを慢心させた。『シークレット・ヒストリー・オブ・ザ・サウスシー・スキーム』によれば、周りにおだてられたブラントは向かうところ敵なしだった。[六]

> 言葉を強調して激しく発するところからすれば、彼は予言者をきどっていたことは明らかである。またすべてにおいて命令調で、彼が言ったことに反対する人を強く非難した。また、自分の言葉は天からのお告げなのだと説き伏せ、まるで扇動者のようにあれやこれやの言葉を発した――「諸君、うろたえてはいけない。毅然とした態度で臨み、決意と勇気をもって行動せねばならない。そしてここが肝心なのだが、これは目の前にあるような普通のことではない。世界で最も偉大なことがあなたにゆだねられている。ヨーロッパ中の

お金があなたのもとに集まり、この地球上のすべての国があなたに貢物を持ってくる」[16]。

救世主をきどった態度や無限のパワーを持っているという感覚は、ブラントに限らず投機フィーバーのときの主導的立場にあった金融家に見られる共通の特徴だった。『シークレット・ヒストリー・オブ・ザ・サウスシー・スキーム』には、ブラントは「自分のパワーに限界はなく、世界は意のままに操ることができる」と思っていたふしがあると書かれている。ミシシッピバブルのときのジョン・ロー、鉄道ブーム時代のジョージ・ハドソン、一九二〇年代のイーバル・クルーガー、一九八〇年代のマイケル・ミルケンもみな同じような様相を見せていた[17]。偉大な金融家の計画は投機フィーバーを活性化する触媒としての役割を果たすのかもしれないが、金融家自身も無傷というわけではない。野望は無限に膨れ上がり、一見、成功しているように見えるがおだてに乗せられているにすぎず、事務管理は次第におろそかになり、やがては詐欺行為にまで発展する。

アントニー・トロロープの『当世の生き方』では主人公のオーガスタス・メルモットは腐敗した鉄道王として描かれているが、これは一八四〇年代の鉄道王であるジョージ・ハドソンがモデルになっている。ブラントもまたこの小説に大きな影響を及ぼした。崩壊寸前のメルモットをトロロープは「気違いじみた野望によって彼は暴走していった」と記述している。

彼は最初から大きなことをやってやろうと考えていたわけではない。彼がやろうとしていたゲームがひとりでに大きくなっただけだった。人間は自分を抑えて最初に計画した限度を超えないようにすることは不可能である。それでは自分の野望を達成することはできないからだ。野望は時には想像をはるかに超えることもある……彼は偉大なことを成し遂げようと思っていた。しかしそれは彼の思考をはるかに超えるものだった。

ブラントは自分の利益のためだけに南海計画を思いついた。彼は配当を上げると発表する前に南海株配当のコールオプションを大量に買い込み、さらに増やす計画をしていた。一回目から三回目の株式募集発行が思いのほかうまくいったと見てとるや、彼はこっそりと自分自身と友人への株式の発行数を増やしていった。権力を駆使して南海株の株価を強制的につり上げ、株価がピークに達すると彼は株を売ってその利益で土地を買いあさった。安値で買い戻せることを確信し空売りにまで手を染めた。八月中旬に最後の四回目の株式募集発行が行われたとき、ゲームはもうそれほど長くは続かないことを察知して、ほかの経営陣には三〇〇〇ポンドの株を買うように指示したが、自分は五〇〇ポンドしか買わなかった。

リチャード・スティールらが提案したように年金国債から株式への交換レートが固定レートであったならば、ブラントが欲を出さずに一〇〇〇ポンドではなくて一五〇ポンドの株価で満足していたならば、金持ちになりたいという欲望を抑えることができたならば、国のヒーローに祭り上げられたとき冷静でいられたならば、年金国債から株式への交換はすべての当事者にとって有益であったはずだ。この計画は成功する可能性があったにもかかわらず、その可能性を台無しにしたのはブラントの無限の野望であった。彼は強欲で虚栄心のかたまりのような人物で、事業運営をやるにしても正気を失った投機家と同じように慎重さはなかった。アイザック・ニュートン卿が言うように、金融錬金術は卑金属を黄金に変成させることはなく、錬金術師の心を崩壊させるだけである。

南海株の投機家

夏になるころにはアレクサンダー・ポープは投機に対して複雑な気持ちを抱くようになっていた。利益を得たいという欲望とだれもが金をあさる浅ましさに対する嫌悪感との間で板挟みになっていた。六月二四日、彼は友人のウィリアム・フォーテスキューに手紙を書いた――「株には本当に腹が立ちます。仕事も手に付かず、友も失い、自尊心さえなくしてしまいそうです」。それから一週間後、彼は機嫌を直し再びフォーテスキューに手紙を書いた――「私と詩人のジョン・ゲイは株で得た利益でデボンシアに土地を買うつもりです。そしてその郡選出の議員に立候補しようと思っています」。それからしばらくしてポープはロバート・ディグビーから南海会社について二通の手紙を受け取った。ポープはディグビーに、「この金銭ずくの哀れな時代のことなんて気に留める必要はありません。金をばらまく悪魔マンモンのことなど無視して、あなたは本を読んだり、ガーデニングをしたり、結婚のことを考えていればいいのです」[18]と返事を書いた。しかし八月二二日には、もっと株を買いなさいとメアリー・ウォートリー・モンタギュー婦人に手紙を書いている。[19]

ポープとの手紙のやりとりのなかでディグビーは国全体が南海株にどっぷりつかっていることに驚きを隠せないでいた――「私がロンドンを離れてからまだ三～四カ月しかたっていないというのに、ロンドンの言葉も会話もすっかり変わってしまいました。自然界の激しい変化が哲学者をどれほど驚かせたかは分かりませんが、私のこの驚きにはおそらくは及ばないでしょう」。ハーグのマーキュリー・ヒストリック・エ・ポリティーク（Mercure historique et politique）は七月、次のように報じた。

南海会社にまつわる話には驚くばかりである。イングランドはこの会社の株のことでもちきりで、短期間の間に多くの人が莫大な利益を得たらしい。さらに注目すべきことは、貿易が停滞してテムズ川に係留された一〇〇を超える船が売りに出されていることである。資本家は本来のビジネスをやるよりも投機に夢中になっている。[20]

一七一一年、南海会社を設立したロバートの兄弟で、トーリー党の元党首エドワード・ハーレーは次のように述べている――「株式売買はこの国の気質を示していると言ってもよいだろう。国民の心を満たし、舌も満足させられる。ホイッグ党、トーリー党、ジャコバイト、カトリック教徒を含めどんな教派の心をもつかむこの気質ほど狂気じみたものはない。どんなに多くの利益を得てもだれも満足することなく、もっと欲しがる。こんな心を満足させることができるのは、想像上の紙券信用マシンだけである……」[21]。同月、ジョナサン・スウィフト（彼の投資はジョン・ゲイが管理していた）は次のような手紙を書いた。「ロンドンからやってきた人たちにロンドンでは今どんな宗教が流行しているのか聞いてみたのですが、南海株だって言うんです。イングランドの政策はって聞くと、同じ答えが返ってきました。どんな貿易をやっているのかって聞くと、やはり南海だって言うんです。どんなビジネスをやっているのかって聞いても、南海だって言うんです[22]」。

イギリスでは社会階層など無関係にだれもかれもが南海の投機熱に浮かれていた。その筆頭が国王ジョージ一世で、おそらく彼は計画が始まったときに賄賂として南海株のストックオプションを受け取っていた。ウェールズ銅会社（「プリンス・オブ・ウェールズの泡」と呼ばれていた）の総督でジョージ一世の長男だったウェールズ公も南海株を保有していた。彼が南海株を買ってからというもの、公爵や侯爵夫人や伯爵や男爵らも南海株を買った。三回目の株式募集では一〇〇人を超える貴族と三〇〇人の国会議員が南海株を買った。道路は南海株を買うためにロンドンへと向かう田舎の資産家や裕福な農民でごった返した。[一九] ロンドン金融街の銀行家や金融業者たちも一回目と二回目の株式募集で多くの株を買っており、海外投機家のなかでも特にオランダの投機家はチェンジアリーでは目立つ存在だった[22]。しかし四回目の株式募集のときには、内外の金融家は株価はもうこれ以上は上がらないのではないかと思っていた。オランダ人投機家の多くは南海株を売り、資本を本国に送り返してブームとなっていたアムステルダムの株式市場に投資した。ロンドンの銀行家は最後の株式募集には参加しなかった。経験豊富な投機家がバブルのピークで離れていくのは投機ブームの大きな特徴である。ブラントはこの問題ははっきりと認識していた。ブラントは何としてでも株価を上げ続けたいという欲にかられて、株担保融資をプロではなくて、賭博精神旺盛な「女性や若い紳士」に優先的に行うことを発表した。彼らに融資すれば株価は上がると考えたからである[23]。

女性投機家

投機の歴史を見ると女性が重要な役割を果たしていたことが分かる。無知な者が投機の食い物にされないように保護しようとする人々にとって、守るべき人は「未亡人と孤児」だった（彼らを保護しようとする動きは遠く昔にさかのぼって紀元前三〇〇〇年のメソポタミアに見られたとチャールズ・キンドルバーガーは言っている）[24]。未亡人の投資家は金融にうといため、いかさま師から守る必要があるわけである。その対極にあるのが女性投機家で、フランスとイギリスに初めて登場したのは一八世紀初期のことである。

フランスではジョン・ローはミシシッピ会社の株を買いたがっている女性たちの憧れの的だった（公爵夫人がローの手にキスをするくらいだから、ほかの女性はローの体のどの部分にキスをしようとするだろうかと摂政の母親はいぶかしげに見ていた）。貴族女性の投機家のなかでボス的存在だったのは元修道女のアレクサンドリン・ド・タンサンだった。彼女はフランスの大臣であるアベイ・デュボアの愛人で、おそらくはジョン・ローとも愛人関係（のちに哲学者ダランベールの母親となる）にあったと思われるが、「両替商」を営んでいた。もう一人の「ミシシッピアン」はペンブローク伯爵の娘であるレディー・メアリー・ハーバートで、彼女はのちに銀行家リチャード・キャンティロンの制止を振り切って南海株を買った。二回目の南海株の募集発行で株を買ったのは八八人のうち三五人が女性投機家だった。[25] これはサンダーランド卿のリストに記録されている。天然痘ワクチンをイングランドに持ち込んだ著名な旅行家のレディー・メアリー・ウォートリー・モンタギューは一七二〇年に南海株を買った。彼女は得た利益をレモンドというフランス人のゆすり家への借金返済に使う予定だった。彼女はレモンドに軽率な手紙を何通か書いていている。リッチモンドのプリンセス・オブ・ウェールズの屋敷にいる婦人たちの多くも活発な投機家だった。そのなかにはラトランド公爵夫人やモールバラ公爵夫人もいた。下位の階層のなかにも大きなポジションを持つ女性投機家がいた。ビリングスゲート（ロンドン最大の魚市場）では、市場の女性たちの会話は「ジンを飲みながら南海株を楽しく売買する方法に明け暮れていた[26]」と言われている。

ウェストエンド（ロンドンの中心部シティーから西側の地域。裕福な人々の邸宅・高級ホテルなどが立ち並ぶ）の婦人たちはロンドン金融街にショップを借りて、そこでお茶を飲んだり株を売買したりしていた。彼女らのエージェントが海外に行って暇なときには、彼女らはギャンブルをして楽しんだ。[27]「イングランドでキャリコを作り模様をプリントしたり柄を描いたり染めたり、またオランダのものと同じくらい上質のリネンをイギリスの亜麻布から製造する会社が何人かの婦人から提案されて設立された……彼女らは男性には参加させないことを決め、こうした商売を行うためにジョイントストックに応募することにした（株を買うのは更紗を着た女性でなければならない）。株の購入はセントポール近くのセントマーティンにある陶器店で行われた[28]」と一七二〇年四月二〇日付のデイリー・ポスト紙は報じている。エドワード・ワードは「ア・サウスシー・バラード」のなかでチェンジアリーの訪問者を次のように記述している。

最高の婦人たちがやって来る
馬車に乗って毎日せっせとやって来る
宝石を質に入れてお金を借りて
アリーで冒険をするために

ドルリーレーンから若い売春婦もやって来る
彼女らは馬車でやって来る
手に入れた金貨を無駄遣いするために
何という堕落か

女性たちが投機に走るのにはいろいろな理由があった。一八世紀のイギリスでは不動産は男が継承するもので女性には手が出なかったが、株の所有にはそういう差別はなかった。生活のために働く必要のない婦人たちは株式市場の世界に魅了された。なぜなら株式市場は性別、社会階級、人種とは一切無関係の世界だったからである。[三]『テン・イヤーズ・オン・ウォールストリート（Ten Years on Wall Street）』（一八七〇年）のなかでウィリアム・ファウラーは次のように書いている――「興奮を糧にして、気まぐれで、でも忍耐力と勇気を必要とする投機は女性の性格にぴったりフィットする」[28]。投機は女性の性格に合っていたかもしれないが、男性投機家よりもうまくやっていたかどうかは定かではない。モールバラ公爵夫人のサラはたぐいまれな敏腕を持っており、五月の終わりに南海株を売りおよそ一〇万ポンドの利益を手にした[三]が、レディー・メアリー・ハーバートやレディー・メアリー・ウォートリー・モンタギューといったほかの婦人はそれほど上手ではなかった。しかし、投機の成功は性の不平等を覆すだけの力があった。ある女性投機家は一七二〇年八月初旬にアップルビーズ誌に宛てた手紙で次のように宣言している。「私は〝南海の夫〟を買うつもりです……マネーハンティングをする男と対等になりたいのです。自分のお金を投資すれば、自分の物にする自信はあります……」[29]

ひっくり返った世の中

街の女たちは株式ディーラーになり、使用人も召使いも門番も、商人も職人もスリと同じようにチェンジアリーを闊歩し、馬車に乗る。その一方で温厚な紳士は影を潜めていった。事業家たちは大衆を自分たちの計画にまんまと引き込むことに成功し、詐欺師たちはコベントガーデンのゲームテーブルをさっさと降りて、ジョナサンのコーヒーハウスでもっと儲けになるビジネスを画策する。詩人でさえ、株を買い始める。チェンジアリーはそろそろ本物の茶番となってきたようだ。[30]

投機は社会階層の垣根を崩して社会全体に浸透していった。[四]「国のお金の大部分が、生まれも育ちも価値観も私たちの使用人と同程度の人間たちの手に落ちた」とスウィフトは嘆いた。トム・ダブルと同種の人間たちが仕返しをするために戻ってきたのだ。スティールは彼らを「価値のないクズ」と呼んだが、彼らは手にした富を誇示し、家を買い、馬車を買い、刺繍入りの外套を着て、妻や愛人には金時計を買い与えた。彼らが土地を買いあさったため、土地価格は賃貸価格の五〇倍に跳ね上がった。「南海族は日に日に増えていくばかり。ロンドンの婦人たちは南海株で儲けたお金で宝石を買い、南海株で儲けたお金で家政婦を雇い、南海株で儲けたお金で新しい別荘を買い、紳士たちは南海株で儲けたお金で馬車を買い、南海株で儲けたお金で土地を買い……」[31]と、八月にアップルビーズ誌は書いている。

顕示的消費のあとはどんちゃん騒ぎだ。五月末にセントジェームズでは国王の誕生日を一〇〇ケースを超えるワインで祝い、ケンダル公爵夫人は五〇〇〇ポンドの宝石を刺繍したドレスで現れた。[32]また七月末には多くの貴族階級や紳士階級の人々がハムステッドの屋敷に集まり、夜ごとギャンブルを楽しみ、毎週仮面舞踏会が催された。[33]チェンジアリー周辺のコーヒーハウスや居酒屋は乱痴気騒ぎにふける投機家でごった返した。[二五]四回目の株式発行が行われた八月二二日の月曜日には南海ハウスの周りには大勢の人が押し寄せ、午後一時には、一株一〇〇〇ポンドだったにもかかわらず、一万株が売り切れた。歴史家のジョン・カースウェルは当時のロンドン金融街の様子を次のように書いている――「街はまさにバーソロミューの市のカーニバルのようだった……職人はスミスフィールドの道路の敷石をはぎとり、露店や見世物小屋を建てるための杭を打ち込んだ。ロンドン金融街は奇人や剣士や役者やいかさま師たちであふれていた。通りは昼も夜もむせかえり、暴徒化した群衆は騒ぎまくり、飲酒やギャンブルに明け暮れた。こんな日が一週間も続いた」[34]。八月二四日の水曜日には「大金持ちのユダヤ人」（名前は二人ともコーニー）の結婚式がビショップスゲートのレザーセラーズホールで盛大に執り行われた。式にはウェールズ王子と王妃と、そういった式典には必ず顔を出す貴族階級が参列した。[35]余興では二〇〇皿の料理がふるまわれ、祝宴は三日間続いた。社会階層の高い者も低い者も株式市場の熱狂ビートに乗って踊り続けた。

不愉快な目覚め

夏も本番になるころには南海会社の経営陣はこのところチェンジアリーに毎日のように出現する「泡沫会社」に焦りを感じ始めていた。泡沫会社の株が買われれば、南海会社の株が売れなくなり株価は下落するのではないかと恐れたのである。この大フィーバーを独り占めしたいと思ったブラントは政府の友人に「泡沫会社禁止法」を作るように説得した。これは議会の認可なく会社を設立することを禁じ、すでに設立された会社に対しては特許状に書かれてある以外の事業活動を行うことを禁じるものだった。泡沫会社禁止法は六月九日（ジョン・ブラントが準男爵の位を得たのと同じ日）に国王の裁可を得て公布されたが、泡沫会社の株を買いたい人は非常に多く最初はほとんど効果はなかった。しかし、これに手をこまねいている南海会社ではなかった。南海会社は法務長官に特許状に書かれている以外の地域に事業を多角化していた泡沫会社三社に対して裁判所令状（告知令状）を出すように要求した。それから一二日後、南海会社はその年の配当率を三〇％（一〇〇ポンドの額面価格に対して三〇ポンド）にし、その翌年から一二年にわたって五〇％の配当を保証すると発表した。

これら三つの策――泡沫会社禁止法、裁判所令状、配当率の引き上げ――は下がり気味の南海株を何とか持ち直させるためだった。南海株は六月下旬にピークの一〇五〇ポンド（六カ月で八倍に上昇）を付けたあと、八月には八五〇ポンドまで下落していた。しかしこれらの策は逆効果で、裁判所令状が発行されると、市場は大パニックに陥った。事業を特許状の範囲外の土地開発にまで拡大していた水道会社のヨーク・ビルディングスの株価は数週間のうちに三〇五ポンドから三〇ポンドに急落し、ロンドン保険会社とロイヤルエクスチェンジ保険会社の株価も七五％以上も下落した。泡沫会社の株を信用買いしていた投機家は損失を穴埋めするために南海株を売らざるを得なくなった。配当率の引き上げ発表も、キャピタルゲインを得ることが目的だった投資家には何の効果もなかった。それに南海会社が五〇％もの配当を出すことを本当に信じている者はだれ一人としていなかった。

南海株の下落要因はこれだけではなかった。六月と七月、外国人が南海株を売って、利益をハンブルクやアムステルダムの株式市場に登場した新たな泡沫会社に再投資し始めたのである。また、スイスのベルン州は南海株を売って利益を本国に送り返した。国内信用枠は限界（夏には金利は二〇％を超えるまでに上昇）に達し、南海会社もロンドン金融街の銀行も南海株を担保に融資するお金が底をついてしまった。しかし、南海株の下落を決定づけたのはこうしたことではなかった。株価を崩壊させるのに理由などいらなかった。夏の終わりには万策尽き果て、もはや株価を維持することは不可能で、南海株は暴落し始めた。

九月一日には南海株は八〇〇ポンドを下回るまでに暴落していた。暴落の勢いはとどまることを知らず、二週目には株価は多くの銀行が融資の基準としていた六〇〇ポンドの支持線水準さえ下回った。そして、九月半ばには南海会社の経営陣は暴落を食い止めることをあきらめ、もっと下落したら買い戻すつもりで担保株を売り始めた。それから数日後、南海会社の主要な取引銀行で株を担保に大々的な融資をしていたソードブレード銀行が倒産した。九月の終わりには株価は二〇〇ポンドを下回った。四週間で実に七五％も下落したわけである。南海会社の会議である株主が言った――「株価がこれほど下落した今、破産宣言しないのは時代に逆行している」[36]。一〇月一日のアップルビーズ誌は次のように伝えている――「株価がさしたる理由もなくこれほど突然暴落したことに世界中が驚いている」。同誌は暴落がなぜ起こったのかについて次のように説明した。「最初の暴落で多くの人が株を売った。一人が売るとそれはほかの人に対する警告となり、ほかの人も売る。これが連鎖的に起こって株価は徐々に下落していった。やがてみんなが恐怖を抱きパニックとなり、大きな混乱が生じた……」[37]。言うなれば、バブルを発生させたときと同じフィードバックが起こり株価は急激に暴落していったのである。

暴落の勢いはすさまじく人々は唖然とした。「彼らのインチキはもう少し長く続くと思っていたのだが……。ゆくゆくは崩壊するとは思っていたが、その時期が二カ月ほど早すぎたようだ」[38]と国会議員のジェームズ・ミルナーは言った。アレクサンダー・ポープは九月二三日にアタベリー司教に宛てた手紙で、「南海事件を私がどう考えているのかをお話ししたいと思います」と書いている。ポープは新年のように威勢の良い投機家から秋を思わせる道徳家に変わっていた。彼は時代の不道徳を次のように書き記している。

南海計画は私が思っていたよりも早く破綻してしまいました。あなたのおっしゃるとおりでした。ほとんどの人はいつかは破綻すると思っていましたが、それに備えている人はだれもいませんでした。ちょうど死と同じように、ひそかに忍び寄るとはだれも思っていませんでした。思うにこれは神が欲深い人間に下した罰だったのではないかと思います。罪深い人が罰せられるように。利得に対する渇望は彼らの罪であり、利得を渇望し続けたがために神に罰せられ、破綻したのです。幸運にも、全部失うと思っていたのに半分だけ残ったほんの少しの人（彼らのなかにはあなたの謙虚な召使いも含まれています）は喜びを感じるでしょう。でも、持っていると思っていたものは幻想にすぎなかった。彼らは夢を見ていたのです。そして気がつくと手のなかには何もなかった。貧困は人間の欲深さから生まれるものです。でも、罪のない勤勉な人の上にも容赦なく降り注いできます。そんな貧困はあまりにも悲しい。南海の大洪水は昔の大洪水とは違って少数の邪悪な人を除いてすべての人を溺れさせました。私はこれからもこの世の中を生きていかなければなりませんし、この世の中の秩序を正していかなければなりませんが、それもこれも彼らの一人にならなかったからできることであり、その点は内心ほっとしています。[39]

ポープは投機熱のことを夢に例えた——人々は金持ちになることを思い描くが、気がつくとその夢は消えていた。ポープのこういった例えは珍しいことではない。ギボンも南海フィーバーのことを「黄金の夢」と呼んだし、ミシシッピバブル、一八四五年の鉄道ブーム時代、一九八二年のスークアルマナーフの株式市場ブーム、一九八〇年代のジャンクボンド危機についても似たような例えが用いられている。[三六] 夢を見ている投機家は幻の富を求めて理性も財産も投げうった。[三七] 夢から覚め損失に気づいた彼は自分の愚かさと貪欲さに対する嫌悪感に襲われる。フロイトは夢について次のように書いている——「悪魔がその姦婦に与えた黄金は悪魔が去ると糞便に変わる」[40]。

投機家は黄金の夢から覚めると恥辱感を感じるとともに、大損したのは天罰、拝金主義という罪を犯した罰だと感じる、とポープは言う。またアップルビーズ誌は、「ジステンパーが天罰であったように、南海もまた神が下した審判だった。神が平手打ちをくらわした者たちを哀れもうではないか」[三八] と報じた。八月になるとマルセイユでペストが発生し、やがてフランス全土に広がり、ドーバー海峡を越えてイギリスに上陸するのではないかと危惧された。イギリス政府は「贖罪の日」を設けて万能の神が王国を感染から守ってくださるように懇願した[41]。どの罪が償いを必要とするのかなどは関係なかった。とにかく国民全員が犯した罪をあがなった。ペストはもうイギリスに上陸しているのではないかとも思えた。南海ハウスを取り囲む群衆はまるで幽霊のようで、ペストにかかっているかのようだった、とデフォーは述べている。「人がこれほど哀れに見えるとは……私は一生彼らの顔を忘れることはないだろう」[29]。

　南海株で巨額の損失を出した人々は狂乱状態に陥った。その年の始めのうれしい不合理が不幸な形で拡張したのである。そして自殺者が出たという話は大げさに書きたてられた（南海会社社長の甥のチャールズ・ブラントが大きな損失を被ったあと、九月の初めに自殺したというのは本当の話）[30]。自殺よりも深刻だったのはビジネスの信用を失墜したことだった。信用や投機と同じように、商売は信頼のうえに成り立つものであることをよく理解していたデフォーは、一九三三年のルーズベルト大統領の有名な就任演説（「われわれが恐れるべきものはただ一つ。恐れそのものである」）を連想させる熱のこもった心の叫びを文章にした[31]。一七二〇年一二月一七日付のアップルビーズ誌で、彼はバブルの後遺症がどうなるのかは干渉することなく見守ろうではないかと助言した。

> 病んだ身体のなかですべての血が腐り、身体の骨格が崩れ、生命の息吹が止まったとき、患者にもはや薬は効かない。彼が生きるか死ぬかは自然の秘密の働きに任せるしかない。南海の人々の身体は今まさにそんな危機的状態にあるように思える。ジステンパーが彼らを襲い、彼らはその下に沈む。どんな理由も議論もムダでしかない。患者は自然に任せるし

かない。たとえ間違った理解であってもそれに任せるしかないのだ……。[三]

人々の心の傷は時間が癒やしてくれるのを待つしかない。

南海計画が破綻したときのイギリス国民の怒りはイギリス史上、類を見ないほど激しいものだった。特に南海会社の経営陣に対する怒りはすさまじく、国民を欺く一方で、暴落前に売り抜けて大儲けしていたのだから国民の怒りはいかばかりだっただろう。ストックオプションをひそかに受け取って大儲けしていた政治家たちも集中砲火を浴びた。大衆はウェストミンスターに集まり、彼らが得た利益を没収するように要求した。庶民院は南海会社の経営陣の取引実態を調査するために秘密委員会を設置した。庶民院では異例の事態が発生した。アイルランド人議員のモールズワース卿が、「たぐいまれな犯罪にはたぐいまれな救済策が必要だ。ローマの立法者は近親者殺しが起こることを予見できなかった。しかし最初の犯罪者が現れると、彼はずた袋に入れられて、川に真っ逆さまに投げ込まれた。今のこの崩壊を招いた張本人にも同じ処置がとられることを望むところである」[42]と力説したのである。父親がブラントから賄賂を受け取っていた国務大臣のジェームズ・クラッグスは、怒り狂って、彼の名誉を中傷しただれをも満足させるために自殺した。南海会社の経営陣だった四人の議員は除名され、大蔵大臣のアイラビーと南海会社の経営陣の何人かはロンドン塔（監獄）に送られた。

さらに一七二〇年に南海会社の経営陣が得た利益を没収する法案が議会を通過した。没収額は二〇〇万ポンドを上回った。エドワード・ギボンは九万六〇〇〇ポンドが没収され、その孫息子の歴史家はこの遡及法令を「悪質な自由の侵害」として厳しく非難した。[43] 法学の法則から言えばギボンに非はなかった。しかし、大衆はカーニバルの人形よりも実質的な人間のスケープゴートを求めたのである。南海バブルの余波のなかで成立した法案は南海被害者法だけではなかった。一七二〇年一二月、「悪名高い株取引の慣行を将来的に防止することによって公的信用の確立を促す法案」という長ったらしい名前の法案が提出された。この法案はこのときは可決しなかったが、一四年後、この法案を土台にして、空売りと先物とオプションの取引を禁止するサー・ジョン・バーナード法が可決された。この法律は一九世紀中ごろまで効力を発揮した。

合理的なバブル

投機家のなかには信じられないほど巨額のお金を失った者もいた。イングランド銀行取締役のジャスタス・ベック卿は三四万七〇〇〇ポンドの損失を出して破産し、シャンドス公爵は七〇万ポンドの含み益を失い、アイザック・ニュートン卿は早く売りすぎてピークのときに買い直して二万ポンドの損失を被った。ニュートンはその後、死ぬまで南海の話になると顔が青ざめたそうだ。株にちょっと手を出した作家たちも例外ではなかった。数年前にスペクテイターに「ジ・アート・オブ・グローイング・リッチ」と題する記事を書いていたアディソンの甥のユースタス・バジェルも大損し、のちに自殺した。友人のアレクサンダー・ポープの助言に従ったレディー・メアリー・ウォートリー・モンタギューは最高値で株を売り損ない、数年にわたってレモンドにゆすられ続けた。ジョン・ゲイの損失についてはウソとも本当とも分からない話が独り歩きした。彼は詩集を出すための前払い金をギャンブルで失い、投機に手を出したことを詩で嘆いた。

どうしてチェンジアリーで貴重な時間をムダにしたのか
私も黄金を渇望した愚か者の一人
空想を食べて生き、空気を常食とする
詩人がそこにいたならば
彼らもきっと南海計画のワナにはまったはず
一ギニーさえ稼げずに
現実には起こらない夢を見る……[三]

南海株で損をした人々が嘆き、悲しみ、大騒ぎした割には、南海バブルが崩壊したあとの不況は大したことはなく、長くは続かなかった。商人の損失は限定的だった。おそらく彼らは示し合わせて四回目の株式募集には応募せずに、株価が暴落する前に売り抜けたからだろう。南海株はピークの一五％にまで下落（イングランド銀行と東インド会社の株はおよそ七〇％下落）したが、一七二一年の破産者数は前年とほぼ同じで、経済は急速に回復していった。[43]

アダム・スミスはサウスシーバブル事件をそれほど深刻にはとらえなかった。『法学講義』のなかで彼は、サウスシーバブル事件は取るに足らない事件で、ミシシッピバブルを単に模倣したにすぎない、これに対してミシシッピバブルは完全なる詐欺だったと書いている。[44] しかし、この見解は公正さを欠いている。南海計画はミシシッピ計画を単に模倣したものではなく、互いが互いを模倣したものだった。例えば、フランス国債をミシシッピ株と交換するとき、ジョン・ローは南海会社を含めイギリスの既存の会社の例を拝借した。ジョン・ローの成功を見て、南海会社の経営陣はイギリス史上かつてないほど大胆な交換に踏み切った。模倣かどうかというよりももっと重要なのは、二つの大きなバブルが場所的に比較的近いところで起こったことを考えると、投機が国から国へと伝染するという事実である。このケースの場合、投機はフランスからイギリスへと伝染しただけでなく、アムステルダムやハンブルク、そしてリスボンという具合にヨーロッパ全土に伝染したのである。[45]

しかし、一七二〇年のバブルの結果として、アダム・スミスが認識していたよりももっと重大なツケが回って来ることになる。一七七六年にアダム・スミスが『国富論』を発表したとき、泡沫会社禁止法（議会の認可なく会社を設立することを禁じる法律）とサー・ジョン・バーナード法（空売りと先物とオプションなどの投機手段を禁止する法律）はまだ効力を発揮していた。その結果、一八世紀の金融資本主義の発展は遅れ、ジョイント・ストック・カンパニーはイギリスの産業革命のときのような貢献をすることはなかった（その代わりに相互会社のようなほかの形態の会社は栄えた）。一七二〇年のバブル後の会社や投機に対する強い嫌悪感はスミスの著書にも書かれている。スミスは、ジョイント・ストック・カンパニーは所有と経営の分離（今でいう「エージェンシー問題」）という問題を抱えていると考えていた。「怠慢と浪費はこういった会社の経営では多かれ少なかれ常に見られるものだ」とスミスは結論づけている。[35] スミスが投機論を発展させなかった背景にはこういう理由があった。[36]

一七二〇年のバブルは政府の役割を無視しては語れない。南海会社は王室と議会に賄賂を配りまくった。賄賂は公然のもの（公債を肩代わりする見返りに南海株を発行する許可をもらうための七五〇万ポンド）もあり、秘密裏のもの（廷臣や大臣に与えた違法のストックオプション）もあった。[37] のちにブラントは国会議員に株式募集に応募する最優先権を与え、彼らの多くは自分や友人のために多額のお金を投資した。彼らは株価が上昇すれば二倍の利益を得られる立場にあったため、国債を南海株に交換するレートを固定しようという主張に耳を貸す政治家はほとんどいなかった。それどころか大蔵大臣のアイラビーは南海会社が交換条件を自由に設定できるように議会に働きかけた。ある議員はアイラビーのことを「陰険でずる賢いためだれもが疑問を抱き、評価は低かった」と言っている。南海会社はたとえ年金受給者を犠牲にしても株価をつり上げるためには手段を選ばないことを、アイラビーと南海会社の役員たちが気づいていたのは確かである。アーチボルド・ハッチソンは、何千という家庭を崩壊から守るために必要な予防策を取るのが議会の務めではないのかと議会に問いただした。しかし、私欲の塊のような彼らにはアーチボルドの声は届かなかった。

一七二〇年のイギリス政府は既存の債権者を保護するという責任を放棄しただけでなく、南海計画を後押しし、南海株は安全なのだと投機家たちに信じ込ませるようなこともやった。国王が一株一〇〇〇ポンドの三回目の株式募集に応募したことで、臣下たちも南海株は安全だと思い、株式募集に応募した。政府が株価を本質的価値を上回る水準に下支えしたのはこのときだけではない。それは一九八〇年代の日本でも起こった。財務省が株価を下げさせなかったのである。政府は国を投機というワナから守れなかった――これが南海事件からわれわれが学ぶべき最も重大な事実である。南海会社の元出納係のアダム・アンダーソンは、「一七二〇年という年はわが国の議員や大臣にとって一生忘れられない年になることを願っている。そうすれば、国家は、信じやすい人間を詐欺という恥ずべき行為によってだまし、正道を踏み外させるようないかなる権力の支配下にも置かれることはないはずだ」[46]と述べている。

ジョセフ・シュンペーターは一七二〇年の一連の出来事を前の三〇年にわたる金融革命に重ね合わせた。「一七一九年から一七二〇年にかけての熱狂は……のちに発生する同類の熱狂と同じく、経済構造を変え既存の情勢を転覆させた前の時代のイノベーションによって誘発されたものである」[47]。シュンペーターのこの解釈は最近になってアメリカ人経済学者のラリー・ニールによってより明確に述べられている。彼の見解によれば、バブルは「果てしない人間の愚行についての話というよりも、金融市場が一連のイノベーションに適応できなかった話と言ったほうがよい」[48]。南海計画の特徴は流動性の低い年金国債を市場性のある株式に交換したことだった。ニールによれば、バブルを生みだしたのはこの交換プロセスだったのである。「南海バブルは単なる狂気じみた熱狂や大がかりな詐欺と見るべきではない。もちろん南海バブルは熱狂であり詐欺でもあったが、バブルを引き起こした大元凶は政府の戦債を交換が簡単で低金利の長期証券に変換するというテクニカルな問題だったのである」[38]とニールは結論づけている。ニールが言うには、南海計画の初期段階で南海株が上昇したのは、投資家が高額で譲渡が難しい年金国債をもっと「流動性の高い」南海株に交換するのに喜んでプレミアムを支払ったからである。ニールによれば、一七二〇年五月の終わりには、南海会社の経営陣が株価をつり上げるように操作していること、そしてそのトレンドに乗れば大儲けできることを投資家たちは気づいていた。つまり、南海バブルは「合理的なバブル」[39]だったのである。南海会社の経営陣は無理をして失敗し、会社は義務を果たすことができなくなったため、バブルは最終的には崩壊した。

しかし、この主張には反論もある。理由はいくつかあるが、まずは年金国債を株式と交換するときの流動性プレミアムはそれほど大きくなかったということが挙げられる。なぜなら一七二〇年以前、市場性のある証券を欲する投資家は年金国債を持っている必要はなく、株はイングランド銀行やミリオン銀行、そのほかの勅許会社で買うことができたからである。国債が会社の株式に交換されたのは、一七二〇年の南海株への交換が初めてではなかった。一六九七年にイングランド銀行は国債を自社の株式に交換しているし、南海会社は一七一一年と一七一九年に国債を自社の株式に交換している。国債から南海株への交換は四回行われたが、最初の二回は交換によって株価は額面価格を下回った。

南海という壮大な名前にもかかわらず、南海会社は南米大陸との貿易では儲けは出ていなかった。南海会社の株式価値は完全に政府から受け取る収入からのみ派生していた。したがって、南海株の「本質的」価値は異常なほどの厳密さで算出することができた（通常、会社の将来の収入は不確実なことが多いが、南海会社の場合はこれとはまったく逆）。一七二〇年の春にアーチボルド・ハッチソンとリチャード・スティールが試算したところによると、会社が政府から受け取る固定収入から計算すると、南海株の公正価値はおよそ一五〇ポンドだった。南海会社の株価がこの水準以上に上昇すれば、国債を南海株と交換した人も、南海株の株式募集に応募した人も損をすることになる。一七二〇年の秋に南海株は公正価格まで下落したので、ハッチソンとスティールの試算は正しかったということになる。投資家たちがハッチソンとスティールの警告を無視し、南海会社の株価は上昇し続けると信じたとすれば、それは彼らが短期的な利益を追い求めて非合理に行動することを選んだからにほかならない。一七二〇年の投資家たちの「非合理性」を証拠づける当時の文献は山のようにある。オランダ人銀行家のクレリウスによれば、一七二〇年四月のチェンジアリーは「まるで正気を失った者が精神病院から一気に逃げ出したかのようだった[四〇]」。

ニールの南海バブルについての話は、ガーバーのチューリップバブルについての話同様、近代の効率的市場仮説（ＥＭＨ）と合理的な投資家理論を支持するのが狙いだ[四一]。極端に言えば、この理論は投機バブルでは不合理はあり得ないと言っているわけであり、投資家がたとえ公正価格を超えた株価で株を買っても、それは少なくとも短期的には株価は上昇し続けることを期待して買うわけだから合理的な行動であると言っているわけである。合理的な投資家とはリスクをリワードで補い、手に入るすべての公開情報を使って富を最大化しようとする投資家のことを言う。南海株を一〇〇〇ポンドで買った投資家は、果たして合理的と言えたのだろうか。それはノーである。まず第一に南海株がかなり過大評価されていることを示す公開情報が十分にあったことが挙げられる。第二に、株価がかなり高騰してから買うことでリスク・リワード・レシオは悪くなる。つまり、投資家は小さな利益を得るために大きなリスクをとるわけで、損失を被る可能性が高いということである。第三に、その年の「ファンダメンタルズ」（会社の長期的展望）はそれほど大きく変わっていなかった。将来の収入は一定なのだから、株価がそれほど極端なボラティリティを示す妥当な理由はないわけである。

「合理的なバブル」理論は「自分よりももっと愚かな投資家」がいることを前提とする投資戦略を巧妙に言い換えただけであるように思える。「自分よりももっと愚かな投資家」がいることを前提とする投資理論とは、その銘柄に投資するだけの価値がないにもかかわらず、自分が買った値段より高い値段で買う愚かな投資家が現れるだろうと考えて投資することを言う。「合理的なバブル」の提唱者は、この戦略が成功するためには流動性（市場に常に買い手と売り手が存在する）が不可欠で、パニックが起こると「合理的なバブル」投機家が持っている株を売ろうとした瞬間に買い手は消えるという事実を見落としているように思える。「自分よりももっと愚かな投資家」がいることを前提とする投資戦略は一九九〇年代にアメリカが強気相場だったときに人気のあった投資法で、このときは「モメンタム投資法」と呼ばれた。モメンタム投資法では投機家は市場よりも速い速度で上昇している株を買い、上昇に陰りが見え始めたらただちに売る。[四二] 一七二〇年代のロンドンの銀行家であるジョン・マーティンの運命をたどるとこの浅はかな投資法の危険性がよく分かる。その年の初夏、彼は「われわれ以外の世界中の人々が正気を失っているときは、われわれもある程度は彼らをまねる必要がある」と陽気に語った。しかし彼は大暴落する前に売り損なって全財産を失い、「ほかの人の助言にやみくもに従った」ことを大いに悔いた。[49]

注

一．ロバート・ウォルポール卿の言葉。

二．これは二四年物の年金国債で、政府には年間一三万五〇〇〇ポンドのコストがかかっていた。この年金国債を年間利子の一一・五年分で投資家から買い取り（つまり、年金国債と交換する南海株の額面価格は年金受領者が受け取る利子の一一・五倍）、これに対して政府は年間五％の利子を支払うことで同意した。南海会社の株価が一〇〇ポンドの額面価格を超えると、年金受領者は株式との交換でキャピタルゲインが得られることになる。また南海会社は政府に現金五二万ポンドを貸し出すことにも同意した。このお金は株式を市場で一一四ポンドで売却することで調達した。調達したお金は五九万二八〇〇ポンドで、これによって南海会社は七万六〇〇〇ポンドを超える利益を得た。南海会社の株式が一〇〇ポンドの額面価格を超えているかぎりはすべてうまくいった。

三．同書が最初に出版されたとき、この神を冒涜するような理論はあまり注目されなかったが、一七二三年（サウスシーバブルのあと）に再版されてからは熱狂的に支持された。

四．P・G・M・ディクソンは、サウスシーバブルの前夜、イングランドはかつてないほど大胆で自信に満ちていた、と書いている（『Financial Resolution』の九〇ページ）。

五．ローの犯した重大な誤りは株とお金を混同してしまったことである。株価が上昇するとお金を刷り増しし、刷り増ししたお金は株に再投資される。すると株価はさらに上昇して、連鎖的に資産価値が上昇して資産のインフレスパイラルが発生する。株価の上昇はとどまるところを知らなかった。同じような資産のインフレスパイラルは一九八〇年代に発生した日本の「バブル経済」でも見られた。バブル経済では資産価値が上昇し、それによって銀行の資産が増加し、融資が急増した（第九章を参照）。これら二つのケースからはっきり言えることは、このインフレスパイラルは信用の創造が資産価値に依存する近代の金融システムでは常に存在するということである。

六．近代の会計基準では、額面価格のプレミアム価格で新株を発行したときは、余剰金は「株式プレミアム勘定」に計上しなければならない（つまり、余剰金は非分配資本準備金の一部になるということ）。しかし、一八世紀初期においては話は違った。新株を発行するときの市場プレミアムは会社の利益とみなされ、株主に分配することができた。この基本的な会計上の落ち度がミシシッピバブルと南海バブルの崩壊につながった。

七．一七二〇年三月八日付『The Theatre』第二〇号。三月一九日、スティールは次のように書いている――「数字のことはよく分からないが、これは数字がたくさん出てくる暗号文のようなものだ。暗号を解読する必要なんてないが、バブルは詐欺師を重要人物に仕立て上げる単なる暗号にすぎないということである」。スティールは南海株の本質的価値はおよそ一四〇ポンドと見積もったが、ハッチソンは交換される株の価値は一五〇ポンドはあると言った。

八．『Secret History of the South-Sea Scheme』はジョン・トゥーランドの原稿のなかから発見されたもので、初めて活字になったのは『A Collection of Several Pieces of Mr. Toland : With Some Memoirs of His Life and Writing』(London, 1726)のなかでである。これはおそらくはトゥーランドの友人でブラントの取り巻きには含まれない南海会社の経営陣の一人だったセオドア・ヤンセンによって書かれたものではないかと思われる。ヤンセンは一七二〇年の株式募集でトゥーランドにお金を工面し、のちには死の病についたトゥーランドの世話をした。南海計画が崩壊したあとトゥーランドはヤンセンに手紙を書いている――「議会がこの事件の処理を始めてからというもの、あなたの無実が一日も早く証明されることを強く求めてきました。あなたは犯罪など犯してはいない。ちょっと軽率だっただけ。私はそう信じています」。『Secret History of the South-Sea Scheme』の著者は「会計事務所以外で」本を書くことには慣れていないと言った。

九．四月二一日、ブラントは会社の株主総会で、「会社の利益は……法律執行時の株価に依存する」と言った(ディクソン著『The Financial Revolution in England』の一四一ページから引用。『Secret History of the South-Sea Scheme』四二三ページ)。

一〇．一株につき二五〇ポンドを融資し、一株主への融資の上限は五〇〇〇ポンド(実際には会社はこの上限を守ることはなかった)。

一一．ディクソン教授の言葉を借りれば、国債保有者はまるで悪魔にでも取りつかれたように熱に浮かされて判断力を失い、会社が提示する交換条件をむやみに受け入れた(『The Financial Revolution in England』一三三ページ)。

一二　政府は長期年金の価値を支払い期間二〇年で評価していたが、南海会社は三二年の価値評価でオファーした。しかし、半分以上が株（一株三七五ポンド）で支払われ、残りは現金や債券で支払われた。年金受給者が損をしないためには株価が一四六・五ポンドを上回っていなければならなかった。短期年金のオファーはさらに悪く、株価が二三七・五ポンドを上回っていないかぎり損になった（ディクソン著『The Financial Revolution in England』一三六ページ、スコット著『The Constitution and Finance of English, Scottish and Irish Joint-Stock Companies to 1720』II, p.10）。

一三　泡沫会社は一月に五社、二月に二三社、四月に二七社、五月に一九社、そして六月には何と八七社が設立された。

一四　アダム・アンダーソンは泡沫会社を次のように区分している――保険会社一〇社、水産業一二社、製塩四社、土地・建物開発一五社、菜種油・ケシ油・ヒマワリ油製造六社、鉱山・金属一五社、その他八〇社。

一五　スティールは一七一八年六月一〇日に「遠海でとれた魚をまるで海のなかにいるような健康的な生きた状態で保存・運搬する新しい方法」についての特許を取得した。しかし、嵐の海では魚が互いにぶつかり合って死んでしまうため、残念ながらこの水槽会社は失敗に終わった。

一六　W・R・スコットは泡沫会社と伝説の風刺会社とを区別しなかった。彼の『The Constitution and Finance of English, Scottish and Irish Joint-Stock Companies to 1720』（III, p.457）には、「鉛などの鉱石から金銀を作る」会社や、「液体水銀を黄金に変成する」会社といった会社が掲載されている。……簡単に計算すると、株式募集に応募した人は八〇〇％の利益を得たことが分かる。

一七　この泡沫会社は一七二〇年一月初めのミスト・ジャーナルに載っているのだが、単なる悪ふざけだった可能性も高い。J・P・マルコムは『Anecdotes of the Manners and Customs of London during the Eighteenth Century』(London, 1808, p.67）のなかで「関係者にとって有利となるようなことを行うジョイントカンパニー」といった似たような会社を紹介している。またジョン・カースウェルは一七二〇年五月二一日付のデイリー・ポスト紙の広告にあった「すでに着手されているどんな事業よりも……役に立ち……確実な利益を得るために、六〇〇万スターリングを調達するための提案」を例に挙げている（『The South Sea Bubble』p.129）。ジェームズ・グラントはこの会社は世界初の「ブラインドプール」と言えるかもしれないと述べている（『Minding Mr. Market』一一三ページ）。

一八．『Secret History of the South-Sea Scheme』の著者は次のように述べている――「ブラントにあえて反対する者、あるいはブラントのごまかしに対して異を唱える勇気ある者は、ブラントを妬んでいるとして、つまり南海計画の敵として非難された……ブラントがその人を冷遇せずにいられたかどうかは疑問である」（『Secret History of the South-Sea Scheme』四一五ページ）。

一九．「田舎の資産家や裕福な農家が王国のあちこちからやってきた。帰りは六頭立て馬車で帰れることを願いながら……」と、ミスツ・ジャーナル（一七二〇年三月二六日付）は伝えている。

二〇．C・ウィルソン著『Anglo-Dutch Commerce and Finance in the Eighteenth Centry』（Cambridge, 1941）を参照。ロンドン・アムステルダム間は多数の小さな漁船（pinkje）によって行き来があり、これらの漁船によって南海に関する最新ニュースがアムステルダムのカルフェル通りに届けられた。

二一．スコット著『The Constitution and Finance of English, Scottish and Irish Joint-Stock Companies to 1720』（III, p.450）を参照。これはおそらくは作り話だと思われる。スコットは、「想像できると思うが、キャリコは四月一九日に着るにはちょっと軽い衣装だった」と皮肉を込めて書いている。

二二．一九六〇年代の中国系アメリカ人ファンドマネジャーのゲリー・ツァイは次のように言っている――「ゼネラルモーターズを四〇ドルで買って、それが五〇ドルに上昇したら、東洋人であろうと韓国人であろうと仏教徒であろうと、差別なく利益を手にすることができる（ジョン・ブルックス著『The Go-Go Years』New York, 1973, p.132から引用）。

二三．侯爵夫人は友人に次のような手紙を書いている――「常識のある人なら、あるいは数字に強い人なら、この地球上のどんな芸当を使っても、一五〇〇万ポンドの正金を四億ポンドの紙券信用にすることは不可能だと分かるはずです。このプロジェクトの破綻は目に見えています」。彼女の子孫にあたるウィンストン・チャーチルは、崩壊前に利益を手にした彼女のことを「いけすかない常識人」と言った。

二四．アンダーソンは、「バブルの崩壊によってそれまで裕福だった立派な家庭が破綻し、低層のわけの分からないような人物や家庭がのさばってきた」と述べている（『Origin of Commerce』III, p.92）。

二五．「チェンジアリー周辺の居酒屋やコーヒーハウス、そして食堂さえもが常に人でごった返し、贅のかぎりが尽くされた」とアンダーソンは回顧している（『Origin of Commerce』III, p.103）。

二六．サウスシーバブルの崩壊から数年後、ギボンは「人々は黄金の夢から覚めた」と書いている。またゲーテの『ファウスト』にはローの計画は夢のようであったと書かれている。さらにジェームズ・スチュアート卿はミシシッピバブルのことを「黄金の夢」と呼び、フランスと一部ヨーロッパは五〇六日間という短い間黄金の夢を見たと述べている。またワシントン・アービングもミシシッピバブルについて、「夢から覚めて元の貧困に戻った投機家たちは、それまでの高揚感から奈落の底に落とされて、一層のいらだちと屈辱を感じた」と書いている。ジョン・フランシスは鉄道ブーム時代のことを、「人々は夢から覚めると怒りで体中が震えた」と記述している。また一九八二年、クウェートの宗教新聞の編集者は「スークアルマナーフは悪夢だった。あるいはアラビアンナイトの夢と言うべきか。翌朝、目覚めると、それまでのことは幻想であり、夢以外の何物でもないことに人々は気づいた」と書いている（フィーダ・ダーウィッチ著『The Gulf Stock Exchange Crash：The Rise and Fall of the Souq Al-Manakh』London, 1986, p.100）。

二七．ロバート・ハイルブロナーは、「投機家は……労することなく手に入る富以外のことは頭になく、上昇する市場に飛びつく。まるで夢でも見ているかのように」と書いている（『The Quest for Wealth』New York, 1956, p.124）。

二八．一七二〇年一〇月一五日付の新聞は、「株式取引の罪」についての牧師の説教を報じた――「貪欲は背徳であり、富を贅沢に使うことも背徳であり、富を失い過度に嘆き悲しむことも背徳である」。

二九．一七二〇年一〇月一日付のアップルビーズ誌より。八月一三日、新聞は次のように報じた――「チェンジアリーではペストは増加の一途をたどり、マルセイユでは沈静化してきた。前者は事実だが、後者は希望的観念であり単なる表面的なものにすぎない」。投機の惨状とペストは多くの共通点を持つ。いずれも恐怖と不確実性を生み、伝染し、パニックを引き起こし、死をもたらし（これは投機家の自殺を意味する）、神による罰が与えられたとみなされ、経済はマヒする。のちの時代においても投機の惨状を記述するのにペストのたとえが使われている。例えば、ジェームズ・メドベリーは一八五三年のニューヨークの株式市場の大暴落を次のように記述している――「ウォール街はペストが大流行している街のように陰鬱な雰囲気が広がり、ブローカーたちはまるで落ち着かない亡霊のようにせわしなく動き回っていた」(『Men and Mysteries of Wall Street』New York, 1870, p.308)。もっと最近では、一九九七年八月にタイの株式市場が崩壊したあとその余波がアジア諸国に広がった経済的伝染は腺ペストの拡大に例えられた（ジョージ・ソロス著『The Crisis of Global Capitalism』New York, 1998, p.145)。

三〇．一七二一年一月下旬、アップルビーズ誌は次のように報じた。「ジステンパーに罹った人の数はこの数カ月で奇妙な増加を見せている。感染源は南海会社とほかの泡沫会社の嘔吐と下痢で、それによって人々の財産が乱高下しそれが家庭にも悪影響を及ぼしたことによる。町中の精神病院はもう満杯状態で空きがない……」。正気を失った人は自殺する。その日の新聞によれば、投機によって出した巨額の損失の痛みから逃れる方法は自殺しかない。

三一．「われわれの国家のためにどうかみなさんにお願いする。われわれがやっていることを考えてみようじゃないか。われわれは自分にとって悪いことばかりやっている。これは自分の喉にナイフを突きつけるようなものであり、自分の家に火をつけるようなものである。自分の私有地を崩壊させ、自分の商売を崩壊させ、自分の希望を崩壊させる。傷つくのは自分自身なのだ。貧困化し崩壊するのは自分の家庭なのである。私たちが崩壊させるのはほかの国ではない。われわれの偉大なイギリスなのである」とデフォーは書いている。

三二．一九二九年一〇月のウォール街大暴落のあと、財務長官のアンドリュー・メロンは似たような言葉で同じようなことを言った。「大暴落によってシステムの腐った部分が浄化されるだろう。これで高い生活費や贅沢な暮らしは落ち着くはずだ。人々はより一層懸命に働き、道徳的な暮らしをするようになるだろう。価値はきちんと修正され、意欲的な人は自分よりも無能でやつれた人を助けてあげるだろう」。第七章を参照。

三三．「A Panegyrical Epistle to Mr. Thomas Snow」からの抜粋。ドクター・ジョンソンによれば、ゲイは年間に一〇〇ポンドを一生にわたって使えるように、南海株を売るようにしつこく言われたという。それは毎日きれいなシャツを着て、羊の肩肉を毎日買えるだけの額だったとフェントンは言う。しかし、彼は助言を無視し、利益も元本も失った。彼は悲嘆に暮れ、生命の危機に陥った。最近彼の伝記を書いたデビッド・ノークスは、ジョンソンの話はちょっと大袈裟で、ゲイが失ったのは最初の投資額一〇〇〇ポンドのうち六〇〇ポンドにすぎないと述べている。

三四．ジュリアン・ホピットの「Financial Crises in 18th century England」(『Economic History Review』39, No.1, 1986)

を参照。「イギリスの経済界にとってバブルは大惨事というほどのものではなかった」とホピットは結論づけている。

三五．スミスは『国富論』のなかで次のように述べている。「南海会社の巨大資本は膨大な数の株主に分割されていたことを考えると……愚行と怠慢と浪費が会社の業務の運営全般に行きわたるだろうことは当然に予想された。彼らの株取引での不正行為や浪費はよく知られているが、その実態を説明しても今日的な話題としてはなじまないだろう」（アダム・スミス著『The Wealth of Nations』Oxford, 1976, p.741。邦訳は『国富論』）

三六．投機家の運用成績にはムラがあるとスミスは言う。「大胆で冒険家の投機家は二～三回の運用で莫大なお金を儲けるときもあるが、二～三回失敗すれば莫大な損失を出す可能性もある」。スコットランドの長老派の出であるスミスは、「富というものは一生にわたる勤勉と倹約と注意深さの結果として得られるものである」と結論づけている。

三七．ブラントがストックオプションを配りまくった行為は、一九九〇年代にアメリカ企業がストックオプションを結婚式での金平糖のように配った行為に重なる。ストックオプションを過剰に配布するとなぜ投機バブルは膨張するのだろうか。それには理由があった。まず会社はオプションのコストを損益計算書に計上しなかった。そして借金をしてストックオプションを買い戻し、会計トリックを使って増益を隠蔽した。ストックオプションの買い戻しはポンジスキームに似ている。例えば、コンピューターメーカーのゲートウェイ２０００は一九九七年六月、二〇カ月前に一四・五〇ドルで発行した株式を三五ドルで買い戻すと発表した。特に、民生用機器メーカーのサンビームとマーケティング会社のセンダントのストックオプションはすさまじく、両社ともに一九九七年の利益を誇張粉飾した。ジョン・ブラント卿は生まれるときが早すぎたようだ。もし彼が今の時代によみがえってきたとするならば、「株主価値を最大化してくれた」チャンピオンとして大歓迎されるだろう。

三八．ニールはバブルを三つの段階に分けている――①南海株がファンダメンタルズの向上で上昇した五月中旬までの期間、②株式交換への募集が締め切られ、投機家が南海株は強気一色だと認識した五月中旬から六月二二日までの期間、③株式交換への募集が締め切られ、取引がすべて株式の先渡しになった六月終わりから八月終わりまでの期間。ニールによれば、高額な先渡し価格は信用市場の引き締めにつながった。

三九．「合理的なバブル」と言う言葉を初めて使ったのはオリバー・J・ブランチャードとマーク・W・ワトソンだった。

キャピタルゲインがすぐに手に入ることを考えれば、投資家たちは合理的に行動し、ファンダメンタルズバリューを上回る価格で株式を買うだろうとブランチャードとワトソンは言う。ブランチャードとワトソンが「合理的なバブル」という概念に魅力を感じたのは、方法論的視点から言えば「合理的なバブルを分析するのは難しいが、非合理的なバブルを分析するのはもっと難しい」という少し偏向した考えもあったようだ（『Crises in the Economic and Financial Structure』Toronto, 1982, p.196のなかの「Bubbles, Rational Expectations, and Financial Markets」を参照）。

四〇. 数年後、この銀行家はバブル期には理性が失われたことを次のように回顧している――「とりわけ理性があるように見える多くの人がいる。しかし南海株という言葉を聞くと、たちまちのうちに思考力を失った……」（一七二七年五月二七日）。

四一. ピーター・ガーバーは、南海バブルは投機家が入手できる最高の経済分析を使って、マーケットファンダメンタルズに対する考え方を変えることで価格をどんどんつり上げていったケースであり、これを理解するのは簡単だ、と言っている（P・ガーバーとR・P・フラッド著『Speculative Bubbles, Speculative Attacks, and Policy Switching』Cambridge, Mass., 1994, p.50）。

四二. コンピューターネットワーク会社のアセンド・コミュニケーションズの株価は一九九五年の発行価格一・四〇ドルから一年後には八〇ドルを上回るまでに上昇したが、株価をこれほどまでに押し上げたのはモメンタム投資家たちだった。同社の株価の下落もまたすさまじかった。トレーダーたちはこの現象を会社名をもじって「アス・エンド（Ass-end）」と呼んだ。一九九七年初期に売買高がわずかに減少するとモメンタムトレーダーは弱気になり、日々の売買高が二〇〇〇万株を超えていたにもかかわらず、アセンドの株価を四〇ドルに押し下げた。

第4章　黄金の見かけにだまされた一八二〇年代の新興市場ブーム

「……彼女の夫はひどく落胆していましたが、それはどういうことでしょうか？」

「ペルーの鉱山から水を汲みだしているときに」とミス・トックスは答えた。

「もちろん彼は水の汲みだし要員ではなかったのですがね」とミセス・チックスは弟のほうをちらっと見て言った。取っ手を握って死んだかのように言うミス・トックスには説明の必要があるように思えた。

「実は、彼は投機に手を出して失敗したのです」

――チャールズ・ディケンズ著『ドンビー父子』より

現在のニカラグアの国境付近に昔ポヤイスという小さな国があった。ポヤイスの統治者であるグレガー殿下は一八二一年末にロンドンに到着した。目的は土地所有権、軍の将校の地位を授与する公式文書、貴族の称号をイギリス国民に売り、ポヤイス国への移住を勧めるためだった。ロンドン金融街で外債を買いたい人が増えていることに目を付けたグレガーは、元ロンドン市長であるジョン・ペリング卿のオフィスを通じて六〇万ポンドのポヤイス債を六％の配当で発行した。これは大成功で、ポヤイス債は市場では早くもプレミアムが付くほどにまで上昇した（これはあやしげな操作によるものにすぎないと言う者もいた）。一八二三年初期、銀行支店長、宝石商、木製家具職人、召使いを含む二〇〇人の入植者がポヤイスの首都セントジョーゼフに向けて出航した。グレガーからはバロック様式の豊かな街だと聞いていたのに、彼らが目にしたものは沼地にある泥壁のみすぼらしい小屋と先住民たちによる襲撃だった。彼らは暑さと飢えと熱に苦しんだ。隣国のベリーズに逃避しようとした入植者のなかには溺れ死ぬ者もいた。ポヤイスの王女の正式な靴屋に任命されたスコットランド人の靴屋はピストル自殺した。二〇〇人の入植者のうちイギリスに帰還したのはわずか五〇人だった。このころにはこの統治者は債券の発行で儲けた利益を持って家族とともにフランスに逃げていた。この統治者――本名はグレガー・マクレガー卿――の正体は、スコットランド人冒険家でシモン・ボリバル軍から脱走した将軍で、先住民のミスキート族の首長と酒を飲みながら交わした取引のあと彼の「王国」の所有権を主張した人物だった。希望は金融市場では尽きることがない。半世紀ののち、ポヤイス国の土地譲渡書と債券は、破産した会社の債券と株に混じって証券取引所の「アリーマン」たちの膨れた財布のなかに依然として眠っていた。ポヤイス債はこれまでロンドン証券取引所で発行された架空の国の唯一の債券である。[1]

投機と国債

一七二〇年のサウスシーバブル事件のあと、イギリスでは国債（コンソル。一七五〇年代に国債が整理統合されてコンソルが誕生した）が株式に代わる最大の投機対象になった。投機は政府の規制を嫌うので、一七三四年のサー・ジョン・バーナード法によって禁じられた先物やオプションに対する規制を潜り抜けるいろいろな方法が考案された。特に決済の先延ばしが非合法な先物取引に代わる方法として使われるようになった。一七三〇年代には決済は四半期ごとが普通になり、一七八〇年代には六週間が普通になった。また、株式の支払いをする予定の場合、強気筋は決済日に売ってほぼ同時に買い直したため、決済を先延ばしにできた。このプロセスを「バックワーデーション（繰り延べ）」と言う。また、国債を買う投機家に対する融資も普通に行われるようになった。つまり、法律はあるにはあってもほぼ形骸化していたということである。証券取引所ではオプション取引は依然として続いていた。オプション取引は法的強制力はなかったが、「わが言葉はわが証書」というブローカーの約束だけで十分だった。一八二一年、あるブローカーが「オプション取引は今や取引所の大部分を占めるまでになった」と不満を漏らしたが、何人かのブローカーに新たな取引所を作ると脅された証券取引委員会はオプション取引を禁止することはできなかった。[2]

イギリスではナポレオン戦争の戦費調達のために四億ポンドという大量の国債が発行され、国債の投機によって莫大な富が築かれた。ブローカーのデビッド・リカードは五〇万ポンドを超える額を稼ぎ、早期退職してエコノミスト兼国会議員として第二の人生をスタートさせた（リカードは投機の黄金則である「損切りは早く、利は伸ばせ」の考案者として知られている）。フランスとの和平が成立したあとイギリスの国債発行額は激減したため、投資家たちは海外に機会を求めた。ベアリング・ブラザーズによって組成された一八一七年のフランスの賠償金ローンによってイギリスの投資家にはキャピタルゲインがもたらされ、これに味を占めた投資家たちの外債に対する関心はさらに高まっていった。翌年、ネイサン・ロスチャイルドは五〇〇万ポンドのプロイセン国債を発行した。これは初めてのポンド建て外債だった（それと同時に、近代のユーロボンド市場の先駆けともなった）。それから間もなくしてロスチャイルドは庶民院委員会に、外債に対する関心が高まっているようだが、これは投資の兆候なのかそれとも投機の兆候なのかと聞かれ、半々だが、価格が上昇すればすべての売買は投機的になる[3]と答えた。

外債のなかにはロマンを感じさせる商品が現れた。南米債である。当時、南米のさまざまな州はシモン・ボリバルの指導の下、何年にもわたって独立戦争を戦っていた。イギリスは古代からカトリックの敵国スペインに対して嫌悪感を持っており、また近代になって改革主義者の独立に対する熱意が高まってきたこともあり、スペインからの解放運動を熱烈に支持した。南米大陸からスペイン人が排斥されたあとは、大陸の急速な経済的発展が期待された。「これらの共和国は明るい希望に満ちている。果てしなく改革が進められ、そして……やがてはヨーロッパ並みの知識と自由と文明を手に入れることだろう」とニュー・タイムズ紙は報じた。[4] これらの共和国の近代化を支えたのがイギリスのテクノロジーであり技術であった。投資家たちにとってこれは非常に魅力的に映った。コンソルが低迷していたこともあり、投資家たちはこの「新興市場」ブームに巻き込まれていった。

一八二二年三月、新しく建国されたコロンビア共和国へのボリバルの使者はロンドン金融街の商人であるヘリングとグレアムとパウルスとともに、二〇〇万ポンドのローンを組成した。コロンビアには「無尽蔵」の資源と多くの鉱山が存在することをほのめかす目論見書が発行され、手の込んだ債券証書がロンドンの大手印刷業者によって印刷された。金利は七％を超えていた。これはコンソルのリターンの二倍だった。南米のほかの国もこの機会に素早く乗じ、二カ月後にはチリ国債の募集が始まった。これは一〇％の手付金で一〇〇ポンドの債券が五枚買えるというものだった。これらの国債は大成功を収めた。一〇月の中旬にはチリ国債は二五％上昇し、「スクリップ」（仮証券）の購入者の利益は一五〇％を超えた。ペルー国債に対する需要は非常に高く王立取引所では暴動が起こりかけたほどだ。「もしレミュエル・ガリバーが現れ、ラピュータ共和国国債の発行を提案したら、自分の名前を書いてくれと殺到する応募者のプレッシャーに押しつぶされて息もできなくなるだろう」とニュー・タイムズ紙は書いている。このすぐあとでポヤイス国債が発行されたことを考えると、同紙は予知能力があったと言えるだろう。

外債フィーバーは南米だけにとどまらなかった。ギリシャのトルコに対する反乱に国民は熱狂した。一八二四年二月下旬、ギリシャ国債を発行するためにギルドホールでロンドン市長による晩餐会が催された。ロンドン金融街の影の大立者であるヘルマン・ヘンドリクスが反乱を起こしているギリシャ政府の代理人に任命された。大興奮のなか、募集枠を大幅に超える八〇万ポンドの国債が利率六％で発行された。売上金はギリシャにあるイギリスのギリシャ崇拝者委員会に送金された。詩人のバイロン卿もこの委員会のメンバーだった。[二]数カ月前、ローズ島からトルコ人を追い出すことを目的としてエルサレムのセントジョン勲章の資金を調達するためにある目論見書がロンドン金融街で流通した。しかし、近代金融で中世の十字軍を立ち上げようとするこの奇妙な計画は投資家たちの興味を引くことはなく、国債の発行は断念された。

外債はリベラルなセンチメントに訴えかけるだけでなく、投資家たちにとって魅力的に見えるように設計された。金利が非常に高かったので、金利を最大五％と定めたイギリスの利息制限法に抵触しないように、これらの南米債はパリで契約しなければならなかった（これは政府規制を逃れるために使われたオフショア金融の初期の例）。債券は額面価格よりも大きく割り引かれた価格で発行されたため市場利回りはさらに高かった。また、わずかな手付金で購入することができたうえ、そのあとの支払いも長期にわたって引き延ばすことができた。したがって債券の市場価値がわずかに上昇すれば、スクリップの保有者には大きなリターンがもたらされた。国債によって調達されたお金の大部分は配当の支払いに充てられ、あとの国債発行からの売上金は以前の購入者の償還に充てられた。出資者から集めたお金で利息を支払ういわゆる「ポンジスキーム」に似たこのやり方は、負債返済のためのお金が南米からはまったく送金されていないにもかかわらず、きちんと運用されているような幻想を与えた（債務国は債券発行の総額のうち、わずかばかりのお金しか受け取らなかったことを言い添えておかなければならない）。

南米の鉱山ブーム

投資家たちはいつまでもこの事態に甘んじる気にはなれなかった。南米経済が独立戦争の混沌から回復したら利息が支払われ償還もされることを彼らは期待していたのである。この国債は南米大陸の豊かな金資源によって裏打ちされていることを目論見書は力説していた。[三] しかし、南米の金の産出は戦争によって中断された。そんななかの一八二二年初め、コロンビア国債の請負業者の一人であるＪ・Ｄ・パウルスはジョイントストック鉱業会社を設立して、金の産出を再開した。南米の鉱業会社が外債に代わる投機対象になるのに時間はかからなかった。イギリス資本と近代の採掘技術とによって南米の鉱物資源が発展の遅れたスペインよりもはるかに効率的に採掘されることが期待された。ある対外強硬主義の株主はジョン・ブル（擬人化された典型的なイギリス人像）に宛てた手紙で次のように聞いてきた――「機械の使い方をよく知らないスペイン人よりも機械の使い方をよく分かっているイギリス人のほうがうまくやれるということですか？」[5]。世界最大の工業国の住民に宛てられた質問に答える必要などなかった。答えはあまりに明白だった。

南米鉱業会社の事業家たちは企業設立趣意書を架空の話で飾り立てた。ある趣意書には次のように書かれていた――「二ポンドから五〇ポンドの純金の塊なんて論外だ。わが社では全世界の供給量以上の金を産出できる」[6]。リオプラタ鉱業協会の趣意書には、「わが社の採掘許可地域では表面を覆っていた土が雨で洗い流されて金粒子が現れた。大雨が降ったあと、ある女性が山小屋の戸口から数ヤード出たところで二〇オンスの金塊を見つけた……こうした例は頻繁に起こっているので詳細をお知らせするまでにはかなりの時間がかかるだろう」[7]と書かれてあった。ヨーロッパの必要量を超える金を産出できるという宣伝文句を人々は真剣に受け止めた。懸念されたのは一六世紀に南米の金によって起こった大インフレが再び起こるのではないかということだった。またロシア商人のトーマス・トゥックが『物価史（History of Prices）』（東洋経済新報社）のなかで語ったところによれば、大量の金銀が迅速に産出されることによって価値が下落するのではないかと考える人がいることも不安材料だった[四]。

一八二四年に鉱山ブームが始まる一方でイギリス国内は繁栄ムードに沸いていた。トゥックは次のように回顧する――「イギリスの貿易と製造業は一八二一年から一八二四年までの期間ほど、より安定し充足感に満ちていた時期はない」[8]。アニュアル・レジスターによれば、「イギリス国内は幸福感にあふれ、口うるさい田舎の富豪でさえも不平不満を言う人はいなかった」。商品先物市場では投機熱が沸き起こっていた。最初に上昇したのは綿花と絹で、これが部外者を市場に引き込んだ。続いて、インディゴ、米、ゴム、ナツメグ、コーヒー、香辛料の価格が上昇した。トゥックによれば、その年の終わりには初期の投機の成功例によって人々の投機熱はさらに高まっていった。[9]

一八一七年の戦後の厳しい不況のあと製造業者や商人の在庫は減少したが、繁栄が復活すると在庫を補給する必要があったため、コモディティの需要は高まった。特に、占領から解放された国々への輸出によって原材料が不足することが懸念された。この「新興市場」のストーリーは、一七一一年に南海会社が設立されたときの古い夢を思い出させた。一七一一年に南海会社が設立されたとき、輸出業者は絹のハンカチからチェシャーチーズに至るありとあらゆる商品を南米へ輸出した。これと同じように一八二四年にはイギリスの商品が南米に輸出された。南米の需要を上回る量の商品が輸出されたため、商品は倉庫からあふれ出し、結局はリオデジャネイロの海岸で腐らせてしまった。ハリエット・マルティノは次のように書いている――「バーミンガムのあんかは南米の炎天下にさらされた物品の一つで、シェフィールドのスケート靴は氷を見たことも聞いたこともない人々に販売されるために輸出された」[10]。もっと奇妙だったのは、ラプラタ川の牛の乳を搾って街にバターを供給するためにイギリス人の乳しぼり女がブエノスアイレスに送られたことだった。しかし地元の人々は料理に油を使うことを好み、バターは猛暑のなかではすぐに腐ってしまうことが判明し、このベンチャーは失敗に終わった。[11]

一八二五年の大みそかの日、ジョージ・カニング外相はフランス軍がスペインに侵攻したことを受けて、南米諸国の独立をイギリスが正式に承認するという予想外の発表を行った。「私は旧世界との不均衡を正すために新世界を出現させた」というカニングの有名な言葉が残っている。この宣言は南米の鉱業市場に衝撃的な効果を及ぼした。アングロメキシカン株（買値は一〇ポンド）は一二月には三三ポンドだったのが一カ月後には一五〇ポンドを超えるまでに上昇した。一五二五年に初めて銀を産出したメキシコ鉱山、レアル・デル・モンテの株価は五五〇ポンドから一三五〇ポンドに上昇した。発行価格は七〇ポンドだったので、発行時に買った投機家は二〇〇〇％を超える含み益を得たことになる。

　株式市場の熱気は以前は鉱業株に対して否定的だった若者を強気に変えた。一八二四年にはまだ一〇代だったベンジャミン・ディズレーリは、若さゆえの激しさとたゆまぬ野心を持った青年だった。ユダヤ人作家の息子として生まれ、祖父はユダヤ人ブローカーだったディズレーリは、お金がなければ中心的地位にはつけないことを若いときから強く意識していた。[五] 彼は父の勧めでグレイズインの弁護士事務所で働くようになったが、弁護士という仕事には興味が持てなかった。「唱道者として成功するためには立派な弁護士にならなければならない。そして立派な弁護士になるためには、偉人になることをあきらめなければならない」と彼は書いている。金融投機は、富と権力を手に入れる手っ取り早くてモラルにも反しない方法だった。彼は一八二四年終盤のフィーバーを思い出しながら、「富を築こうと思ったらこれしかないと直感した。それからというものアメリカの動向に注目し始めた[12]」。

そんな折、鉱山事業家のＪ・Ｄ・パウルスが南米の鉱山会社を宣伝するためのパンフレットの執筆をディズレーリに依頼してきた[六]。ディズレーリは喜んで仕事を引き受け、一〇〇ページのパンフレットを書き上げ、強気筋がよく語る主張を何度も繰り返した――「南米では今、富が大幅に増大しつつある。鉱山から掘り出された金によって南米大陸は復活するだろう。そして南米大陸の経済革命の主要受益者は、南米に投資し工業製品を輸出しているイギリスである」[13]。ディズレーリはパンフレットのなかで「私の意見は自己利益とは無関係の公正な意見であり、関係者による規制も受けていない」とウソを書いたが、少なくとも理論は彼自身のものだった。ロバート・メッサーから二〇〇〇ポンドの融資を受けて、一八二四年一一月、裕福な株式ブローカーの息子ディズレーリは鉱山株への投資を始めた。彼の投機は翌年まで続いた。そして一八二五年のエイプリルフールの日、彼は出版業者で投機家仲間のジョン・マレーに、鉱業市場は「永久に上昇し続けるだろう」[14]と手紙に書いた。同月、彼はメッサーに次のように自慢した。

アメリカからの情報はすべて私の元に届きます……私は取締役さえ見ていない秘密の報告書も読みました。この件に関する帳簿はすべて精査し、私が興味のある会社の秘密諜報員と話もしました。その結果、メキシコの鉱業会社の一〇〇ポンドの株は数年のうちには一〇〇〇〇ポンドにまで上昇することを確信するに至りました[15]。

投機とパンフレットの執筆に疲れ果て、頭がクラクラするほどの野望に押しつぶされそうになったディズレーリはメッサーに言った――「本当にめまいを感じる。これは本当に命がけの仕事だ……頼みの綱はメキシコの鉱山だけだ」[16]。彼はもうフラフラだった。

国内のベンチャー企業

南米の鉱山に投機することができない人、あるいは投機したくない人にとって、南海会社のとき以来といえるほど多くのジョイント・ストック・カンパニーが国内に新たに設立され、新たな機会が到来した。その筆頭がネイサン・ロスチャイルドが一八二四年三月に設立したアライアンス火災生命保険会社だった。この会社はネイサンのいとこが大手保険会社に入社を試みたが、ユダヤ人ゆえに採用されなかったことに対抗して設立されたと言われている。アライアンス（のちに大成功する）の設立に続き、どうでもいいような会社も設立された。そのなかには当時の都会の流行に訴えかけるようなものもあった。例えば、メトロポリタン・バス・カンパニーは海水をロンドンに運び、リゾートに行けない人に海水浴を楽しんでもらうことを目的に設立された。また、ロンドン・アンブレラ・カンパニーは「晴れているときに傘を持ち歩き、雨が降っているときに傘がないという不便」から人々を解放するために、ロンドン金融街やウエストエンドに傘ステーションを設け、傘を安く借りられるようにした。

さらに将来の顧客のための慈善事業だと主張する会社もあった。例えば、メトロポリタン・フィッシュ・カンパニーはこれまでニシンしか食べられなかった貧困層に安価に魚を提供することを約束した。また、ロンドン質屋会社は高利貸しの質屋を駆逐して「損失リスクなしに資本を運用して利益を出す」と主張した。遺体の安全保証のためのロンドン墓地協会は死体泥棒をなくし、死者が安らかに眠れるように遺体の安全を保証し、これまで苦情の多かったそのほかの悪事を防ぎ、投資した人には高いリターンを保証すると確約した。利益は埋葬費用と地下墓地の販売から捻出されることになっていたが、死体の数を考えると利益が捻出されるとはとても思えなかった。[17]

一七二〇年のときのように次々と繰り出される面白味のある話に投資家たちはつい乗せられてしまったのである。証券取引所では「イスラエルからの航海の途中で沈没したエジプトの難破船から金や宝石を引き揚げるために紅海を排水する」会社の資金調達のための設立趣意書が配布された。[18] さらに新聞は、鉄価格の高騰によって、トラファルガーやイギリス海軍が勝利した地域近くの海底に眠る砲弾を引き揚げるための金属再生会社を立ち上げた商人や銀行家がいることを報じた。新聞によれば、政府は砲弾の所有権は主張しなかったという。砲弾法によれば適切な権限のもとでの発砲は、砲弾のすべての所有権の王権側の正式な放棄とみなされたからである。[19]

南米の鉱山はイギリスの技術を使えば利益が出ると言われていた。一八二五年に書かれた匿名のパンフレットによれば、「科学の発展と近代的な調査によって大きな利益が出ることを期待するのはあまりにも無謀で、熱に侵されているとしか思えない」[20]。そのころイギリスでは鉄道が初めて登場した。「今や鉄道の話でもちきりだ。日刊紙ではあらゆる方向に広がる鉄道新線が公示された。これは鉄道を国中に敷設しようというスローガンにほかならない……」[21]とある新聞は報じた。議会では商工会議所の会頭であるウィリアム・ハスキソンがロンドン・バーミンガム間の鉄道建設を認める法案が可決するように尽力した（五年後のロンドン・バーミンガム間の鉄道開通日、ハスキソンはスティーブンソンが製作した機関車ロケット号にひかれて最初の鉄道事故犠牲者になった）。

これまでの投機時代と同様、ほとんどの会社は事業家の懐を肥やす目的で設立された[七]。当時の小説に登場する架空の事業家は次のように述べている――「われわれがやるべきことは株価をプレミアム価格につり上げ、大衆に株を買わせて、買った者全員を破産させることだけだ」[22]。大衆をだまして株を買わせるためにありとあらゆる手段が講じられた――①新株の発行ではごく少額の手付金で株を買うことができる、②新参者を市場に引き込むために投機で大儲けしたという噂を流す、③ブローカーを雇って株価を操作させる、④ジャーナリストにお金を払って新聞の金融欄に会社を褒めたたえる記事を書かせる、などなど。モーニング・クロニクル紙の編集長は新しいスキームで株券をもらった編集者たちをジャーナリスト精神を冒涜するものだとして非難した（詐欺に対する新聞の無関心さも訴訟で明らかになった。モーニング・クロニクル紙は裁判官に対して、「新聞社の経営陣はこれが詐欺であることを一般大衆に教示するという使命感がなかった[23]」という見解を示した)。

国会と熱狂

事業家の常套手段は国会議員や貴族を「サクラ」の取締役に据えるというものだった。一八二五年二月にタイムズ紙が出版した最初の「商工人名録（Directory of Directory）」にはおよそ三〇人の国会議員の名前が載っていた。南米の鉱業会社の取締役会に名を連ねる国会議員は増加の一途をたどった。[八] 太平洋のカキを採るために設立されたコロンビア真珠養殖場協会では二人の伯爵と一人の国会議員が取締役に据えられた。[24] ウェリントン侯爵は個人的にはフィーバーに恐怖を感じていたが、ヨーク公とともにアメリカン・コロニアル・スティーム・ナビゲーション・カンパニーの取締役に就任した。[25] 首相のリバプール卿は三人の閣僚とともに、桑の木の栽培とイギリスとアイルランドにおける養蚕の普及に一〇〇万ポンド投資することを提案したがやがて失敗することになる会社の取締役を引き受けた。[26]

風変わりな企業に名前を貸した国会議員や貴族は国民の非難の的になった。タイムズ紙は取締役になった彼らを「強欲の伝染[27]」と非難した。のちにハリエット・マルティノは、投機熱は庶民院の品位が低下したのが原因だと批判した――「ジョイント・ストック・カンパニーのためのこれらの法案を可決させようと結果も考えずに行動した庶民院の議員があまりにもたくさんいた。その無鉄砲さゆえに、理性を失い、法的道義心を自身と友人の利害のために捨てたのではないかと疑いの目で見られたのは当然のことだろう」[28]。議会は行きすぎた投機を戒めるどころか積極的にあおっているように思えた。サウスシーバブル事件から一〇五年たっても事件の教訓が生かされることはなかった。

支配階級のなかにはゾッとするような自己満足、そして人を見下す傲慢ささえ感じられた。一八二五年二月初旬の国会開催の初日、政治家たちは国家の経済繁栄の恩恵に浸っていた。大法官は演説で次のように豪語した――「この国の歴史において国家がこれほど繁栄したときはなく、充足感がイギリス国民のあらゆる階級にこれほど広く行き渡ったときはなかった」[29]。予算についての演説で蔵相のフレデリック・〝プロスペリティ〟・ロビンソンは、「こういった時期にバランスのとれた堅実な予算を立てたことは称賛に価する」と議会を褒めたたえた。

大法官や蔵相の熱弁に水を差すように、議会メンバーのなかからは行きすぎた投機を心配する声が上がった。三月中旬のこと、バイロンの旅仲間だったジョン・カム・ホブハウスは庶民院に、「事業家たちは株価を操作し不正を続けているのは明らかであり、だまされた人々から無限のお金が流れ込んでいる」と抗議した。銀行家のアレクサンダー・ベアリングは、「セントジェームスズ・ストリートにおける貴族のギャンブルと、王立取引所での商人たちのギャンブルとでは大した違いはないが、後者は早寝早起きし信頼できる人々と付き合っているという点だ

け は違う」と言った。さらにベアリングは庶民院に、「鉱山投機はそのうちに妄想であることが分かるはずだ。そして多くの無知な人々は大損するだろう」と言った。彼の考えによれば、鉱山投機の重大な誤りは鉱山がイギリスの資本、労働力、技術によってより効率的に開発されると人々が信じていることだった[30]。

それから数日後、リバプール卿は貴族院で投機家に対して厳しい警告を発した。そして「商業国家では投機は避けられないことであり、投機の精神は一定の限度内であれば大きな利益をもたらすことは認める」と言い添えた。国家が平和で金利が低いとき投機が流行することを彼は理解していた。彼はジョイント・ストック・カンパニーやそのほかの企業に携わる人々は投機にはリスクが伴うことをしっかりと理解してもらいたいと思っていた。また彼が彼らの便宜を図るための法案の導入を提案することはないことを宣言することは、自分の務めだと思った。もしそういった法案が提案されたら彼は断固として反対し、議会にもそういった法案は却下してもらいたいと思っていた[31]。彼がこういった警告を発した背景には、政府側が過剰投機をどう扱えばよいのか分からなかったという事実がある。内閣は独善的ではないにしても新しい自由貿易の動きに強い影響を受けていた。自由貿易は資本の自由な動きと密接な関係があり、資本の自由な動きはすでに広く普及し、イギリスの製造業と貿易の根幹をなすものになっていた。リバプール卿も認識していたように、投機は近代の商業社会では避けようのないものであり、それを抑制しようとすれば「見えざる手」（経済を動かす原理で、市場がうまく機能するのはまるで神がやっているようなものであることを言ったもの）を抑制することになる。またジョイント・ストック・カンパニーは、銀行、保険会社、運河、鉄道、ガス製造所、浄水場といった資本集約的なビジネスに資金を提供するうえでますます重要な役割を果たすようになっていることを、政府も認識していた。

しかし一方では、投機は不健全であり強引でやりすぎという意味で「悪」であるという強い認識もまた存在した。投機は危機を誘発するおそれがあり、罪のある人も無知な人もともに被害を被るものである。政府は最初は投機を禁止する新しい法案を約束し、一七二〇年の泡沫会社禁止法の下で投機を脅迫することさえあった。こうした脅しの規制に対してディズレーリは早急にパンフレットを書くように依頼された――彼は持ち前のぶしつけさと正直さで「人間の愚行は法律の題材にはならない」[32]と書いた。最終的には政府も同じ結論に達した。三月中旬、ハスキソンは庶民院に法律など必要ではないと言った。なぜなら彼は、投機に手を染めた人々の高らかな希望は最終的には跡形もなく消え、投機を楽しんだ人々には後悔と失望が残るだけであることを確信していたからである。しかし同時に、現時点で議会が投機にどう干渉すればよいのかは彼には分からなかった。[33]そして六月、長い間形骸化していた一七二〇年の泡沫会社禁止法は廃止された。

政府は経済的にリベラルな本能と投機に対する道徳的な嫌悪感とのバランスを見いだすことはできなかったが、これは答えることのできない問題であることを投機熱は語っていた。「過剰投機」と「合法的な通商」との違いは何なのか。過剰投機は合法的な通商を損なうことなく制御可能なのか。アレクサンダー・ベアリングはこのジレンマを次のように簡潔に述べている。

> 投機の悪はチェックしなければならないのは確かだが、どうチェックすればよいのかは分からない。治療は病気よりも厄介だ。なぜならこの悪に終止符を打てば、企業精神に終止符を打つことになるからだ。企業精神はコミュニティーに多大な富をもたらすものである。したがって、公正な企業精神と派手な投機とを区別して線引きしようとするような人を見るのは残念である。[九]

投機に対して法的な救済措置などない。悪は自ら救済策を講じるべきである。

とどまるところを知らない不信感

一八二五年一月にはなんと七〇近い会社が設立された（このなかには鉄道会社五社が含まれている）。商品、ローン、株式の投機は数カ月間ひっきりなしに続いたが、春には投機熱は冷め始めた。南米の債券価格は下落し、夏の間も下落し続けた。八月下旬、中米連合州の債券が売りに出されたがあまり注目を浴びることはなく、スクリップは値引きされた。[34]同月、利払いを継続すると発表されたにもかかわらずブラジルのスクリップも下落した。投資家たちはタコ足配当には辟易していた。倦怠期の夏になると、株式市場も薄商いになった。投資家たちは一部支払った株式代金の残金の督促を無視するようになった。そのため解散を申し立てる企業もあった。[10]鉱山投機熱の代表株だったレアル・デル・モンテは一五五〇ポンドから二〇〇ポンドを下回るまでに下落した。

危機はもう目の前まで迫っていた。投機フィーバーの最盛期には銀行は見境なく与信枠を拡大し、商品先物の投機をしていた商人向けの手形を割り引き、債券や株式の粉飾された担保に対して大金を融資した。八月下旬、イングランド銀行は金準備の減少に危機感を募らせた。イングランド銀行は一九〇〇万ポンドを超える銀行券を発行していたが、この紙券信用の裏付けとなる金が四〇〇万ポンドを切ってしまったのである。イングランド銀行は倒産を避けるために業務を縮小し、ベアリング銀行やロスチャイルド銀行の銀行券の割り引き（つまり、信用を与えるということ）さえ拒否した。ウィリアム・ハスキソンの強い反対にもかかわらず、イングランド銀行は秋まで金塊の買いだめを続けた。

イングランド銀行の与信枠の収縮は金融界全体に波及した。最も甚大な影響を受けたのが地方銀行だった。地方銀行は規制されておらず、またプロでもなかった（リバプール卿が言うように、「職人でも食料雑貨商でもチーズ屋でも、資産がなくてもどこにでも銀行を設立することができた」）。イギリスは一八一九年に正式に金本位制に戻ったが、一八三二年までは地方銀行には正金の裏付けのない紙幣の発行が許可されていた。ブームの最中、地方銀行は紙幣を二倍発行し、株式市場の投機家に融資し、長期にわたって手形を割り引き、その結果として資産インフレが発生した。金融の引き締めが始まると、彼らの弱点が露呈した。地方ではパニックが起こり地方銀行は苦境に立たされた。一〇月初旬にはイングランド西部で二つの地方銀行が倒産し、続いてプリマス銀行が倒産した。危機が深刻化するなかモーニング・クロニクル紙は、「イングランド銀行は自身が倒産するか、こうした不謹慎な投機を破綻させるかの選択に迫られている。自身の安全を考えれば現状ではイングランド銀行は投機に手を差し伸べることはできないので、結論は明白だ」[35]と警鐘を鳴らした。つまりイングランド銀行は最後の貸し手にはなれないということである。

一二月にはロンドン金融街も混乱に陥った。一二月初旬、ロンドンの銀行、ポール・アンド・カンパニーで取り付け騒ぎが発生した。イングランド銀行は倒産を食い止めるべく緊急融資を行ったが、そんなときにヨークシャーの大手銀行であるウェントワース・アンド・カンパニーが倒産して緊張が高まった。一二月一四日、ポールが支払い停止に陥り、それを受けて四〇を超える関連地方銀行が倒産した。同じ日、ロンドン金融街の商人たちが国民の信用を回復するためにマンションハウス（ロンドン市長官邸）に集結した。「国民の信用は安定するものと確信している」と彼らは言った。イングランド銀行のある取締役の個人的な意見はもっと率直だった――「これまでこれほどの状況に陥ったことはなかった。もしこの状態が続けばだれかが立ち上がらなければならない。人々の苦痛を和らげる何らかの処置を施して信用を取り戻さなければ、とどまるところを知らないこの不信感はますます高まるだろう」[36]。株式市場では株価は最大で八〇％も下落し、値の付かない銘柄もあった。イングランド銀行に群衆が押し寄せたためスレッドニードル通りには軍隊が投入された。イングランド銀行の金準備は一〇〇万ポンドを下回るまでに減少していた。未曽有の繁栄の真っただ中で経済活動はきしみ音を上げて急停止してしまったのである。店には物があふれ食料は十二分にあったが、信用はがた落ちした。受け入れられたのは依然として金（きん）のみだったが、あれほど騒がれた南米の寓話にもかかわらず、みんなに行き渡るだけの金はなかった。イギリスは物々交換の時代に舞い戻ったかのようだ、とハスキソンは言った。

「すべての信用は失われた。隣人さえ信用できなくなってしまった。だれもが自分の資産は自分で守ろうとしている。こういったパニック状態はいまだかつてなかった」とアレクサンダー・ベアリングは庶民院で述べた[37]。イングランド銀行が割引業務を再開することは必須だった。内閣は緊急会議を開き、イングランド銀行に小額紙幣の発行を許可することを決定した（以前は五ポンドを下回る紙幣の発行は禁じられていた）。未発行の一ポンド紙幣の箱が銀行の金庫から見つかり、一ポンド紙幣が急きょ発行された[38]。造幣局はソブリン金貨（一ポンド金貨）を一日に一五万枚製造した。ネイサン・ロスチャイルドはフランスから三〇万枚のソブリン金貨を持ち込み、銀行に払い込んだ。こうした緊急処置によって国の危機は回避された。およそ七〇の銀行が倒産したにもかかわらず、クリスマスイブにはイングランド銀行は倒産の危機を脱し、信用力のある銀行や商人の手形の割引を再開した。

株式市場のパニックには一応の終止符は打たれたが、経済危機は始まったばかりだった。経済危機の犠牲者のなかにはウォルター・スコット卿がいた。彼の出版社であるコンステーブル社（社長はジェームズ・バランタイン）が商品先物の投機をやっていたロンドンバンクの倒産のあおりを食って破産してしまったのである。共同経営者だったスコットはバランタインの四万六〇〇〇ポンドの負債を返済しなければならなくなった。五六歳のスコットは債権者にしっかりと向き合うことを決意した。

私は残りの人生を彼らの下僕となることを決意した。私は自分自身が金持ちになるためではなくて彼らとの約束を果たすために、想像力の鉱床を掘って必ずダイアモンドを掘り当ててみせる。[39]

彼の鉱床には南米の鉱床以上の資源が眠っていた。スコットは最終的には債務を全額支払った。一八二六年二月、数年前にメキシコ融資を請け負って二五万ポンド以上を稼いだＢ・Ａ・ゴールドシュミット銀行が倒産した。倒産から間もなく、主要なパートナーのＬ・Ａ・ゴールドシュミットは不安神経症による脳溢血によって死亡した。[40]同月、ロンドンの商人たちは一七九三年の金融危機のときと同じように棚卸資産を担保として大蔵省証券を発行することを求めた。[40]

しかし、リバプール卿は彼らの訴えには耳を貸さず、国会では彼が以前言った投機家に関する警告を再び繰り返した。彼は、苦しみを和らげれば投機が復活するだけであり将来的に再び危機が発生するおそれがあるため、軽率で無謀な人間は苦しむべきであるというモラルハザードの原則を引き合いに出した。ハスキソンが庶民院で説明したように、加担者がいつも政府に守ってもらえることを期待すれば、救貧法がホームレスを奨励したように、それは投機を奨励し正直な産業を衰退させることになる。[41] 投機という悪に対して報いを受けることで罪が清められるとみなされたのである。外相のカニングは、「利益に対する過度の欲求という病は放っておけば絶望を通して自然に治るものだ」と断言したあと、「こういった状況下で政府が何らの救済策も取らないからと言って、存在する悪の規模や性質について政府が無感覚だと思うのはフェアではない」と政府をかばった。[42]

カニングは経済危機のことを婉曲的に「存在する悪」と呼んだが、残念ながら、存在する悪が訪れたのは罪深い投機家だけではなかった。一八二六年全体を通じてイギリスは厳しい不況に見舞われた。その年の前半だけで倒産は三倍に増加した。製造業は生産を縮小し、労働者の不安は国中に広がった。その年の初め、ノリッチでは織工たちが暴動を起こした。失業者が急増したため植民地大臣は急場しのぎとしてイギリスから海外への移住を提案した。[43] 植民地大臣の政策はスコットランドの織工失業者達に支持され、彼らは政府に移住を願い出た。[44]

南米の憂鬱

一八二六年の終わりころ、モーニング・クロニクル紙は、スペイン債券の下落によって一時的に錯乱状態に陥り自殺したセント・ニコラス・レーンというハム商人の死を報じた。[45] 初夏には額面価格二五〇〇万ポンドで発行された南米債券の市場価値は一二〇〇万ポンドを下回るまでに下落していた。これらの債券は最初は発行時に蓄えていた準備金から配当金を支払っていたが、準備金が底をつき、南米諸国はブラジルを除き債務不履行に陥った。大損をしたのは債券保有者だけでなく、南米の人々も痛手を被った。債券引受人から南米諸国に送られたはした金は、近隣諸国との戦争のための軍装備品や時の政権に対する内部反対勢力を鎮圧するのに使われた。[三] 債券フィーバーによって初めて「中南米の累積債務危機」が発生した。債券の利息がイギリスと南米の貿易障害となり、それ以降半世紀以上にわたって債券は返済延期と債務不履行を繰り返した。

一八二六年二月、モーニング・クロニクル紙のマネーマーケットのコラムニストは次のように書いた――「株については銘柄名に言及しようという者はだれ一人としておらず、株なんて買うんじゃなかったとだれもが後悔した[46]」。投機フィーバーのときに設立された一〇〇を超える会社はその年のうちに倒産した。マンスリー・レビュー誌はこれらの会社を「無知な人々をだました大量の会社の醜悪な堕胎」とこきおろした。買値が一株四〇〇ポンドだったレアル・デル・モンテは一一五ポンドに下落し、ボリビア解放者のベネズエラ一家の所有地から銅を採掘するために組織されたボリーバル鉱業協会は二八ポンドから一ポンドに下落した。鉱業市場の崩壊はディズレーリの若き夢をも打ち砕いた。数千ポンドという負債を背負い込んだ（結局、この負債は四半世紀にわたって返済されなかった）未来の首相は、あふれる情熱を小説の執筆に注ぎ込み、自身をモデルにした処女作『ヴィヴィアン・グレイ』を書いた。諸々のことに疲れ果てたディズレーリは精神衰弱で倒れ外国で療養することになった。[46]

鉱業株の崩壊は一八二六年にリオ・プラタ鉱業協会のチーフエンジニアだったフランシス・ボンド・ヘッドが書いた旅行記が主な原因だった。この旅行記は南米鉱山について書かれたものだった。南米大陸を三〇〇〇マイル以上旅したヘッドは「ギャロッピングヘッド」と呼ばれた。彼の会社の設立趣意書には、会社が採掘権を持つ地域には金が豊富にあり泥から洗い流すだけで金が採掘できる、と書かれていた。しかし、現実は違った。会社の採掘権が本当に存在するかどうかは疑わしく、鉱山はイギリス人鉱山労働者がとてもまねできないような奴隷労働によってすでに地肌が露出した状態になっていた。荒れ果てた鉱山ではイギリスの技術など使い物にならなかったし、スペインの「遺産」も無視することはできなかった。南米の人々には契約という概念がなく、時間にルーズで時間という概念がまったくなかったのである。[47]

鉱業会社がことごとく失敗したのは一つの原因に起因する。つまり、われわれが投機しようと思っている国のことをまったく分かっていなかったということである[48]。南米債も同じだった。そのほとんどが架空のポイヤス債と同じようなものだったのである。債権者は、無秩序で不安定で極貧の南米諸国に債券を返済する能力がないことを理解していなかったのである。鉱業会社のことを知らないのは特に珍しいことではなく、坑道をどこに掘るのか知らないのに、株には高いプレミアムが付いた[49]。

投機家は信頼のおける情報に基づいて動くのではなく夢ばかり追いかけていた。一五八〇年にフランシス・ドレークが世界一周を達成しスペインの略奪品を手土産にイギリスに帰還して以来、南米はイギリス人にとって憧れの地だった。しかし、彼らは欲だけに突き動かされていたわけではない。彼らにとって投資はロマンであるとともに、政治的な意味合いも含まれていた。彼らはイギリス人の目から見れば長い間、スペインによる搾取や偏狭な考えや発展の遅れに悩まされてきた大陸の自由を買っていたのである。鉱業株の投機家は怪しげな運用で個人的な利益を稼ぐことだけを狙っていたわけではなく、ディズレーリの言葉を借りれば、これから生まれようとする自由と自由主義の原理を支援していたのである[四]。一言で言えば、南米の熱狂は合理的な金銭計算よりも高邁な想像力が勝利したことを意味するのである。ハリエット・マルティノはのちに次のように回顧している。

交易がパンパスやアンデスにまで広がり、遠い海を越えて氷で覆われた北極や南極にまで拡大したとき、興奮し想像力がかき立てられ共感の喜びを覚えた。そしてそのなかに魅力を感じた。白髪の商人が暖炉のそばで、金銀が炭鉱夫のカンテラに照らされてキラキラとまばゆい光を放つコルディエラの裂け目について雄弁に語るとき、彼が目を輝かせ早口でしゃべるのは、期待したものが手に入ったからだけではなく、平凡な生活が与えてくれなかった想像力に喜びを感じたからである。[50]

一八二二年から一八二五年までの出来事はそのあと何度も起こる「新興市場」ブームのほんの始まりにすぎなかった。一九世紀、イギリスの投資家にとっての新興市場はアメリカで、彼らは国債や鉄道会社に大金をつぎ込み、何度も損失を被った。一九世紀の終盤には、投機マネーは南米に流れ込み、大量のアルゼンチン債を保有していたベアリングス銀行は破綻した。一世紀前のイギリスのブームと同じように、一九二〇年代のアメリカの強気相場は南米諸国への大量の投機的融資が引き金だった。結局、南米諸国は不景気のなかで債務不履行に陥った。そして、一九三〇年代のアメリカの対外融資の縮小によって世界の不況は深刻化した。

もっと最近では一九九〇年代、アメリカではＩＴバブルが発生し、それと同時に、南米や極東や旧ソビエト連邦諸国の新興市場への投機的融資と投資が盛んに行われた。[一五] こうした海外投資の背景にある動機は一八二〇年代にイギリスの投資家を駆り立てたものと同じだった。南米諸国はスペインの統治から解放されたあとイギリスの物資や資本や技術によって近代化が進められたが、一九九〇年代に国家社会主義を和らげたのはアメリカの物資と資本だった。高揚感が高まるなか、新興市場に投資した近代の投資家たちは自分たちの政治・経済が投資した国の政治・経済とはまったく異なるものであることを知らなかった。これもまた一八二〇年代にイギリスの先達たちが犯した過ちとまったく同じである[一六]。

一九九〇年代にはチリからバングラデッシュに至るまで広域にわたって、多くの国の株式市場で空前のバブルが発生した。ある投資ストラテジストによれば、「新興市場の投資家にとって難しいのは、正しくバブルに乗り、利益を得られるだけの十分な時間そこにとどまり、バブルが崩壊する前に退場するというタイミングを計ることである」。投資家たちは外国株や外債の投資で高いリターンを求めたが、株価が下落する最初の兆しが見えるとおびえた。投機家が一つの国から逃げ出せば、近隣諸国も信頼を損なう「ドミノ現象」と通貨切り下げ競争とによって、一九三〇年代を彷彿させる国際情勢不安定の新時代が幕を開けた。一九九八年半ばに発生した新興国国債の下落もそうだが、下落するときの様相は昔も今も変わらない[一七]。新興国市場はたちまちのうちに「沈没市場」と呼ばれるようになり、一九九〇年代初期の水準にまで下落した。一八二〇年代と同じようにこの投機ブームは発展途上国と西洋諸国の関係を悪化させる可能性が高く、玄関から入ってきた大金が二倍のスピードで裏口から出ていくのを目の当たりにした人々から見れば、自由市場モデルの信用を失墜させかねないものである。

景気循環と投機サイクル

新興市場投機は国内債券の利回りが下落し、有り余った資本が海外投資に向けられる経済サイクルの岐路で発生する傾向がある。一八二二年から一八二五年にかけての投機熱から、投機とビジネスサイクルの密接な関係が始まった。景気循環を初めて観測したのはウィリアム・ペティ卿で、一七世紀のことである（彼は景気循環のことを「欠乏と潤沢」の繰り返しと呼んでいる）。このサイクルは最初は過度な投機というよりも不作や戦争や公共財政の問題から発生する危機に関連づけられた（例えば、一七四五年一〇月六日の元祖ブラックフライデーはスチュワート朝復興をもくろむジャコバイトと若僭王のダービーへの進軍によって発生した）。一八世紀後半は経済が発展し、農業を基盤とする経済サイクルは信用の拡大・収縮に基づく新しいサイクルに取って代わられた。[六] 一八一七年の『レイ・サーモン（Lay Sermon）』のなかでサミュエル・テイラー・コールリッジは次のように述べている。

過去六〇年のなかでは……一二、一三年おきに信用革命が起きている……信用の私生児とも呼ぶべきこのイカリア信用の破綻には唖然とするばかりだ……不安や疑念は徐々に薄れ、慎重さを取り戻しつつある。しかし徐々にではあるが慎重さはビジネスをやることへの欲望と野望に取って代わられつつある。一方では、焦りと不注意、他方では、向こう見ずな冒険に魅了され、主義主張もなく、虚偽の信用が同盟を結ぶ。貿易は年々派手で軽薄なものになっているようだ。しまいには情熱に目がくらみ、慣習にむやみに従い、希望と危険の渦に巻き込まれてしまうだろう。[51]

こうした考えが表面化したのはナポレオン戦争後の厳しい不況のさなかであった。数年後には信用や信頼を取り戻し、経済サイクルはコールリッジの予想どおりに発展したが、やがては投機熱のなかで炸裂した。一八二二年から一八二五年のブームは安易な信用が生み出した産物と解釈することができる。コンソルの発行が低迷化し利回りも低下していたため、イギリスの投資家にとって南米国債は魅力的に見えた。地方銀行も紙幣を大量発行することでブームに貢献した（「この紙幣の大量発行は火に油を注ぐようなものだった[52]」とアレクサンダー・ベアリングは述べている）。ブームの最中、規制を受けない信用枠が拡大しそれによって資産価格が高騰、これに刺激を受けてさらなる信用が創造された。一八二五年の春が転換期となり、その後資産価格は下落しそれによって信用は低下して信用収縮が発生し、最終的には危機に陥った。[一九]

一八二五年の危機のあと、銀行家であり金塊主義者でもあるＳ・Ｊ・ロイド（のちのオーバーストーン卿）はサイクルをコールリッジと同じように記述している。

最初は静止状態にあり、次に進歩→信用の高まり→繁栄→興奮→過大取引→激動→圧力→不況→苦悩→最後に再び静止状態というサイクルをたどる。[53]

オーバーストーンの記述を見ると、景気と信用と投機のサイクルはすべてつながっていることが分かる。一八二二年から一八二五年にかけての投機熱では、株式や債券や商品への投機は南米への輸出と株を担保とする銀行による危険な融資によってもたらされた。エコノミスト誌の編集長であるウォルター・バジョットは、オーバーストーンの経済サイクルに対する心理的解釈について説明している。「危険」な投機は「信頼できる投資を上回る過剰利殖」の結果として発生したものであり、繁栄期にはよく起こる。

十分な額のお金を貯蓄している人は、普通の投資ではなくて、何かとてつもないものを約束してくれるものに飛びつき、そうした投資が大きな利益を生むことが分かるとさらにお金をつぎ込む。最初は高い利回りに興味を持つが、それはやがて二次的なものになる。そして、利息を生む元金を売って大きな利益を得ることに関心は移っていく。元金の売りが効果をもたらしている間はフィーバーは続くが、元金の売りが効果を示さなくなれば崩壊が始まる。[54]

バジョットによれば、サイクルが上昇期にある間は人々は繁栄は永久に続くと信じ、商社は過剰投機にのめりこむ。それと同時に詐欺が横行する。詐欺であることが判明するのは危機が終わったあとからである――「人は幸せなときは信じやすくなるものだ」。

一八二五年以降もおよそ一〇年ごとにブームと危機は繰り返された。一九世紀の終わり、フランスのエコノミストであるクレマン・ジュグラーが景気循環を分析し、一〇年ごとの景気循環は「ジュグラー波」と名付けられた。[54] 一九世紀の経済学者は一〇年サイクルを、信用の拡大と収縮、製造業の在庫の上下動、そして何と太陽の黒点に至るまでいろいろなファクターに関連づけた。[53] ジョン・スチュアート・ミルによれば、ブームの種はその前の危機のときにすでに蒔かれている。危機のとき、信用の収縮によって資産価格は大幅に下落し格安価格となる。そして、底値から再び急上昇すると投機が復活する。[55] 危機が過ぎれば、金融市場では過去の愚行と損失は忘れ去られ、未来を明るい楽観主義と新たな軽信性で見てしまう。バジョットの言葉を借りれば、「資本は分別を失わせる」のである。過去を忘れた投資家は何度も同じ過ちを繰り返すことになる。

注

一．同紙は「ペルーは地球の裏側の国で、私たちはペルーについては何も知らない。ペルーではつい最近二つの対立する政党の間で闘争があったばかりだ」と真剣に警告した。ちょうどこの日、証券取引所は新設された外国株式取引所で発行しなければならないことを決定した（ドーソン著『The First Latin American Debt Crisis』の三八ページ）。

二．一八二五年、二度目のギリシャ国債が額面価格二〇〇万ポンドで発行された。このうちギリシャに送金されたのはわずか二五万七〇〇〇ポンドだった。残りはギリシャの委員たちによって盗まれたか、下落する債券市場を下支えして主だったギリシャ崇拝者の損失を補填するのに使われたかのいずれかである（L・H・ジェンクス著『The Migration of British Capital』London, 1938, p.51を参照）。

三．最初のコロンビア国債の目論見書では、鉱山はまもなくフル稼働するので大きな収益が見込めると書かれてあった（ドーソン著『The First Latin American Debt Crisis』の二九ページ）。

四．トーマス・トゥック著『History of Prices』London, 1838, II, p.145。また別の著者は、これほど大量の貴金属が産出されればほとんど無価値になるのではないかという懸念が広まり始めた、と書いている（フランシス著『History of the Bank of England』II, p.2）。

五．一八二六年に著した処女作『ヴィヴィアン・グレイ』はディズレーリ自身をモデルにしたと言われており、これらの性格は作中の主人公のなかに見ることができる。「もし私が大金持ちだったら、あるいは貴族だったら、すべてを手に入れることができるのに。何といういまいましい運命か。惨めな金さえなくて、ならず者の血が流れている。だから私は金持ちにはなれないのだ」。そしてディズレーリは前進するには大衆に溶け込むことが必要であるという結論に達した――「そうだ、われわれは群衆に溶け込まなければならない。彼らの感情をくみとり、彼らの弱みを知り、われわれの感じることのない悲しみに共感し、愚か者の陽気さを共有する。人間を統治するにはわれわれは人間であらねばならない……人間は私の最高のゲームなのだ」。

六．パウルスはディズレーリの雇用主であるスワイン・メイプルズ社の顧客だった。スワイン・メイプルズ社はパウルスのアングロ・メキシカン鉱業協会とコロンビア鉱業協会の趣意書を作成した会社である。

七．当時の株式ブローカーであるヘンリー・イングリッシュによれば、「通常、会社を起こす事業家は弁護士……もしくは利益を目的に単独で行動する無節操な人物だった」（『A Complete View of the Joint Stock Companies formed During the Years 1824 and 1825』London, 1827）。

八．J・D・パウルスはアングロ・メキシカンの取締役に四人の国会議員を迎え入れた。また一八二五年に創設されたペルー鉱業貿易協会は取締役に貴族一人、国会議員一人、提督一人を据えた。アレクサンダー・ベアリングは庶民院でこの会社の法案は公正な商取引というよりはまるで国会議員による鉱山会社の見本のようなものだと非難した（ドーソン著『The First Latin American Debt Crisis』の一〇二ページ）。

九．カニングはのちに庶民院で次のように述べた――「そういったケースの場合どういった法的干渉が有効なのかは正直言って分かりません。無分別な強欲を特徴とする投機は百害あって一利なしのように思えますし、正直な業界や合理的な企業はそういった強欲とは無縁でしょう。こうした投機に対処するにはどういった措置をとればよいのかも分かりません」（『Parliamentary Debates』XII, p.1063）。

一〇．取締役、弁護士、国会やメディアの友人たちに対する費用を差し引けば、株主が受け取れたのは当初投資金のほんの一部だった。

一一．アレクサンダー・ベアリングは、「これまでこの国で起こった災難をすべて足し合わせても、今この国を圧迫している災難や苦悩にはとても及ばない」と商人たちの要求を支持した（スマート著『Economic Annals of the Nineteenth Century』II, p.327から引用）。

一二．金融歴史家のL・H・ジェンクスによれば、「一九世紀の南米共和国を特徴づける暴力、腐敗、不安定さ、無謀な金融政策は初期のロンドンのマネーマーケットの放縦さに起因するところが大きい」（『Migration』の六三ページ）。

一三．悲惨な海外投機によって幕を開けた彼のキャリアは、成功裏に終わった外国株の購入で幕を下ろした。一八七五年、彼はイギリス政府の代理でスエズ運河の全株式のうちの半数を購入する交渉を行った。四〇〇万ポンドで買ったスエズ運河の株式は半世紀のちには四〇〇〇万ポンドになっていた。「スエズ運河の株式の購入はイギリス人の最大の投資と言えるだろう」とL・H・ジェンクスは書いている（『Migration』の三二四ページ）。

一四．ディズレーリは鉱業株はほかの投機に比べるとそれほど怪しいものではなかったと書いている――「鉱業市場で利ざやを期待することは下品でもなんでもない。これは土地を買うのと同じことであり……スペイン統治時代の所有物を継承するという考えのなかには豪華で高貴なものを感じさせる……」（ディズレーリ著『An Inquiry into the Plans, Progress, and Policy of the American Mining Companies』の九九ページ）。

一五．「新興市場」という言葉は一九八六年に世界銀行グループの国際金融公社の官僚が初めて使った。「第三世界」（発展途上国）に投資するよりは新興市場に投資するほうが魅力的に思えた。一九九一年から一九九五年にかけてアメリカの年金基金・投資信託の新興市場への投資額は二〇〇〇億ドルから五〇〇〇億ドルに増大した。

一六．フィナンシャル・タイムズに最近掲載された記事はヘッド船長の意見に賛同して次のように書いている――「新興市場は西洋の投資家が投資するような場所ではない。新興市場は多くの場合、制度がまだ確立されておらず、法の原則や適切な破産手続きもなく、信頼できる会計士はおらず、政権は腐敗し、しっかりとした税制もなく、通貨は不安定で、銀行預金保険もなく、十分な金融規制も敷かれていない。そして最後の貸し手となる独立した中央銀行もない。金融においては無知ゆえの幸せは長くは続かない」（一九九八年一〇月六日）。

一七．例えば、ベネズエラ国債は一九九七年に九三で発行されたが、一年後には四五に下落していた。米国長期国債を上回る新興国国債の平均利回り（つまり、新興市場に融資するときのリスクプレミアム）は一九九八年七月には四％を下回っていたが六週間後には一六％を上回った。つまり、新興国国債は米国長期国債に対しておよそ七五％下落したことを意味する。

一八．一七七二年の金融危機は運河とターンパイク（個人所有の有料道路）への投機の拡大と為替手形の乱発が遠い原因と言われているが、直接の原因は、元スコットランドの靴下・メリヤス商のアレクサンダー・フォーダイスが東インド会社の投機に失敗し、その余波を受けてエア銀行が破綻したことによる。一七九三年にも運河への投機と異常な信用発行による金融危機が発生した。

一九．トゥックは、株式投機による損失は金融恐慌および商業恐慌を引き起こした、と述べている。

二〇．ジュグラーの分析は基本的に金融恐慌に関する分析であり、銀行が金準備に対して受容できないほどのプレッシャーに直面して収縮を始めると、長引くインフレと拡大は終了すると彼は分析した。

二一．太陽黒点説を最初に提唱したのはウィリアム・スタンレー・ジェヴォンズである。

第5章　迅速な交通手段――一八四五年の鉄道ブーム時代

「ジョイント・ストック・カンパニーの事業を十分に長く続けていれば、いずれはみんなどこかで瞬時にしかも簡単に儲かるだろう、というぼんやりとした考えをわれわれは持っている。しかし群衆が停車場に急ぎ、車掌が「ご乗車ください！」と叫ぶと、煙がもくもくと吐き出され、機関車は走り出すが、気がつくと乗っている人はごくわずかで、ほかの人はひき殺されてしまう。これを『憂鬱な事故』と呼ぶ」

――ヘンリー・デビッド・ソロー著『ウォールデン　森の生活』より

「イノベーションは資本主義経済の歴史においては明らかな事実である」とヨーゼフ・シュンペーターは書いている。[1]投機家は資本主義過程の最前線にいる人々である。イノベーションが起こり、安定したリターンがもたらされるようになると、投機はキャピタルゲインよりも資本の安全と安定した収入を重んじる投資に取って代わられる。投機家とは違って投資家が最も関心があるのは現在の状態である。したがって投資家は将来を予測するとき、将来が現在から続く途切れのない継続であることを期待する。

投機家は発明や斬新なものを見ると気持ちが掻き立てられた。一六九〇年代の潜水艇会社、消防車製造会社、盗難警報器製造会社と、一七二〇年の機関銃と「永久運動車輪」は投機家が技術の進歩に感動した初期の例である。しかし、産業革命までは投機家の関心を集めたイノベーションは適用に限界があるか、ブームに乗じて生みだされた単なる詐欺的商品にすぎなかった。しかし一八世紀終わりごろからは社会に大きな影響を及ぼす通信分野で本物のイノベーションが起こった。最初は運河で、そのあと鉄道、自動車、ラジオ、航空機、コンピューターで、最も最近ではインターネットとイノベーションが相次いだ。通信（と交通）分野におけるこういった進歩が投機家の熱心な関心を引いたのは当然のことであり、投機家たちはこれらのイノベーションの確立に大いに貢献した。

運河バブルの時代

イギリスにおける運河時代は一七六七年のブリッジウオーター運河の完成で幕を開けた。ブリッジウオーター運河はマンチェスター北部のブリッジウオーター侯爵が所有するワースリーの炭鉱から、そこから南西の新しい織物工場が建設されたランコーンをつなぐ長さ五〇キロの運河だった。そしてその後の二〇年にわたって総距離一六〇〇キロを超える運河網が開発された。初期の運河は高いＲＯＣ（資本利益率）を誇り、多額の配当金が支払われ、株価は上昇した。運河の建設によって石炭や工業製品や農産物の輸送コストが安くなったため、運河は人々の間でも人気が高まり、古い世界を変えてしまうほどの将来性を感じさせた。[2] 一七九〇年代初期、運河への投機が始まった。運河投機時代には五〇を超える運河関連法案が議会で可決され、その前の五〇年間に可決した法案の数の二倍以上に上った。株式応募者たちは野原や居酒屋や果ては教会にまで集って集会を開いた。運河会社の事務員が務めるブローカーや勧誘員や居酒屋の主人たちは、一六三〇年代のチューリップバブル時代のカレッジに似た「ナビゲーションオフィス」を設立した。[3]

運河への投機が絶頂に達したのは一七九二年から一七九三年の冬だった。運河計画の大部分が企画されたミッドランズの新聞は株式ブローカーの広告、混雑した株主総会の報告、高騰する運河株の株価で埋め尽くされた。[4] レスターナビゲーション運河の株式応募者は会社のモットーを古代ローマの詩人のホルティウスの詩から借用した——「富の流れがあなたを金で覆いますように（Liquidus Fortuna Rivus Inauret）」。[5] しかし、これは希望的観念にすぎなかった。運河バブル時代はフランス革命の混乱のあおりを受けて、一七九三に発生した商業恐慌によってあえなく終わりを告げた。運河株は大暴落した。地方の土地所有者や商人が利益を明確に描いて建設した初期の運河に比べると、新しい運河の投資リターンはひどいものだった。世紀が変わるころには、運河のＲＯＣは運河バブル時代以前の五〇％からおよそ五％にまで下落した。[6] 二五年後でも五つのうち一つの運河は配当さえ支払うことができず、投下資本の比率で見た総配当は無リスク国債並みだった。[7]

新しい運河の開通は町と都市、製造業者と市場を結び、地方では熱狂が湧き起こったが、ローマ人がすでに水道橋を建造していたことを考えると、技術そのものは特に目新しいものではなかった。運河は水上輸送がなかった地域に水上輸送を広げたにすぎなかった。これに対して鉄道の出現は人間の生活をがらりと変えた。生活があまりに大きく変わったため、一八二〇年代に初めて蒸気機関車が現れたとき、人々は疑いと恐怖の目で見た。機関車が走ると牛が草を食べなくなり、めんどりは卵を産まなくなるのではないかとか、有害な煙で鳥は死に絶え、羊の毛が黒くなるのではないかとか、時速一五マイルという速さで乗客は原子になってしまうのではないかとか、人々は不安で仕方なかった。[8]また、鉄道は運河所有者や馬車協会や騒音によってキツネ狩りができなくなることを心配した地主からの反対にもあった。ロンドンとイングランド西部を結ぶグレート・ウエスタン鉄道が提案されたとき、オックスフォード大学とイートンカレッジも最初は反対した。

反対運動は拡大したものの鉄道の初期の歴史においては二回の投機熱が発生した。最初の鉄道フィーバーはストックトン・ダーリントン間で最初の蒸気鉄道が開通した一八二五年に発生した。それから間もなく六つの鉄道法案が議会で可決された。この鉄道フィーバーは短命で、その年の終わりに発生した経済恐慌によって終焉した。六年後、リバプール・マンチェスター鉄道の開通で、定置式蒸気機関と馬の牽引力よりも蒸気機関車のほうが優れていることが証明された。リバプール・マンチェスター鉄道は間もなく一〇%の配当を支払うようになり、株価は二倍になった。この鉄道の成功によって第二の「鉄道フィーバー」が起こった。これは一八二五年の危機のあと、循環的に復活した投機熱（投機対象はスペイン国債からジョイントストック銀行まで多岐にわたった）のさなかで起こったフィーバーだった。しかし、投機ブームが一八三七年に終焉を迎えると、危機は鉄道にまで拡大した。[二] それから五年間は新たな鉄道が計画されることはなかった。一八四〇年代初期には大部分の鉄道会社の株式は発行価格を下回るまでに下落していた。およそ二〇〇〇マイルの鉄道網が敷かれていたため、多くの人は国中に鉄道がすでに完成したと思っていた。[三]

　鉄道による大きな変化が人々の心をとらえ始めたのはちょうどこのころからである。一八四二年の夏、若いビクトリア女王は夫アルバートの勧めで初めて機関車に乗った（女王は埃っぽくて暑いロンドンの喧騒を離れて、スラウからパディントンまでの短い旅を楽しんだと伝えられている）。線路に隣接する土地の値段が上昇していることを知った地主たちの抵抗も収まった。国中の新聞や雑誌やパンフレットは、鉄道を世界の歴史に類を見ない革命的進歩と持ち上げた。彼らは鉄道輸送の経済的便益だけではなく、文明に及ぼす大きな影響にも注目した。「鉄道時代の到来は人類の進歩の速度を永遠に変えるだろう」とメディアは報じた。また当時の人は、「まずはわれわれの言葉がすでに影響を受け始めている。男たちは〝スピードが増す〟とか、〝鉄道のような速さ〟という言葉を使うようになったし、距離を時・分で測るようになった」[9] と書いている。鉄道会社の重役は株主総会で次のように述べた――「宗教をのぞけば、迅速な交通手段ほど重要なものはない」[10]。ある新聞は次のように報じた。

情報を取得し、それを広める力に関するかぎりわれわれの寿命は二倍に伸びるだろう。したがって、全世界が一つの偉大な家族になり、一つの言語を話し、同じ法則の下で結束し、一つの神を崇める時代が到来するのを見ることができるかもしれない[11]。

この革命の効果に関する想像は際限なく広がった。鉄道はイギリス人の堅苦しさを少しずつ和らげていくかもしれないとさえ期待された[四]。投資の観点から言えば、鉄道株はたとえ世界がパニックに陥っても安全だろうと言われた[12]。

大衆は鉄道ブームに夢中になった。ディケンズは『ドンビー父子』(一八四六年)のなかで当時流行した鉄道ホテル、オフィスハウス、宿屋、下宿屋、鉄道プラン、地図、景色、包装紙、ビン、サンドイッチボックス、時間表、鉄道の貸し馬車とタクシー乗り場、鉄道の乗合馬車、鉄道通りと建物……を風刺している。急速に拡大した鉄道新聞によって大衆の熱狂ぶりはますます高まっていった。一八四〇年代初期には権威あるレールウエー・タイムズが三つの鉄道新聞を主宰し、一八四五年の鉄道ブーム時代には毎週のように新しい鉄道新聞が現れた。このなかには一四の週刊新聞(フィーバーの最盛期には一週間に二回発行された)、二つの日刊新聞、朝

刊、夕刊が含まれていた。[五]

鉄道王

鉄道に対する大衆の熱狂ぶりをどこに向ければ自分にとって都合が良いかを最もよく理解している男がいた。それがジョージ・ハドソンである。彼はヨーク・アンド・ノース・ミッドランド鉄道の会長で、エネルギッシュでちょっと太っちょで、人をいらだたせるヨークシャー生まれの男だった。イーストヨークシャーの農家の息子として生まれ、リンネル商人として頭角を現したあと、大叔父の巨額の遺産のおかげもあってヨーク市長に選ばれた。ハドソンが鉄道に関心を持ち始めたのは一八三四年のことで、「鉄道の父」と呼ばれるジョージ・スティーブンソンに出会ったのがきっかけだった。言い伝えによると、ハドソンはしわがれ声のヨークシャー訛りで、ヨークを北東地域の路線・支線の中心地にするようにと、つまり、すべての路線をヨークに引き入れてくれるようにとスティーブンソンに頼み込んだと言われている。[13]

一八四二年にヨーク・アンド・ノース・ミッドランド鉄道が開通すると、ハドソンは新しい路線と支線の建設計画に着手し、既存企業の買収やリースにも乗り出した。彼はヨークとエディンバラを結ぶ新しい路線を提案した。企業の合併を繰り返しながら、彼は鉄道網をバーミンガムとブリストルに拡大し、最終的にはロンドンにまで拡大し、一八四四年には一六〇〇キロを超える鉄道路線を支配下に収めていた。これは当時操業していた全路線の三分の一以上に当たる。彼が「鉄道王」と呼ばれるようになったのはこの年からだった。この称号は稀代の才人シドニー・スミスによって贈られたと言われている。また大食漢で太っていたことから「ヨークシャーバルーン」とも呼ばれた。彼の運命が鉄道時代の運命と同じ道をたどったことを考えると、「鉄道ナポレオン」という呼び名が最もふさわしいように思える。

ハドソンは彼と鉄道の発展とを巧妙に関連づけ、大衆の熱狂を意図的にあおり立てた。彼は新線の開通式を効果的に演出し人々を大興奮させた。一八四一年の新線の開通式で彼は次のように演説した――「すべての鉄道路線はまだ揺籃期にありますが、日を追うごとに、週ごとに、そして月ごとに実力を高め続けています」。一八四五年八月、彼がサンダーランドから国会議員に選ばれたときは急行列車を手配し、有権者が彼の勝利を知る前に勝利を報じるタイムズ紙の早版をロンドンからサンダーランドに運ばせた。「人智の発展を見よ！　蒸気のパワーを見よ！」と彼は新聞を無料で配布しながら大衆に向かって叫んだ。[14] 数日後に行われた祝賀の晩餐の席で想像の美徳を激賞した――「紳士諸君、想像力というものは素晴らしいものだ。想像力がわれわれを支配すべきだとは言わないが、判断を下すとき少しだけ想像力を働かせてみようじゃないか……[15]」。

ハドソンの鉄道経営の特徴は、①誇示すること、②規則を曲げること、③節約――の三つの言葉で表すことができる。「赤いテープは以前は私の店でヤード単位で売っていた商品だが、私の鉄道王国では存在する余地はない（つまり、官僚主義的なわずらわしい手続きは不要という意味）」と彼は宣言した。複数の鉄道会社の会長として彼は秘密裏に行動し、自分の行動はほかの役員には一切知らせなかった。会社の預金口座は彼の管理下にあり、財政委員会の会議を開くことを拒んだ。一八四二年、ミッドランド鉄道の取締役会に加わると、すぐに会計方式を変え、「私の鉄道に統計学などいらない！」と宣言した[16]（また別のときには、「ビジネスに原理原則などない！」と言ったと言われている）。私生活は贅沢三昧で誇示顕示欲が強かったが、コストは厳格に管理し、彼の路線には高い賃料を設定した。一八四〇年一一月、ヨーク・アンド・ノース・ミッドランド鉄道で人身事故が起こった。これはハドソンが賃金削減のために視力障害のある年老いた機関士を雇ったことが原因だった。彼の路線では同じような事故が相次ぎ、ハドソンは利益のために大衆の安全を犠牲にしていると非難された。しかし、コストを抑えたおかげでライバルの鉄道会社を買収するときには高い価格を支払うことができ、株主に対する配当も増やすことができた。

ヨーク・アンド・ノース・ミッドランド鉄道は、まだ建設中のときから九％というあり得ないほど高い配当率を発表していた。高い配当率は株主の支持を得た。ハドソンがヨーク・アンド・ノース・ミッドランド鉄道の配当はタコ足配当であったことを率直に認めたとき、株主から非難の声は出なかった。ハドソンが合併した会社の株価が買収の発表前に上昇したことに意義を唱える株主もいなかった。これは明らかにインサイダー取引に当たる。一八四四年一〇月、ハドソンは計画を発表することなく、ミッドランド鉄道の株主から二五〇万ポンドの資金を調達することができた。そのお金で何をするつもりなのかは秘密にしたままでね[17]「自分の主張を通してお金を手に入れた。」と彼は自慢した。株主総会には高揚感と恍惚感があふれていた。鉄道は彼らにとっての新たな宗教であり、ハドソンは彼らの救世主だったのである。

一八四四年の鉄道規制法

人々が鉄道に熱狂していた一八三六年、政府は国中を調査して最良の路線を開発すべきであると訴える者がいた。しかし、政治的合意がないうえ自由競争主義が普及していたため、イギリスの鉄道システムの断片的な開発はそれ以降も続いた。鉄道の建設プロセスは非常に単純だった――数人の地方高官が委員会を設立し、委員会（委員会の主催者は臨時委員と呼ばれた）が鉄道会社を一時的に登録し、株式募集をかけて大衆から資金を募り、エンジニアを雇って路線を調査させ、議会に鉄道法案を提出する。会社がいったん登録されたら、スクリップ（代金の一〇分の一だけ支払い、残りは建設が始まったら支払い要求される）は市場で売買することができる。議会による審査が通れば鉄道建設が始まる。

鉄道が登場してまだ間もないころ、鉄道会社の経営者に一定の代金を支払えばだれでも線路に汽車を走らせることができ、競争することができると信じられていた。[六]しかし一八四〇年代初期には、鉄道は独占権であることが明らかになった。鉄道路線のさらなる拡大を目の前にして（一八四四年初期には六六の鉄道法案が議会に申請された）、政府規制がほとんどない鉄道分野で新たな方向性を模索する必要に迫られた。一八四四年初期、商務省長官に任命されたばかりのウィリアム・ユワート・グラッドストン主導の下で新たな鉄道法を作る話し合いが始まった。

グラッドストンが鉄道会社に役職を持つ貴族や国会議員に相談するといろいろな意見が出された。ロンドンの銀行家でロンドン・バーミンガム鉄道の会長であるジョージ・カー・グリンは鉄道法を作らなければ鉄道会社の資産価値は下落するだろうと言った。一方、ジョージ・ハドソンは私有財産に対する不当な干渉だとして規制に激しく反対した。ハドソンは最後まで我を通した。ロバート・ピール首相からの圧力によってグラッドストンの最初の提案は骨抜きにされた。一八四四年に立法化された鉄道規制法によって新たな路線を調査する鉄道部が設立されたが、鉄道部の推薦は議会に対しては拘束力はなく、やがて提案されるであろう山のような計画を調査する機能もなかった。自由競争主義者の首相は、「鉄道規制法による予防措置は、鉄道に対する民間資本の適用を阻害することになるとは私は思わない」[18]と強く主張した。この言葉に恐れをなしたグラッドストンは一八四四年の秋、投機的な計画を防止するために新たな鉄道計画に対する積立金を五％から一〇％に増やした。それから間もなく、グラッドストンは自分の公的立場と彼の家族の鉄道への関与との間に対立があるとして商務省長官の職を辞任した。

彼は個人的には投機が復活することを予期していた。辞任前に彼は次のように書いている――「私は……商業界と深いつながりがあるため現在の法律は厳しい試練に立たされることは間違いないと思っている」[19]。

バブルの始まり

一八四四年の終わりには経済は好転した。金利はこの一〇〇年の最低水準を記録し、トウモロコシは史上最高の収穫が続き、価格が下がった。また、鉄道建設費が下落したため鉄道会社の収益はたちまちのうちに増加した。三大鉄道会社は一〇%の配当（当時の金利の四倍）を払い、「鉄道革命」に対する大衆の関心は高まるばかりだった。投機に対する関心の高まりを感じ取ったハドソンは一八四四年の冬、自分の勘定で大量の鉄道用の鉄を購入した。彼の判断は正しかった。鉄道用の鉄の価格は三カ月で三倍に高騰した。

一八四五年一月には一六の新しい鉄道計画が提案され、同年四月には鉄道会社の収益は増加の一途をたどり、五〇を超える新しい鉄道会社が登録された。新聞には鉄道会社の設立趣意書の宣伝があふれ、大衆を株式募集に応募するように勧誘した。標準的な趣意書には臨時委員のリストと提案した路線のメリットを激賞する項目が含まれ、ほとんどの場合は最低で一〇%の配当が約束された。株式募集が成功すれば、委員とその友人たちには大量の株が割り当てられ、市場に出回る株式は非常に少なく、そのため株式は不足する。これによってあとで安く買い戻すことをもくろんで空売りした投機家はにっちもさっちもいかない状態に陥ることになる。[七]新しい鉄道会社はマスコミによって誇大広告され、株価は株式市場のエージェントによってつり上げられた。株がプレミアム価格で取引されるようになると、事業家は持っている株式を売って多額の利益を得た。[八]「株式委員」を雇って、これらの操作がうまくいくよう監視させる会社もあった。

新しい鉄道会社の事業家の多くは自分の利益にしか関心がないように思えた。同じ事業家が多数の新しい鉄道会社の委員に名を連ね、ライバル会社の代表を務めるケースもあった。有名人のなかには委員を務め、その見返りとして安く株を入手する者もいた。委員には文無しの替え玉もいて、偽の身分と肩書で委員会にもぐり込んだ者もいた。[九]時には、地方の大物の名前が本人の許可もなく取締役リストに載せられることもあった。委員は法的には会社の負債の返済義務を負っていたが、多くは証書にサインすることを避け、責任を回避した。タイムズ紙の社説は次のように書いた――「一匹の黒い羊がいると、群れがすべて黒く感染してしまうとするならば、臨時委員のなかには感染源を持たない投機家は一人もいない」[20]。

鉄道ジャーナルが鉄道計画を手放しで支持したのは言うまでもない。彼らは疑わしく思える新たな鉄道会社も社説で大げさに褒めたたえ、その見返りとして設立趣意書の多大な広告代金の一部を受け取った。タイムズ紙は、「鉄道広告も熱に浮かされていたため、売るためや読まれたりすることを目的とするのではなく、予告や設立趣意書の宣伝に使われるお金の一部を受け取ることだけを目的に創刊された新聞もあった」[21]と書き、鉄道フィーバーが生みだした最も批判されるべきものは「去勢された新聞界」[22]だと批判した。

新しい鉄道計画に大衆がますます熱狂するなか政府は冷静な態度を維持した。四月、アレクサンダー・ベアリング(初代アシュバートン男爵)は貴族院で次のように述べた。「鉄道ギャンブルに浮かれた現在の熱狂ぶりほど議会の注目を集めるものはない。ほかの場合と同じように、このケースの場合ももう救いようがないほどだ」。議会には、会社が議会の許可を得るまでは鉄道会社の株式申し込みを禁じて投機を取り締まるべきだと提言する者もいた。しかし、政府はこの提言を無視し、鉄道会社が法案を通せるように便宜を図った。国会の最初の開会期が終了する八月には、一〇〇を超える鉄道法案が議会を通り、五〇〇〇キロの鉄道路線の建設が許可された。

首相のロバート・ピール卿は党内での穀物法の廃止議論の渦中にあったが、人々の鉄道に対する熱狂の危険性を心配することはなく自由競争主義を貫き通した。その前年、ピールは銀行条例を可決させており、これによってイングランド銀行は特定の限度を超えた銀行券の発行は禁止された。この条例の目的は循環的な上昇相場になったときに信用の拡大を防ぐことで好不況の波に終止符を打つことだった。[10] 一八四五年の初夏、ピールは銀行条例によって「不当な投機」を防ぐことができたことに満足感を示した。[23] しかし、八月の終わりにはピール首相は不安になり、大蔵大臣のヘンリー・グルバーンに次のような手紙を書いた。「われわれが鉄道投機熱に直接干渉することは不可能のように思える。唯一の問題は、新聞雑誌を通して一般大衆に迫りくる危険に注意するように呼び掛けられるかどうかである」[24]。ピール首相は非公式に忠告するにとどまり、鉄道投機を抑制するために金利を上げることはパニックを引き起こすだけであるとするイングランド銀行の意見に従った。この政策は、金利を少しばかり上げても熱狂を阻止することはできないとするエコノミスト誌に支持された。「熱狂を阻止しようといったつまらないことを考えて合法的なビジネス業務を阻害しようとすることは、銀行の重役たちの犯す最大の愚行だろう」[25]とエコノミスト誌は書いた。

政府が取った唯一の積極的な行動は、七月初旬に役に立たない鉄道部を廃止したことだった。その年の前半、新しい計画に対する鉄道部の決定が大いに期待され、公式通知が出される前の株価の変動はインサイダー取引が横行していることを示唆していたにもかかわらずにである。鉄道部が廃止されてからは新しい路線計画は庶民院の特別委員会に直接提出することになった。しかし国会議員の多くが委員を務めたり鉄道会社の株主だったため、新しい路線を審査するうえで私欲のない者を見つけるのは不可能だとソールズベリー伯爵は言った。ある鉄道会社は、庶民院では一〇〇人の投票を意のままに操ることができると自慢し、国会議員は鉄道会社を渡り歩き新しい鉄道法案を支持する投票権を売り歩いたと言われている。

特に地方では熱狂はとどまるところを知らなかった。これは鉄道網が都市から地方に拡大していたことを意味する。古くから主要な交易都市や製造業の盛んな都市と鉄道で結ばれていたロンドンは鉄道ブームからは取り残された。詩人のワーズワースは彼の雑誌で鉄道建設ブームの国境の北への拡大を次のように述べている。

エジンバラからインバネスに至るまで人々はみんな鉄道に夢中だ。この国はまるで鉄道マニアたちの精神病棟のようだ。インバネスの患者はアバディーンから病院までの路線に不満で、パースからハイランドまでの路線を作れと主張している。町も村もなく人もおらず、多くの乗客が乗る可能性がないというのに。でも彼らはなんと羊の群れや家畜の群れを乗せるというのだ。[27]

北部地域の投機は鉄道株を担保に融資を行うエクスチェンジ銀行の設立によってますます過熱した。[二]グラスゴー、エジンバラ、ブリストル、バーミンガムや数々の小都市では鉄道株の売買のために証券取引所が新たに設立された。[三]リーズでは三つの証券取引所が競合し、三〇〇人の株式ブローカーたちが毎日五〇万株の売買を処理していた。[28]七月下旬、リーズ・マーキュリー紙は市場の熱狂ぶりを次のように書いている。

この町でビジネスがこれほど盛んに行われたことはなかった……三つの証券取引所のおか

げで通りは昔の朝市を思わせる賑わいぶりだ。証券取引所には不安げなブローカーと投機家が群れをなして押し寄せ、貴重な時間を惜しむかのようにあちこちに走り回る。その機敏な動きは鉄道の事業家さながらだ。[29]

近隣のウエークフィールドでは九人の株式ブローカーが仕事に励み、二本の急行列車が一日に二回リーズに向かい、株価の最新情報が運ばれた。[30]

鉄道の新規公開株の争奪戦

一八四五年六月の議会報告では、二〇〇〇ポンドを上回る鉄道株に応募した二〇〇〇人の投機家が発表された。その筆頭はスプリングガーデンズのニューストリートに住むフランシス・ミルズという人物で、彼は六七万ポンドの鉄道株に応募していた。ハドソンの名前は一一番目にあり、応募額は三二万ポンドを少し下回っていた。一五七人の国会議員（そのうちの一人の応募額は一五万七〇〇〇ポンド）と二五七人の聖職者の名前と並んで、「四〇人のブラウン氏、二八人のジョーン氏、二ページ半に及ぶスミス氏」の名前があった。[31]鉄道投機家の社会的階級は多岐にわたっていた。これを見たタイムズ紙は、「この国は資本家であふれている」[32]と報じた。リストに名前が挙がった者の多くが身分不相応な額に応募していたのは言うまでもない。合わせて三万七五〇〇ポンドの株式に応募していたある二人の兄弟は、一週間一ギニーで屋根裏部屋で暮らしていた日雇い清掃員の息子だった。[32] 彼らは残金の支払い要求に応じるつもりなどなく、スクリップをプレミアム価格で売ることを目的に応募書類にサインしたのである（鉄道会社の法案が議会を通ってからでないと株式は売れないのでこれは非合法な行為）。彼らは「スタッグ」と呼ばれ、新規株を公開時に買い、すぐに高値で売る相場師たちだった。

ブリティッシュ・アンド・フォーリン・レールウエー・レビューによれば、ブル（強気派）にベア（弱気派）、そしてレームダックたちが長い間暗躍していた場所に、最近になって、スタッグの群れがなだれ込んできた。スタッグにとってその場所は無限の恐怖が存在する場所だ。スタッグは普通は無害で臆病な草食動物であり、小食ですぐに満足感を感じる。しかし、鉄道のスタッグは肉食で、彼らの暴食はとどまるところを知らない。彼らは鉄道投機家の血肉となるプレミアムを常に物色している。鉄道株スタッグには枝角を持つ鹿と共通する特徴が一つある——見られることを嫌がり、経験豊富なハンターでも巣穴まで追跡することができない。スタッグのあだ名はキツネだが、実際にはキツネよりもずるがしこい。[33]

その年の前半は、無人の荒れ地に計画された路線も法案が議会に却下された路線も、新しい路線はすべてスタッグに利益（プレミアム）をもたらした。[34] この不合理をエコノミスト誌は次のように非難した。

鉄道スクリップの市場価値は……事業の成功ではなく、投機に対する大衆の欲求をどれくらい維持できるか、あるいは増大させられるかによって決まる。ほぼ同じ路線に対して九から一〇の提案が出され、すべてプレミアム価格が付くが、成功するのはそのうちの一つだけであり、残りは費用を差し引けばマイナスになる可能性が高いという事実ほどこれを如実に物語るものはない。[35]

タイムズ紙に届いた手紙には投機家を皮肉って次のように書かれていた——「遅かれ早かれ暴落は必ずやってくることを、そして自分だけはその暴落から免れることができると、素人はみんな信じている。運が尽きて、大急ぎで逃げないと悪魔の餌食になるぞというときになっても、パニック駅からの最後の郵便列車が自分を置き去りにするとはだれも想像すらしない。人はすべての人は死ぬ運命にあると思っている。ただし自分を除いては」[36]。タイムズ紙も社説で、投機家はひねくれているというよりも世間知らずと言ったほうがよいかもしれないと書いた——「彼らのやっていることは子供の遊びにすぎず、互いに刺激し合っているだけである……単純な人がだまされるのである」[37]。評論家は声をそろえて、鉄道の長期的未来に関心を持っている投機家なんて一人もいない、と言った。タイムズ紙は、「人は今のこの瞬間を生きている。あるいは一つの決算日から別の決算日までのせいぜい二週間先しか見ていない」[38]と書いた。

タイムズ紙もエコノミスト誌も「鉄道モニター」と題する一六ページの「永久版」増刊号を出版し、鉄道広告を掲載することを受諾したが、世間にブームの終焉と暴落の必然性を伝えるという義務を放棄することはなかった。大手新聞・雑誌が危機をこれほど熱心に、かつ頻繁に予言したことはいまだかつてなかった。特に、新聞各社は鉄道システムの無謀な拡大の財源として正当化できないほどの巨額の資本が必要なことを大衆に懸命に伝えようとした。一八四五年六月には一万三〇〇〇キロを超える新路線計画が商務省によって検討されていた。これは既存の路線の四倍の長さで、イギリス国土の長さのおよそ二〇倍だった。翌月には新しい計画が週に一二を超える割合で提案された。

一一月初旬に出版された「イギリスの鉄道への関心」と題する増刊号でタイムズ紙は、鉄道投機の現状と投機がイギリス経済に対して耐えられないほどの難題を吹っかけていることについて解説した。そして一一月末にはタイムズ紙は、一二〇〇を超える鉄道路線が計画され、推定コストは五億六〇〇〇万ポンドを上回るだろうと報じた。鉄道の未償還負債の総額はおよそ六億ポンドにも上った。これは国民所得の五億五〇〇〇万ポンドを上回る額で、鉄道路線の建設に年間二〇〇〇万ポンド使うことができる勘定だ[39]。

鉄道建設に必要な資金はどこから調達したのだろうかと新聞各社は疑問に感じた。それは国の流動資本（ビジネスの通常業務を行うのに使われる資本）を未完成の鉄道路線の、利益を生みださない一時的な固定資本に強制的に変換することでしか調達できないと、新聞各社は思った。「それは海水の排水に使われるのと同じで、当面は回収できない埋没費用のようなものだ。イギリスといえどもこういうやり方ではそのうちに沈んでしまうのは明らかである」[40]とグローブ誌は報じた。夏にマンチェスターで発行されたパンフレットは、「お金は資本を鉄道会社の株の残金を支払うのに費やす商人によって正当な商業ルートから引き出されるため、危機は目の前に迫っている」[41]と警鐘を鳴らした。投機にのめりこんだ人々は合法的な仕事に集中できなくなっているという叫び声が再び上がった。[四]エコノミスト誌が恐れたことは、鉄道投機の本当の結果というものはすぐには感じられず、何年かたって鉄道建設が始まり、鉄道残金の支払い要求によって国家の資本資源が消耗されるときになって初めて感じられるだろうということだった。八月中旬のエコノミスト誌は、「この国でこれまで経験したことのないほど厳しい危機が起こることなく、今の投機熱が続くことを夢見ることは、過去の経験に目をつぶるようなものである」[42]と報じた。

　夏の間、多忙を極めたハドソンは絶好調だった。彼は鉄道路線の無謀な拡大は彼の路線の収益性を脅かすため認めてはいなかったが、鉄道王と関係があると噂された新たな計画は株式市場ですぐにプレミアムが付いた（実際にはハドソンがこの間にかかわった計画は一つだけだった）。一八四五年の夏、彼が経営不振の続くイースタン・カントリーズ鉄道の会長に就任すると株価は暴騰した。ハドソンは鉄道界では依然として最も知名度が高かった。「当時の雑誌ではハドソンは偉業を成し遂げた人物として描かれていた」とジョン・フランシスは彼の『ヒストリー・オブ・ザ・レールウエーズ（History of the Railways）』（一八五〇年）のなかで回顧している。「マスコミは彼の所在をマークし、素描家は彼の容貌をデッサンした……イギリスでこれほど影響を及ぼした人物はいない。貴族は彼からスクリップを譲り受けたことに感謝し、貴族婦人はプレミアムを割り当ててくれたことを褒めたたえた」[二五]

投機熱が続くかぎり、ハドソンはヒーローでいられた。元リンネル商のハドソンは文字どおり「無一文から大金持ち」になり、一獲千金のメンタリティーの生きたシンボルとなり国民を魅了した。八月にサンダーランドから議員に選ばれたのを記念に、彼は四八平方キロの土地をデボンシャー侯爵から五〇万ポンドで購入した。そして、ロンドンの邸宅としてサウスケンジントンのアルバートゲートにある五階建ての大豪邸を一万五〇〇〇ポンドで購入した。これはロンドン最大の私邸の一つだった。そして同額のお金をかけて内装を施した。彼の鉄道会社の一社の株主たちは彼の偉業をたたえて恰幅の良いハドソンの像を建造することを提案した。するとすぐに二万ポンドが集まった。寄付者のなかにはエミリーとアンのブロンテ姉妹がいた。彼女らは一八四二年にヨーク・アンド・ノース・ミッドランド鉄道に投資しており、像の建造には書籍の売上金から多額のお金を寄付した（姉のシャーロットはバブルはすぐにはじけることを予測して、妹たちに株を売るようにアドバイスしたが、姉の反対を押し切って二人は寄付をした）[43]。

夏には投機は絶頂に達した。ある鉄道会社のスクリップは五〇〇％の利益を生みだし、鉄道株を担保にした融資の金利は最高で八〇％にもなっていた。支線しかない町を結ぶ「直行」ルートは熱狂的に支持された。海外でもイギリス領ギアナからベンガルまで鉄道は世界中で計画された。アイルランドでは一〇〇を超える路線が計画され、ウエストエンドでは鉄道クラブが設立され、「鉄道計画に関心のあるあらゆる階層の紳士たちが情報交換のために毎日集った」[44]。九月には四五〇を超える新計画が登録された。そしてレールウエー・タイムズ紙には一号だけで八〇ページを超える設立趣意書の広告が掲載された。一〇月の最初の一〇日間で、必要資本五〇〇〇万ポンドの四〇を超える新計画が発表された。

しかし、こうした高揚感の裏では、ブームによる腐敗と詐欺が増加していることが明らかになった。当時の金融ジャーナルによれば、「ロンドンでペストが流行したときのように、投機が大衆に伝染したことですべての規律や秩序が乱された。今や血縁関係も友情も名誉の絆もあったものではない」[45]。新しい鉄道計画を審査していた条例委員会では二人のメンバーがスクリップの投機にかかわっていたことが判明して辞任した。八月、リーズでは最近合併されたばかりの会社の株式数が実際に発行された株式数の一〇倍だったことが判明し、株式取得による企業買収は無効だとして退けられた。ちまたではいくつかの鉄道会社のスクリップが偽造されて出回っていた。そのなかの一つであるケンティッシュ・コースト鉄道は、提案した計画が商工会議所によって却下され、取締役は会社を清算することを投票で決めたにもかかわらず、株はプレミアム価格で取引され続けていた。

路線建設が始まると鉄道会社は株式の残りの代金を請求して資金を調達した。一〇月初旬、投機家たちが残りの代金を支払うために保有株を手放さざるを得なくなったため、株価は下落した。一〇月一四日の火曜日の早朝、ベイズウオーターのエリオットという人物がハイドパークで拳銃自殺したとタイムズ紙は報じた。死体のポケットからは国中の数々の路線に関連する書類が見つかった[46]。この悲劇の二日後、イングランド銀行は正貨準備がわずかに減少したことに不安を感じ、金利を〇・五％上げて三％にすることを決定した。わずかな上昇ではあったが、これは鉄道パーティーの終焉の引き金になった。株式市場ではスクリップのプレミアムが消滅し、鉄道株の崩壊がささやかれた。ロンドンからは悪いニュースが地方の取引所に電光石火のごとく伝わり、取引所はマヒ状態に陥った。「前例のない高揚感は絶望へと変わり、不自然で不安定な絶頂から疑惑と不信の底へと突き落とされた」[47]とニューキャッスル・ジャーナルは伝えた。鉄道に対する強い嫌悪感のなかで、配当を支払っている有名な鉄道会社の株さえ下落した。一〇月末にはグレート・ウエスタン鉄道の株価は八月のピークから四〇％も下落した。「空っぽで、はかなく、堅実な物の法則に反した巨大なバブルが、大人が膨らませたほかのバブルのように、あるいは子供が膨らませたシャボン玉のように、われわれの目の前で破裂した。実態を見れば誤りは明らかであったにもかかわらず[48]」と、タイムズ紙はそれ見たことかと言わんばかりに報じた。

暴走機関車

地方の証券取引所が活況を呈した時期は終わったが、鉄道投機熱は一八四七年の経済恐慌へとつながる事象を引き起こしていた。株価大暴落のあと、地方の委員たちは自分たちの関心が株主の関心とは異なることに気づいた。鉄道計画が株式の募集発行なしで打ち切られれば、委員たちはそのコストを全額負担する義務を負うことになる。したがって、投機家たちが株式応募から撤退しようとすると委員たちの反対に遭い、株式の残りの代金を支払うという契約上の義務が生じた。その年の初め、プレミアムが高かったとき投機家たちは申し込んだ株式のごく一部しか入手できなかったが、パニックのあとスクリップが割り引かれると、申し込んだ株式をすべて受け取ったため残りの代金が厳しく請求された。

「投機家たちを色めき立たせた利益への欲求は今では残酷な恐怖と復讐に変わり……投機の世界は訴訟の嵐へと様変わりしている」[二七]とグラスゴー・ナショナル・アドバタイザー紙は報じた。訴訟の増加に伴って、一八四六年五月、政府は株主の四分の三の同意を得れば鉄道会社を解散できるという法案を可決させた。一八四五年一月に一二万株に一五〇〇万の応募があったディレクト・ウエスタン鉄道はこの新法の下で初めて解散した会社になった。一八四六年七月までには八つの鉄道会社が同法の下で解散を発表した。

解散法や株価の下落にもかかわらず、鉄道会社の活動は驚異的なペースで続いた。一八四六年の一年間で一〇〇を超える鉄道会社の合併があり、二七〇の鉄道法案が議会で可決され、およそ八〇〇〇キロの路線の建設が認可され、そのための必要資本は一億三〇〇〇万ポンドを超えた。前年と比べ可決した法案は二倍以上、認可された路線建設は三〇〇〇キロも多かった。評論家のなかには一八四五年一〇月のパニックなど物ともせずに、熱狂は続くのではないかと言う者もいた。しかし実際には、一八四六年に法案が議会を通った鉄道会社の大部分（そのなかでも最大のグレート・ノーザン鉄道が最初に提案されたのは一八四四年初期）はその前年に設立されたばかりで、大部分の鉄道法案は新路線との競争をかわすために迅速に拡大していた幹線から支線を延ばすためのものだった。五月の三日間、ハドソンは駆けずり回って彼の鉄道会社の三社の株主から四〇の法案を申請する許可と一〇〇〇万ポンドを使う許可を得た。[49]

鉄道会社がこうした活動を続けることで株式代金の支払い請求はますます強まり、一八四六年には四〇〇〇万ポンドを超えた。路線の建設が始まると、土地や鉄や木材や労働に対して支払われる通常の商業ルートのお金が鉄道建設に流用されるようになった。一八四六年七月、議会委員会はおよそ二〇万人の人員が向こう数年にわたって鉄道建設で雇用され、その大部分がアイルランド出身者であることを報告した（鉄道労働者は前世紀の運河労働者の「ナビゲーター」にちなんで「ナビー」と呼ばれた）。これらのコストは鉄道投機家が負担しなければならず、彼らは今も継続中の鉄道株の支払い要求に応えるために使用人やワインの飲酒、スポーツ活動などを控えることを余儀なくされた[50]。

一八四六年夏の不作のあと、経済状況は悪化した。産業界は鉄道輸送への切り替えによって低い在庫で事足りるようになり、それによって一回の需要が減ったため状況はさらに悪化した。一八四五年秋の常軌を逸した投機によって巨額の個人損失が生じて不況になったとエコノミスト誌は報じた[51]。一八四六年一〇月、歴史家のトーマス・カーライルは次のように書いている――「鉄道スクリップの価値は過去一年で六〇〇〇万ポンド以上も下がり、エクセターの住人の損失だけで推定で八〇〇万ポンドを上回った」[52]。破産裁判所は鉄道株で損失を被った人たちであふれかえった[53]。情報通の人々は次のように確信していたとジョン・フランシスは数年後に書いている。

中産階級にとってこれほど命取りとなるようなパニックはいまだかつてなかった。それはすべての人の生活を脅かし、ロンドンに住むすべての人々を悲しませた。家族は崩壊し、イギリスの各町には必ず何人かの哀れな自殺者が出た。大切に育てられていた娘たちはパンを求めて働きに出され、息子たちは学業をやめさせられた。家族はバラバラになり、家は法の使者によって冒涜された。一切の社会的絆も崩壊した。刑務所は事業家であふれかえり、ホワイトクロス通りには投機家たちが放浪し、クイーンズのベンチも人であふれていた。[54]

一八四七年一月、イングランド銀行は正貨準備の減少を受けて金利を四％に上げた。その年の前半、鉄道株の支払い要求は続き、平均で一カ月におよそ五〇〇万ポンドにも上った。初夏には小麦価格は豊作の兆候が見えたため暴落した。八月になると一三社のトウモロコシ会社が倒産し、そのなかにはイングランド銀行の総督であるW・R・ロビンソンの会社も含まれていた。翌月にはおよそ四〇の商社も倒産した。ディズレーリはのちに次のように回顧している。

「前例のないほど厳しい経済危機だった。個人の信用は効力を失い、貿易は衰退し、ほぼ死んだも同然だった。こうした経済危機の状況下で、富裕層・貴族から中産階級に至るまで、精神的苦痛を受けていない人はただの一人もいなかった……[55]」

一八四七年一〇月初旬には正貨準備が危険水域に達したイングランド銀行は公共債の募集は行わないと発表した。一〇月一七日の月曜日、ロンドン金融街で「恐怖の週」が始まった。だれもが安全を求めて金（きん）に走ったためコンソルは大きく下落した。火曜日、リバプールロイヤル銀行が倒産、そのあとジョイントストック銀行が三行倒産した。イングランド銀行のジョージ・ノーマンは、「だれもが隣人さえも恐れているようだ」と回顧している。証券取引所は大混乱に陥り、債権者は苦悩し、最高の短期手形が一〇％で譲渡された。[56]その週の終わりにはイングランド銀行の正貨準備は五〇〇万ポンドを下回り、銀行券の準備も一五〇〇万枚しかなかった。これ以上取り付けが増えれば、イングランド銀行は閉鎖を余儀なくされるだろう。一〇月二三日の土曜日、ロンドン金融街の大手銀行の代表団は首相のジョン・ラッセル伯爵と大蔵大臣のチャールズ・ウッド卿に会うためにダウニング街に向かった。彼らは銀行法の廃止を要求した。それから二日後、イングランド銀行のもとにダウニング街から書簡が届いた。銀行法を無視して、割引業務を続けることを許可するという内容だった。わずか三年前、銀行法は耐えられないほどの苦痛を与える過剰投機と金融危機に終止符を打つことが期待されて議会を通ったばかりだというのにである。その銀行法が今度は経済危機からイギリスを救うために廃止されたのである。

　銀行法の廃止によって金融危機は終わった。危機の原因については評論家たちの意見は一致した。オーバーストーン公はイングランド銀行が正貨準備の減少によって準備金を減らしたことを非難したが、危機のそもそもの原因は資本を商業目的から鉄道路線の建設に転用したことで資本不足に陥ったためだと思っていた。アシュバートン男爵もイングランド銀行の不手際を非難したが、心のなかでは鉄道マネーの使いすぎが今のこの苦境を招いたのだと思っていた。[56]エコノミスト誌も経済危機の原因は過度な鉄道建設費用だと報じた。鉄道建設によって通常貿易の信用が使い尽くされ、金利は一八四五年の二・五％から一八四七年一〇月にはおよそ一〇％にまで上昇した。[57]無謀な鉄道投機が経済に及ぼした影響が感じられるようになるまでおよそ二年かかったことになる。

鉄道王の失脚

鉄道投機熱はまだ終わっていなかった。一八四八年という革命的な年、ハドソンは鉄道の将来にそれほど楽観的ではなくなっていた。庶民院ではよく飲酒している姿が見られ、ほかの議員が禁酒協会にでも行ったらどうかと勧めると彼は激怒した[58]。一八四八年八月、「バブルか、それとも虚偽の鉄道投資か」と題するパンフレットが出版された。著者はアーサー・スミスという人物で、彼は鉄道会社の経営陣を口座を操作してタコ足配当を行ったとして非難した[59]。ハドソンの二つの鉄道会社――ヨーク・アンド・ノース・ミッドランド鉄道とイースタン・カントリーズ鉄道――は名指しで非難された。スミスはまた、払込出資額に対して五〇%を超える配当を約束して鉄道路線をリースする、というハドソンのやり方も非難した。これによって株価は上昇し、重役連中にインサイダー取引を促したからである。

スミスのパンフレットが出版されると鉄道会社の株価はたちまちのうちに下落した。旅客輸送は増加したにもかかわらず、運賃の低下と路線の拡張によって路線一・六キロ当たりの収益は一八四五年の三五〇〇ポンドから一八四八年には二五〇〇ポンドにまで減少した。その結果、すべての主要路線の配当は削減された。一八四八年八月には鉄道株の下落額は二億三〇〇〇万ポンドと推定された（国民所得のおよそ半分[60]）。ヨーク・アンド・ノース・ミッドランド鉄道の株価は一八四五年のピークから三分の一になり、払込資本以下の価格で取引されていた。鉄道株ブームのときは二三六ポンドに上昇していたグレート・ウエスタン鉄道は額面以下の六五ポンドで取引されていた。[61] 鉄道はすでに魅力を失っていた。いよいよ鉄道王を権力の座から引きずり下ろすときがやってきた。

アーサー・スミスが鉄道会社の重役を不正経理をやっていたとして非難するずっと前から、ハドソンのビジネスのやり方は誠実さに欠けると思われていた。一八四五年八月、自由貿易主義者で国会議員でもあるリチャード・コブデンはハドソンの「検知できない腐敗」について意見を述べた。ハドソンの活動は表向きは成功しているように見えたため、そういった批判の声はかき消されたが、彼の会社の配当が削減され株価が下落するとあからさまに攻撃されるようになった。一八四九年の最初の数カ月のうちに、ハドソンによる鉄道界の支配はいきなり終焉を迎えた。二月の株主総会でハドソンは彼の鉄道会社の一社の株を別の会社に市場価格を上回る価格で売って利益を得たことを非難され、そのすぐあとで開かれたイースタン・カントリーズ鉄道の株主総会には欠席した。「審判の日は必ず来る。横領に株式売買に不正行為。彼は当然の報いを受けるだろう」[62] とハドソンの宿敵のヨークシャー人は鼻高々に言った。

一八四九年四月、ハドソンのイースタン・カントリーズ鉄道の経営状態を調査していた委員会は、ハドソンは収益を誇張して二〇万ポンドを上回るタコ足配当を行っていたと結論づけた。ヨーク・アンド・ノース・ミッドランド鉄道も調査され、八〇万ポンドのタコ足配当をしていたことが判明した。五月八日、ハドソンの義理の兄で鉄道会社の取締役をしていたリチャード・ニコルソンは、ハドソンが建設した鉄道の駅からわずかしか離れていないヨーク州のウーズ川に飛び込み、自殺した。それから数カ月にわたってハドソンはさまざまな理由で告訴された。買収前のインサイダー取引、彼の会社の一社に鉄を販売して個人的利益を得たこと、土地の購入に充てられた資金を隠し持っていたこと、自分自身に対して秘密裏に株を発行しそれを市場でプレミアム価格で売ったこと、議会に賄賂を渡すための「シークレットサービス」ファンドを運営していたことなど罪状は多岐にわたった。さらに彼の栄誉をたたえて大衆から集められたお金をくすねて、そのお金でロンドンの豪邸を買ったという噂もあった。彼が横領したお金は全額で六〇万ポンドを少し下回ると推定された。ただし、これには株主に支払ったタコ足配当は含まれていない。

これに対してハドソンは、プライバシーと彼の会社に関することが公私混同されていると自己弁護した（彼は何度か彼の鉄道会社の負債に対して個人的に保証していた）。一定の費用を資本勘定に計上することは当時では普通に行われており、鉄道会社がうまくいっていたときには容認もされていた。詐欺を行っていたのはハドソンだけではないとタイムズ紙は報じた。「とがめるべきものはシステムである。規則もなく、秩序もなく、モラルさえないシステムが問題だったのである」[63]。しかしハドソンは規制のないことをよいことにそれを利用したのである。ハドソンは秘密裏に行動し、ほかの重役たちをひざまずかせ、外部の会計監査を行わせず、鉄道のほかの一般的な規制も無視した。不正経理と気前の良い配当で投機家たちの目をあざむき、鉄道会社を実際よりも収益性が高いように見せかけたのである。

ハドソンは失敗した投機のスケープゴートにすぎないという人もいた。トーリー党のリチャード・モンクトン・ミルンズによれば、鉄道投機熱は単なるギャンブルにすぎず、大損をした株主たちはテーブルをひっくりかえしディーラーを蹴飛ばした。[64] しかしカーライルにしてみれば、投機の失敗とハドソンの転落は神の秩序が復活したことを意味した。一八四九年五月、カーライルは「これは当然の報いである。この世は神が支配し、悪魔は抵抗する。これは古来からある悲劇が現実化したものである」[65]と日記に書いている。この歴史家はハドソンが褒めたたえられることに以前から憤りを感じていた。一八五〇年の夏に発表されたハドソンの彫像に関するエッセーでは、ハドソンを絞首台につるされたスケープゴートとして描いている。

惨めな暗黒のなかで乱暴に羊の足を盗んだ取るに足らない卑しい社会からの追放者としてだけではなく、飽くことを知らない強欲と底知れぬ残忍さをもって貧困者を欺き、永遠なる損失しかないというのに、金メッキをした人間の卑しさで大衆に一時的な利益（スクリップ、高級ワイン、社会的栄光等）を追求させた者として、天の名において絞首台の下で悲劇の振り子として、地に対する戒告として揺れる。今、彼の金メッキははがされ、用意周到に装った見掛け倒しが露呈し、恥ずべき悪党の姿が暴き出される。彼は地球上のすべての人々に声を大にして叫ぶ――「私は悪党なんかではない、金メッキをした悪党なんかではない。神よ、私は真の王である。その王もここで最期の日を迎える」。

ハドソンは犯罪行為で告訴されることはなかったが、彼のさまざまな悪行が露呈した今、鉄道投機熱による腐敗が白日の下にさらされた。ハドソンの支配下にあったヨークユニオン銀行のマネジャーが大金をくすねて鉄道投機で二万ポンドの損失を出したことが判明したとき、そのヨークシャー人は「ハドソンは自分だけが腐敗することに飽き足らず、周囲の者も引きずり込んだ」[66]と述べた。数年後の一八五六年二月、服毒自殺したジョン・サドラーの死体がハムステッドヒースで見つかった。元アイルランド人国会議員で銀行家で鉄道事業家でもあったサドラーは、彼が会長を務めるロイヤル・スウェーディッシュ鉄道の額面価格一五万ポンドの偽造株を発行し、アイリッシュ銀行から四〇万ポンドを横領していた。これらはすべて投機で出した損失を穴埋めするためだった。ディケンズが書いた小説『リトル・ドリット』のなかに登場する詐欺師の銀行家マードルはハドソンとサドラーがモデルになっている。『リトル・ドリット』のなかに出てくるマードル（サドラー同様、悪行が暴露されたあと自殺を図った）の墓碑銘には、投機熱のときの腐敗した資本家と一般大衆の関係を鋭く分析した言葉が刻印されている。

詐欺師として優れた腕を持っている次の男もきっと成功するでしょう。こんなことを言って恐縮ですが、古いスズのやかんを叩くためにどうして人間が群れをなすのか、あなたは分かっていらっしゃらないのではないかと思います。それが彼らを統治するための鍵なのです。そのやかんが貴金属でできていると彼らに信じ込ませることができたとき、初めて故人のように非凡な力があるということになるのです。

投機熱を扇動した者としてやり玉に挙げられてからはハドソンはブームの被害者として長い間苦しむことになる。会社から横領したお金を返済したあとは、債権者から身を隠すように残りのほとんどの人生をヨーロッパ大陸で過ごした。一八五九年に国会議員としての議席を失い、六年後に多額の負債のかどで逮捕された。一八七一年の冬に亡くなったとき、かつては数百万ポンドと言われた財産はわずか二〇〇ポンドしかなかった。

鉄道の前途

投機熱のときに制定された鉄道法案は基本理念もない無秩序の寄せ集めのようなものだった。[一九]

一八四七年に発行されたパンフレットは次のように嘆いている。

国が「民間企業」と呼ばれるものに対して仕事を放棄したのは大きな間違いだったが、実は民間企業は個人の気まぐれと金銭欲の塊でしかなかった。国が国家としての仕事を最初からしっかりと果たしていれば、鉄道投機は国にとって都合良く経済的に実行されていただけでなく、国に莫大な利益をもたらしたはずである。[67]

他国は野放しの鉄道投機を防ぐべく策を講じた。一八四四年初期にプロイセンで鉄道投機熱が突然起こったとき、政府は投機を非難し、オプションや差金決済（先物）を禁じ、新線を認可しなかった。[68] フランスでは鉄道建設が民間企業の入札にかけられる前に軍のエンジニアたちが鉄道ルートを決めた。最も極端な政府介入が行われたのはベルギーで、国営鉄道の建設と管理を政府が一手に引き受けた。これに対して、イギリスでは自由主義の精神によって鉄道開発は民間企業の手に委ねられるべきであるとされ、鉄道システムは半ば犯罪的とも言える起業家たちによって野放しに拡大され、でたらめな鉄道網が作られた。例えば、一八五〇年代にはリバプールからリーズまでは三つの独立ルートがあり、ロンドンからピーターバラまでは三つの代替ルートがあった。ほとんどの場合は最適な路線が選ばれることはなかった。一九三〇年代になって鉄道歴史家のT・H・レヴィンは次のように書いている。「今われわれは議会の無益なコンテストや非経済的な支線や無駄な競争に対するツケを払わされている」[110]

一八五〇年一月には鉄道株はピークから平均で八五％以上も下落し、鉄道株の総価値は費やされた資本の半分以下になっていた。鉄道路線が過剰に建設され競争が激化したために鉄道路線一・六キロ当たりの平均収益は投機熱以前の七〇％を下回った。配当は平均で費やした資本の二％を下回った。五年後でも鉄道会社の二五％以上は無配当で、支払った会社の配当も大部分は五％を下回った。一八四〇年代に建設された多くの鉄道路線のリターンは非常に低く、鉄道はやがては自動車に取って代わられることになる。

しかし、鉄道投機熱は悪いことばかりでもなかった。一八五五年には鉄道路線は一万三〇〇〇キロを超え、イギリスは世界一鉄道網の発達した国になった。フランスやドイツのおよそ七倍の鉄道網である。[69] 鉄道は、乗客や原材料や製品を運ぶ速くて安い交通手段としてビクトリア朝経済に多大な利益をもたらした。一八四〇年代終盤の鉄道建設ラッシュのときは、国が厳しい経済危機にあるにもかかわらず、イギリスの工場労働者とほぼ同数の五〇万人を超える人々が鉄道関連の仕事に就いていた（と言っても経済危機は鉄道投機熱が招いたものではあったのだが）。何万人ものアイルランド人ナビーが飢饉に見舞われた年にも仕事にありつけたのは鉄道のおかげだった。この観点からすれば、鉄道ブーム時代は中産階級の投機家から貧しい労働者にお金が移転したことを意味し、それと同時に国には近代の産業経済のインフラが整った。

イギリスの投機家たちは一八九〇年代に、そしてアメリカの投機家たちは一九二〇年代に自動車に大興奮したが、鉄道投機熱に最も近いものは一九九〇年代半ばのインターネットの爆発的拡大だろう。近年の「情報革命」による変化は一八四〇年代の「鉄道革命」とまったく同じ言葉で語られた。一九九五年、アメリカの研究者であり『ビーイング・デジタル（Being Digital）』の著者でもあるニコラス・ネグロポンテは、「デジタルな生活」によって人間の時間と場所に対する依存性は低減し、世代間ギャップはなくなり、「世界は一つになる」だろうと言った。[70]『ビル・ゲイツ　未来を語る』（アスキー）のなかでビル・ゲイツは、グーテンベルクの活版印刷が中世の文化を劇的に変えたように、情報スーパーハイウエーはわれわれの文化を劇的に変えるだろう、[71]と書いている。情報革命のもう一人の伝道師であるジョージ・ギルダーはインターネットを「資本主義の中枢神経系[72]」と表現した。一九九六年初期にはアメリカはインターネット書籍、インターネット映画、インターネット展示に夢中になり、子供のインターネットスワップカードさえ現れた。鉄道ブーム時代が専門誌の発達に貢献したように、インターネットは多くの全国誌を生み、インターネット投資の専門誌さえ登場した。

鉄道会社とは違って、インターネット会社は資本投資をほとんど必要としなかった。インターネットが投機の対象になり得ることが認識されたのは一九九五年の夏で、インターネットのソフトウェア会社であるネットスケープ・コミュニケーションが設立されて大成功してからのことだった。そして一九九六年の春にはインターネット株がアメリカの株式市場に殺到した。四月にはインターネット・ブラウザー・サービス三社がナスダックに上場した。これら三社で最も成功したのは一年前に設立されたヤフーで、四半期の売り上げがわずか一〇〇万ドルであるにもかかわらず株価は初日に一五三％も上昇（史上三番目の上昇率）し、時価総額は八億五〇〇〇万ドルにも上った。不採算のＴＶメーカーのゼニスが五月初旬にインターネットに接続可能なＴＶを製造することを発表すると、株価は三倍に上昇した。「インターネットという言葉を取り込むだけで何でも起こりうる」[72]とアナリストは言った。

一八四〇年代の鉄道投機熱は地方の取引所で大衆に支持されたが、一五〇年後、大衆はインターネット投機に夢中になった。ディスカウントブローカーはインターネット株の安価な取引サービスで繁栄し、「ワアコ・キッド・ホット・ストック・フォーラム」や「モトリー・フール」などのオンライン投資フォーラムは大人気の場所になった。鉄道ブームによって新しい証券取引所が生まれたように、インターネットは株式市場そのものとしての機能を持つようになり、インターネットのおかげで会社はサイバースペースで株式を発行できるようになった。マスメディアはもはやメッセージを伝えるだけの媒体ではなく、投機の情報源であり投機対象にもなった。ビル・ゲイツは彼の本の結びで次のように予言した。「ゴールドラッシュは衝動的な投資を助長する傾向がある。利益になる投資は少ないが、熱狂が過ぎ去ったあと、私たちは不審な面持ちで失敗したベンチャーの残骸を振り返って疑問に思うだろう。ああいった会社に資金提供をしたのは一体だれだったのか。彼らの心のなかでは何が起こっていたのか。あれは単なるブームだったのかと」[73]。

注

一．運河の建設費は大幅に上昇し、主要な運河網はすでに選定ずみだった。さらに第二世代の運河は完成までに多大な時間がかかった（リーズ・リバプール運河の場合、四六年間もかかった）。

二．グレート・ウエスタン鉄道の手形は不渡りになり、ある鉄道会社の一部払い込み済み株式はプレミアム価格で売られた（株主は残りの支払いをすることが法的に義務づけられていたため、これらの株は負債とみなされた）。

三．ロンドンからグラスゴーまでは蒸気機関車で二四時間で行けるようになっていた。「分別のある人ならこれ以上は望まないはずだ」とレールウエー・タイムズ紙は報じた（ジョン・H・クラパム卿著『An Economic History of Modern Britain：The Early Railway Age』Cambridge, 1930, I, p.390から引用）。

四．著者はさらに次のように推測した――「同じ国でも地域ごとに偏見があり関心事も違うが、こうした壮大な発明によって偏見や誤解は解けていく。そして理性の向上によって文明化に対して同じ志を持つようになる。これは慈悲深い神によって与えられたものであり、それによって人間はみな兄弟となり、偉大な父を持つ子供たちとなる……疑いなどこれっぽちも持たず、知識と英知は町や都市に広がり、最終的には『普遍的な善』となる」（H・ウィルソン著『Hints to Railway Speculators』London, 1845, p.12）。

五．アイロン・タイムズ、レールウエー・エキスプレス、レールウエー・ワールド、レールウエー・エグザミナー、レールウエー・グローブ、レールウエー・スタンダード、レールウエー・メール、レールウエー・エンジン、レールウエー・テレグラフ、シェアホールダーズ・アドボケット、レールウエー・ディレクター、レールウエー・レジスター、レールウエー・レビュー。バブルのあとも生き残ったのは、レールウエー・タイムズ、レールウエー・クロニクル、レールウエー・レコード、ジョン・ハラパスズ・レールウエー・ジャーナル、レールウエー・ガゼットだけだった。

六．実際には鉄道会社は自社所有の路線以外では、駅や水補給所を使用することができなかったため、汽車を走らせることはできなかった。初期のころの鉄道では、鉄道会社が彼らの汽車で乗客や物資を運ぶ代金は自由に決められた。

七．一八四五年一〇月二四日付のモーニング・クロニクルは次のように報じた――「新たな計画の株式のうち市場に出回るのは四分の一を下回ることが多く、残りは路線沿いの土地と交換するために蓄えられるか委員会によって管理された」。

八．一〇月の終わり、事業家は新たな鉄道会社を立ち上げ、株をプレミアム価格で売って二万五〇〇〇ポンド儲けたあと会社を清算し、手数料を差し引いた手付金を返却し、プレミアムは自分たちが取得した（一八四五年一〇月三一日付、タイムズ紙）。

九．タイムズ紙に宛てられたある手紙は、「設立趣意書のなかで自らを王立協会のフェローだと宣伝した人々の多くは王立協会とはまったく無関係だ」と訴えた。また別の手紙には、「大部分の委員は悪名高きならず者、つまり詐欺師であり、彼らは一ペニーすら持たない文無しでスタッグとして儲ける以外になく、そのたくらみによって大衆から大金を巻き上げている」と書かれていた（一八四五年一〇月一七日と二四日付、タイムズ紙）。

一〇．この銀行条例（ロバート・ピール首相にちなんでピール銀行法とも呼ばれた）の下で、イングランド銀行の銀行券の発行は一四〇〇万ポンド＋正貨準備に制限された。重金主義者は、金と密接な関係を持つ通貨は危機のときに信用を制限し無謀なことができないようにすることで過剰投機を防ぐことができるだろうと主張した。政府が法令を制定することで金融危機が防げると信じた人々には間違った安心感が植え付けられた。

一一．一八四五年にグラスゴーで設立されたのを皮切りにエクスチェンジ銀行はまたたく間に北部全域に設立され、鉄道株の価値の八〇％までの融資が行われた。しかし一八四七年の危機を乗り越えて存続したエクスチェンジ銀行は一行もなかった（トゥック著『History of Prices』V, p.368を参照）。

一二．レスター、ウエークフィールド、ブラッドフォード、ハリファックス、マックルズフィールドでも証券取引所が開設した（M・C・リード著『Railways in the Victorian Economy』Newton Abbot, 1969, p.180を参照）。

一三．ある紳士は住所をだれも住んでいないフィンズベリースクエアと偽って二万五〇〇〇ポンドの株式に応募していた、とクランリカード伯爵は貴族院で批判した（フランシス著『Railway』II, p.169）。

一四．夏の終わり、金融ジャーナリストのデビッド・モリエ・エバンスは次のように述べた。「人々が仕事を放り出して投機に夢中になるなんてことはこれまでなかった。東でも西でも南でも北でも商人は何カ月も店のカウンターには姿を見せず、オフィスにも出てこない。商用で電話をしたら、『町に行った』と言われるのがオチである」(『Commercial Crisis 1847-1848』p.167)。

一五．フランシス著『History of the Railways』ii, p.218-19を参照。ハドソンは批判もされた。例えば、タイムズ紙の記者は次のように述べた。「大衆をだますために一〇％の良い路線(ヨーク・アンド・ノース・ミッドランド鉄道)が新路線の中心となった。このシステムを扇動したのがジョージ・ハドソンだった。彼の名前の付くものはなんでも良いものであるとみなされたのである」。また、記者はハドソンが役に立たない路線を高いプレミアムで買ったことも批判した。「彼の名前を使うことで偽りの価値が創出され、鉄道フィーバーが下火になったときに初めて本当の価値が明らかになった」

一六．一八四五年一二月、ケンティッシュ・コースト鉄道の偽造されたスクリップを買ったある投機家によって提訴された裁判が行われた。のちに詐欺を働いたのは株式勧誘員であることが分かったが、偽造された株券を売ったブローカーに不利な判決が言い渡された。一八四六年にはいくつかの鉄道会社の偽造スクリップが見つかり、レールウエー・タイムズ紙は「増える偽造スクリップの発覚」と題するコラムを掲載した。

一七．「聞いたところによると泡沫会社のいくつかはすべての申込書を弁護士に売り、弁護士はすぐさま督促状を発行して大金を儲けたと言われている」とレールウエー・タイムズ紙は報じた。

一八．アシュバートン男爵著『The Financial and Commercial Crisis Considered』(London, 1847, p.24)を参照。カーライルはアシュバートンに次のような手紙を書いた。「この疾病(鉄道投機)を診断したところ、貧困層の常識がこの危機について私に教えてくれたことは、あなたが財産を浪費して信用を失えば、あなたはもはや信用に足る人物ではなく、信じてもらえなくなるということです」(一八四七年五月二六日付『Collected Letters』XXI、二二〇ページ。『書簡集』)。

一九．一八四六年三月、『サーキュラー・トゥー・バンカーズ』は「国力と経済力の新たな要素である鉄道システムに自由主義(レッセフェール)の原理を適用した」として政府を批判した。「鉄道システムには警察や郵便局と同じように政府の干渉と規制が確実に必要だったのは明らかである」(ハント著『The Development of the Business Corporation in England 1800-1867』の一〇五ページから引用)。

二〇．T・H・レヴィン著『The Railway Mania and Its Aftermath』(London, 1936, p.19) を参照。もっと最近になって別の鉄道歴史家は、鉄道投機熱によって競合路線や非経済的なルートが作られ、資本が無駄になったと述べた。「その結果、鉄道マップに対する悪影響は今日まで続いている」(P・J・G・ランソン著『The Victorian Railway and How It Evolved』London, 1990, p.85)。

二一．インターネット株ブームが高まったのは一九九八年のことだった。その年の終わりには大手インターネット会社の市場価値はアメリカの大手企業に匹敵するまでになった。オンラインのディスカウントブローカーであるチャールズ・シュワブの時価総額はメリルリンチを抜き、最近設立されたオンラインオークション会社のイーベイの時価総額はサザビーズを抜き、インターネットサービスプロバイダーのAOLはディズニーよりも価値が高くなった。ヤフーの時価総額は利益の八〇〇倍を超え、売り上げの一八〇倍を超え、従業員一人当たり三五〇〇万ドルになった。オンライン書店のアマゾンの株価は一九九八年には一八倍に上昇した(損失が増大しているにもかかわらず)。あるファンドマネジャーはアマゾンの株価を見て「世界一法外な高値」と言ったにもかかわらず、買い推奨を出した。IPOに対する市場の反応は熱狂的だった。インターネットチャットサービスのザグローブ・ドットコムは一一月中旬に上場したが、その株価は取引初日に八六六％上昇して記録を塗り替えた。一九九九年一月一五日にはマーケットウオッチ・ドットコムが上場し、公募価格は一七ドルだったが九七・五〇ドルで引けた。インターネット株は取引できる株式が不足していたことや株式分割、eコマースの潜在性に対する高揚感によって上昇した。ハイテク・ストラテジストの編集長であるフレッド・ヒッキーはこの急騰ぶりを見てチューリップバブル以来の投資バブルだと言った。一九九九年一月下旬にFRB(連邦準備制度理事会)議長のアラン・グリーンスパンは、「インターネット会社の評価額は絵に描いた餅にすぎない。インターネット会社の大部分は倒産する運命にある。だから株はやがては紙切れになるだろう。投資家たちは宝くじを買ったも同然だ」と述べた。

第6章　金メッキ時代

――だまされ、魔法にかけられ、悪魔にとりつかれた時代

「投機は最初は気分であり、趣味と言う人もいるかもしれないが、それはやがて習慣になり、そして情熱になり、支配的感情へと変わる。へびになったアロンの杖のように、情熱はほかの激情をすべてのみつくして巨大化する。情熱は最後には怒りよりもどう猛になり、嫉妬よりも心をさいなみ、貪欲よりもさらに強欲になり、愛よりも夢中にさせる。

株式市場はたとえて言えば、厚化粧でしわを隠し流行の服で着飾った老婆のようなもので、投機家に色目を使い、黄金をあげると約束するが、いざ手を伸ばせば砂漠の蜃気楼のように消え、投機家は破滅する」――ウィリアム・ファウラー著『テン・イヤーズ・オン・ウォールストリート（Ten Years on Wall Street）』より

植民地活動は性質的には投機と同じだ。コロンブス自身投機家であり、北米は最大の投機対象だった。アメリカの最初の植民地はジョイント・ストック・カンパニーによって建設された。

ウォルター・ローリー卿のバージニア会社が一七世紀初頭に再編成されたとき、投資家には二〇％のリターンが約束され、「一〇〇人のメードをバージニアに移送し、妻にするため」[1]の子会社が設立された。それから数年後、オランダ東インド会社がニューアムステルダム（のちのニューヨーク）を開拓した。当時、オランダ東インド会社の株はアムステルダム証券取引所では主な投機対象だった。一七世紀中盤にはストイフェサント総督の命令によってウォール街の「壁」が建設され[1]、一七世紀の終わりにはニュージャージー「会社」とペンシルバニア「会社」の株が、潜水鐘や消防車のベンチャー企業の株と並んでチェンジアリーで取引された。とりわけジョン・ローのミシシッピ会社は今のアメリカ合衆国の領土のおよそ半分で投機の対象となった。

アメリカ人の投機の特徴は植民地時代のベンチャーに由来する。アメリカンドリームは日々進歩する将来のビジョンを思い描き、それに向かって努力することで勝ち取るものである。「アメリカ人とほかの国の人々との違いは、アメリカ人は将来を夢見て生きているという点だ。なぜならアメリカ人は将来は素晴らしい場所であることを知っているからである」とロナルド・レーガン米元大統領は彼特有の庶民的なセンチメンタリティーと洞察力の入り混じった言葉で述べた。アメリカへの入植者たちは故郷を捨て、夢を求めてアメリカに渡った。一九世紀の金融ライターであるウィリアム・ファウラーは次のように述べている――「この国では未来を想像することが重要であり、過去を振り返ってはいけない」[2]。歴史がナンセンスであると宣言できるのはアメリカ人だけである。

アメリカは民主主義国家であり、社会的地位は簡単に手に入り、優秀さは出自ではなく、富によって決まる。一八三〇年代初期にアメリカを旅したフランス人貴族のアレクシ・ド・トクヴィルは物質主義の生き生きとした精神を目の当たりにした。「アメリカには、貧しいために一縷の希望も見いだせない者や、金持ちをうらやむ気持ちを持つ者は一人もいなかった。運命では手にできないような良いことを期待する想像力をだれもが持っていた……幸福を愛する心は今や国全体に広がり、その底流には情熱が脈々と流れている[二]」

アメリカ人にあるのは将来に対する希望に満ちたビジョンと、自分を改善しようという意欲だけではない。目的を達成するためなら大きなリスクもいとわない。そもそもアメリカに移住すること自体が大きなリスクだったのである。フロンティアの開拓にはインディアンや野生動物といったもっと大きなリスクが伴った（一九世紀の偉大な投機家はフロンティア地域出身者が多かった）。こうしたリスク選好的な性格――リスク選好が非常に強いため、これはアメリカ人の遺伝子に組み込まれているのかもしれない――は時がたっても消えることはなく、むしろ国の活力源となった。裕福なアメリカ人でも運命に満足することはなく、運勢をもっと上げるためにギャンブルにのめりこんだ。一九世紀終わりに発生した株式市場のパニックのあと、ロンドンのスペクテイター紙は困惑して次のように述べた。

アメリカの大金持ちは失うものなど何もないと言わんばかりに買い占めを行う。彼らにとって資金調達は高価なゲーム程度の感覚しかないのだ。それに対して、イギリス人は投機的ではあるが貧乏になることをひどく恐れる。フランス人は貧乏をするくらいならピストル自殺を図るくらいだ。一〇〇万ドル持っているアメリカ人は一〇〇〇万ドル得るために投機をするが、失敗すれば平然として事務員に戻る。そのいさぎよさは見上げたものだが、世界一堕落した賭博師の国を作るのはそういった潔さなのである。[3]

当然ながら投機にはリスクが付き物だ。投機には経済的に有益な機能があると教科書には書かれているが、それはリスクの想定である。そして、アメリカの投機家ほど大きなリスクを想定する者はいない。時には株式市場におけるリスクの移転は不可避のビジネスリスクを上回ることがあり、リスクの移転自体が目的になることもある。そういった状況においては投機は純粋なる遊びと同じで、戦争の残忍さを持ってプレーされ、宝くじのような見返りを与えてくれる国技になる。[三]

アメリカ人は平等を愛する国民である。独立宣言の冒頭にも、「すべての人間は生まれながらにして平等であり……」と書かれている。しかし、他方では物質的不平等を飽くなく追求するという性質も持つ。「彼らは自分の前に立ちはだかる同胞の特権は無視したが、競争に参加するチャンスは全員に与えた。つまり障壁は位置ではなく、そのその形を変えたのである」とトクヴィルは書いている。アメリカのような民主主義社会では社会的地位を決めるものは富であり、物質的に取り残されるという恐怖が常に存在する。アメリカ社会における基本的な考え方は、絶対的に見て金持ちになるのではなく、相対的に見て貧乏にならないようにすることであると言えるだろう。強気相場でただ指をくわえてじっと見ていることほど貧しいと感じさせるものはない。したがって、アメリカで人々が経済的平等を維持・回復しようと死闘する場所は株式市場であり、そこではだれもが他人は何をしているのかを探り、彼らが何をしようとしているのかを予測しようとする。ケインズは旧世界が新世界を軽蔑する点を次のように述べている――「アメリカ人は金融以外の分野でも、平均的な意見とはどうあるべきかに無意味に関心を持つ傾向がある。アメリカのこの弱点の元凶が株式市場なのである」[4]。

アメリカにおける投機の初期の歴史

アメリカで人々を投機へと駆り立てたものはその広々とした荒野だった。アメリカ建国の父と呼ばれる人々の多くは土地の投機家だった。ジョージ・ワシントンは西部の土地を買うためにミシシッピ会社を設立し、ベンジャミン・フランクリンはイリノイの二五万平方キロの土地投機に関与し、熱烈な革命家だったパトリック・ヘンリーはジョージア州の四万平方キロの土地を購入するために設立されたヤズー会社に投資した一人だった。トーマス・ジェファーソンやアレクサンダー・ハミルトンさえ土地の売買に熱心だった。独立後の一〇〇年間にわたって土地投機の騒乱は続いた。一八世紀の終わり、メイン州、ジョージア州、ニューヨーク州では大きな街区で一万平方キロという土地が代替地の対象になった。発展途上にある町や都市も投機対象になった。首都ワシントンも土地の投機家によって建設された街である。それから四〇年後にはシカゴが新たな新興都市になった。のちには鉄道によって西部が開拓され、西部は国民たちの娯楽の場になった（政府から七〇万平方キロの共用地が供与されて建設された鉄道は土地投機家たちの主要交通機関だった）。「アメリカ合衆国という国を特徴づけるとするならば、土地投機の代名詞と言えるだろう」[5]と一八世紀末にイギリス人旅行家のウィリアム・プリーストは書いている。

ニューヨークに株式市場が登場したのはアメリカが独立したあとからである。一七九〇年代には国債や銀行株の投機熱が起こったが、これは一世紀前のチェンジアリーに似ている。しかし、両者には決定的な違いがあった。アメリカの市場は最初から旧世界では見られないほどの規模で活動する相場師たちによって牛耳られていたのである。一七九一年の終わり、イートン校に学んだワシントンの軍隊の元大佐だったウィリアム・デュアは合衆国銀行の株価をつり上げるためにプールを組成した。この投機の資金は個人的なクレジットノートで調達し、その額は三〇〇〇万ドルと言われている。彼はこの投機に失敗しアメリカ初の株式市場の大暴落を招き、その後、彼は獄死した。

「買い占め」は株式市場が出現したころから存在したが、買い占めが投機の顕著な特徴となったのは、一九世紀におけるアメリカが唯一の国だった。買い占めの目的は十分な数の株を取得して価格をつり上げ、あとで安く買い戻すために空売りした弱気筋を窮地に陥れることだった。買い占めが効果的に行われると、相場師はあとで買い戻しをしなければならない空売り筋に望む価格を要求することができる。偉大な相場師だったダニエル・ドルーは次のように述べている。

自分が所有していない株を売る者は
あとで買い戻しをしなければならず、
買い戻しをしなければ投獄される。

通常、買い占めは「プール」と呼ばれる非公式の投機の共同出資会社によって行われ、不正な市場操作が付き物だ。買い占めは緊張をはらんだゲームで、大概の場合は失敗に終わった。買い占めを計画し、市場を操作した相場師は有名になった。典型的な相場師は、一九世紀半ばの評論家の言葉を借りれば、「ナポレオンのような能力を持つ個人で、彗星のごとく現れ、しばらくは向かうところ敵なしで、特定の株の価格を意のままに上げたり下げたりする」[6]。相場師の好みの株とは、強気と弱気の間で頻繁に転がされるため「フットボール」（「幻想」とも呼ばれた）

と呼ばれるようになった。本質的価値がないため暴落した銘柄はギャンブルチップとして取引された（今のアメリカでは店頭市場で売買される「ペニー株」のようなもの）。

一九世紀の中ごろ、「コールローン」と呼ばれるシステムが登場した。[四] 株を担保とした融資――アメリカ人の間ではコールローンとかマージンローンと呼ばれていた――は、アムステルダムでは一七世紀初期からあったが、ニューヨークの株式市場では前例のない規模で市場を席捲した。貸株はニューヨークの銀行からブローカーに提供され、ブローカーは顧客の証券を担保として差し出した。この信用貸しが「コール」と呼ばれたのは、銀行は貸した株をいつでも返してもらえた（コールバック）からだ。また融資の規模と証券の市場価値との間には安全域（マージン）があったため、これは「マージンローン」とも呼ばれた。マージンは比較的控えめな二〇％から五％、あるいはそれ以下の範囲で変動した。したがって、一〇〇ドルの株で八〇ドルから九五ドルの融資が受けられた。市場のボラティリティが上昇したり、担保として使われた株が「フットボール」になると、高いマージンが要求された。[五] マージン対象の株の価値が下がると、ブローカーは顧客にキャッシュの差し入れ（「マージンコール」［追証］）を要求し、キャッシュの差し入れがなければブローカーは株を市場で売ることができる。マージンローンによって三流の投機家でも通常では買えないほどの量が買えたため、売買高が増え、ブローカーにとっては非常にありがたかった。『テン・イヤーズ・オン・ウォール・ストリート（Ten Years on Wall Street)』でウィリアム・ファウラーは、「マージンという言葉は株式投機の本質を表すものである」[7]と書いている。

貸株は一八三〇年代から存在したが、次の一〇年ではオプションや先物（タイム・トランザクションと呼ばれた）がより一般的になった。[8]しかし一八五〇年代になると、コールローンが増加して合法的な商業的借り手が締め出されているという苦情が出るようになった。[六]「ウエスタンブリザード」と呼ばれる一八五七年の恐慌のあと、タイム・トランザクションは次第に消えていった。このころ、株式市場評論家はコールローンを使った投機をピラミッディングと呼んだ。つまり、上昇したら保有株を売って、そのあと前の株数の二倍の株数を買うというものである。投機家に短期信用をふんだんに提供したことで株式市場は金融情勢により敏感になった。[七]コールローンを提供するニューヨークの銀行の残高は農業サイクルとともに変動した。小麦が東に出荷されるとなると、お金は内陸へと流れ、ニューヨークのマネーマーケットは逼迫し、株式市場からの融資が「コール」（支払い要求）された。この傾向はアメリカの投機家にとって投機のやりづらい一〇月に最もよく見られた。[八]年初にはお金は再びニューヨークに戻り、投機にとって良いシーズンがやってくる。

　コールローンは絶え間ない操作と買い占めにさらされていた株式市場のボラティリティを上昇させた。株式市場危機のときにはコールレートが急上昇したため融資は回収されたが、市場の流動性が低下して借り手は証券を売ることができなくなるため、銀行は融資の回収には苦労することが多かった。パニックになると顧客はお金を守るために預金を引き出して手元に現金をため込むようになるため、コールローンシステムによってアメリカの銀行はパニックの影響を受けやすくなった[九]。ブローカーはパニックになるとわが身を守るために顧客のマージン株を売ったため事態はさらに悪化した[一〇]。ウィリアム・ファウラーは次のように書いている――「マージンは危機とパニックを生みだし、市場を動揺させるデバイスと言ってもよいだろう。ブローカーは儲かり、顧客は損をするシステムだ[9]」。

戦争と投機

一八六一年に勃発したアメリカの南北戦争は投機の新時代の到来を告げるものだった。南軍がサムター要塞を砲撃して開戦すると、株式市場では戦争が懸念されて主要な銘柄が急落した。状況が変わったのは一八六二年の初めで、法貨法が議会を通過し、それに基づき一億五〇〇〇万ドルの新紙幣グリーンバックが発行されてからである。連合部隊に設備・衣服・食料を供給する必要があることから、産業と農業が活気づき、グリーンバックの発行によってインフレになるだろうと、投機家たちは次第に認識するようになった。法貨法が議会を通過して数カ月後、グリーンバックが経済効果を示し始め、まるでおとぎ話のなかで魔法にかけられたレディーが王子にキスをされて眠りから目を覚ましたように、株式市場は突然上昇を始めた[10]。

戦争の不確実性は投機にとって理想的な状況を生んだ。相場師のダニエル・ドルーは、「われわれウォール街の連中は戦争という幸運に恵まれたおかげで深く考えるようになり、それが証券取引所に幸運をもたらした。まさに漁夫の利を得るとはこのことだ」[11]と言った。金価格が軍の財産を測るバロメーターになった。北部連合軍が勝てばグリーンバックの供給が低下することを恐れて金価格は急落し、負ければグリーンバックのさらなる発行が見込まれて金価格は上昇した。金価格が上昇することを期待する強気筋は口笛で南軍の軍歌「ディクシー」を吹き、金価格の下落を期待する弱気筋は「ジョン・ブラウンの死体」（「ごんべさんの赤ちゃんが風邪引いた～♪」で知られる歌）を歌った。[12]大胆な前進とフェイント、壮大な戦略と巧みな戦術、強気と弱気の終わりのない小競り合い。ウォール街はまさに戦争そのものだった。[13]

道徳的には大きな違いはあるものの、戦争と投機は多くの共通点を持つ。クラウゼヴィッツは戦争を、予期しない困難や「摩擦」にさらされる「不確実性の高い領域」と記述したが、これは株式市場の投機にもそのまま当てはまる。ジョージ・ソロスは、主観的な要素が結果に及ぼす影響をリフレキシビティ（再帰性）と呼んだが、これは戦場でも株式市場でも重要な役割を担っている。戦争でも投機でも結果を決めるのは参加者の士気であり、勇敢で才気あるものが予期しない勝利を手にし、パニックに陥り秩序を乱した者は負ける。前線からの最新情報を得るために兵士や従軍商人や政治家、そして電信係にも賄賂を渡したリー将軍やグラント将軍やシャーマン将軍は偉大な相場師のなかにも存在した。[14]ウォール街の強欲集団は気まぐれな同盟集団で、当時の投機は裏切り、裏切られることが日常茶飯事で、二枚舌なんて朝飯前だった。

しかし時には短期間ではあるが、相場師の下に組織された投機集団はプロ集団と同じような団結力と規律を示すことがあった。

南北戦争の将軍と同じように、大相場師は大衆の称賛を集めた。マシュー・ジョセフソンが『泥棒男爵』のなかで書いているように、「国民が自由で平等な機会を好むとするならば……だから自らの努力でどんな手段を用いても、他人の自由と特権に影を投げかける権力を奪い取った略奪市民が賛美された」[12]。ジェームズ・フィスク、ジェイ・グールド、コーネリアス・バンダービルトは金メッキ時代のヒーローだった。彼らは行った事業によって国家的名声を得、彼らが成した財は羨望と憧れの的だった。しかし、パニックの時代になると良心の呵責もない彼らは非難され、取引所の株取引が行われるロングルームの壁は彼らをののしる落書きで覆われた[13]。

一八六〇年代初期の最も有名で人々に恐れられた相場師はダニエル・ドルーで、空売りを好んだため「グレートベア」「オールドベア」「おおぐま座」などと呼ばれ、不可解な人物であったことから「ウォール街のスフィンクス」とも呼ばれ、高齢だったことから「ウォール街の老人」と呼ばれたが、最もなじみのある呼び名は「アンクル・ダニエル」だ。彼は一七九七年、ニューヨーク州パトナム郡の貧しい農家の息子として生を受けた。軍隊から脱走したあとサーカスの一員として過ごしたが、のちに牛追いになり、最終的にはウォール街にやってきた。彼は敬虔なバプティストで、教会や女性の神学校に寄付したりしたが、彼の宗教は道徳観念のない株式市場に見事に調和し、彼は市場では多くの人を欺いた[一四]。チャールズ・フランシス・アダムスは彼のことを、「抜け目がなく、無節操で、無学。迷信と不誠実さ、大胆不敵と臆病が奇妙に共存している。気立てが良く、時として気前が良くなることもある」[14]と表現している。

一八五〇年代初期、ドルーはエリー鉄道の取締役になった。エリー株の操作で悪評が立ち、彼は「投機家の取締役」と揶揄され、エリー鉄道は「ウォール街の娼婦」と呼ばれた。彼はエリー株を器用に操作したため、ウォール街では「ダニエルが上がると言えばエリー株は上がり、下がると言えばエリー株は下がり、方向性がないと言えばエリー株はちゃぶつく[15]」と言われるようになった。彼にとって若い投機家たちに彼の意図を誤解させることほど楽しいことはなく、彼らの稼いだ利益から分け前を取って大喜びした。[一五]若いころに牛追いだったドルーは牛たちを市場に連れていく前に塩をなめさせた。そうすれば、牛は水を飲み、体重を増やせるからだ。これにヒントを得て、彼はのちにウォール街に「株式の水増し」という慣行を導入した。彼は取締役としての立場を利用して新株を大量に不正発行し、株価を下げて買い占めを阻止した。[一六]これに不満を持ったある投機家はドルーを株と牛を同じように扱ったとして非難した。「彼は牛を囲いのなかに入れるように株式を囲いのなかに入れ、つり上げたり押し下げたり、買い占めたりした。事実、ダニエル・ドルーは株を家畜と呼び、家畜同様に悪用した。株を水増しし、一文の値打ちもなくなるまで泥をぬってずたずたにした[16]」

もう一人の相場師、コーネリアス・バンダービルトは、ライバルのドルーとは対照的だった。[一七]年老いた牛追いはボサボサ頭で、しわくちゃで、体は筋肉質だったが、一方のバンダービルト

「代将」は背が高くてハンサムで、整った身なりをしてローマの元老院議員のような顔だちをしていた。ドルーはめんどりのような笑い声だったが、バンダービルトの笑い声は響き渡った。ドルーは鉄道経営には興味を示さず、株式投機にのみ集中したが、バンダービルトは巨大な鉄道網の建設に成功した（「バンダーは建設（ビルト）し、ダンは図面を書いた（ドルー）」と言われた）。ドルーはずる賢く、ウソの情報を与えたが、バンダービルトは取引は公明正大でだれにも自分の意図を話すことはなかった。危機のとき、ドルーは狼狽し、怖気づいたが、バンダービルトの意思は固く、目的は常に明確だった。このように二人はことごとく異なっていたが、共通点もたくさんあった。二人とも教育を受けておらず、冷酷で欲張りだった。バンダービルトはウォール街では人を持ち上げては破滅させ、義理の息子であるホレス・クラークから大金を巻き上げ、実の息子のウィリアムには株を売らせて、その裏で自分が買ったりしたと言われている。[17]あるときなどは自分を裏切った仲間に短いメモを送った。メモには次のように書かれていた――「紳士諸君、君たちは私をだました。訴えたりするつもりはない。裁判は時間がかかるからね。でも、私は君たちを必ず破滅させる」。そして、このメモどおり彼は仲間を破滅させた。[18]

ドルーやバンダービルトといった大物の下には小物の相場師がたくさんいたが、彼らはつかの間の成功を味わっただけですぐに消えていった。一八六三年に「パブリックボードのナポレオン」として一世を風靡したアディソン・ジェロームもその一人だった。彼は何回か買い占めに成功したが、わずか数カ月後にはミシガン・サザン鉄道の買い占めに失敗して破産、その一年後に過労による心臓発作で亡くなった。彼の弟のレオナルド・ジェロームは一八五〇年代に頭角を現し、一八五七年の恐慌を予測して大金を稼いだ。彼は大胆でアニマルスピリットに満ちあふれ、災難に襲われても常に上機嫌だった。兄とは違って、レオナルドはウォール街には長居せず、稼いだお金をそっくりそのまま持ってヨーロッパに行った。彼の美しい娘ジェニーは南海の投機家サラ（マールバラ侯爵夫人）の子孫であるランドルフ・チャーチル卿と結婚し、その息子ウィンストンは祖父の不屈の精神と冷静さを受け継いだ。

貧しい家に生まれて靴磨きだったヘンリー・キープも一八六〇年代に活躍した相場師の一人である。新株を発行することで、アディソン・ジェロームによるオールドサザンの買い占めを阻止したのはキープだった。「寡黙なヘンリー」と呼ばれたキープは、ほかの相場師にはない思慮深さと誠実さを兼ね備えた人物として評判が高かった。彼は初めて「ブラインドプール」というものを設立した人物である。ブラインドプールとは多くの投機家が共同出資する組織だが、そのお金でキープが何をしようとしているのかは知らされなかった。プールが行っていることが市場に漏洩しないように、彼らは「知らされない（ブラインド）」状態にされていたのだ。南北戦争時代の最も威勢の良い相場師はアンソニー・モースで、彼は鷲鼻と優れた金融的センスを持った「ユダヤ系イギリス人」だった（あだ名は「稲妻計算機」）。一八六三年の終わりにロックアイランドで組織したブラインドプールでその名が知られるようになった。翌年早々、彼は強気派のリーダーになり、五〇〇万や一〇〇〇万のブロックで株取引を行った。人気の絶頂期にはモースのブローカーオフィスを群衆が取り囲み、彼から投資アドバイスをもらうために財布を彼の手につかませた見ず知らずの人々によって彼はもみくちゃにされた。[19] 一八六四年の春に彼が破綻したときは取引所ではパニックが起こった。社会から葬り去られた彼は一年間ブロードウエーをさまよい歩いた。みすぼらしいアパートで亡くなったとき彼は無一文で、家主は家賃を完済するまで遺体の引き渡しを拒んだ。当時の人はモースを、「頭脳明晰な数学者で鋭敏な投資家だったが、ほかの偉大な投機家と同様、運に頼りすぎて不可能なことをやろうとしてしまった[20]」と言った。

「金メッキ時代は、だれもが投機に憧れ、だれもが正当、あるいは不当な手段で富を追求した時代だった」とマーク・トウェインとチャールズ・ダッドリー・ワーナーは同名の共著小説のなかで述べている。南北戦争後に登場した『フェイム・アンド・フォーチュン（Fame and Fortune）』や『ストライプ・アンド・サクシード（Strive and Succeed）』といったホレイショ・アルジャーの「ボロ着から富へ」の物語は強い野望を理想化した形で描いたものだ。グスタフ・マイヤーズは『ヒストリー・オブ・ザ・グレート・アメリカン・フォーチュン（History of the Great American Fortunes）』のなかで、この時代を「新聞・雑誌や大学、あるいは説教台で資本家がもてはやされた時代[六]」と書いている。この時代の特徴は富の誇示であり、ソーステイン・ヴェブレンは『有閑階級の理論』（講談社）のなかで顕示的消費について詳しく論じている。[一九] 社交界のパーティーでは、タバコが一〇〇ドル札で巻かれ、招待客が食べるカキのなかに黒真珠が詰められ、犬はダイアモンドをちりばめた首輪で飾られた。エリザベス・レアー（『キング・レアー・アンド・ザ・ギルデッド・エイジ［King Lehr and the Gilded Age］』）によれば、投機による富を生みだす源である金（きん）は人々が「最も持ちたいもの」だった。なぜなら金を買うにはお金が必要で、お金は成功を表す目に見える象徴だったからである。一八六〇年代には富は得られたそばから消費されていった。投機家の贅沢は得るのに大変な苦悩を強いられたお金に対して復讐するためだと言われた。[21] なかでもレオナルド・ジェロームほど贅沢の限りを尽くし、優雅な暮らしをした人物はいない。まばゆいばかりのサラブレッドに引かせた馬車でセントラルパークを駆け抜け、素晴らしいスティームヨットを買い、競馬場や劇場を建設し、贅沢なディナーパーティーでは女性たちにダイアモンドのブレスレットをプレゼントしまくった。当時の評論家のなかには富をこういった形で見せびらかす品のなさに愛想をつかせた者もいた。ネイション誌を創刊したジャーナリストのE・L・ゴドキンは一八六六年のアメリカを「キラキラと輝き、レースとフリルで飾られた未開人[22]」と言った。のちにフランスの首相になるジョルジュ・クレマンソーは南北戦争のあとアメリカを訪問したとき、アメリカは未開の状態から文明期を経ずに退廃状態へと変化した国だ、と言った。

「南北戦争では大量の通貨発行による価値の低下が引き起こされ、政府によってお金と信用が無謀に消費されたため、アメリカではいまだかつて経験したことがないほどの投機熱が発生しウォール街の投機の中心であるブロード街だけでなく北部全域にわたって、お金を持っているほとんどすべての人は値上がりを期待して、あるいは値下がりを期待して、資産の一部で株や金や銅や石油や国内の生産物を売買した」[20]。鉄道システムの拡大と電信の発達によって、これまで遠く離れていた場所も金融センターと毎日接することができる場所に変わり、投機はますます盛んになった。[21] 一八六七年には最新の株価情報が国中に一瞬のうちに伝達され、地方のブローカーをウォール街に接続する「ティッカー」が導入された。一九世紀の終わりには、電信によって伝達されるメッセージのおよそ半分は投機関連のものになると予想された。[23] ティッカーの導入によってバケットショップが誕生した。バケットショップとは場外取引所とブローカーを掛け合わせたようなもので、客は実際に株を買わずに株価の動きに賭けることができた（つまり、先物を売買するのと同じ）。バケットショップはいわゆるアンダーグラウンドビジネスで、オーナーは株価操作を行い、大金の支払いに遭遇すると夜逃げするという噂があった。にもかかわらず、バケットショップは投機をちょっとかじるのに打ってつけで、証券取引委員会によって違法とされる一九三〇年代までは人気を博した。

南北戦争時代の投機家の総数は定かではないが、当時の人はその前の一〇年は株式や債券の保有者は二〇万人を下らなかったのではないかと思っていた。投機家になったのは、あらゆる階層や経歴を持つ人々だった。金融街の歩道ではブロードウエーからやってきた若いダンディーな投機家たちが農民、店の経営者、弁護士、医者、聖職者、機械工、文無しの浮浪者としのぎを削っていた。[三] 事務員たちは限られた資金を共同出資するために小さなクラブを設立し、いかがわしいブローカーは少ない証拠金で資金を用立てた。預託する証拠金が少ないため、少しでも逆行すれば顧客はすぐに破産した。[24]

ブローカーのオフィスの外では、女性投機家が馬車で最新の株価情報を待っていた。ニューヨーク州北部のサラトガでは、三人の女性がハーレム株のプールを設立し、二〇〇〇株を買った。バンダービルトの元愛人のミセス・テネシー・クラフリンと彼女の姉であるミセス・ビクトリア・ウッドハルは一八七〇年、ブロード街に自分たちのブローカーを設立し、「魔女ブローカー」として名をはせた。頭のてっぺんからつま先まで黒いちりめんをまとい、手にはまるで猛禽類のかぎ爪のような黒い手袋をしたクエーカー教徒の女相続人であるヘティ・グリーンは、ウォール街ではおなじみの人物だった。彼女はパニックのときに抜け目なく買い、有名な相場師アディソン・キャマックを追い詰めて買い占めに成功、一度などは鉄道男爵のコリス・ハンティントンをピストルで脅したこともある。ブローカーから口座を引き上げブローカーを破綻に追い込み、それがもとで小さなパニックが起きたこともある。ヘティ・グリーンは、執念深く、おしゃべりで、貧乏をひどく恐れた（ホテルに泊まったとき、自分の下着を自分で洗って節約したと言われている）。また、彼女は用心深い相場師で、底で買って天井で売ることこそが最高の策であると信じていた――「やるべきことは安く買って高く売り、節約して抜け目なくそして粘り強く行動することだけ」[25]と彼女はほかの投機家に助言した。「ウォール街は女性が富や役柄を見つけられるような場所ではない」と株式ブローカーのヘンリー・クルーは言ったが、ヘティ・グリーンはアメリカ一の金持ち女性になり、亡くなったときには推定一億ドルを超える遺産があった。その風貌から「ウォール街の魔女」と呼ばれ、男性投機家からは恐れられると同時に嫌われた。

男性であろうと女性であろうと、金持ちであろうと貧乏であろうと、健康であろうと病弱であろうと、投機家のほとんどは例外なくアウトサイダーで、偉大な相場師の単なる間に合わせにすぎなかった。牛追いのドルーは次のように言ったと伝えられている――「株式市場でアウトサイダーとしてプレーするのは、月明かりの下で牛を買うようなものだ」。相場師はアウトサイダーからお金を巻き上げることに長けていたので、ヘンリー・アダムスは、「資本の最大の連合体は市場に姿を現す小さな連合体をすべて飲み込む運命にあるため、投機はいずれは自己消耗するのではないか」[26]と恐れた。たとえ投機家が相場師のワナをすり抜けることができたとしても、自分自身の弱さの犠牲になっただろう。ファウラーはアマチュア投機家を「経済界のアヘン吸飲者」と呼んだ。彼らは対立する情熱に引き裂かれ、不確実性と恐怖に苦しみ、高く買って安く売る。「市場で耳にしたことにだまされ、魔法にかけられ、悪魔にとりつかれる」[三]のである。

アウトサイダーが株式市場に参入すると「疑念、自信過剰、臆病さ、優柔不断」のえじきとなった、とジェームズ・メドベリーは書いている。「疑ってかからなければならないときに信用してしまい、大胆にならなければならないときにためらい、信じるべきときに疑う。人間のこの弱さこそが投機にとって命取りになるのである」[24]。しかしアウトサイダーだからと言って、だれもが成功しないわけではなかった。「パニックバード」と呼ばれた投機家は価格が暴落してお金が枯渇したときだけ市場にやってきた。彼らは慎重に買い、株を塩漬けにし、次の大暴落がやってくるまでウォール街を離れた。しかしこういった投機家は珍しく、ほとんどの投機家は一八六〇年代の大混乱の時期、金融街にやってきて、カーニバルのような雰囲気に魅了され、最後の一ペニーを擦るまでそこに居続けた。

新しい取引所とオールドバブル

高まる熱狂に対応するために新しい取引所がたくさん設立された。そのなかで最も注目に値するのは古い取引所に対抗して一八六二年に設立された「オープンボード」で、最初はウィリアム通りの地下の「坑道」のようなところで運営されていた。この新しい取引所が商売繁盛するようになると、ウィリアム通り周辺の狭い地下は安い手数料でブローカー業務を行う怪しげな相場師のオフィスと化した。ピーク時にはオープンボードは正規の取引所（一八六九年に二つの市場が統合されてＮＹＳＥ［ニューヨーク証券取引所］が発足した）の一〇倍の売買量があったと言われている。一八六四年二月、フィフスアベニューホテルの地下にイブニング取引所が設立された。投機家たちは五〇セントを支払って取引所に入り、夜の九時まで取引を行い、そのあとはホテルのバーでビジネスは続いた。アマチュアブローカーもウィリアム通りのエクスチェンジプレースとビーバー通りの間で営業した。浮浪児たちが腕をふりかざし大声でわめきながら道行く人を誘い込んだ。新しい取引所は人々にとって近寄りやすい場所で、古い取引所のような気取ったところもなく、アウトサイダーたちも大衆に混ざって出入りし、ブローカーは小さいマージンで信用を与え投機資金を融通した。

グリーンバックが登場したあとは金(きん)とドルの関係は変動相場制になり、ゴールドルームは大胆な金投機が行われる場所となった。ウィリアム通りとエクスチェンジプレースの角に位置するギルピンの閲覧室にあるゴールドルームは地味で目立たないぼろぼろのホールで、ルームには人目に付かない場所がたくさんあり投機家たちが人目を避けて行動するのに打ってつけの場所だった。中央には鋳鉄製のキューピッドの像があり、金硬貨のようにチリンチリンと音を立てながら水をボールのなかに跳ね上げ、その周りにはブローカーが集まって買値や売値を叫んでいた。その後ろでは電信装置がカタカタと音をたて、壁の一つには大きなダイヤルが置かれ、アームが行ったり来たりして最新価格を示していた(外の壁にも似たようなダイヤルがあり、通りにいる投機家たちに価格を示すのに使われた)。ゴールドルームでは金投機は株式市場よりも純粋にかつ真剣に行われた。ジャーナリストのホレス・ホワイトによれば、ゴールドルームは「大熱狂のラットピット（一定の囲いに多くのネズミと犬を入れて、犬にネズミを捕らえさせる興行）」のようだった。ジェームズ・メドベリーにとってゴールドルームは、いかなる想像をも超えて人生を皮肉るようなむき出しの強欲と獰猛さで、人間が金（きん）、金、金のために争う「人間の大混乱の渦」[27]だった。

金投機は新しい金取引所がオープンした一八六四年初期に絶頂期を迎えた。金をはじめとする金属の価格は賃金よりも速く上昇したため、投機家の関心が鉱業にシフトしたのは当然だった。鉱業取引所は三月にオープンし、資本額三億ドル以上のおよそ二〇〇の鉱業会社が翌月に上場した。これらの新会社は遠い地域にあるベンチャー企業で、その名前もアリゾナ・メタリファラス・アンド・スキャルピング・レッジ・ゴールド・アンド・シルバー・マイニング・カンパニー、マウント・セント・エリアス・シルバー・ロード・アンド・ゴールド・ベイン・マイニング・カンパニー、アリゲーター・バイユー・ソルト・カンパニー、エンジェルズ・レスト・クイックシルバー・カンパニー[28]といった具合に変わったものばかりだった。ブローカーは客を引き付けるために「裂罅《れっか》鉱脈」「断層」「山脚・海脚」「鉱脈」「黄鉄鉱」といった鉱業用語を好んで使い、オフィスには金分析試料やそのほかの金属・鉱物のサンプルの入ったキャビネットがたくさん並んでいた。

鉱業会社の事業家たちは当時の雰囲気を利用して昔ながらの策略をめぐらせた。まず、未知の場所の払い下げ請求地を少量だけ現金または株券で買い、鉱石のサンプルを分析させて鉱物学者に鑑定書を発行してもらう。次に、金持ちで名の通った商人とそのほかの著名人を、株式の無料提供と引き換えに取締役に据える。こうすれば会社の資本は価値の何倍にも膨れ上がる。例えば、タイタン・レッジ・アンド・ブラック・マウンテン・ゴールド・シルバー・アンド・カパー・カンパニーの土地は一〇〇〇ドルで買ったが、その価値はのちに一〇〇万ドルになった。ブローカーを雇い、新聞では「限定募集」と広告した。通りでは少年を雇って、会社の将来性を大々的に謳った設立趣意書を配らせた。また「バブルブロアー（バブルを膨らませる人）」を雇って大型投資家をおびき寄せた。同じ取締役の管理下にある会社もいくつかあり、彼らは一つの会社のために調達した資金を別の会社の配当を払うのに使った。鉱山ブームは金価格の上昇とアンソニー・モースが扇動した強気相場によって引き起こされた。一八六四年四月一八日にモースが破綻すると、株式市場はパニックになり鉱業会社の株価は平均で九〇％以上も下落した。ここに来てようやく投機家たちはマーク・トウェインの発した警告に気づく――「金鉱は地面に開いた穴で、その横にはウソつきが立っている」[二六]。

鉱山ブームが崩壊してからの数カ月は市場は静かだったが、夏の終わりにはブームが再び戻ってきた。一八六五年初期、新たなバブルが発生した。今回は半透明の石油製品で、殺菌効果のある害獣・害虫キラー、ヘアオイル、ブーツオイル、腎臓結石の治療薬などの奇跡の商品[29]が対象になった。このブームはペンシルバニアで石油が発見されたことに関連しているが、ブームのときには原油価格は数カ月で九倍に高騰し、いまだかつてないほどの水準に達した。ブローカーは鉱物サンプルや鑑定書を片付け、その代わりに石油樽、石油を入れる小瓶、額縁に入った土地の譲渡証書が飾られた。一八六五年一〇月に原油取引所が設立され、三五の会社が上場した。鉱山ブームが再び戻ってくると、新会社がほとんどノーコストで設立され、会社は石油資源の豊富な土地に対する所有権を不正に主張し、その結果、会社の資本額は膨れ上がった。原油株は激しく操作され、株価は暴騰したが、石油バブルはやがては崩壊した。

株価操作で甘い汁を吸う

偉大な相場師たちはつかの間の鉱山バブルや原油バブルで時間を無駄にはしなかった。彼らが関心があったのは鉄道株だけだった。鉄道株市場では株価操作は技術であり、彼らにとっては確実に儲けることができる市場だった。投機家たちの最大の目的は鉄道株を買い占めることで、これはこの時期かつてなかったほどの頻度で繰り返された。なかでも最も悪名高い買い占めは、ハーレム鉄道株（一八六三年と一八六四年）、ミシガン・サザン鉄道株（一八六三年と一八六六年）、プレーリー・ドゥ・シーン鉄道株（一八六五年）、エリー鉄道株（一八六六年、一八六七年、一八六八年）、そしてシカゴ・アンド・ノースウェスタン鉄道株（一八六七年、一八七二年）だった。買い占めによる利益は莫大で、ヘンリー・キープのプールは一八六七年のシカゴ・アンド・ノースウエスタン鉄道株の買い占めで二〇〇万ドルを超える純利益を出した。[30] しかし、買い占めは既存株を新規発行株で「水増し」したり、ヨーロッパで保有されている株を本国に送還したりすることで邪魔されることもあるため、危険が伴った。だからこそ、興奮するゲームでもあった。

プールオペレーターによる買い占めは、まず小さなマージンで株を保有している者たちを振り落とし、ほかの者たちには空売りさせるために特定の株の価格が下がると思わせることから始まる（これを「ヤマウズラのトリック［ヤマウズラはハンターの注意を子供からそらすために、ケガを負ったかのように羽ばたきをする］」と言う。人を欺くための手法）。プールは空売りを促すために持ち株を貸すことさえあった。評判の悪いブローカーは仮装売買を行って価格を偽装することもあった。情報に飢えた市場ではウソの噂が飛び交った。破綻した投機家は「ポインター」「焦げた猫」「ローパーズ・イン」などと呼ばれ、もっともらしいストーリーをでっち上げて空売りを促すように依頼された。ウソの噂は日常茶飯事となっていたため、市場で助言されたことと逆のことをやる人も多かった。これはカッパーリングと呼ばれた。株が売られ過ぎたら、相場師は価格をつり上げて空売り者を窮地に陥れる（これを「スクープゲーム」と言う）。堕落したメディアは便利に使えるツールで、完全に株価操作者の手中にあった。悪名高き相場師、ジェイ・グールド（このあとで詳しく述べる）はいくつかの新聞の編集長を手なずけ、編集長は株価情報と引き換えに彼が話すどんなストーリーも新聞に載せた。グールドの死後、ニューヨーク・タイムズは次のように報じた。

グールド氏が手なずけていた編集長は「グールドの犬」と呼ばれた。彼らの仕事は無謀な投資家や投機家をうまい話で釣ってグールドの攻撃が届く範囲内に引き入れ、彼が買いたい株の価格を下落させ、彼が売りたい株の価格を巧みな手段でゆがめて伝えることで上昇させることだった。[31]

証券取引所の外でも株価操作は行われた。ダニエル・ドルーのエリー鉄道のように、取締役会に対する働きかけは最も一般的で効果的な方法だった。ドルーは大概は弱気筋だった。自分の会社の株に関してもそうだった。なぜなら彼はエリー株を新規発行することができたため、ほかの相場師がエリー株を買い占めることはほぼ不可能だったからである。「鉄道会社の取締役はいわば株式市場の重砲兵で、彼らなくしてはどんな買い占めもナポレオンのような勝利を収めることはできない」[36]とジェームズ・メドベリーは書いている。取締役は自分たちの投機活動に合わせて配当を操作（時にはタコ足配当も行った）し、ウソの噂を流し（一八六九年、パシフィックメールの取締役は自分たちの持ち株を売るためにもうすぐ配当率が上がるという噂を流した）、無配当にしたり、株式を不正に発行したりした。投機に携わっている取締役は時にはもっと大胆なこともやった。例えば、エリー鉄道の取締役だったジム・フィスクはエリー鉄道と契約を結んでいたユナイテッド・ステーツ・エクスプレス・カンパニーの株を空売りし、そのあと契約を破棄した。そして、エクスプレス・カンパニーの株価が下落すると、フィスクは株を買い戻すと同時に、今までよりも買い増しをし、契約を元に戻した。[32] のちにこのテクニックにさらに磨きをかけたのが悪名高きギャンブラーで投機家のジョン・〝ベット・ア・ミリオン〟・ゲーツだった。彼は繁栄の真っただ中にあったシカゴの製鉄所を、利益を出していないと言って閉鎖し、何千人もの従業員を解雇した。前述のフィスクのようにゲーツは株を空売りし、大儲けしたあと再び工場を再開した。[33]

投機を行っている取締役の振る舞いは取締役と株主の関係を崩壊させた（特に、イギリスの株主は大西洋の反対側にいるため影響力はなく、食肉処理を待つ仔羊のようにおとなしく見ているしかなかった）。これは、ジョイント・ストック・カンパニーは取締役の個人的な利害と株主の利害とが異なるため、「怠慢と浪費」に悩まされた、とするアダム・スミスの主張に一致するように思える。ソースティン・ヴェブレンは『企業の理論』（勁草書房）のなかで、株の一連の過大評価と過小評価によって利益を得るために株式市場を欺くことはアメリカの取締役の常套手段だった、[三七] と述べている。ジェイ・グールドはかつてエリー鉄道を自分の「おもちゃ」と言ったが、マシュー・ジョセフソンは、彼が「主義として」不正を計画的に行ったことを批判した。

彼は真の価値と市場での一時的な価値との差から利益を得た。良いときにはやつれた惨め

な姿を装い、悪いときには裕福を装った。[二八]

一九世紀のアメリカでは、国家の富が増大しているにもかかわらず、なぜ株が固定金利の債券よりも利回りが高かったのかはグールドや当時の多くの取締役の例で説明がつく。取締役たちの略奪行為や投機は、株の所有には不確実性が伴うため、「エージェンシー・リスクプレミアム」[二九]を取得するのは当然であるという考えが背景にあったのである。

連邦政府でさえ投機のクモの巣にひっかかった。国家を食い物にするプロセスは、「株価操作」のプロセスに非常によく似ていた。トウェインとワーナーの『金メッキ時代』では議会は株式市場の風刺として描かれている。議会では投票が売買され、ロビイストはずるくて陰謀を企てるところが似ていることから相場師の役を演じ、国会議員はブローカーの役を演じる。政府の補助金と予算割り当てを求めて対立する派閥間の争いはエキサイティングだ。これはウォール街の強気と弱気のせめぎあいに似ている。[三〇]場外で破綻した投機家のように、国会議事堂の周りをうろつくみすぼらしい身なりの年老いた失業者を支えるものは永遠の希望だけだった。セラーズ大佐は手に負えない投資家で、首都ワシントンに来ると水を得た魚になる。一方、小説の主人公であるフィリップ・スターリングは首都ワシントンを正気を失った虚栄の市と呼んだ。彼にとって首都ワシントンは熱狂した不健全な街で、いとも簡単に狂気が生まれる街だった。[34]南北戦争の間、首都ワシントンはあぶく銭を儲けようとする戦争請負人たちであふれていた。コーネリアス・バンダービルトは海軍に耐航性のない船を売りつけ、若いピアポント・モルガンは陸軍に欠陥のあるカービン銃を売り、そのほかの請負人たちも政府に粗悪品を売った（「粗悪（shoddy）」とは北軍兵士のコートを作るのに使われたぼろきれに由来する）。ポトマック川沿いにある「虚栄の市」では何でも売られていた。この虚栄の市に並行して存在したのがハドソン川沿いの「投機のカーニバル」[35]（ウィリアム・ファウラーの言葉）だった。

『金メッキ時代』には一八七二年のクレディット・モビリエ・スキャンダルに巻き込まれたワシントンの政治家たちの金銭ずくが風刺的に描かれている。さかのぼること一〇年前、大陸を横断する初めての鉄道網を提供するためにユニオン・パシフィック鉄道（小説のなかでは「ソルト・リック・パシフィック・エクステンション」）が設立された。この鉄道網の建設に際しては広大な国有地が提供され莫大な融資が行われた。[三] 南北戦争後、鉄道はビジネスマンで国会議員でもあったオークズ・エイムズに牛耳られることになる。エイムズはクレディット・モビリエという持ち株会社を設立し、鉄道建設の注文を一手に取り付けた。これはエイムズにとって不正利得の温床となった。建設費は水増しされ、この支払いとしてクレディット・モビリエはユニオン・パシフィックの株を受け取った（つまり、ユニオン・パシフィックの株主はクレディット・モビリエの株主の利益のために「食い物にされた」ということ）。一八六七年一二月、クレディット・モビリエは全資本に相当する配当を発表し、株価は二六〇ドルに上昇した。首都ワシントンの支持を維持するために、エイムズはクレディット・モビリエの株を政治家たちに配りまくった。これらの政治家のなかにはのちの大統領ジェームズ・ガーフィールド、のちの副大統領スカイラー・コルファクス、大物共和党員ジェームズ・ブレインをはじめ、その他多くの上院議員と「鉄道議員」の名前があった。スキャンダルが暴露されるまでにエイムズ一派はユニオン・パシフィックから推定四四〇〇万ドルものお金を着服した。クレディット・モビリエ事件は一八五〇年代の鉄道建設をめぐる腐敗政治と連邦補助金をめぐる不正を象徴する代表的汚職事件だった。一八六八年にグラントが大統領になったあと、連邦政府とビジネス界の癒着は深まり、投機と腐敗を生む理想的な温床となった。

政府の下層階級では金まみれの政治と金融的投機とが結びついていることが、一八六三年と一八六四年の有名なハーレム鉄道株の買い占めで明らかになった。南北戦争が勃発してからというもの、ウォール街好みの「フットボール」を支配するためにバンダービルトはハーレム鉄道株を買い続けてきた。一八六三年四月下旬、ニューヨーク市当局はブロードウエーに路面電車を走らせる許可を与えた。それから間もなくして株式市場は急上昇し、ハーレム鉄道株はその先陣を切って株価は二倍以上に跳ね上がった。[三] ハーレム鉄道株が七五ドルでピークを付けると、市会議員たちはブロードウエーの路面電車の許可が取り消される前に共謀してハーレム株を空売りした。彼らにとっては不幸なことに、バンダービルトがハーレム株を大量に買ったため株価は上昇し続け、八月には一八〇ドルに達した。市会議員たちは窮地に陥っていることに気づいたがすでに遅かった。バンダービルトがすでにすべての株を買い占めていたため、彼らは買い戻すこともできずバンダービルトと交渉するしかなかった。次の四月にも歴史は繰り返された。ニューヨーク州オールバニの国会議員がダニエル・ドルーに丸め込まれ、ハーレム鉄道の拡張を許可しなかったのである。このときバンダービルトと彼の協力者であるジョン・M・トビンはハーレム株を二万七〇〇〇株買い増しした。七月初旬、ハーレム株の株価は一〇〇〇ドルを超え、国会議員たちはバンダービルトと交渉することを強いられ、バンダービルトは巨額の利益を手にして悦に入り、次のように豪語した――「われわれは国会議員全員を破滅に追いやってやった。高名な多くの議員が請求書を支払うこともできずに、家に帰っていったよ[36]」。

投機に直接かかわってひどい目に遭ったニューヨークの議員たちは、賄賂というもっと確実な利益に逆戻りした。四年後の一八六八年、通称「エリー戦争」のとき彼らはばらまかれた賄賂をためらうことなく受け取った。エリー戦争とはエリー鉄道を乗っ取ろうとしたバンダービルトと、乗っ取りを妨害しようとしたダニエル・ドルー、ジェイ・グールド、ジェームズ・フィスクらによって会社の支配権を巡って争われた事件のことを言う。裁判所の差し止め命令に逆らい、自分たちの審判員を雇った「エリーギャング」はエリー鉄道の新株に相当する何百万ドルもの大金を失ったが、のちに略奪品を持ってニューヨークの法の及ばないジャージーシティーに行った。その後、グールドは新株の発行を過去にさかのぼって有効にしてもらうために、議員に賄賂を送る目的で五〇万ドルのキャッシュを持ってオールバニに向かった。もちろん、このお金はエリー鉄道の株主のものだった。バンダービルトも同じ策を講じたが、結局はチャールズ・アダムスが言うところの「投票が日々カウントされる議会のブローカーボード」[36]でグールドに敗北した。一八六八年の夏にオールバニで配布された賄賂の総額は一〇〇万ドル以上と推定された。

ジェイ・グールドの暗黒の金曜日

エリーギャングの勝利によって先導的な相場師グループのなかでいきなり頭角を現したのがジェイ・グールドとジェームズ・フィスクだった。二人はウォール街では異端児的存在だった。ジェームズ・フィスクはバーモントの行商人の息子で、最初はサーカスで働いていたが、のちにボストンで生地商人となり、戦争中は綿の密輸業者として暗躍した。彼がウォール街にやってきたのは一八六〇年代初期で、彼はドルーに弟子入りした。ずんぐりして非常に外向的で、セイウチのような口ひげと額に軽くかかる「キスカール」が特徴的で、バカげたユニフォームを着るのが大好きだった（一八六九年の夏、フィスクはグラント大統領を彼のレジャーボートでもてなした。そのときの彼の服装はブルーのユニフォームに、ギャップバンドには金メッキが施され、コートの袖には三つの銀の星が輝き、薄紫色の手袋をはめ、サクランボほどの大きさのダイアモンドのブローチをしていた……）[37]。オペラに出てくるような彼の服装は、彼がエリー鉄道の本社にしようとして買ったパイクのオペラハウスのような場所ではしっくりきたのだろう。この大理石の宮殿では、「プリンスエリー」「歓喜のジム」「提督」のジェームズ・フィスク・ジュニアは神のようにあがめられ、バレエ団から引き抜かれた女性たちに取り囲まれた。ヘンリー・アダムスによれば、ジム・フィスクは「がさつでうるさくて無知で自慢好きで、見かけも中身もまるで若い虐殺者」で、ウォール街での投機を「巨大で抱腹絶倒のおふざけ」と思っていた。欠点だらけの男だったが、カリスマ性があり敵にも愛されるような男だった。

フィスクのパートナーであるジェイ・グールドはフィスクとはまるで印象が違った。グールドはきゃしゃで肺病を患っている患者のように見え、暗く、秘密主義で、狡猾で、家族とケチな大金持ちの高利貸しで投機家でもあったラッセル・セイジ以外からはヘビのように嫌われた。ニューヨーク州デラウェア郡の貧しい農家の息子として生まれたグールドは「スワンプ」と呼ばれるニューヨークの革なめし市場から身を立て、ウォール街へとやってきた（革なめし業でのパートナーはグールドによって破産させられてピストル自殺を図った）。そして、一九世紀のアメリカで最も非難される人物の一人となった。「彼に触れられると死ぬ」とダニエル・ドルーは自分の体験からこう述べた。金融ジャーナリストのアレクサンダー・ダナ・ノイズは、「彼は建設者ではなく、破壊者だ」と書いた。グールドのかつてのパートナーで「シルバーフォックス」と呼ばれた伝説の投機家であるジェームズ・R・キーンはグールドのことを、「西暦が始まって以来、この地球上で最悪の男。不誠実でウソつきで臆病、いけ好かないミミズのような男で、しかもケチ」と呼んだ。ジョーゼフ・ピュリツァーにとって彼は「腹黒く、コウモリのようにアメリカ人の目をかすめて動き回る男」だった。グスタフ・マイヤーズは『ヒストリー・オブ・ザ・グレート・アメリカン・フォーチュン』のなかでグールドを次のように描写している。

何百万ドルがだめなら何千ドルでも盗むような略奪者で、数えきれないほどの犠牲者の血を吸いつくす冷酷な肉食動物。ルールを守るというギャンブラーの行動規範を欠いたギャンブラーで、マキャベリのような権謀術数をめぐらす人間の姿をした悪魔[三四]。

一言でいえば、グールドはアメリカの代表的な泥棒男爵だった。

エリー戦争のあと、フィスクとグールドはバンダービルトと五〇〇万ドルで和解した。このお金はエリー鉄道の金庫から支払われた（このなかには「失敗した投機」の補償金としてバンダービルトの仲間に支払われた五〇万ドルも含まれていた）。彼らはすぐにドルーをエリーの取締役から引きずり下ろし、その年の終わりにはドルーの買い占めを妨害した。「適者生存」は元々はハーバート・スペンサーがその著者のなかで使った言葉で、当時アメリカで人気のあったダーウィンの「自然淘汰」と混同されることが多いが、株式市場ほどこの適者生存が息づいている場所はなかった。秋になるとグールドは大量のエリー鉄道株を発行し、グリーンバックを封じ込めた（「ロックアップ」「つまり、信用収縮」）。これによって鉄道株は暴落した。ドル

ーを追放したあとグールドは市議会とその法に対する影響力を強めるために悪名高い「タマニー・ボス・ビル・トウィード」をエリー鉄道の社長に据えた。ヘンリー・アダムスは次のように述べている。

グールドとフィスクは半年もしないうちに連合を組成した。これはアメリカやヨーロッパの単なる民間人によって制御されてきたものよりも強力な連合だった。自己防衛社会にあっては、法を望むままに動かす力を持つ人物が現れるのは当然だった。彼らは国の立法と司法の力を思う存分に使った。彼らの信用は無限で、社会は彼らの意のままだった。[38]

一八六八年の終わり、グールドは史上で最も大胆な投機に乗り出そうとしていた。彼がもくろんだのは、その時代の最上の投機対象である「金（きん）」の買い占めだった。

寡黙で究極の皮肉屋だったジェイ・グールドは偽善的な言葉の使い方を熟知していた。例えばエリー戦争のとき、彼は鉄道独占権をひそかに手に入れようとしていたバンダービルトに対して激しい非難の声を上げ、人々の英雄を装った。一八六五年に南北戦争が終わってから、鉄道システムの整備によって農産物価格は下がり続けていた。また、連邦政府はグリーンバックの流通を止め、これによって金価格は一八六四年には三〇〇枚（金を一〇〇ドル分買うのに必要なグリーンバックの枚数）だったのが、一八六九年初めには一三〇枚に低下していた。米国の輸出品は金で支払われていたため、金価格の下落によってアメリカの穀物はヨーロッパで価格が上昇した。これが収益のほとんどを東方に輸出する穀物の輸送から得ていたエリー鉄道に波及した。金価格が上昇すれば、この窮地はしのぐことができることをグールドは分かっていた。そこで彼は通貨膨張論者を装うことで、計画していた金の買い占めは政策的に正しいことだと説明した。『金メッキ時代』のなかで腐敗した上院議員のディルズワージーは次のように言っている――「より大きな公共の利益によって正当化され、高尚化されないかぎり、私は個人的な利益を追求しようとは絶対に思わない」。

連邦政府の金準備は一億ドルを超え、流通している一五〇〇万ドルをはるかに上回っていたため、グールドの計画が成功するかどうかは政府の方針をコントロールできるかどうかにかかっていた。一八六九年初め、グールドは計画の協力者として、最近、グラント大統領の義理の姉と結婚したばかりの老齢のロビイストで投機家でもあるアベル・コービンを雇った。グールドはコービンを通じて大統領に近づくことに成功した。六月、グールドは大統領をオペラハウスやフィスクの蒸気船に招待し、その機会を利用して、金価格を上昇させることは政治的利益につながると言い、連邦政府の金をこれ以上売るのはやめるべきであることを強調した。七月、コービンはグールドが最も信頼を置くダニエル・バターフィールド将軍（南北戦争時の北軍将軍）をニューヨークの財務官補に任命することを約束してくれた。次に、グールドはテンス・ナショナル銀行の支配権を握ることで借り入れをしやすくした。これまでのところは万事うまくいっていた。そして夏の終わりごろ、コービンとバターフィールドは報酬として三〇〇万ドル相当の金塊を一三三ドルで買う権利を得た。

一八六九年九月初旬、コービンはグールドとグラント大統領が会う機会を再び作った。そのときグールドは、大統領が西部の農民を支援するために通貨膨張政策を推し進める覚悟を固めていたことを確信した。九月の最初の週の終わりに彼の二人のパートナーが利益を現金化しプールを脱退したため若干の後退はあったものの、グールドは金を買い増し始めた。二人のパートナーが脱退したので、グールドはこれまで計画にはかかわっていなかったフィスクを取り込まざるを得ないと感じていた（グールドがフィスクを計画に参加させなかったのは、おそらくはフィスクの粗っぽさがこの繊細な工作には合わないと思っていたからだ）。グールドらが強攻策に出たのはゲームがいよいよ佳境に入ったこのころからだった。グールドらはグラントの秘書官のホレイス・ポーターに賄賂として五〇万ドルの金を与えようとしたが、ポーターはこれを憤然としてはねつけた。九月半ば、コービンはグラントにさらなる金の売りを思いとどまらせるように嘆願する手紙を書くように圧力をかけられた。手紙はエリーの従業員によって届けられ、彼はフィスクに「業務を遂行しました」という短い返事を伝えた。これは単に手紙をグラントに無事に届けたという意味にすぎなかったが、グールドは大統領が手紙の内容に同意したと受け止めた。[三五] グラントは義理の兄からの手紙を喜ぶどころか、コービンは金価格を上げる計画に関与しているのだろうくらいにしか思わなかった。大統領は大統領夫人に、コービンのことを心配している、金投機にはどうかかわらないでほしいという内容の手紙をコービン婦人宛てに書くように命じた。

グラントがコービンからの手紙を受け取ったのは九月一九日、日曜日のことだった。翌日、小集団の大量の買いにもかかわらず金は一三八ドルを少し下回る水準で寄り付き、それからの数日はその水準で推移した。水曜日、フィスクはゴールドルームに現れて金を五万ドル分も買い、一四五ドルに達することを期待した。その夜、取引所が閉まってからグールドはコービンを訪れたが、彼の妻がグラント夫人から手紙をもらったことでコービンは悲壮な面持ちだった。コービンは金を売って利益を得ることを懇願したが、グールドは反対し、手紙の内容については秘密にするように言った。政府が金を売ることを阻止することについてはグラントはもう頼りにならないと確信したグールドは金を密かに売ることにした。このあと起こったことについては議論の余地がある。グールドは、フィスクに彼が金を売ったことを知らせなかったと思われるが、のちにパートナーが仲たがいしなかったことを考えると、これはあり得ないように思える（のちにグールドはブローカーパートナーのハリー・スミスと投機家のジェームズ・R・キーンを欺いたが、これはウォール街全体に知れ渡った）。グールドが金を売ることに何の良心の呵責も感じなかったことを考えると、フィスクが金を買い続けた陰でグールドは金を売ったと考えるのが妥当だろう。フィスクはおそらくは金計画が失敗したことを知っていたのだろう。なぜなら、彼はすべての注文をブローカーのウィリアム・ベルデンを通して行い、彼に負債の返済義務があることは一切書き留めていなかったからだ。哀れなブローカーの破綻は用意周到に準備されていたため、グールドは金をベルデンやその仲間に売らないように慎重に動いた。

一八六九年九月二三日の木曜日、金は一四二ドルを少し下回る水準で寄り付き、金取引所は大混乱となった。その日は一日中、グールドの売りにもかかわらず金価格は上昇し、わずかなマージンで取引していた弱気筋の弱小投機家たちは全滅した。売買高は三億二五〇〇万ドルを超えた。その夜、ベルデンは彼のブローカーたちがフィスクに代わって一億一〇〇〇万ドル相当の金を保有していることを報告した。翌日はのちに「ジェイ・グールドの暗黒の金曜日」と呼ばれることになる日となった。群衆はやがてやってくるヤマ場を予期して、ニュー通りのゴールドルーム周辺に押し寄せた。グールドとフィスクは取引所には現れず、ブロード通りにあるブローカーのヒースのオフィスから売買を指揮した。一〇時に市場が開くと、三〇〇人のブローカーがゴールドルーム中央にあるキューピッドの像の周りに不安な様子で集まってきた。フィスクのブローカーのアルバート・シュパイヤーズは一五〇ドルで買い注文を出した。一一時にはバターフィールドのブローカーが売ってきた。これは政府が金の売りを始めたことを意味した。フィスクはシュパイヤーズに買い価格を一六〇ドルまで上げるように命じた。一方のグールドは十数人のブローカーを雇って売り続けた。それから一時間もしないうちに財務長官のジョージ・S・ブートウェルが四〇〇万ドルの金の売りを命じたことがルームに伝えられた。愚かなシュパイヤーズは価格が一三五ドルにまで下がっているにもかかわらず、一六〇ドルの買い注文を出し続けた。市場は大混乱に陥った。

ブローカーたちはまるで狂ったように、少なくとも無自覚な状態になり、帽子を被るのも忘れて右往左往しながら、ジェスチャーを交えてまるで見当はずれの買い注文や売り注文を出していた。もう自分がどこにいるのかさえ分からなかった。噂が噂を呼び、本当の話もウソの話も飛び交った。[39]

とはいえ、フィスクによれば、そのときの雰囲気は「各人が自分の死体を引きずり出す」ほどのパニック状態ではなかったらしい。価格の急激な変動によって信用取引していた何千人という人々が破産した。彼らはブロード通りのグールドのブローカーのオフィスの周辺に押し寄せた群衆たちだった。金融街には軍隊も出動した。身の危険を感じたグールドとフィスクはヒースのオフィスの通用口からこっそり抜け出して、鉄道会社の従業員らが守ってくれる「エリー城」へと撤退した。

暗黒の金曜日で破綻したブローカーは数知れなかった。そのなかの一人のソロモン・マーラーは翌日、ピストル自殺を図った。フィスクは陽気に笑いながら取引の履行を拒否した。エリー戦争のあと彼が言ったように、彼は「名誉以外に失ったものは何もなかった」。しかし彼のブローカーのシュパイヤーズとベルデンはおよそ一億ドルの負債を抱えて破綻した（シュパイヤーズはこの事件のあと発狂したと伝えられている)。ゴールドルームのクリアリングハウスだったゴールドエクスチェンジ銀行は五億ドルを超える取引の処理に追われたが、その整理を断念した。マージンローンに課せられた日利(コールレート)は一四〇〇%を超え、鉄道株は暴落し、バンダービルトのニューヨーク・セントラル鉄道の株価は天井からおよそ七五%も下落した。混乱は翌週も続いた。ウォール街でただ一人安全な男がいた。彼が飼いならしていた裁判官との協議の上、ジェイ・グールドは一二の差止命令を出した債権者から身を守った。事態が収まったとき、生き残っていたのはグールドのブローカー会社だけだった。この市場の大暴落でグールドは一一〇〇万ドル儲けたと言われている。しかし損益については、この「ウォール街の悪魔」は険しい顔で沈黙を守った。

ジェイ・クックの暗黒の木曜日

投機の時代は暗黒の金曜日のパニックで終焉することはなかった。特に、鉄道は引き続き莫大な資本投資を引き寄せた。一八六五年から一八七三年にかけて三万マイルを超える新しい路線がおよそ一五億ドルかけて建設され、鉄道システムの規模は二倍に拡大した。この莫大な投資は、新しい路線が建設されれば無人の西部を素早く開拓でき、鉄道会社の所有する莫大な土地の価値は劇的に上昇すると期待されてのことだった。ユニオン・パシフィック鉄道がネブラスカ州コロンバスの小区画地の売り広告を出すと、「五〇ドルの土地が五〇〇〇ドルになる」ことを期待した購入希望者が殺到した。「楽にお金儲けをしたい？　だったら売りに出ている街の区画を見つけて、その農場を買おう。ニューヨーク、バッファロー、シカゴ、オマハで区画を買わなければあとでどれほど後悔することだろう」[40]という広告に人々は群がった。

南北戦争時に公債を売って名と財をなした銀行家のジェイ・クックは一八六九年、ノーザン・パシフィック鉄道を買収した。ノーザン・パシフィック鉄道の北西部における払い下げ地はおよそ二〇万平方キロで、ニューイングランド地方よりも広大だった。クックはエージェントネットワークを通じて土地の販売を大々的に宣伝し始めた。彼の宣伝係でジャーナリストのサム・ウィルカーソンは鉄道会社の土地を「お金のある未亡人のように楽しませてもらうのを待っている広大な荒れ地」と形容した。ノーザン・パシフィック鉄道の終点のあるダルースは「塩のない海を擁する最高の街」[41]と宣伝された。残念ながら、エージェントも宣伝係ものちに嘲笑的に「ジェイ・クックのバナナベルト」と呼ばれるようになる土地に大衆の関心を引き付けることはできなかった。クックの銀行は一億ドルのノーザン・パシフィックの公債を売る責任を背負っていたが、一八七〇年七月に普仏戦争が勃発し、ヨーロッパからの資本がアメリカに流れなくなったため、公債を売ることはより一層困難になった。

一八七三年春には金融危機が今にも起ころうとしていた。ニューヨークのマネーマーケットは引き締めが厳しくなり、投機家はマージンローンに〇・五％の金利を毎日支払わなければならなかった。しかしコールレートがこれほど高くなっても彼らがゲームをやめることはなかった。バンカーズ・マガジンは五月、「マージンローンに対する過度の需要は合法的なビジネスから信用を取り上げ、今の時代の最悪の特徴の一つであるギャンブル狂を助長することになる」[42]と訴えた。投資家の鉄道株に対する信用を失墜させたクレディ・モビリエ事件の暴露が続き、雰囲気はますます悪化していた。

こんな状況にあっても投機は続いた。夏にはNYSEの売買高が初めて一日一〇万の大台に乗り、ネーション誌はバケットショップの活動が高まっていることに警鐘を鳴らした。鉄道会社数社が未払い融資の借り換えができずに苦境に陥り、偽造された鉄道債や株が出回っていると新聞が報じた八月には、不確実性はさらに増した。九月の最初の週の終わり、ニューヨーク・ウェアハウス・アンド・セキュリティ・カンパニーは西部の鉄道会社に軽率な融資をしたために破産したことを発表した。

一八七三年九月一八日の木曜日、ジェイ・クックはグラント大統領をペンシルベニアのオゴンツにある豪邸でもてなしていた。その日の午後二時半を回ったころ、NYSEでジェイ・クック商会が倒産したことが発表された（鉄道債を売りさばくことができず、債権者の信頼を失った）。

アメリカの大銀行の倒産に対する最初の反応は「信じられない」というものだった。ピッツバーグではジェイ・クック商会の倒産を大声で叫んでいた新聞配達の少年が逮捕された。ジェイ・クック商会の倒産によって株式市場は大暴落し、日次コールレートは五％にも跳ね上がったため、不信感はすぐにパニックへと変わった。翌日、過去一五年もの間、国を夢中にさせた投機ドラマのほころびを一目見ようと群衆が金融街に押し寄せた。二年前に愛人に殺害されたジム・フィスクはもういなかった（だがバンダービルトは株価情報を得るために霊媒を通じて依然として彼にコンタクトを取り続けていた）が、ほかの人物たちはいつも通りの役割を演じていた――ジェイ・グールドは売り続け、ヘティ・グリーンは割安株を買いあさり、コーネリアス・バンダービルトは群衆を追い払って、ついでにパニックムードも追い払おうと怒り狂ってブロード通りを馬車で馳せた。バンダービルトの義理の息子であるホレス・クラークはマージン投機のために大金を借りていたユニオン・トラスト銀行が倒産したあと遺体で発見された。「ウォール街の老人」ことダニエル・ドルーは彼のブローカーであるケニオン・コックス・アンド・カンパニーが倒産すると最後の幕を閉じた。破産宣言したあとドルーはベッドに引きこもり、ブランケットで体を覆い、五〇年間の投機から生まれた悪霊を必死で追い払おうとしていた。そして、一年後に亡くなった。

パニックは土曜日まで続き、ＮＹＳＥの社長は、取引所は歴史上初めて追って通知のあるまで閉鎖することを発表した。

ネーション紙が伝えたところによると、先週の木曜日、金曜日、土曜日にウォール街にいた人や取引所のギャラリーにいた人は正気を失った恐怖――いや、けだものの恐怖（壊れたながえが踵に垂れ下がり暴れ狂う馬や、尻尾にくっついたスズ製鍋に驚いて逃げまどう犬のような）と言ったほうがよいかもしれない――を目の当たりにした。群衆はけだもののように持っている株を売ろうと右往左往し、いくらでもよいからだれか買ってくれとわめき叫んだ。こういった光景を目にした人々は、群衆はまるで新種のペストにでもかかったようだと感じずにはいられなかった。そこには目に見えない力が働き、哲学が思いも及ばぬほどの理性を人々から奪っていった。

金融危機を表現するのにペストの比喩を最初に使ったのはダニエル・デフォー（一七二〇年）だったが、暗黒の木曜日ではそれが復活して、ウォール街のあるブローカーは暗黒の木曜日を「黒死病以来の大惨事[43]」と呼んだ。

取引所が再開したのは一〇日後のことだった。しかし、今回は国は一〇年以上に及ぶ過剰投機と過剰投資の余波から逃れることはできなかった。次の冬、工場は閉鎖され、鉄道会社は従業員を解雇し、銀行は倒産し、賃金はカットされ、お金は使われずにため込まれた。一八七三年末には五〇〇〇を超える会社が倒産し、そのなかにはノーザン・パシフィック鉄道とおよそ五〇のニューヨークのブローカーが含まれていた。そして、一月にはニューヨークのトンプキンス・スクエアで解雇に抗議する人々が暴徒化し、こん棒を持った騎馬警察が突入した。その後、一八七〇代は不況が続いた。一八七七年には就業者は労働人口のわずか五分の一しかいなかった。ストライキや社会的な混乱は日常的になった。また資本家と労働者の対立は暴動に発展した。なかでもペンシルベニア州の炭田地域で起こったモリー・マグワイアズ率いるテロ活動と一八七七年の鉄道大ストライキ中のピッツバーグでの暴動は有名だ。ニューヨークでは永遠に続くと思われる不況に対して宗教復興運動が起こった。伝道者のドワイト・L・ムーディとゴスペルシンガーのアイラ・サンキは街の大きなホールを満員にした。出席者はウォール街や五番街の群衆で、おそらくは国家を危険に陥れた自分の罪を償いたいという思いに駆られて集まってきたのだろう。[44]

横領、投機、株価操作

ティッカーマシンが登場すると、ウォール街では「トレンドに逆らうな。市場に逆らうな」が相場格言になった。また「フリーランチ（ただの昼食）なんてものはない」という言葉もよく聞かれるようになった。これは、株式市場では利益は簡単には手に入らない、という意味である。[45]これらの格言が示唆するものは、市場は効率的なので、リワードはリスクで相殺され、市場価格は真の価値（適正価格）を反映したものである、ということである。相場師たちはこの考えに一致する投機を喜々として推し進めた。株式ブローカーのヘンリー・クルーは一八八一年、立法委員会で次のように証言した――「投機は商品であれ、株式であれ、将来の価値に対する意見の相違を調整する手段である。投機は過少生産のときは価格をすぐに上昇させて生産を促し、過剰生産のときは価格を下落させて生産を抑えることで生産量を調整する役目を果たしている」。またクルーは、「投機はパニックを防ぐという意味でビジネス世界において最も有益なエージェントの一つでもある」[45]と臆面もなく言い添えた。クルーの投機に対する叙述は近代の経済の教科書からそのまま取り出したようなものだったが、一九世紀後半のアメリカの投機の性質を十分に、あるいは誠実に記述しているとはとても言えなかった。投機の役割は資本の配分や生産力を調整するだけにとどまらず、その影響力はもっと広範にわたる邪悪なものだった。

投機には必ず不正が伴うものだが、一九世紀のアメリカの株式市場ではこの傾向はより一層顕著だった。投機による腐敗は事業家や相場師だけにとどまらず、一八六〇年代の政界のあらゆる階層に影響を及ぼした（三〇年後でも影響は続き、改革を進めるグロバー・クリーブランド大統領さえもジェームズ・キーンが組織した株式市場プールに巻き込まれた）[46]。「ならず者トレーダー」は一九九〇年代にはよく見られるようになったが、一九世紀のウォール街でも当たり前の存在だった。ジェームズ・メドベリーは一八七〇年に次のように書いている――「失敗した株式投機による不正事件はわれわれの近代史に残る汚点である」。一九世紀後半、アメリカでは金融詐欺が相次いだ。一八五四年のロバート・シュイラーによる鉄道株の偽造、一八六五年のE・B・ケッチャムによる金証券の偽造、一八六八年にはホワイト・アンド・カンパニー（ブローカー）が鉄道株を偽造し一〇〇〇万ドルと言われる損失を発生させた。また、一八八四年にはグランド・アンド・ワード（ブローカー）で大規模な詐欺が発覚した（グラント将軍はパートナーだったが、実質的には活動していなかった）。アレクサンダー・ダナ・ノイズによれば、この詐欺事件は個人的に行われたもので、金融界では前例を見ないほど道徳規範を逸脱する規模で行われた。[47] 金メッキ時代にはブローカーの従業員を疑うことは日常茶飯事で、「事務員たちは詐欺を働いたかどで毎日解雇された。横領と無縁でいられる会社はほとんどなかった」[48]とメドベリーは書いている。管財人や後見人さえも管理している財産を着服した。例えば一八六九年二月、メトロポリタン協会の管財人が個人的な株の売買に教会の資金二〇〇万ドルを使い込んだことが発覚した。[49] 投機の拡大によってモラルが低下したのか、あるいはモラルの低下が投機という形で現れたのかは明らかではないが、はっきり言えることは、投機と金融詐欺は切っても切れないつながりがあるということである。

「ならず者トレーダー」たちの単独行動よりももっと深刻だったのは、株式市場で相場師による株価操作が日常的に行われていたことである。クルーが言っていたように、これは投機の利点を損ない、投機がパニックと不況の元凶にされてしまうのは明らかだった。一九世紀の終わりにマシュー・スミスが言ったように、「ウォール街で株の買い占めを行う者は……一瞬にしてパニックを引き起こし、パニックは地震のように伝わり……ウォール街のパニックは青空から突如鳴り響く雷鳴のように突然やってくる。どんなに賢明な人間でもそれを予知するのは不可能で、どんなに優れた人間でもそれを回避することはできない」[50]。投機による株価操作は経営陣と株主の関係を悪化させ、深刻な経営ミスにつながっただけでなく、株価を本質的価値（適正価格）から大きく乖離させた。ウォール・ストリート・ジャーナル紙の創刊者であるチャールズ・ダウは株式市場の動きを三つのジャンルに分類した――本質的価値の変化、株価操作、日々のトレード。投機家は株価操作による動きにのみ注目する、と彼は述べている。メドベリーによれば、「株価操作の気まぐれさは不可侵の価値さえ変えてしまう」[51]。エリー鉄道の社長だったジェイ・グールドはエリー鉄道の実際の価値を聞かれたとき、厚顔無恥にも次のように答えた。「おそらくは本質的価値というものはない。ニューヨークやロンドンで推測された価値が実際の価値になる」[三七]。つまり、世界最大の鉄道会社の価値はウォール街の夢としての魅力だけに由来していたということである。

　今の市場は一九世紀よりもはるかによく制御されているが、投機家の株価操作に対する傾向は時とともに薄らいだわけではない。一九九一年五月にはソロモン・ブラザーズの債券トレーダーによる二年物米国債の不正入札が発覚した。また、一九九〇年代の上げ相場に興味を持ったアメリカのマフィアはペニー株の操作にかかわった。今のオンライン投資の世界では、価格操作やウソの噂が氾濫している。史上最大の株価のつり上げ操作の一つが一九九六年春に発生した。コンパレーター社（倒産した指紋認証技術開発会社で、純資産は二〇〇万ドルを下回り、累積売買ロスはおよそ二〇〇〇万ドルだった）の株価は三セントから一・七五ドルに急騰し、時価総額は一〇億ドルを超えた。一九九六年五月九日、ナスダックでは一億七七〇〇万のコンパレーター株が取引された。一企業の売買高としては記録的な数字だった。遅ればせながら、SEC（証券取引委員会）が介入し、取引を一時停止した。

それから一年もしない一九九七年の早春、カナダの金採掘会社ブリ・エックスの株価がバンクーバー取引所で数セントから二八〇カナダドルに急上昇し、時価総額は七〇億カナダドルになった。同社はインドネシアの鉱業権で二億オンスの金鉱床を発見したと発表したのである。しかし三月下旬、同社の副地質学者がボルネオのジャングル上空のヘリコプター事故で亡くなるという悲劇が起こった。監査が「鉱山史上前例のない詐欺」という報告書を発表した直後、ブリ・エックスは倒産した。しかし、同社のCEO（最高経営責任者）は利益をすでに現金化し、法の及ばない島で余暇を楽しんでいた。これは金メッキ時代の現在版とも言える話である。

効率的市場信奉者たちは、投機家は価値の「発見」に貢献し、株価はすべての情報を反映しているためランダムに動く、と言う。しかし、一九世紀のアメリカの市場では、本質的価値は実際には投機家たちの操作によって隠されていた。こうした状況の下ではアウトサイダーは投資判断をするうえでは運を信じるしかなかった。これは異なる性質の「ランダムウォーク」を意味した。つまり、すべての株価は現在の本質的価値を反映し、株価の将来的な変動は新たな情報によってのみ発生するという効率的市場仮説（EMH）のランダムさではなくて、株価は相場師の小集団による気まぐれで上げられたり、下げられたり、買わせられたり、売らせられたり、買い占められたりする投機によるランダムさである。一九世紀の中ごろ、ある株式市場評論家は、「強気になるか弱気になるかを決める最も合理的な方法は、目をつぶってペニー硬貨を投げてその結果に従うことだ」[52]と助言した。株式市場が資本を効率的に割り当てるという理論的な機能を十分に発揮できないのは「ミステリー、株価操作、低いマージン」によるところが大きかった。鉄道は必要のないところに建設され、株式市場に近づかなければ繁栄したであろう会社はマヒし、株式市場のパニックによって銀行は不必要に倒産させられた。

一九世紀末、アメリカのエコノミストのH・C・エメリーは次のように書いている――「ギャンブルが偶然のイベントで人工的に創造されたリスクにお金を賭けることであるのに対して、投機は価値の変動によって発生する必然的な経済リスクを予想しようとするものである」[53]。しかし、アメリカの株式市場における最大のリスクは相場師によって作られるものであるため、必然的でもなければ、厳密に経済的と言えるものでもなかった。サミュエル・ジョンソンはギャンブルを「中間的な生産物もなく、富を再配分すること」と定義した。金メッキ時代の投機はまさにジョンソンの定義そのものだった。「百害あって一利なし。富を多くの人の手から一握りの人のポケットに移転する」。金メッキ時代の投機の特徴を言えばこうなるだろうか。

注

一．壁の元々の目的は、熊とインディアンを追い払い、雄牛とほかの家畜を守るためだった。今ではウォール街はブル（雄牛）もベア（熊）も同じ場所で飼っている。

二．アレクシ・ド・トクヴィル著（共著者ヘンリー・リーブス、編集フィリップ・ブラッドリー）『Democracy in America』（New York, 1948, II, p.128-30。邦訳は『アメリカのデモクラシー』）。トクヴィルがアメリカを旅したときはちょうど投機ブームが始まったばかりのころで、それがトクヴィルの考えに影響を及ぼしたと思われる。一八三四年、ミシェル・シュヴァリエは次のように述べた――「だれもが投機に夢中で、あらゆるものが投機の対象になっている。あらゆるプロジェクトに応募者が殺到し、革新的な企業にとっては励みになる。メイン州からレッドリバーまで、国中が巨大なカンカンポア通り（ミシシッピバブルの時代、フランスの株式市場があった場所）と化している。これまでのところはみんな儲かっている。投機が日の出の勢いのときはいつもそうだ……主な投機対象は綿花、土地、区画分譲地、銀行、鉄道など計算高いアメリカ人の心を満たすものばかりだ」（『Society, Manners and Politics in the United States』New York, 1839, p.305）。

三．マックス・ウェーバーによれば、アメリカでは「富の追求は宗教的かつ倫理的な意味を除けば平凡な情熱になる傾向が強く、スポーツ的性質を帯びてくることが多い」。

四．ウォール街の最近の歴史を描いた著者たちは、「コールローンは金融街を刺激し、ニューヨークの発展にはなくてはならないものだった……ウォール街の活気はニューヨークをアメリカの金融の中心に押し上げた」と書いている（ウォルター・ワーナーとスティーブン・T・スミス著『Wall Street』New York, 1991, p.43-46）。

五．マージンローンは、価格がボラティリティ、金利、時間によって決まる株式オプションに似ている。

六．一八七二年一一月、バンカーズ・マガジンは次のように批判した――「現在の預金に金利を付けるという悪質な慣行はコールローンという悪魔の親戚のようなものを助長させてしまうだけであり、ただでさえ無謀で節操のない株式投機家たちによってわれわれのお金は安眠を妨げられ、ビジネスコミュニティーは当然受けられるべき融資が受けられなくなり、倒産する企業が増えるだろう……」（O・M・W・スプローグ著『History of Crises Under the National Banking System』Washington, 1910, p.21から引用）。

七．南北戦争のあと、連邦法により地方銀行は預金の四分の一をニューヨークに拠点を置く国立銀行に預け入れることを義務付けられた。国立銀行はいつでも引き出せるこれらの預金に対して利息を支払わなければならなかったため、短期で利益の出る融資先が必要だった。ニューヨークの株式市場はこの目的に一見打ってつけだった――金利は高く、担保は日々審査され、コールローンは（株式市場が危機のときを除いては）流動性を提供してくれた。

八．マーク・トウェインは次のように書いている――「一〇月と言えば、株式投機にとって最も危険な月の一つだ。投機にとって危険なそのほかの月は、七月、一月、九月、四月、一一月、五月、三月、六月、一二月、八月、二月である」（『二人の運命は二度変わる』より）。

九．スプローグ著『History of Crises』を参照。同書ではマージンローンが銀行システムを不安定化させたことに焦点が当てられているが、これはFRB（連邦準備制度理事会）の創設に影響を与えた。

一〇．投機家は市場が上昇すると買うように促され、下落すれば売るように促されたため、一八四〇年代から一九二九年までのアメリカ株式市場におけるマージンローンの影響は、一九八〇年代のポートフォリオインシュアランスの影響に似ていた（第八章を参照）。

一一．金の最初の市場操作が行われたのは一八六二年の終わりごろ。国家が自己犠牲を強いられているときに金投機家たちのふざけた態度を見てイラついたリンカーンは一八六三年六月、金先物を禁止する法令を議会で可決した。しかし、市場はこの規制をリンカーン政権が弱まったサインと解釈し、金価格は三〇％以上も上昇した。政府はこの法案をすぐに廃止した。これ以降、投機を取り締まる政府の試みは失敗するか短命に終わった。

一二．メドベリーは株式市場を軍隊にたとえて次のように書いている――「押し寄せる攻撃と防衛の波、噂はパニックを呼び、投機部隊は全力で戦いに挑んでいる」（『Men and Mysteries of Wall Street』p.153）。ファウラーも戦争と市場における投機競争の類似点を挙げている――「戦いがあるたびに敗者の名前が新聞に載り、株式市場が下落するたびに敗者の名前と経済的に死んだ人の名前が新聞に載る」（『Ten Years on Wall Street』p.415）。

一三．ピアポント・モルガンはウォール街に初めて電信電報所を設置した人物として知られているが、そのおかげで彼は最前線からの情報をいち早く知ることができた。

一四．ある新聞はドルーのことを次のように書いた――「他人からお金を巻き上げて大儲けしたときは、良心の呵責から、新しく設立された教会に寄付したり祈祷会に参加したりする」。また株式ブローカーのヘンリー・クルーは、ドルーは宗教を「投機の小間使い」として利用した、と述べた（ブック・ホワイト著『The Book of Daniel Drew』New York, 1910, p.399）。

一五．ドルーの好みの策略は、株を担保にお金を貸し、その株を市場に放出して株価を下げる、そして下がった株を空売りして大儲けする、というものだった。

一六．ドルーが一八六六年のエリー鉄道の買い占めを阻止できたのは株式を「水増し」したためであり、そのときの敵はコーネリアス・バンダービルトだった。

一七．バンダービルトはドルーよりも三歳年下。彼らがライバル意識を持つようになったのは一八三〇年代で、ハドソン川の蒸気船を運営しているころからである。

一八．またマイヤーズは次のようにも述べている――「社会はお金を神と崇め、財産を社会的地位を測る物差しとした……ビジネスマンたちは大金を稼いでも何一つ文句を言われない。だれもがそれに憧れた。ほかの投機時代にもビジネスマンはこのように神格化されたが、特に顕著だったのは一九二〇年代と一九八〇年代である（グスタフ・マイヤーズ著『History of the Great American Fortunes』New York, 1937, p.293）。

一九．ヴェブレンは次のように述べている――「近代の産業社会では、相対的成功はほかの人よりもどれくらい多くのお金を持っているかで測定され、相対的成功を認めればそこで活動は終了することが多い。高く評価されるのは富を持っている人だけであり、これが顕示的消費を生みだすのである」。ヴェブレンにとって、模倣することはおそらくは最も強力で最も警戒すべき、そして永続的な経済的動機なのである。最近のニューヨーク・タイムズのトップ記事が伝えたように、「ダウ・ジョーンズに遅れずについていく」という模倣の動機は、投機とヴェブレンの顕示的消費という概念とを結びつけるものである。

二〇．ヘンリー・アダムスの発言は一般論だったように思える（ヘンリー・アダムス著『Chapters of Erie and Other Essays』Boston, 1871, p.100の「The New York Gold Conspiracy」）。ウィリアム・ファウラーは、「一八六二年に未曽有の投機ブームが始まった」と書いている（『Ten Years on Wall Street』p.36）。ジェームズ・メドベリーは、「グリーンバックをたんまり携え、われわれの軍隊の勝ったり負けたりに一喜一憂して、北部の人々は投機に熱狂した」と書いている。さらにメドベリーは、「戦争はわれわれを偉大な国民にし、戦争によってアメリカは投機が支配する国になった」とも書いている（『Men and Mysteries of Wall Street』p.10-11）。

二一．メドベリーによれば、「これまで名前が郡界を超えて知られることのなかった村に多くのフィスクやバンダービルトが現れた……ミシシッピバレーの湿地帯から、ネバダの荒れ地から、コネチカットの工場村落から、バーモントの人里離れた田園から、ハドソン株の空売り、フォートウェイン株の五〇〇株の買い、ロックアイランドのプット、テネシーシクシーズのコールといった注文が一瞬のうちに行われた」（『Men and Mysteries of Wall Street』p.196）。

二二．「一八六四年初期には通りは田舎者であふれていた……日焼けしたやせ男、ハスキーボイスのかっぷくの良い男、田舎っぽいコートを着た背の高い男、低い男、中背の男たちが旅行かばんにペーパーカラーとくしと銀行の小さな小切手を入れて朝、街にやって来る。そして翌日には小さな百科事典より大量のグリーンバックを手にして町を去る」とファウラーは記録している（『Ten Years on Wall Street』p.291）。

二三．ファウラーによれば、「これは株式市場のことわざで、いわゆるアウトサイダーの一般大衆というものは株を高く買い、安く売る」（ファウラー著『Ten Years on Wall Street』p.249）。

二四．ケインズの『雇用・利子および貨幣の一般理論』には投機的心理を記述する言葉としてアニマルスピリットという言葉が出てくるが、メドベリーは株式市場にアニマルスピリットの姿を見た──「雰囲気は非常に変わりやすく、ちまたには噂が氾濫し、市場は短時間で非合理な変転を繰り返すため、偶然の確実性がある場合を除き買ったり売ったりする人は、彼に与えられた予知能力を使い、結果は運に任せる」（メドベリー著『Men and Mysteries of Wall Street』p.209, 211）。

二五．トウェイン自身、一八六〇年代初期にカリフォルニアで金の調査を行った。彼は投資や投機に警句を発した最初の人物だった。最も有名な言葉は『二人の運命は二度変わる』に出てくる。「『気を付けろ』と愚か者は言った。『一つのカゴにすべての卵を入れてはいけない』――これは単なる言い方の違いであって、『お金を分散し、あらゆることに注意せよ』と同じ――しかし、賢者は『一つのカゴに卵をすべて入れ、そのカゴを見張っておけ』と言った」。トウェインは投機に対して警告を発し（『人生においては投機してはいけないときが二度ある。一つは投機するお金がないとき、もう一つは投機するお金があるときだ』）、投資家としての失敗を悔いた（『私は機会が機会でなくなるまで機会を見ることができた試しはない』）。

二六．メドベリーはミルウォーキー・アンド・セントポール鉄道の買い占めが取締役の協力なしに行われたことについて書いている。株価が四七ドルから一一一ドルに上昇したあと、取締役は株式を新規発行して株価を暴落させた（メドベリー著『Men and Mysteries of Wall Street』p.99）。

二七．ヴェブレンによれば、「市場性のある製品の販売（つまり、通常の事業活動）を目的とした企業経営よりも、市場性をもつ資本（つまり、株）の操作のほうが確実な利得をもたらすように思われる……このビジネスが確実で儲かるのは、それが市場性を持つ資本を近代の偉大なる富が蓄積されるように売買することで直接的および間接的に得られる利益だからである」（ソースティン・ヴェブレン著『Theory of Bussiness Enterprise』［1904］, New York, 1965, p.82-83。邦訳は『企業の理論』）。

二八）最近になって修正されたグールドの伝記（モーリー・クレイン著『The Life and Legend of Jay Gould』）は、彼はただ投機のためだけに会社を経営していたわけではないことを伝えているが、彼の悪名高き株の操作者としての世評を覆すことはできなかった。

二九．一九世紀のアメリカで株が債券よりも利回りが低かったもう一つの理由は、利益が増すと、配当は同じだが、株は水増しされたからである。株の水増しを始めたのはドルーだったが、バンダービルトも鉄道株で株を水増しし、のちにはピアポント・モルガンもUSスチールなどを設立するときに株の水増しを行った。会社を支配するものが自分自身に対して新株を発行（水増し）したため、株の本質的価値の増加分は相殺された。今の場合、重役にストックオプションを過剰に発行するという状況がこれに当たる。

三〇．ノブズ産業大学法案をめぐっての争いについてマーク・トウェインは次のように書いている――「これは本当に戦争だった。みんな怒り狂ったように興奮し、観客は一瞬のうちに騒ぎ出し、記者が押し寄せ、ぶらぶらしている議員は席に群がり、緊張した紳士は立ち上がり、紙があちこちに飛び交い、至るところに活気があり、建物のなかの人々の顔はほてっていた」。この表現は少し手直しすればニューヨークの株式市場のにぎやかな取引風景にそのまま当てはまる。

三一．ユニオン・パシフィックは国から五万平方キロの土地と二七〇〇万ドルの国債を受け取った。大陸横断鉄道の西の部分を担当したセントラル・パシフィックは三・六万平方キロの土地と二四〇〇万ドルの国債を受け取った。全部で六四万平方キロの国有地が鉄道のために提供された。

三二．一八六三年五月の強気相場は、バージニア州のチャンセラーズビルの戦いで南軍が勝利したのにちなんで「チャンセラーズビルの上昇相場」として知られている。この戦いでは一万七〇〇〇人の北軍兵士が命を落とした。市場が上昇したのは、戦争が長引き、インフレを誘発するグリーンバックのさらなる発行が期待されてのことだった。

三三．議会についてアダムスは次のように書いている――「この一九世紀後半において共和党アメリカのために立法する機関ほど腐敗し、恥知らずに堕落し、絶望的なほどに世論の及ばない代表組織はおそらくはない」（チャールズ・アダムス著『Chapters of Erie and Other Essays』p.59）。

三四．マイヤーズのグールドに対するこき下ろしはさらに続く――「最悪の冷血漢で、略奪者で金融界の海賊……半世紀にわたってジェイ・グールドの名前は傲慢で毛嫌いされる人物の象徴であり、強欲が勝利する不正と犯罪を代表する名前として使われてきた（『American Fortunes』p.398）。

三五．ヘンリー・アダムスやのちの歴史家はこう書いているが、アメリカの大統領ともあろう者が義理の兄からの個人的な手紙への返事を一介の鉄道会社の従業員に託すことはあり得ない。

三六．これはポール・サミュエルソン教授が言った格言を解釈したもの（ピーター・バーンスタイン著『Capital Ideas』New York, 1992, p.115）。

三七．ヘンリー・アダムスによれば、エリー株はほとんどは投資ではなくて投機のために保有されていた。ウォール街のモラルでは、投機は本質的価値を無視することを意味した。投機によって傷つくのは社会であって、社会はそのリスクをよく分かっていた（ジョセフソン著『The Robber Barons』p.136。アダムスの「Gold Conspiracy」p.108）。

第7章　新時代の終焉――一九二九年の世界恐慌とその余波

「最も高くつくものは『今度は違う』である」――ジョン・テンプルトン卿

一九二九年秋、エール大の著名な経済学者であるアービング・フィッシャーは、「株価は恒久的に高い高原のようなものに到達した」と言った。彼の予言めいた発言から数週間後、ダウ・ジョーンズ工業株平均は三〇％以上も下落した。しかし、これはまだ序の口だった。一九三二年七月八日、ダウ平均は一九二九年の高値からおよそ九〇％も下げた四一・八八で引けた。この数年間の株価チャートは高原というよりも断崖絶壁のような形をしている。フィッシャーはなぜ見誤ったのだろうか。実は、彼は十年来で最も魅力的なアイデアに取りつかれていたのである。それは、一九二〇年代終わりの強力な強気相場を支持する主張だった。彼は、アメリカは無限の繁栄を約束する新時代に突入したと信じていたのである。

資本主義の新時代の始まりはその前のいくつかの投機時代にすでに表れていた。ディズレーリは、一八二五年は商業的知識が増す前の時代とは明らかに違っていたため、一八二五年のブームが崩壊することはないと主張した。一九世紀のジャーナリストであるウォルター・バジョットは、「投機時代が復活すると、商人や銀行家はわれわれが見ている繁栄は永遠に続く、これは偉大な繁栄の始まりにすぎないと夢想した」[1]と述べている。一九二〇年代にニューヨーク・タイムズの経済記者だったアレクサンダー・ダナ・ノイズは一九世紀の初めの株式市場ブームのことを次のように振り返る。「ブームが始まると、USスチールのようなトラストを利用した集中・合併によって巨大企業を形成した。これは新時代が到来し、古いルールや原理や古い金融慣例は時代遅れであり、過去には危険で不可能だったことが今では安全に行えるようになったという考えに基づくものだった」[2]

しかし、この新時代は一九〇一年五月のノーザン・パシフィックの買い占めによって生じたパニックによってあっけなく幕を閉じた。古い新時代は忘れ去られ、一九二〇年代後半に発生したもっと強力で説得力のある新しい「新時代」に取って代わられた。新たな新時代は「ニューエコノミー」とも呼ばれ、その大前提は一九一三年に設立されたFRB（連邦準備制度理事会）によって、ビジネスサイクルを効果的に減少させることだった。ビジネスサイクルとは、好況と不況の景気循環のことを言い、ウィリアム・ペティ卿が一七世紀に提唱した連続的な「欠乏と潤沢」として初めて観測された。それまでのアメリカの金融危機は、不安定な時期に銀行セクターに資金提供する中央銀行が不在だったために、悪化の一途をたどった。FRBは金利を調整したり、公開市場操作（金融市場で国債などの有価証券を売買することによって通貨の市場流通量を調整すること）を行うことができたため、一九二〇年代には「ブーム、不況、パニックといったすべての問題に対する救済策」[3]として称賛された。その結果、銀行も投機家も安全に対する間違った意識を持つようになり、彼らの無責任な行動によって危機はより一層悪化した。

ＦＲＢを全能の神と信じさせるだけでなく、一九二四年にカルビン・クーリッジが大統領に選出されてから後継者であるハーバート・フーバーの時代まで続いた「クーリッジの繁栄」を持続させるためにいろいろな追加的説明が提示された。自由貿易の拡大、インフレの抑制、より「科学的な」会社経営などがそうである。より科学的な会社経営のために、ハーバード・ビジネス・スクールが設立され、デトロイトでは自動車生産ラインが自動化された（これは経営用語では「フォーディズム」と呼ばれる。フォード自動車会社の創業者Ｈ・フォードが大衆車の大量生産・販売を行うにあたって確立した経営理念）。会社経営の改善によって生産性は高まり、在庫ストックは減少した（過剰在庫は経済サイクルの最も一般的な原因と考えられていた）。フィッシャー教授は次のように述べている――「近代の生産は業界リーダーによって管理されている。彼らは彼ら自身の領域において将来を予測しその雛形を作る適任者であると言えるだろう。特に輸送業界と製造業は教育と訓練を受けた知識人のリーダーシップの下にある」[4]。

フィッシャーが新時代を楽観的にとらえたのにはほかにも理由がある。クーリッジ政権時代に反トラスト法が緩和され、これによって銀行や鉄道会社や公益事業会社の合併が進み、スケールメリットが増大し、生産がより効率化されるようになった。一九一九年から一九二七年にかけて生産性は五〇％以上も伸びたが、これは研究開発への投資が進んだためである。AT&Tは四〇〇〇人を超える科学者を雇用し、一九二八年末には特許庁長官職には一〇万人を超える申請が殺到した。[5]また「大量赤狩り」と一九二〇年代初期のストライキのあと労働者の態度が従順になったことも、フィッシャーが新時代を楽観的にとらえた理由の一つだった。しかし、「新時代」を決定づけた彼の最も風変わりな論拠は、一九二〇年に始まった禁酒法によるメリットにあった。フィッシャーはコロンビア・ビジネス・スクールのポール・ナイストローム教授の著書を引き合いに出した。「禁酒」の国では労働者の効率が向上し、酒に対する要求は「家財道具、自動車、楽器、ラジオ、旅行、娯楽、保険、教育、書籍や雑誌」[6]に対する要求に代わるだろう、とナイストローム教授は述べている。

新時代の支持者はフィッシャーだけではなかった。一九二七年、格付け機関の創設者であるジョン・ムーディーは、「過去五～六年におけるアメリカでは、新時代に生きていることを認識せずにはビジネスや金融を包括的に分析することはだれにもできない」[7]と断言した。その年の四月、投資週刊紙のバロンズは「不況のない新時代」[8]を予言した。育ちの良いウォール街の金融家で、のちに「ニューエコノミー」を批判したバーナード・バルークは一九二九年、平和や自由貿易というビジョン、統計学的情報の向上、ビジネスマンの間での経済に対する理解の高まり、そして世界の中央銀行の協力体制は、アメリカに「産業ルネッサンス」を生みだそうとしている、[9]と述べた。一九二八年の夏に行われた大統領候補指名の受諾演説でハーバート・フーバーは貧困の終焉を宣言した。拡大し続ける「新時代」の楽観主義はこんなところにも見られた。

アメリカの経済原則が変化し、パニックや周期的変動がすでに過去のものとなったとするならば、次はこれらの変化が株式市場に反映されなければならないわけである。企業収益が安定的に増加を続けていれば、これらの企業には高い価値が付与されなければならない。クーリッジが大統領に選出され、アメリカ史上最大の強気相場が始まった一九二四年、エドガー・ローレンス・スミスは『長期投資としての株』を著した。これは株は投機対象でしかないという一般通念を覆そうとした力作だ。アメリカの株式市場の歴史を考えれば、株は投機対象であるといった考えを持つのは理解できるが、これは長期投資として買った投資家に対して株の危険性を誇張するだけである、とスミスは述べている。スミスは一九世紀中ごろからの債券と株式のリターンの統計的分析を行い、その結果、株式が債券をアウトパフォームすることを発見した。特に、二〇世紀の最初の二〇年におけるインフレ期にはその傾向が顕著に見られた。スミスの結論は自明とも言えるものだった。たとえ株式を市場の高値のときに買ったとしても、投資したお金を取り戻せる期間が必ず存在する。[10] 統計学用語で言えば、一五年ベースで見ると、元本割れする可能性はわずか一％にすぎないということである。株式に関してスミスは「新時代」の論拠をいくつか添えて次のような結論を出した。「経営陣は株主の利害をより一層考えるようになり、投資に関する研究は進歩している。その結果、株のリターンは近い将来より一層高くなるだろう」とスミスは予測した。

スミスにとって株式の魅力は内部留保（企業が獲得した利益のうち配当として支払われない利益）の複利成長率だった。投資ライターのケネス・バン・シュトルムはこの議論を補足して次のように書いている――「債券は株式とは違ってインフレ期には購買力を失う」。スミスとバン・シュトルムがこのように書いたことで、大衆の株式市場投資に対する態度は一変した。この二人によってやがて「株カルト（the cult of the common stock）」と呼ばれるようになるものに対する知的フレームワークが形成された。

株価を収益のおよそ一〇倍と見積もり、期待配当利回りは債券の利回りよりも大きいとしていた古い評価方法は、将来の収益を割り引くという方式にとって代わられた。この方法によれば、将来の収益は割引率を使って現在価値に割り引かれる。したがって、例えば、一年間に支払われた一〇〇ドルは割引率として一〇％を適用すると現在価値は九〇ドルになるといった具合だ。割引評価法は不確実な将来の収益の推定値に依存するため、株式を評価する最も投機的な方法だ。ケインズが『雇用・利子および貨幣の一般理論』で書いているように、「将来的な利回りについてわれわれが予想するときに依って立つ基礎知識については十分に注意しなければならない。将来の投資利回りを支配する要素についてのわれわれの知識は微々たるものでしかない」。数年後、ベンジャミン・グレアム（投資家としてのキャリアをスタートさせたのは一九二〇年代）は利益を割り引くという方法を非難した。

……将来の展望という概念、特に将来的に成長し続けるといったものは、好みの株式の現在価値を求めるために高度な数学を用いた公式を使わなければならないといった事態を生じさせる。しかし、厳密な公式と非常に不明瞭な前提という組み合わせは、実質的に人が望むどんな価値でも、優れた銘柄であればどんなに高くても、その価値を正当化するために使われる……のれんや将来の収益力といった要素が重要であるほど、企業の真の価値は不確実なものになり、その銘柄は本質的により投機的要素の高い銘柄になるのである。……通常、数学は厳密で信頼のおける結果を導き出すと考えられているが、こと株式市場では数学が複雑で難解であるほど、それから導き出される結論は不確実で投機的要素の高いものになる。微積分といった高度な計算を見たときは……投資に見せかけた投機と考えるべきである。[11]

当時の人々はこの問題に気づいていた。一九二九年によく言われていたことは、市場は将来のみならずそれから先も割り引いている、という言葉だった。

評論家のなかにはこうした新時代における株式の価格付けに対して警鐘を鳴らす者もいた。「現在の妥当なリターンを捨てて元本の増加を期待して株を買うのは、純粋なる投機であってこれほど分かりやすいものはない。こういったものは投資とは言わない。なぜならこれは現在の安全を犠牲にして将来に賭けることを意味するからである」[12]とルイス・H・ヘイニーはノース・アメリカン・レビュー誌（一九二九年八月号）に書いている。同誌ではアラン・テンプルが市場が大天井に近づきつつあったときの投機心理を分析している。

株は本質的価値に基づいて買うことはできないので、これらの新時代の買い手は今から一年後にこうなってほしいと思う株価に基づいて買う。一年後に始まる競争で今から走り出せば不利になるのは否定できないが、競争はおそらくは一生続く。こうした長い期間で見れば、いま何ドルか高い価格で株を買うことになっても、結果にはほとんど影響しないと彼らは言う。不況になる可能性もそれほど懸念していない。新時代の今、大企業の将来は安定していると強く信じているからだ。

テンプルはE・L・スミスの論文を否定して話を締めくくっている――「将来を大幅に割り引いた価格で株を買うということは、最初に述べられた株投資の理論を修正する必要があるということであるが、修正すればおそらくはその理論の有効性は失われるだろう」[13]。これは何とも皮肉な話だが、金融市場という鏡の国では珍しいことではない。「効果が証明された」投資理論はそれに従えば有効性を失い、一九二〇年代の株式市場大ブームは、株は投機でもなければ特にリスクの高い投資でもないという統計学に基づく命題によって引き起こされたものだった。

新時代の議論はさておき、一九二〇年代後半に株式市場が上昇すると考えられた背景には確固たる理由があった。大統領執務室でうたた寝をするような怠惰なクーリッジ大統領は「自由市場に干渉しない」ことを哲学としていた。政府のイデオロギーが欠如するなか、ビジネスがあがめられた。「アメリカのビジネスこそがビジネスだ」とクーリッジは有名な言葉を残している。時の財務長官でフィラデルフィアの裕福な銀行家だったアンドリュー・メロンもこれに同意した。政府はビジネスを促進するために存在する、政府はビジネスそのものである、というのがメロンの考え方だった。メロンは所得税の上限を六五％から二二％に低減し、法人税は二・五％に低減、キャピタルゲイン税も低減することでビジネス環境を改善した。その結果、金持ちは株に投資するお金が増え、企業は税引き後利益が増え、投機による利益が増えた。

将来を抵当に入れる

一九二〇年代には金持ちはより金持ちになったが、労働組合は弱体化し、労働者は生産性が向上してもその恩恵にあずかることはなかった。ヘンリー・フォードのバトンルージュ工場では、武装した殺し屋を雇って集団行動を起こす従業員を脅した。経済的余剰のおこぼれにあずかることもできない労働者は、この一〇年間賃金がカットされ続けた。その一方で企業の利益は増加し、国民所得の増加に貢献した。しかし、資本主義はお金をため込む人と同じくらい消費者を必要とし、消費者の信用――割賦購入――が拡大してこそ需要は維持される。ラジオや冷蔵庫や自動車や衣類は、すべてクレジットで購入することができた。分割払い未払い額が六〇億ドルにまで膨れ上がった一九二〇年代の終わりには、小売販売の八分の一がクレジット払いであると推定された。[二] 現在の消費が予測利益によって賄われていることを考えると、割賦信用の拡大のなかには投機的要素があるのは確かだった。言い換えるならば、一九二〇年代の消費者は今すぐに楽しみが欲しいがために、将来を貪り食っていたということになる。しかし、将来がやってきたときには戸棚は空っぽだった。当時は、割賦購入は新時代の有益な進歩だとみなされた。すぐに収入が増加するため借金は必ず支払えると考えられたため、信用と消費は好循環を形成すると思われていたのである。

一九二〇年代にはもう一つ人気のある個人信用の源泉があった。それがマージンローンである。株式市場が上昇すると、投資家たちはマージンローンを増やして利益の一部を現金に換え、そのお金で収入の不足分を補った。一九二〇年代後半には株式市場の上昇に伴ってマージンローンも増えていった。[三] 一九二九年一〇月には、投資家に対する証券担保ローンと銀行ローンの合計はおよそ一六〇億ドルに達していた。これは、全上場株の時価総額のおよそ一八%に相当した。[14] これまでにも見てきたように、マージンローンは長い間アメリカの金融システムを不安定にする元凶だと考えられてきた。しかし、クーリッジ大統領は株式市場の信用が拡大しても気にもとめなかった。そして一九二八年一月、彼はマージンローンは不安材料とはならないと発表した。マージンローンは銀行預金や株価の上昇に伴って増大しているだけであるというわけである。

強気相場は続いていたが、それほど陽気にはなれない者もいた。一九二五年に金利を下げて株式市場ブームに火をつけたのは、パニックを阻止したと言われている首都ワシントンにあるＦＲＢだった。第一次世界大戦が始まる一九一四年以前の金本位制の時代の金とポンドの交換比率（平価）に基づいて、一九二五年になってから金本位制に復帰したイギリスは金の流出に苦しんでいた。ＦＲＢが金利を下げたのはこうした苦難にあえぐイングランド銀行を救うためだった。一九二七年の夏、ＦＲＢは再びイギリスの要求（フランスとドイツに支持された）をのみ、公定歩合を過去最低の三・五％に下げた。しかし投機は拡大を続け、ＦＲＢは方針を変えて、一九二八年二月から公定歩合を連続的に上げ、一九二九年八月には公定歩合は六％に達した。しかし、信用取引で株を買って得る利益は魅惑以外の何物でもなかった。市場が上昇しているかぎり、投機家たちはマージンローンを増やし続けた。金利が低すぎて投機を抑えることができなかったのが、ここに来てあまりにも金利が上昇したため経済全体（一九世紀には「正当な商取引」と呼ばれた）に影響を及ぼすようになった。一九二九年二月、ＦＲＢは各地の連邦準備銀行に、証券担保ローンは正当な資金供給ではないと警告したが、「道徳的説得」を通じて投機を抑えようとする試みに効果はなかった。

マージンローンがはびこり続けた理由の一つは、マージンローンがＦＲＢに反応しないアメリカ企業と外国銀行から提供されるようになっていたからである。[四] 企業は株式市場で資金を調達（これによっておよそ四％の配当が犠牲になる）し、余剰キャッシュをコールローン市場で一五％の利率で貸すことで利益を増やした。そして、株価は信用取引で株を買う投機家によって上昇した。コールローンの株式市場に対する影響は当時の人の言葉を借りれば、「本当に悪循環[15]」だった。

株の売り

一九二〇年代後半にはブローカーが急激に増加し、一九二八年と一九二九年の二年だけでおよそ六〇〇の支店がオープンした。八〇％を超える増加である。一九二九年の夏、ブローカー兼プールオペレーターのマイク・ミーハンはＲＣＡ（ラジオ・コーポレーション・オブ・アメリカ）の無線技術を使って大西洋航路で最初の支店を開いた。またアメリカの金融機関は株投資と証券担保ローンの無限の供給という新時代の手法に乗り、個人投資家に対して強引なやり口で株を売り始めた。

アメリカの商業銀行は証券の取り扱いは禁止されていたが、彼らは系列会社を使って法の目をかいくぐって株や債券を売った。第一次大戦後にこの方法を着想したのはナショナル・シティー銀行の頭取、チャールズ・Ｅ・ミッチェルだった。彼は大衆に証券を売るためにナショナル・シティー・カンパニーを設立した。元電気製品のセールスマンだったミッチェルは非常に商業的な方法で会社を運営した――証券をまず〝製造〟し、そのあとミッチェルに言わせれば、「コーヒーを売るように」分配する。潜在的な客は「見込み客」とみなされ、販売スタッフはナイトクラブ、鉄道の駅、バケットショップの外で客を待ち構えて絶対に買わせるように促された。親銀行の顧客を客にすることもあった。これは今では「クロスセリング」と呼ばれている。セールスマンに気を抜かせないために彼らにはノルマが課せられ、社内では売り上げコンテストが行われた。

第一次大戦後、アメリカは世界一の債権国になり、株式市場ブームとともに外国への投機的融資が爆発的に増加した。ナショナル・シティー・カンパニーは南米や中央ヨーロッパ諸国の高利回り公債をアメリカの投資家に売る販売業者として頭角を現すようになった。一九二八年、同社の内部リポートには「ブラジルの元ミナスジェライス州の当局者は非効率で愚か……外部からの長期借入に関してはまったくの無学で、不注意、そして怠慢」[五]と書かれているにもかかわらず、ブラジルのミナスジェライス州の公債を売った。こうして二流証券の売りは「ミッチェリズム」と呼ばれるようになった。

チャールズ・ミッチェルは強気相場の旗振り役となった。新時代の手法の賛同者として彼は、株式は債券と同じくらい安全だと大衆に吹聴して回った。一九二九年の夏から初秋にかけて、彼は飽くことなく強気を堅持した。八月、彼はスコットランドのライチョウの湿原からバーナード・バルークに「株式市場は繁栄の方向を指す風向計のようなものだ」というメッセージを打電した。数週間後、彼はドイツで、「アメリカの業界はいたって健全だ……上昇の動きを止めるものは何もない」と力説した。大暴落の前夜、彼は投資家に「株価はかなり下がっているが、株式市場はファンダメンタルズ的に何の問題もない……大衆は証券担保ローンに苦しんでいるだけである」[16]と断言した。株式市場が大暴落すると、彼は銀行の株価を買い支えようとして個人的にお金を借り入れ、何百万ドルもの損失を出した。ミッチェルは自分自身の宣伝文句を信じてしまったインチキ薬の行商のようなものだった。

投機プール

人口の五%が富の九〇%を支配している国では、当然ながら株式市場は裕福な投機家によって支配された。裕福な投機家グループのなかでも二つのグループが卓越していた。一つはビジネスマングループで、彼らは自動車産業で富を築き、そのお金を持って娯楽のために株式市場に参入した人々だ。オハイオ州立大学のチャールズ・アモス・ダイス教授によれば、彼らは重い伝統の鎧を身に着けて市場に参入したわけではないため、自由に投機活動をすることができた。[17]「デトロイトの群衆」と呼ばれた彼らの代表的人物が、自動車製造業者のウォルター・クライスラー、同族会社が自動車のボディーを生産していたフィッシャー兄弟、そしてゼネラルモーターズのジョン・J・ラスコブ取締役である。このグループのなかで最も異彩を放つ存在が、ゼネラルモーターズの創業者であるウィリアム・クラポ・デュラントだった。彼は自社株の投機で大金を失い、一九二〇年に会社を去ったが、そのあと相場師になり、株式市場で大玉の取引を展開した。一九二九年、デュラントの投資プールは四〇億ドル（今の価値で言えば三八〇億ドル）以上の株式を支配していると噂され、彼の投機による利益は一億ドル以上と推定された。デュラントは私生活では不可解な行動——どこへ行くにも折り畳み式の理髪店の椅子を携え、食事はすべて家で準備させ、仕事にも車で行った——を取ったが、彼の投機は分かりやすく、常に強気サイドだった。

投機家のもう一つのグループはアイルランド系アメリカ人のグループで、このグループにはボストン郊外のチェルシーという移民の街で育ったチャールズ・ミッチェル、同じくアイルランド系ボストン人で、ブローカーになる前はブロードウエーのチケット売りをして生計を立て、RCAの株式プールを二つ組織したマイク・ミーハン、ミーハンのRCAプールを運営していたトレーダーのバーナード・〝セレム・ベン〟・スミス、大暴落の前に株を売り払ったジョセフ・P・ケネディ（ジョン・F・ケネディの父）、カントリー・トラスト銀行の頭取で、ミーハンのRCAプールのメンバーでもあり、大暴落で財産を失い数日後に自殺したJ・J・リオーダンらがいた。ほとんどが貧しい家庭に生まれ、ワスプやドイツ系ユダヤ人からなるイーストコーストの金融エリートからは宗教ゆえに排斥され、身を立てるために大きなリスクをとることもいとわなかった。アウトサイダーとしての彼らの投機は一八世紀の金融ライターであるトーマス・モーティマが記述するとおりのものだった。「首には何の価値もないことが分かっていたため、自分の首に価値を置くことはなく、大胆な飛躍を試みる人々[18]」

一九世紀の株式市場は投機の操作を受けやすかったため、大衆は市場には寄り付かなかった。そんな市場での一九二〇年代のビッグプレーヤーたちの活動は、デュラントに提灯を付けて、そのおこぼれに預かりたいと思うアウトサイダーには魅力的に映った。株はプールオペレーターによって支配されているという噂がまことしやかにささやかれた。大衆の弱さを逆手に取ったあるプールオペレーターは新聞数社のジャーナリストに賄賂を配り、ストーリーをでっち上げさせた。マイク・ミーハンのRCAプールは一九二八年三月のわずか一〇日でRCA株を九五・五ドルから一六〇ドルにつり上げ、市場の強気ムードを復活させた。ミッチェルのナショナル・シティー・カンパニーは抜かりがなかった。一九二八年の終わり、同社はアナコンダカパーのプールに参加し、その株を高値で同社の顧客に売った。それから二カ月もしないうちに同社は一二五万のアナコンダ株を大衆に売りつけ、銅価格が二五％以上も下落しているにもかかわらず二〇〇〇万ドルを超える利益を上げた（アナコンダ株はその後、一二五ドルから四ドルを下回るまでに下落した[19]）。

会社の取締役がプールに参加することも多かった。アナコンダの会長と社長も、ナショナル・シティー銀行の取締役だったパーシー・ロックフェラーやジェームズ・スティルマンも、アナコンダ社の株式プールに関与していた。ウォルター・クライスラーは自社株プールを運営し、RCAの創始者兼会長の妻だったデビッド・サーノフ夫人もミーハンのラジオ株プールのメンバーだった。一九二八年の終わりに、一九二〇年代初期にティーポット・ドーム事件（ハーディング大統領政権下で起きた海軍所有の油田の賃貸をめぐる汚職事件）にかかわったオイルマンのハリー・T・シンクレアは、投機家のアーサー・カッテンとチェース・ナショナル銀行の系列会社であるチェース証券会社と投資銀行のブレア・アンド・カンパニーを雇ってシンクレア・コンソリデーテッド・オイル・コーポレーションの株価をつり上げさせた。この操作は成功し、シンジケートに一二〇〇万ドルの利益をもたらした。このときブレア・アンド・カンパニーとチェース・ナショナル銀行の頭取たちはシンクレア・オイルの取締役でもあった。一九二九年、NYSE（ニューヨーク証券取引所）に上場している一〇〇を超える企業の株が同じようなプール操作の対象になったと言われている。[20]

株の誇大広告

一九二〇年代終盤の株式市場プレーヤーの総数は、アメリカの人口一億二〇〇〇万人のうち一〇〇万人とも二〇〇万人とも言われたが、強気相場はこれらのプレーヤーの数を大幅にしのぐ大衆を引きつけた。J・K・ガルブレイスによれば、「一九二九年の株式市場投機について驚くべきことは参加者の数ではなく、それが文化の中心になっていたということである」[21]。株式市場はグローチョ・マルクス（コメディアン）、アーヴィング・バーリン（作詞・作曲家）、エディ・カンター（ジーグフェルド・フォリーズのコメディアン）といったその時代を代表する有名人やエンターテイナーをも引きつけた。彼らは全員、信用取引で投機をしていたが、最終的には財産を失った（チャーリー・チャプリンは非常にラッキーで、一九二八年に保有株を売り、そのあとは現金で保有した）。

狂騒の二〇年代における株式市場はアメリカ人にとって、その滑稽で皮肉めいた物質主義的性質がジャズエイジの時代精神を反映した世俗宗教のように映った。希望と幻滅を描いたF・スコット・フィッツジェラルドの『グレート・ギャツビー』は当時の世相をよく反映した小説である。主人公のジェイ・ギャツビーは自力で這い上がった野心家だ。ミッドウエスト（一九世紀の偉大な投機家たちが生まれた場所）で生まれたギャツビーは酒の密造・密売や偽造債券といった怪しげな手段によって貧乏から大富豪にまでなった。彼のロマンティックな夢は物質主義に由来する。彼の愛する良家の出のデイジー・ブキャナンは彼の言葉で「良家のお嬢さんの話し方をする」と表現されている。だから「お金持ちでなければデイジーを手に入れることはできない」。ギャツビーの退廃的なパーティーはペトロニウスの『サチュリコン』に登場するトリマルキオの饗宴に例えられている。「われわれはハエよりも劣っている。ハエにはそれなりの美徳があるが、われわれは泡以外の何物でもない」とトリマルキオの客の一人が言う。古代ローマのむなしさやフォーラムはロングアイランドやウォール街のむなしさにつながるものがある。「人間は泡である」の縮図とも言えるはかないギャッツビーにとって、ただ一つの夢を求めてあまりにも長く生きることは死を意味する。アメリカの投機家たちものちに同じ運命をたどることになる。

一九二〇年代は女性解放の時代でもあった。女性の雇用者数は第一次大戦以降ますます増加し、一九二〇年には参政権も与えられ、女性たちは社会的自由を謳歌していた。タバコを吸い、ラジオの音楽に合わせて踊り、禁酒法にもかかわらずカクテルを飲み、車のなかでのセックスを楽しんだ（ある牧師は「車の中の売春宿」と非難した）。株式市場ではこれまでかつてないほど女性たちは経済的特権を行使するようになった。一九二九年の春に発行されたノース・アメリカン・レビュー誌に掲載された記事「レディーズ・オブ・ザ・ティッカー」で、ユーニス・フラー・バーナードは「ウォール街がついに五番街にやってきた」と書いている。アッパーブロードウエーのホテルでは、女性のためにブローカーの特別室が準備された。バーナードは次のように伝えている。

毎日毎日五時間にわたって、アグレッシブでがらがら声の老貴婦人、ガムを噛むブロンド、宣教師教会の会議にでも出てきそうな萎縮したハイミスたちは、市場が開いてから古ぼけたティッカーマシンが最後のうなり音をあげる午後半ばまで、鉛筆を片手に市場を凝視し続けている。[22]

推定によれば、国の富の四〇%以上を女性が所有し、株式市場の売買高の三五%は女性によるものだった。アメリカの大企業の株主名簿には女性の名前が連なった。USスチールとゼネラルモーターズの株の三〇%以上、AT&Tとペンシルベニア鉄道（「ペチコートライン」と呼ばれた）の株の五〇%以上を女性が保有していた。ゼネラルモーターズのJ・J・ラスコブは「エブリバディ・オート・トゥー・ビー・リッチ」というタイトルのエッセーを発表するのにレディーズ・ホーム・ジャーナル誌を選んだが、これは女性の時代の到来を感じさせるものだった。「エブリバディ・オート・トゥー・ビー・リッチ」のなかでラスコブは、銘柄を賢明に選択し借り入れを利用することで、定期的な小さな投資は必ず大きな富に変わるだろう、と述べている。

実は強気相場の立役者は女性だったと言われている。「この一年間の女性投資家と女性投機家の増加は目を見張るものがあり、週を追うごとに増えている」とユーニス・バーナードは書いている。女相続人、速記者、ビジネスウーマン、主婦、農夫の妻、掃除婦、ウエートレス、電話交換手、料理人、洗濯婦と社会のあらゆる階層の女性が市場に参加した。「レディーブル」が大儲けしたという噂も広まった。女性は家のお金を使うので、どの小売業株や製造業株に投資すべきかは夫よりもよく知っていると言われた。彼女らは負けっぷりもよかった。ある女性投機家が金融ジャーナリストのエドウィン・ルフェーブルに語ったところによると、その女性は一〇〇万ドル失っていた――「投機は本当に素晴らしい。お金を稼ぐことがこんなに楽しいなんて今まで知らなかった」[23]。しかし一方では、女性客は「負けを認めたがらず、口うるさく、ロバのように頑固で、召使いのように疑い深い」[24]と言うブローカーもいた。女性の株式市場への関与をフェミニストの観点から論じた言葉もある。ユーニス・バーナードは次のように書いた。

女性たちはついに男性が最も興奮する資本家ゲームに参入してきた。彼女らは初めて興味のあるものを見つけ、自信をつけた。入場料を払ったのも初めてのことだ。彼女らが賢明なプレーヤーになれば、そして少しでも財力を持てば、彼女らはこの経済社会における女性に対する一般的な見方を向上できるように、参政権運動よりも激しく戦うだろう[25]。

銘柄選択

投機家たちのニューテクノロジーに対する夢をかなえたのが強気相場だった。自動車は経済繁栄のエンジンとして、そして投機の好みの対象として鉄道に取って代わった。自動車は国の文化と地理をも塗り替えた。道路は舗装され、ハイウエーが建設され、各家庭には増え続ける乗用車を収容するガレージが作られた。ガレージの数は一九二〇年代には七〇〇万から二三〇〇万に増えた。フォードのニューヨーク本社には一〇〇万を超える訪問者がニューモデルＡを見ようと押し寄せた。その興奮は株式市場にも反映され、ゼネラルモーターズの株価は一九二五年から一九二八年にかけて一〇倍以上も跳ね上がった。その躍進ぶりは新聞のトップページを飾った。一九二九年八月に富の普及を提唱したＪ・Ｊ・ラスコブは、一〇年前にゼネラルモーターズに一万ドル投じていれば今ごろは一五〇万ドル以上になっていただろうと述べた。[六]

大衆の興味が自動車を上回ったのは、一九二〇年にウェスティングハウスが初めて製造したラジオだった。無線技術は瞬く間に全国に広がった。ラジオの売り上げは一九二二年には六〇〇〇万ドルだったのが六年後には八億四三〇〇万ドルに増加した。新しい業界はラジオの最大メーカーであり、主要な放送局でもあったＲＣＡ（単に「ラジオ」と呼ばれることが多い）によって牛耳られた。ＲＣＡの収益は一九二五年の二五〇〇万ドルから一九二八年には二〇〇〇万ドルに増加し、株価も一九二一年の一・五ドルの安値から一九二八年初期には八五・五ドルにまで上昇した。その後、ミーハンのプール操作によって一九二九年には一一四ドルの高値に達し、ＰＥＲ（株価収益率）は七三倍、ＰＢＲ（株価純資産倍率）は一七倍になった。ＲＣＡは外部からの借り入れ金が非常に多く、配当は支払われず、買収を繰り返すことで会社規模は急激に拡大した。一九二九年にＮＹＳＥで最も売買高が多かったのがＲＣＡで、ＲＣＡは「放送界のゼネラルモーターズ」と呼ばれた。

一九二七年にチャールズ・リンドバーグが大西洋単独無着陸飛行に初めて成功すると、投機家の関心はまだ黎明期にあった航空機産業に向けられた。ライト・エアロノーティカル、カーチス、ボーイング・エアプレイン（一九二九年にユナイテッド・エアクラフト・アンド・トランスポートに改名）といった航空株が株式市場で頻繁に取引されるようになった。映画産業も投機家たちを引き付けた。ハリウッドがサイレントからトーキーの時代にシフトすると、大手スタジオは統合され、利益は急激に増加した。一九二八年一〇月、ジョセフ・ケネディはいくつかの映画会社を統合してメジャーな会社のＲＫＯを設立した。そして、翌年にはフォックス・フィルム・コーポレーションがレーブの映画館チェーンを七二〇〇万ドルで買収した。この買収のために借り入れた借金によって、株式市場大暴落のあとフォックスの株価は一〇六ドルから一九ドルに急落した。一般大衆の認識とは裏腹に、映画株は世界恐慌のときは振るわなかった。

資金借り入れの魅力

一九二〇年代の株式市場の最大の特徴は、投機的イノベーションをがむしゃらに追求することではなくて、負債を使って投資を増やし、利益を増大させることだった。投機家たちはマージンローンを使えば「何でも買う」ことができた。株の投機のために二五万ドル以上も借り入れたグルーチョ・マルクスは、銘柄を選択するのに金融アドバイザーの助けなどいらなかった強気相場時代のことを次のように回顧している。「目をつぶって、ＮＹＳＥのどんな銘柄でも指を指して買えば、その株は上昇した」[26]

資金の借り入れは個人投機家の信用取引だけにとどまらず、企業社会アメリカの金融構造のなかに組み込まれていった。公益事業会社や鉄道会社は「システム」（図らずもジョン・ローのミシシッピ「システム」と同名）と呼ばれ、幾層にも重なった借入金のうえに依って立つ巨大な持株会社に統合された。トーマス・エジソンの元秘書だったサミュエル・インサルはミッドウエストに巨大な公益事業ネットワークを構築し、タイヤ製造、靴工場、不動産へと事業を拡大した。投資トラストのインサル・ユーティリティ・インベストメンツは多額の借り入れをしていた多くの公益事業会社と株式を持ち合っていたため、公益事業会社の収益が少し上昇するだけで、持ち株会社の収益は不釣り合いなほどに増加した。[七] 利益は資産を高値で互いに売り合う子会社によっても「製造」された。インサルビジネス帝国の構造は高度な投資家にとっても複雑で分かりにくかったため、インサルは会社の株を顧客に直接売るようになった。

公共事業持株会社の狂乱は強気相場終盤を独占し、株価は一九二九年にピーク（ＰＢＲが四倍）に達し、配当利回りは一％を下回るまでに下落した。[27] 一九二九年一月、投資銀行のＪ・Ｐ・モルガンは国の電気の五分の一を生産していた持株会社のユナイテッド・コーポレーションに出資した。あとで分かったことだが、モルガンは約二〇〇枚の新株引受権を手に入れて、ユナイテッドの新株を固定価格で買う権利を提供し、ユナイテッドの株を市場を下回る価格で「好みの」顧客に優先的に配布していた。好みの顧客には、ナショナル・シティー銀行のチャールズ・ミッチェル、ゼネラルモーターズのＪ・Ｊ・ラスコブ、元大統領のカルビン・クーリッジらがいた。[八]

持株会社は公益事業会社以外にも広がった。オハイオ州クリーブランドで土地開発を行っていたバン・スウェリンゲン兄弟は持株会社の複雑な構造を利用してミッドウエストの多くの鉄道会社を合併させた。彼らのアレゲーニー・コーポレーションは山のような借金の上に建った会社で、この会社の出資者もまたＪ・Ｐ・モルガンだった。スウェーデンの「マッチ王」ことイーバル・クルーガーは独占権の世界チェーンを構築し、世界のマッチ生産の四分の三を支配した。巨額の負債を抱えた彼の持株会社クルーガー・アンド・トールはニューヨークで社債を発行して、資金を調達した。銀行の統合も進んだ。トランスアメリカ・コーポレーションは、カリフォルニアに拠点を置くバンク・オブ・イタリアとニューヨークのバンク・オブ・アメリカを傘下に置くＡ・Ｐ・ジャンニーニを吸収合併した。デトロイトではガーディアン・デトロイト・ユニオン・グループとデトロイト・バンカーズ・カンパニーという二つの持株会社が地方銀行の独占権を抑えていた。[九]

持株会社という概念が最も広範にわたって適用されたのが投資信託（インベストメントトラスト）の分野だった。投資信託（一九世紀の終わりにスコットランドで始まった）の目的は、ほかの会社の証券を保有し、個人投資家に低コストでプロの資産運用技術と分散効果を提供することだった。投資信託は強気相場ではうまくいった。一九二八年、二〇〇本を超える新しい投資信託が設立され、すべてを合わせた総資産額は一〇億ドルにも上った。三年前、アメリカの投資信託の総資本が五〇万ドルを下回っていたことを考えると、大躍進だった。一九二九年の最初の九カ月の間、営業日ごとに新しい投資信託が設立され、業界は二五億ドルを上回る証券を大衆に向けて発行した。

新時代の思いあがったレトリックで投資信託は大衆に売られた。一九二九年の夏に発表されたアービング・フィッシャー教授の論文によれば、「投資信託は投機による株価の上下動を抑えるのが大きな目的であり、市場の安定化に貢献する。投資信託は根本的な理由によって株価の上昇が見込まれるときには株式を買い、下落が予想されるときには売る。これによって株式は真の価値に近い価格で売られることになる」[28]。投資信託ポートフォリオでは株式を頻繁に入れ替えることが健全な運用だとされた。さらに投資信託が買えば株式に「希少価値」を与えるとも言われた。

しかし、実際には投資信託は株式市場に対して不安定さを増す要素にしかならなかった。投資信託は優良株に多大に投資し、余剰キャッシュをコールローン市場で貸し出した。これによって株に対する需要は増し、投機をさらに刺激した。彼らは利益を増やすために保有資産を担保に多額の借り入れを行ったため、株式市場のボラティリティは増大した。投資信託ポートフォリオにおける株式の頻繁な入れ替えは本質的価値に基づいた投資行動というよりも、飽くなき利益の追求にほかならなかった。新しい投資信託に出資した投資銀行はほかで売るのが難しい銘柄をポートフォリオに放り込んだ。その結果として投資家はジャンクのなかで分散化されることになった。最悪だったのは、投資信託のなかには系列会社の投資信託の株に投資しているものもあったことだ。ゴールドマン・サックス・トレーディング・コーポレーションの歴史がこれの格好の例である。一九二八年一二月に資本金一億ドルで設立されたゴールドマンの最初の投資は自社株への五七〇〇万ドルの投資だった。そして一九二九年七月、ゴールドマンはシェナンドー・コーポレーションを設立し、同社のかなりの量の株を保有した。一カ月後にはブルーリッジという新たな投資信託がシェナンドーから発売された。インサルなどの「システム」同様、これらの投資会社のリターンは借り入れとともに増加していった。大衆は最初はガルブレイス教授が「金融の近親相姦」と呼ぶこの運用方法に夢中になり、ゴールドマンの株価は簿価のほぼ三倍に上昇した。

しかし、当時の人々すべてが楽観的に考えていたわけではない。一九二九年の夏、ニューヨーク州銀行議会委員会の議長は、もし大暴落が発生すれば、ローンの担保として供与した株を銀行が取り上げたあと、投資信託株を持っている投資家にはほとんど何も残らないことを恐れた。[29] 著名な銀行家でＦＲＢの設立に尽力したポール・Ｍ・ウォーバーグは投資信託を「会社組織の株式プール」と言って相手にしなかった。ウォーバーグが危惧したのは投資信託だけではなかった。一九二九年三月、彼はコマーシャル・アンド・ファイナンシャル・クロニクル誌で次のように警告した。

痛みを伴って繰り返される歴史は投機の行きすぎは必ず過剰収縮と苦痛に終わることを人類に教えてくれた……投機の熱狂を許せば崩壊は確実で、投機家自身に影響を及ぼすだけでなく、国全体を巻き込んだ不況を引き起こすことになる。[30]

投機熱が引き起こす結果に危機感を抱いたのはウォーバーグだけではなかった。クーリッジ政権下で商務長官を務めたハーバート・フーバーも一九二六年初期から非公式に、過剰投機と過剰な割賦信用は国の長期的な繁栄を脅かしている、と警告し続けた。一九二九年初期に大統領就任が決まると、フーバーは投機問題を解決しようと試みた。彼としては株価の水準をこうせよああせよと命令するのは憲法上正しいことではないと感じていたので、彼は新聞に株価について、人々に警告するように促した。これまでずっと一貫して強気筋だったメロン財務長官は、大衆に株よりも債券を買うように勧めるように忠告された。しかしフーバーの忠告は、一八四五年の鉄道熱のときのロバート・ピール首相の忠告ほどの効果はなかった。フーバーが相談を持ち掛けた銀行家たちは新時代の哲学について彼に丁寧に教えた。一方では悲劇の予言者たちは「アメリカを叩く」のはやめろと言われた。

群衆の狂気

株のトレードで収入が三〇倍になるというのだから、株式の再評価には反対する声が多かった。一九二四年以降、株価は企業収益の三倍の速さで上昇してきた。しかし、ここに来て高い金利によって経済活動は減速し始め、賃金が上がらないため割賦信用は限界に達していた。さらに金はロンドンやベルリンからニューヨークに流れていたため、ヨーロッパは金利を上げることを余儀なくされ、アメリカからの輸出によってヨーロッパ経済は弱体化していた。一方、アメリカでは農産物価格が下落し、人口の大部分を占めるアメリカの農家の購買力は低下した。一九二九年八月のノース・アメリカン・レビュー誌は次のように報じた。

新時代が予言する企業合併、輸出の増加、人口の増加、新製品の増加に対して、われわれは反トラスト法の施行、ヨーロッパとの競争の激化、関税措置に対する報復、価格水準の低下、購買力の限界を視野に入れるべきである。[31]

しかし株式投機による増え続ける利益を前にしてこれらの指摘は何の効果もなかった。一九三二年版のチャールズ・マッケイによる『**狂気とバブル――なぜ人は集団になると愚行に走るのか**』（パンローリング）の序文で、バーナード・バルークは、一九二九年のアメリカの投機家の行動は群集心理そのものである、と書いた。彼はドイツ人脚本家シラーの言葉を引き合いに出した――「人は個人で行動するときはだれも良識を持ち合理的に考えるが、群衆の一員になるとたちまちのうちに大バカ者になる」[32]。フロイトと一九世紀の心理学者ギュスターヴ・ル・ボンは直接金融市場にかかわっていたわけではないが、彼らが行った群集心理についての初期の研究では、強気相場の思考様式によく見られる特徴があることを突き止めた。フロイトとル・ボンによれば、群衆の決定的な特徴としては無敵感、無責任、衝動性、伝染性、変わりやすさ、被暗示性、集団幻覚、知性の低下が挙げられる[33]。

群衆と株式市場には共通するほかの特徴もある。群衆も株式市場も不確実性と噂を糧にする。一般に群衆はリーダーを求める（フロイトはこれを「畏怖される原始の父」と呼んだ）が、このリーダーは「多くの人々が共有することのできる一般的な傾向や願望」に置き換えることができる[34]。『群衆と権力』（法政大学出版局）でエリアス・カネッティは次のように述べている――「お金は群集心理の形成に必要な関心と目的の的を創造することができる」。強気相場の背後にある力のように、群衆は本質的に不安定だ。群衆は均衡状態になることはなく、ダイナミクスにあおられて拡大したり縮小したりする。群衆が分散するときパニックに陥ることが多い。「これぞまさにパニックの本質である。パニックは脅威をもたらす危険とは何の関係もなく、ささいなことで発生することが多い」[35]とフロイトは書いている。

群衆の知性の低下は、人々が新しい情報をフィルターにかけて自分たちの信念に一致させようとする兆候を示すものだ。心理学者はこれを「認知的不協和」と呼ぶ。群衆の幻想に一致しない情報は耳障りなだけで、人々は報告者を非難したり、自分たちの考えに改宗させることでそれを避けようとする。レオン・フェスティンガーは『セオリー・オブ・コグニティブ・ディソナンス（Theory of Cognitive Dissonance）』で、人々は十分に魅力的な報酬によって動機づけられれば、意見の食い違いを容認する、と述べている。これは金融市場の文脈では、人々は投機によってすぐに利益を得られてもまだ利益に飢えているため、悪いニュースは無視するということになる。一八六〇年代のウィリアム・ファウラーのサークルでは投機家のこうした振る舞いが説明されている。「彼らはお金を儲けるという本来の目的を忘れて、ただ株価はまた上昇するに違いないと言って互いに元気づけ合った。株価については彼らの力ではどうすることもできない。間違っていることは分かっていたが、自分たちは正しいのだと自分に言い聞かせようとした[36]」とファウラーは書いている。

一九二九年の投機家たちはグループとして群集メンタリティーを示していたとするバルークの主張は、フロイトたちの分析に一致する。「群衆」メンタリティーはＮＹＳＥのフロアにそのルーツを見ることができるかもしれない。アフリカの部族の陣太鼓のように、最新の株価をカタカタと音をたてながらブローカーのオフィスに送り出すティッカーは、遠隔地から群集のスピリットを拡大させた。動きのあまりない夏の間、ニューヨークの金融街は一万人ほどの群衆であふれ、強気相場の末期に向けてカーニバルのような雰囲気を醸し出していた。くだけた感じの投機家グループが至るところに集まっていた。ラジオは強気の集団とは離れたコミュニティーのなかで鳴り響いていた。この強気集団はチャールズ・ミッチェルやマイク・ミーハンに率いられ、新時代の手法と株価の上昇を信じる集団信仰によって固く団結していた。一九二八年六月と一二月と一九二九年三月下旬に小さなパニックが発生したとき、強気集団はうまく再編成された。投機家は聞きたくない警告には耳を貸さず、自分たちは無敵なのだという信念を膨らませていることを指摘されるまで、自分たちのやり方を貫いた。彼らにとっての頼みの綱は、従者、運転手、牛飼い、女優、農家の主婦などが株式市場で莫大な富を手に入れたという多くの噂であって、論理的思考などかけらもなかった。フレデリック・ルイス・アレンは『オンリー・イエスタデイ――1920年代・アメリカ』（筑摩書房）のなかで一九二九年の夏に平均的なアメリカ人が陥った恍惚状態を次のように記述している。

彼は貧困のないアメリカ、コツコツ働く必要のないアメリカを思い描いた。彼には新しい科学と新しい繁栄のうえに築かれた魔法の世界が目に浮かんだ。道路にはおびただしい数の車が群がり、空が暗くなるほどの飛行機が飛び交い、山の頂上から頂上へ張られた高圧線は多数の省力化マシンへと電力を送り、かつては村だった場所には超高層ビルが立ち並び、幾何学模様の石とコンクリートでできた巨大な都市が現れ、交通は完全に機械化されてうなりを上げる。そしておしゃれな格好をした男と女が、一九二九年の遠い昔、未来を予見する洞察力で勝ち取ったお金を使いまくる。[37]

悪の根源

フェスティンガーによると、痛みが利益を上回るまで群衆の認知的不協和の状態は続く。株式市場の言葉で言えば、これは損失を出す恐怖が利益に対する強欲さを上回る瞬間ということになる。その瞬間に達したのは一九二九年九月三日のことだった。この日、ダウ平均は年初来の高値を付けた。その翌日、全国ビジネス会議の年次総会で投資アドバイザーのロジャー・バブソンは株式市場の大暴落が近々起こることを予言した――「工場は閉鎖され……男たちは職を失い……悪循環はどんどん進む。その結果、深刻な不景気がやってくる」[38]。彼の予言に新時代の支持者はカンカンになって怒った。シャレにもならなかった。ある新聞はバブソンのことを「死の予言者」と呼んだ。別の新聞は「バブソン的思考の発作」を起こしていると報じた。また、株式ブローカーはバブソンは二年前にも同じ予言をしていたことを指摘した。アービング・フィッシャー教授は象牙の塔から現れて、今の株価水準を正当化し、大暴落の可能性を否定した。しかし、このときすでに市場はバブソンの予言に耳を傾けているかのようにいきなり弱まり、新時代の訴えは突然、説得力を失った。

投資信託は九月に記録的な六億ドルの新証券を発行したが、株式市場はその月は依然として弱まったままだった。市場は徐々に悪いニュースに耳を傾けるようになった。九月半ば、詐欺行為が発覚しクラランス・ハットリー帝国が崩壊したという知らせがロンドンから届いた。それを受けてイングランド銀行はすぐさま金利を上げ、イギリスの投資家はアメリカへの投資をやめて、資本を本国に送還し始めた。一〇月四日、ゼネラルモーターズ社長のアルフレッド・スローンは車の売り上げが突然落ち込んだのを見て、「拡大の終焉」はもう目の前であると述べた。それから一週間後、マサチューセッツ公益事業部は、投機家がすでに株価を本質的価値以上につり上げていることを理由に、ボストン・エジソン・カンパニーの四対一の株式分割を却下した。そんなとき、有名な投機家であるジェシー・リバモア率いるベアプールが空売りで市場を下落させる準備をしているという噂が浮上した。リバモアの元には郵便袋いっぱいの殺人予告が届き、彼は噂を否定する声明を出した。

九月の初め、ウィンストン・チャーチルが講演旅行のために訪米していた。元大蔵大臣のチャーチルは投機家（マールバラ侯爵夫人のサラ・チャーチルとレナード・ジェローム）の子孫であるばかりでなく、今の強気相場の主要プレーヤーとつながりがあった。彼はニューヨークでは数々の株式プールのメンバーであるパーシー・ロックフェラーの屋敷に滞在し、バーナード・バルークと夕食を共にした。彼は最近、原稿料や講演料として得た二万ポンドを使って株を信用買いすることでアメリカへの訪問を景気づけした。一〇月二四日の木曜日、チャーチルがウォール街を歩いていると、見知らぬ人にＮＹＳＥのギャラリーに連れていかれた。二カ月前にニューヨーク市長のジェームズ・ウォーカーが訪れ、彼が「世界の八番目の不思議」と呼び、今なお続く強気相場を目の当たりにした場所だ。[39] しかしその日の光景は違っていた。チャーチルが訪れたのはのちに暗黒の木曜日と呼ばれるようになる日だった。

チャーチルの目の前で展開するパニックは原因がはっきりしなかった。前に起きたパニックとは違って、マネーマーケットの引き締めが先行して行われたわけでもなく、銀行やブローカーや企業の倒産が引き金になったわけでもなかった。しかし、パニックは発生した。市場が開いてから三〇分で多くの銘柄は一〇ポイントも下げた。買いが入らないため「エアポケット」に突入して突然下落する銘柄もあった。午後一時にはティッカーは一時間半遅れになっていた。このパニックには超現実的な雰囲気が漂っていた。チャーチルは大混乱を予想したが、取引所のルールによってメンバーは走り回ったり叫んだりすることはなかった。

彼らはまるで混乱したアリ塚のスローモーション映像のように、行ったり来たりしながら、前の価格の三分の一、現在値の半値で山のような売り注文を出していたが、何十分たっても彼らが出した確かな利益を得られるほどの売り注文にも、買い手は一人も現れなかった。[40]

主要な銀行家たちがＪ・Ｐ・モルガンのオフィスに集まり、株を買って市場を安定化させるための資金を提供したあと、事態は収まった。株価平均は取引終了までにはそれほど大きく下げなかった（ダウ平均はわずか六ポイント下げた二九九ドルで引けた）が、ＮＹＳＥではおよそ一三〇〇万株の売買高になった。その日の売買高は、通常の日の三倍、今までの最高記録の二倍以上になった。

暗黒の木曜日は前のバブルで暴騰した金融資産の無秩序な清算の始まりにすぎなかった。次の二営業日は比較的静かだった。週末はブローカーの社員はデスクで未処理のペーパーワークに追われ、顧客に請求する追証の計算をした。大惨事が発生したのは一〇月二八日の月曜日だった。ダウ平均は三八ポイント下げて二六〇ドルになった。これは史上最大の下げだった。ティッカーマシンの出力は大引けでは三時間も遅れていた。その日は終日にわたってコール市場に資金を提供していた海外や企業の貸し手がコールローンをあわてて引き揚げた。

一〇月二九日の火曜日に株式市場が開いた瞬間から売り注文が殺到した。追証を受けた投機家たちが株式を売り始めたからである。数日前にチャーチルが見た落ち着きはもうどこにもなかった。取引所のフロアではあるブローカーはメッセンジャーの髪をつかみ、別のブローカーは狂ったように叫びながら、フロアから姿を消した。ジャケットは破られ、襟は引きちぎられ、事務員は錯乱状態に陥り、互いに罵り合った。パニックは市場が依って立つテクノロジーが崩壊すると、さらに悪化した。大西洋横断ケーブルが断線し、ティッカーは故障し、電話は問い合わせが殺到してダウンし、電報は全国に送られるブローカーの大量の追証連絡を処理しきれなかった。ニューヨークではウエストユニオンは電報を送るのにタクシーを雇わなければならなかった。市場が引けると、ティッカーは陰鬱なメッセージを二時間にわたってカタカタとたたき続けた。ダウ平均は三〇ポイント下げて二三〇ドルになっていた。売買高はなんと一六五〇万株にも上った。この日は「百万長者大虐殺の日」と呼ばれるようになった。

暗黒の火曜日は魅力的な銘柄が最大のダメージを受けた。月曜日に一九ドル下げたＲＣＡは取引開始から最初の二時間で四〇・二五ドルから二六ドルに下落（この時点でピークから七五％を超える下げ）し、ゴールドマン・サックス・トレーディング・コーポレーションは六〇ドルで寄り付き三五ドルで引けた。ゴールドマン・サックスの系列投資トラストのブルーリッジは数週間前には二四ドルだったのが一〇ドルに下がり、最終的には三ドルになった。Ｊ・Ｐ・モルガンが出資したユナイテッド・コーポレーションは二六ドルから一九・三〇ドルに下落した。銀行株はもう目も当てられない状態だった。ニューヨーク・ファースト・ナショナル銀行は五二〇〇ドルから一六〇〇ドルに、ナショナル・シティー銀行は、チャールズ・ミッチェルが株価を買い支えるために一二〇〇万ドルを個人的に借りて延命工作を行ったにもかかわらず四五五ドルから三〇〇ドルに下落した。パラマウント、フォックス、ワーナーブラザーズといったハリウッド株も撃沈した。ほとんどの銘柄は買い手がつかなかった。取引所のあるメッセンジャーボーイがホワイト・ソーイング・マシン・カンパニーの株をまとめて買ったと伝えられているが、同社の株価はその年の初めには四八ドルだったのが、前日には一一ドル台で引け、最終的には一ドルにまで下落した。[41]

大恐慌に発展

アメリカは株式市場の苦境にユーモアのセンスで向き合った。暗黒の火曜日の翌日、ジョン・D・ロックフェラー卿が息子とともに「健全な株」を買うことを発表すると、市場は落ち着きを取り戻した。これに応えたのが一〇〇万ドルの損失を出したと言われるエディ・カンターで、彼はブロードウエーの脚光を浴びながら、「もちろんだとも。お金の残っている人は自分以外にだれがいる?[42]」と言った。共同名義口座を持っていた二人の投機家が手を握って橋から飛び下りたとか、ホテルのフロント係は新しく到着した客に「お休みになりますか、それとも飛び降り自殺しますか[10]」と尋ねるといった自殺伝説を広めたのはカンターだった。彼はまた、株価大暴落のあと女性のスカート丈が長くなったとも言った。スコット・フィッツジェラルドによれば、ジャズエイジは「華麗な飛び降り自殺」を図った。さらに厳しさを増す時代はもうそこまでやってきていた。

株価は一一月の半ばまで下がり続けたが、フーバー政権は大暴落の後遺症を和らげるべくすぐに行動に出た。大統領の公式発表は一貫して楽観的だった。彼はビジネスリーダーたちを集め、需要を維持するために賃金は下げないように要請した。民間企業も公共団体も建設計画を進めるように要求され、メロン財務長官は一一月に小幅減税を発表した。銀行当局の動きも素早かった。一〇月三一日、ＦＲＢは公定歩合を五％に引き下げた（その二週間後にはさらに〇・五％引き下げた）。ニューヨーク連邦準備銀行は、九月から一一月にかけてマージンローン残高が五〇％減少したため、コールローン市場で大きなシフトがあるだろうと予測した。海外や企業のコールローン市場からの資金引き揚げは止まらず、彼らに代わって資金提供してきたのはニューヨークの銀行で、彼らはローン金利を低く抑え、委託証拠金も二五％に減らした。市場大暴落の直後、ミシガン州のフリント産業銀行が従業員が徒党を組んで三五〇〇万ドル盗み、それを株式市場で擦っていたことが発覚したあと閉鎖した以外、銀行やブローカーの大きな倒産はなかった。アメリカ企業もまた人々を安心させるべく最善を尽くした。暗黒の火曜日の翌日にはＵＳスチールとその他数社は配当を上げることを発表し、シアーズ・ローバックのサミュエル・ローゼンウォルドとサミュエル・インサルは従業員の証拠金口座を保証することを宣言した。一一月一四日にゼネラルモーターズが特別配当を発表すると、これが好材料となりダウは安値の一九八ドルから抜け出し、次の数日間でおよそ二五％上昇した。

楽観ムードはまたすぐに広がった。市場が反騰した日、バーナード・バルークはチャーチルに、金融危機は終わったと電報を打った。しかし、大暴落で一万ポンド（今の価値で言えば三〇万ドル）の損失を出した未来の首相のチャーチルにとっては何の慰めにもならず、以降数年は質素な生活を強いられた。バルークのありきたりな意見は、大暴落で再び買いのチャンスが巡ってきたと信じる小口の投機家の多くが共有する考えだった。ニュースは明るいものばかりだった。株式市場の売買高は一日五〇〇万株から六〇〇〇万株と活況を呈していた。企業の多くは前年の記録的な収益を発表し、銀行と公益事業の合併は依然として続き、不動産ブームも続いた。銀行大手の自己資本も充実し、人々はこれに胸をなでおろした。ニューヨークではJ・J・ラスコブによる一〇〇階建てのエンパイヤ・ステート・ビルの建造計画が進み、彼はこのビルを「地に足をつけて空に手を延ばす地[43]」のシンボルになるだろうと言った。世界一高いビルを建てるという彼の野望は、三四四メートルのビルを建てていたウォルター・クライスラーとの競争に直面する。一方、ウィリアム・クラポ・デュラントは新しく組織した株式プールで忙しかった。一九三〇年三月、フーバー大統領は「史上最悪の大暴落が雇用に与えた影響は今後の六〇日で過去のものになるだろう[44]」と発表した。翌月になると、ダウ平均は三〇〇ドルの大台を超え、大暴落後の最安値から五〇％近くも上昇した。

しかしこの「サッカーラリー（suckers rally）」（一時的な上昇）は一九三〇年の春に突然終了し、市場は再び下降し始め、これは一九三二年の夏まで続いた。このときダウは四一・八八ドルの最安値を更新し、売買高は四〇万株を下回った。この間、アメリカのＧＮＰ（国民総生産）は一九二九年の水準から六〇％も下落し、失業者は一二五万人にまで増加し、非農業労働人口の三分の一が失業した。

国が不況に沈むと、ビジネスマンの神格化も終焉を迎えた。一九三二年三月、スウェーデンのマッチ王のイーバル・クルーガーがパリのホテルで自殺した。多大な負債を抱えてビジネス帝国が崩壊し、彼自身の詐欺行為も発覚したためだった。翌月、サミュエル・インサルのミドル・ウエスト・ユーティリティーズが破産し、彼はアメリカから姿を消した（のちに裁判を受けるためにアメリカに戻り、詐欺行為では無罪となった）。また、ゴールドマン・サックス・トレーディング・コーポレーションの取締役たちも会社の資産を浪費したかどで裁判にかけられた。チャールズ・ミッチェルはナショナル・シティー銀行を辞任に追い込まれた。ナショナル・シティーの株価は一九二九年のピーク時の四％まで下落していた。一九三四年に彼は所得税の脱税で起訴された。ウィリアム・クラポ・デュラントの保有株は一九三〇年の終わりにディーラーによって売り尽くされ、一九三六年に破産宣言した。負債は一〇〇万ドルにも上った。その後短期間ではあったが、彼はニューヨークのレストランで皿洗いとして働いた。一九〇七年のパニックで最初の富を築いたジェシー・リバモアは推定三二〇〇万ドルという損失を出し、一九三四年三月に破産宣言した。六年後、彼はニューヨークのシェリーネザーランドホテルのトイレでピストル自殺した。一九三二年に市場が底を付けたとき、ＲＣＡの株価は二・五〇ドルで、三年前の大天井の一一四ドルから大幅に下落していた。ＮＹＳＥのラジオ株のスペシャリストだったマイク・ミーハンは大暴落で四〇〇〇万ドルの損失を出したと言われている。彼の取引所会員権は売りに出され、大西洋航路のブローカー支店も閉鎖された。一九三六年、ミーハンは精神病院に収容された。

彼らは世界大恐慌を招いた元凶だと言われた。一九三三年三月の大統領就任演説でフランクリン・デラノ・ルーズベルトは国民に向けて次のように演説した。

富が目の前にあるのに、まさしく供給面の問題により存分に活用できなくなっている。これは財貨の取引を司る者らが頑迷かつ無能であるがために失敗し、己の失敗を認めて逃げ出したからである。金融業者の悪辣な行為は心底から忌避され、世論という法廷に立たされている。

確かに彼らも努力はしたが、それは時代遅れの方法に基づく努力であった。信用崩壊に直面した彼らが提案したことといえば、融資額の増加のみであった。利潤を餌にして偽りの指導力に従うよう国民を誘導するという手法が使えなくなった彼らは、泣き落としで信頼を回復しようとしている。彼らは利己主義者の法則しか知らないのである。彼らに展望はなく、展望がなければ、滅びるのみである。

金融業者は、われわれの文明という殿堂における高座から逃げ出した。今こそ、その殿堂に古き真理を甦らせようではないか。復興の程度は、われわれが単なる金銭的利益よりも崇高な社会的価値をどこまで重視するかに懸かっているのである。

「金融業者」という言葉よりも「投機家」という言葉を使ったほうが大統領の意図がより明確になったと思われるが、時は新大統領が激怒したキリストの役割を演じて天罰を下すときであったため、「金融業者」という言葉のほうがしっくりきたのだろう。わずか一年前の一九三二年の夏、経済個人主義の失敗と世界恐慌に対するウォール街の責任をうやむやにしたことを批判してルーズベルトは大統領選挙に出馬した。フーバーは冷酷なレッセフェール（自由放任）主義者で、新時代の共和党員だと批判された（フーバーは経済の立て直しを図ったが結局は失敗した。しかし彼の不断の努力が評価されないのは不当としか言いようがない）。一九三二年の春、銀行・通貨上院委員会が一九二〇年代のウォール街の活動について調査を始めた。委員会の顧問でシシリア出身のフェルディナンド・ペコラは一九二〇年代の著名金融家たちを尋問し、彼らの不正を暴いた。プール、市場操作、インサイダーの優遇、アウトサイダーの締め出し、脱税、過度の報酬などが苦境に瀕している大衆に暴露された。ペコラは、「取引所はカジノと化し、アウトサイダーが勝ち目のない戦いを強いられた[45]」と結論づけた。

ルーズベルトの大統領就任一期目では投機家がこれまで謳歌してきた自由を規制する数々の対策が打ち出された。証券業務と商業銀行業務は一九三三年のグラス・スティーガル法によって分離された。将来的には商業銀行の資本と貸出業務は株式市場の上下動には影響されなくなり、顧客も二流証券をつかまされることはなくなる。一年後、証券取引所法が制定され、株式プール、インサイダー取引、市場操作が禁止された。ＦＲＢはマージンローンを規制する権限を与えられ、マージンローンは最大で担保となる株式の五〇％に制限された。さらに資本市場を監視し、「不必要で愚かで破壊的な投機」を禁止するためにＳＥＣ（証券取引委員会）が設立された（ルーズベルトは初代委員長にジョセフ・ケネディを任命したが、ケネディ自身数々の株式プールのメンバーであったためこの人事に対しては反発が強かった）。空売りが市場の信頼を失墜させるとして、フーバーを含むあらゆる人に批判された弱気派の投機家の活動は「アップティックルール（直近の売買が約定した価格を下回る水準での空売りを禁止する）」によって制限された。

ルーズベルトのニューディール政策は、一九二〇年代の自由奔放な個人主義を否定し、政府が市場経済に積極的に関与する政策に転換した。ルーズベルトは福祉政策、住宅・雇用プログラム、銀行預金保険、価格・収入政策、最低賃金法などの政策を矢継ぎ早に打ち出した。株式、債券、土地、商品への投機は経済において、もはや主要な役目を果たさなくなった。こうしたその場しのぎの政策の多くはケインズが一九三六年に出版した『雇用・利子および貨幣の一般理論』を参考にしたと言われている。投機家と市場には資産を合理的に配分する機能があると考えられていたが、ケインズはこれを否定した。「最近の経験にかんがみれば、社会に利益をもたらす投資政策と最も儲かる投資政策が一致するという証拠はない」と主張した。同書のなかで最もよく引き合いにだされるのは次の下りだろう。

事業の安定した流れがあれば、そのうえに泡として投機家がいても害はない。しかし事業のほうが投機の大渦における泡になってしまうと事態は深刻化する。ある国の資本発展がカジノ活動の副産物になってしまったら、おそらくはまずいことになる。[46]

ケインズはこの主張の裏付けとして、最近のウォール街の歴史を引き合いに出した。ウォール街は新しい投資を最も利益の出るチャネルに向けることに成功したが、それは自由主義的資本主義の勝利とは言えないとケインズは述べた。ケインズは、投機の悪を是正する方策として、投資家が長期的な視野に立って投資するように促すために、株式市場取引にキャピタルゲイン税を課すという懲罰を与えることを提案した。投機家の特徴ともいえる「アニマルスピリット」とは無縁で、したがって単なる利益よりも社会的な利益を一番に考える国家は投資家としてより一層重大な役割を持つようになることをケインズは予見した。少なくともヨーロッパでは国営化の時代が到来しようとしていた。

大暴落の結果として、投機家をスケープゴートにするこの考えにすべての経済学者や歴史家が賛同したわけではない。マネタリズムを主唱した経済学者のミルトン・フリードマンは、「一九二九年に起きた株式市場の大暴落は由々しき事件だが、世界恐慌を引き起こしたのは株式市場の大暴落ではなく、その大暴落が大恐慌を厳しいものにした主要な要因でもなかった」[47]と述べた。フリードマンと『マネタリー・ヒストリー・オブ・ザ・ユナイテッド・ステート（Monetary History of the United States）』（抄訳として『大収縮１９２９－１９３３「米国金融史」第７章』［日経ＢＰクラシックス］）の共著者であるアンナ・シュワルツは、過度な規制を敷いた金融政策に従い、一九二九年八月から一九三三年三月にかけて貨幣ストックを三〇％も減少させたFRBこそ悪の根源だと批判した。フリードマンとシュワルツによれば、第一合衆国銀行（ザ・バンク・オブ・ザ・ユナイテッド・ステーツ）が不必要に倒産させられた一九三〇年の秋に最初の銀行危機が発生したあと大恐慌は深刻化した。しかしこの分析は、初期の大手銀行（デトロイトの銀行と第一合衆国銀行）の倒産の主な原因が、彼らの証券子会社の土地価格の下落と株式市場での損失によるものだったことを軽視しているように思える。銀行危機を引き起こしたのはこれらの銀行の倒産だったのである。一九八〇年代のバブル経済のあと日本の銀行が経験（第九章を参照）したことからも、一九三二年の銀行危機は前の時代の投機に直接的な原因があったことが分かる。

チャールズ・キンドルバーガーはもう少し国際的な視点から見て、大恐慌は商品価格の下落（第一次大戦以降の過剰生産による）とアメリカがヨーロッパの国々に対して最後の貸し手としての役割を果たさなかったことが原因だと述べた。フーバー政権はローンに代わって関税を導入した。これによって報復合戦が始まり、世界中で競って通貨の切り下げが行われた。ほかの経済史家たちは大恐慌は一九二〇年代から一九三〇年代初期まで行われた金為替本位制による柔軟性の欠如が原因だと主張した。[48]

アメリカのエコノミストであるマレー・ロスバードはハーバート・フーバーの政策がルーズベルトの主張どおりにレッセフェールだったからではなく、レッセフェールが不十分だったたことが大恐慌を引き起こした原因であると述べた。フーバーの重大な過ちは、「労働者、株式、農民、不動産などを清算すれば、大恐慌は有益なものになる」[49]というメロン財務長官の助言を無視したことであるとロスバードは言った。メロンの言わんとしたことは、「市場は下がりきるまで下げるに任せておくべきである。そうすれば、需要は戻り経済は再生する」ということだった。しかしフーバーはメロンの助言を無視し、資産や商品価格が下落しているのに賃金はそのままを維持させた。これによって失業率が上昇し、ＲＯＣ（資本利益率）は低下し、再投資ができなくなった。「大恐慌の罪を自由市場経済になすりつけるのではなくて、しかるべき人々に罪を背負わせるべきである。政治家、官僚、〝良識ある〟エコノミストたちこそ罪を背負うべき人々である」[50]とロスバードは結論づけた。

これでは不十分と言わんばかりに、ハーバート・フーバーは、一九三二年の選挙運動中に大衆の恐怖と不信をあおり、これから行おうとするフーバー政権の救済措置に協力しなかったとしてフランクリン・ルーズベルトと民主党を責めた。実は最近、フーバーを支持する者が現れたのだ（バリー・ウィグモア著『ザ・クラッシュ・アンド・イッツ・アフターマス［The Crash and Its Aftermath］』）。それはバリー・ウィグモアだった。彼はルーズベルトの一九三二年の演説と金本位制を保証しなかったことが大衆のお金のため込みを促し、一九三三年初期の金融危機を招いたのだと主張した。ウィグモアは、ルーズベルトは大暴落を大恐慌の原因としての象徴的地位に引き上げた張本人である[51]、と結論づけた。

大暴落と大恐慌との関係は経済史のなかで最もよく議論される問題の一つである。この議論は、市場は政府によって統制されるべきなのか、それとも市場の好き勝手にさせておくべきなのかにかかわってくるため政治色が強く、したがってすべての当事者が満足する回答が得られることは絶対にない。ルーズベルトが示したように、大暴落と経済危機の因果関係をほのめかすことで政治家は有権者から支持を得ることができた。ルーズベルトはその因果関係を利用して、ニューディール政策を正当化したのである。一世代ののち、銀行危機も大恐慌も株式市場の崩壊が引き起こしたものではないとするフリードマン教授の主張は、ルーズベルトの遺産を覆したかったレーガン共和党に熱烈に支持された。

大暴落とそれに続く資産価値の下落は人々の期待に大きな影響を与えたことが当時の人々の記録から分かる。「エコー・フロム・ザ・ジャズ・エイジ（Echoes from the Jazz Age）」（最初に発表されたのは一九三一年一一月のスクリブナーズ・マガジンのなか）というタイトルのエッセーのなかでスコット・フィッツジェラルドは、ジャズエイジは大暴落とともに終わった、と述べている。

史上最も高くついた乱痴気騒ぎは終わった。それを支えていた信頼が大きく揺すぶられ、もろい構造が崩壊するのに時間はかからなかった……それはいつ終わってもおかしくなかった。国家の上位一〇％の人々が貴族のように何の心配もなく、コールガールのように何事にも無関心で生きていられる時代なんてそうそう長く続くはずがないのである。[52]

市場が大暴落すると幸福な未来像は消え、アメリカ人たちは先の見えない状態に陥り、一九三〇年代初期の困難な経済状態に対する準備もなかった。『オンリー・イエスタデイ――1920年代・アメリカ』のなかでフレデリック・ルイス・アレンは大恐慌を「一九二九年の繁栄からの深い心理的反応」と述べている。

繁栄は経済的な状態というよりも、心の状態を指す。大きな強気相場はアメリカ人の集団思考と集団感情におけるサイクルの絶頂を超えるものだった。国中の男も女も生活様式が繁栄に影響されない者はいなかった。そして今、希望は突然激しく打ち砕かれ、その影響を受けない者もいない。大きな強気相場が消え、繁栄も消えた今、アメリカ人はこれまでと住む世界がまったく違ってしまったことにすぐに気づくだろう。新しい世界では新たな調整、新たなアイデア、新たな思考習慣、新たな価値秩序が求められる。[53]

一九二〇年代終わりのアメリカ経済の実態は将来の不安定なビジョンに依存していた。大暴落のあと、新時代の哲学のどの教義もウソだったことが分かり、アメリカ人は経済システムをうまく運営していくうえで必要な将来に対する自信を失った。ジョージ・オーウェルが言うように、「貧困の本質とは未来への希望を握りつぶすということである」。資産価格が下落して銀行システムが崩壊したとき、それまでの一〇年の楽観主義は恐怖の心理に取って代わられた。おそらくはだれかが言ったように、狂騒の二〇年代は道徳的に退廃した時代であり、天罰を受けて当然だった。しかし、それは同時に人々が夢を見、未来を信じ、起業家はリスクに対して意欲的で、個人の自由を信じた時代だった。こうしたアメリカ的思考は一九二九年一〇月に打ちのめされ、大恐慌によって消滅した。しかしアメリカは必ず復活する。

追記――ニューパラダイムとウォール街での一九二〇年代の復活

一九九〇年代、アメリカでは一九二〇年代の強気相場に非常によく似た現象が再び発生した。ダウ平均は一九九〇年の二三六五ドルから、一九九九年三月には三二〇%以上も上昇して一万ドルの大台に乗せた。一九二〇年代と同じように、最近の投機の増加はそもそもは一九九〇年代初期に実施されたＦＲＢの金利の引き下げが発端だった。[三] 一九九〇年代の経済成長は情報技術の急激な発展によるものだった。これは一九二〇年代に自動車が経済成長を促したのと同じである。アメリカ企業の収益も向上した。これは労働組合が賃金の値上げ交渉をやり遂げられなかったからである。前と同じように労働者たちは商品をクレジットカードで買い、消費を続けた。この無節操によって一九九七年には一〇〇万人のアメリカ人が破産宣言した。

一九九〇年代の強気相場のときは政権は民主党が握っていたが、議会は共和党が牛耳り、「新しい民主党」が政治の中心になった。これはつまりホワイトハウスから発せられる政策はフランクリン・ルーズベルトの政策よりもカルビン・クーリッジの政策に非常に近いことを意味した。反トラスト法による締め付けが緩まったため、企業の合併は一九二〇年代よりもはるかに大々的に進められた。さらに一九三三年のグラス・スティーガル法による証券業務と商業銀行業務の分離も非難にさらされた。

一九九〇年代の中ごろには、一九二〇年代の「株カルト（the cult of the common stock）信仰」をもじった「株式信仰（the cult of equity）」がはっきりと見られるようになった。五〇〇〇万人のアメリカ人が株を保有し、バー、ゴルフ場、クラブ、ジム、美容院、テレビのトーク番組など、どこに行っても株式市場の話題でもちきりだった。プレイボーイ誌では、投資信託の特集が組まれたほどだ。フロリダの小学校では「物質的な豊かさと株式市場」という授業が新たに設けられた。子供たちのモデルポートフォリオは六カ月で三〇％以上も上昇し、みんなは株式ブローカーになることを夢見た。公共放送のウォール・ストリート・ウイークというテレビ番組の司会者であるルイス・ルーカイザーがラスベガスで開いた投資セミナーには一万人の参加者が押し寄せた（番組ではルーカイザーは「信念」を持つ投資家を褒めたたえた）。ビジネスチャンネルのＣＮＢＣの視聴者も急増した。一九九八年にはアマチュアの株式市場プレーヤーたちが集まってアイデアや情報を交換し合う投資クラブは三万七〇〇〇を超えた（一九九九〇年代の初期は六〇〇〇〇しかなかった)。

一九二〇年代には投資信託が爆発的に増加したが、一九九〇年代の投資信託の勢いはそれさえも凌駕した。一九九〇年から一九九八年の第1四半期にかけて株式の投資信託にはアメリカの投資家から一兆ドルの資金が集まった。一九九〇年には投資信託の数は一一〇〇本にも達し、七年後にはおよそ六〇〇〇本の投資信託が投資家の資本を奪い合った。投資信託への資本の流入は強気相場の頼みの綱だった。一九九六年には二二一六億ドルがアメリカの株式ファンドに投資され、翌年にはさらに二三一〇億ドルが投資された。そして一九九七年の終わりにはアメリカの投資信託の総資産は四兆二〇〇〇億ドルに達した。これは銀行の資産にほぼ等しかった。一九二〇年代と同じように、老後のために取っておいた資産を株に投資する人々によって株式市場の長期的安泰は約束されたようなものだった。

株式市場信仰が復活したのは、一九五〇年代以降、株式の投資リターンが債券を上回ったためである。一九九六年四月、ダウ平均の創設一〇〇周年を記念してウォール・ストリート・ジャーナルは、一九二五年以降の二〇年間のうちの九八%の期間で株式のリターンは債券のリターンを上回ったと報じた。これは一九二〇年代にE・L・スミスが世に広めたのとまったく同じメッセージだった。あるファンドマネジャーは株式市場のことを「だれもがハウスの取り分を除いて一〇%のリターンを持ち帰ることができる素晴らしいカジノ」[54]と呼んだ。これはワールズ・ワーク誌の一九二九年一月号に掲載された「ギャンブルと投資の違いは、ギャンブラーはほかの人が損をすることで利益を得ることができるのに対し、株式市場投資はだれもが勝者になれる点である」[55]というウィル・ペインの主張をそっくりそのままオウム返ししたものだった。

株式市場は債券よりもリターンが大きいという信仰によって投資家たちはどんなに高くても株式を買った（一九九八年の春、ＰＥＲは二八倍という史上最高値にまで上昇した）。一九九〇年の強気相場における唯一の金融リスクは、株式市場が毎年二〇％を超えるリターンを達成しているときに、お金を銀行口座に眠らせておくことだった。[三]上昇市場は投資家の期待を不合理なまでに膨張させた。一九九七年一〇月に市場が調整局面に入る前夜、ブローカープールは投資信託に投資した人は次の一〇年間、平均で三四％の年次リターンを期待していることを知った。これが実現すればダウ平均は一五万一〇〇〇ドルになり、アメリカの株式市場の時価総額の合計は国民所得の一五〇〇％になることになる。

一九九〇年代のアメリカの投資家は一九二〇年代の投資家と多くの共通点を持つ。レバレッジの使用は一九二〇年代ほどではなかったものの、信用取引は一九九〇年の三〇〇億ドルから一九九八年七月には一五四〇億ドルに増加した。ＦＲＢはマージンローンを担保となる株式価値の五〇％に制限したが、人々はこれをかわすのにさまざまな策略を使った。例えば、ローンの返済を遅らせたり、株の購入資金として住宅担保ローンを使ったりした。またクレジットカードで株を買ったり、証拠金規制のない先物市場を利用したりもした（シカゴ・マーカンタイル取引所は証拠金がわずか三〇〇〇ドルの「ミニS&P先物取引」を開発した）。金融会社のなかには個人投資家に貸し出したローンをヘッジするのに先物市場を使うところもあった。グランツ・インタレスト・レート・オブザーバーの編集長であるジェームズ・グラントによれば、ファースト・セキュリティ・キャピタル・オブ・サンディエゴは最小貸出額が一〇万ドルでLTV（loan to value。負債額を物件価格で割って算出）が九〇％のマージンローンを提供した（ファースト・セキュリティは銀行でもブローカーディーラーでもなかったためマージンローンはFRBの規制を受けなかった）[56]。

一九二〇年代の投資家と同じように一九九〇年代のアメリカの投資家も、株を買うのは手っ取り早く利益を稼ぐためではなく、長期投資として買うのだと自分に言い聞かせた。「バイ・アンド・ホールド」が「アイ・ラブ・ユー」に代わって最も人気の言葉になったとジェームズ・グラントは書いている[57]。どちらの時代も投資家たちは市場が下落すると「押し目買い」のチャンスと見た。市場は下落してもすぐに反転し、無敵のオーラを放つ強気相場となった。この傾向が絶頂期を迎えたのは一九九七年一〇月二七日の月曜日だった。この日、ダウ平均は数カ月前に起きたアジア危機による不安から七％以上も下げた。このときロバート・ルービン財務長官は一九二九年の大暴落のあとハーバート・フーバーが言ったのと同じ言葉を繰り返し、投資家を安心させた――「アメリカ経済のファンダメンタルズは健全だ」。火曜日、ニューヨークのブローカーオフィスの外には長い列ができた。しかし、これらの行列は株を売るためでなく、さらに多くの株を買うための行列だった。その日、市場は五％以上上昇し、売買高はＮＹＳＥ史上最大の一二億株を記録した。六カ月もするとダウ平均は一〇月二七日の安値から二五％以上も上昇し、Ｓ＆Ｐ五〇〇指数はこの一二カ月で五〇％以上も上昇した。

一九九〇年代の強気相場では一九二〇年代のときに似た新時代の思想が再び登場した。これは「ニューパラダイム」または「ゴルディロックス経済」と呼ばれ、ＦＲＢによるインフレ制御、連邦赤字の減少、グローバルマーケット化、企業国家アメリカの再構築、情報技術の普及による在庫ストック水準のコントロールを組み合わせることでビジネスサイクルを低減するというものだ。これはアービング・フィッシャーの時代の新時代の哲学とまったく同じである。

ニューパラダイムという概念が初めて登場したのは一九九〇年代半ばのことだった。一九九五年の終わり、ソロモン・ブラザーズのデビッド・シュルマンというアナリストが「一九九六(1996 : Stock Market Bubble or Paradigm Shift?)」というリポートを発表した。そのなかで彼は、インフレの低下によって「この四〇年間で三度目の株式市場評価のファンダメンタルシフト」が発生したと述べている。ゴールドマン・サックスのチーフ投資ストラテジストのアビー・ジョゼフ・コーエンは、アービング・フィッシャーが彼の時代にそうだったように、ニューパラダイムを支持する第一人者となった。テレビ、雑誌、新聞に頻繁に登場する彼は新時代をいち早く認識した「グル」と呼ばれた。プルーデンシャル証券のチーフテクニカルアナリストのラルフ・アカンポラもまたニューパラダイムの著名なスポークスマンだった。「私たちが自分の生き方にもっと自信を持つようになった今、株式市場が上昇するというのは世界の常識である」と彼は一九九七年八月にフォーチュン誌に述べている。

株式市場の上昇でクリントン大統領のスキャンダルは一時的にもみ消され、ニューパラダイムは首都ワシントンで温かく迎え入れられた。[二四] 一九九七年二月、クリントン政権のメンバーの一人が「不可避の経済サイクルなどなく、大統領経済諮問委員会が最近行った調査によれば、サイクルは年とともに弱まることはない[58]」と言ったことがヘラルド・トリビューン紙で取り上げられた。一カ月後、クリントン大統領は「アメリカ経済の状態は非常に良く、ビジネスサイクルという概念はもはや無効かもしれない」と述べた。さらに一九九七年六月、ニュー・リパブリック誌は「バスト・バスティング（Bust Busting：The End of Economic History）」と題して次のように報じた――「正しい政策を行い外的ショックがなければ、今のアメリカ経済の拡大は永遠に続くと財務省の高官は信じている[59]」。

アラン・グリーンスパンFRB議長のニューパラダイムに対する態度ははっきりしなかった。グリーンスパンは両面作戦を取ったように思える。一九九六年一二月、投資家の間には「根拠なき熱狂」が見られると彼が述べたあと、株式市場は二・五％下落した。またあるときは、ビジネスサイクルが消滅したことを否定し、株価は高すぎるのではないかと疑問を投じた。しかし、経済成長が長期にわたって続いている理由を問われると、ニューパラダイム論を持ち出して、情報技術がビジネスの安定性を向上させ、アメリカは「これまでの歴史では考えられないような」動きをしていると説明した。ビジネスウィーク誌は、ＦＲＢ議長は「ニューエコノミーの前衛的支持者になってしまった」と報じた。一九二〇年代の先達とは違って、グリーンスパンは投機熱の高まりを食い止めるには、金利を上げる必要もなければ厳しい警告を発する必要もないと思っていた。一九九六年、強気相場の守護神としてグリーンスパンがＦＲＢ議長に再任されたとき、一九二九年のメロン財務長官と同じように熱狂的に歓迎された。

一九二〇年代と一九九〇年代の強気相場で最も顕著な類似点は、従来の株式評価の方法はもう古いという考え方だった。株式市場への投資はインフレ期に購買力を維持するのに役立つのか、そして経営陣は株主の利害により敏感に反応するようになっているのかが再び議論された。ゴールドマン・サックスのアビー・ジョセフ・コーエンは、株価が上がったのはビジネスサイクルが長くなり、インフレが低下したことで説明がつくと主張した。さらにベンジャミン・グレアムとデビッド・ドッドはその著書『**証券分析**』（パンローリング）のなかで、一九二〇年代の新時代では市場価格はすでに確立された価値基準によって決められるのではなく、価値基準が市場価格に基づいて決められるようになった、と書いている。同様に、一九九〇年代のコンサルタントは「市場付加価値（ＭＶＡ）」という概念を開発した。これは株式の時価総額から株主資本（簿価）を差し引いたものである。ＭＶＡが高いほどその会社の価値は高いとみなされる。

会社の純資産価値（工場、機械類などの価値）は伝統的な評価ツールのなかで最も軽視されるようになった。一・五％以下という史上最低水準を記録した配当利回りも軽視されるようになった。時には投機的な価値を測るのによく用いられるＰＥＲでさえ保守的すぎるとみなされた。急成長しているテクノロジー会社のどういった価格でも正当化するのには割引キャッシュフロー法が用いられた。一九九六年一〇月の終わり、レラティブストレングスの値を発表するインベスターズ・ビジネス・デイリー紙のヘッドラインは多くの人をいらだたせていた問題に疑問を投じ次のように答えた――「過大評価？　市場が上昇し続けているかぎりノー」[60]。

一九九〇年代のニューパラダイムやニューエコノミーはアメリカ史上最大の強気相場を理解するうえで重要な概念となった。一九九七年一〇月に株価が暴落すると、ゴールドマン・サックスのアビー・ジョセフ・コーエンは顧客に株の保有を増やすように助言して危機を乗り切った。ジェームズ・グラントは、新時代の思想の再登場は、「市場が世論を形成するのであって、世論が市場を形成するのではない」ことを示すサインであると言った。つまり、ニューパラダイムのイデオロギーは強気相場の産物にすぎないということである。投資家が新時代を信じ、彼らにとって耳障りな情報を無視し続けるかぎり、株価は上昇し続けるだろう。そして、上昇する市場は一時的には経済の弱さを隠すことができるだろう。消費者は株式市場で得た利益を使いまくり、負債が増えていることは忘れている。企業はほかの企業を買収したり、設備投資をするために新株や新債券を発行し、政府は経済の繁栄による税収の増加を喜んでいる。このように新時代の分析は自己達成的予言になりつつある。

推定によれば、一九九〇年初期から一九九八年の春にかけて、アメリカの株式市場の上昇によって一般家庭の財産はおよそ六兆ドル増えたと言われている。株の売却によって得られたキャピタルゲインは一九九七年には一八四〇億ドルに達した。投資利益によって消費者の支出は増加した。支出は賃金を上回るスピードで増加し、その一方で貯蓄率は下落し一九九八年にはマイナスに転じた。キャピタルゲイン税からの税収の増加（一九九七年には四四〇億ドル）によって、一九九八年には連邦政府は財政黒字に転じた。株価の上昇は新たなビジネスを生み、設備投資も増加した。株式市場は「アメリカ史上最大の富の創造者」と絶賛された。あるアナリストは、株式市場のことを「永久運動機関」（一七二〇年に現れた伝説の泡沫会社にもこうしたものを製造する会社があった）と呼んだ。株価の上昇はさらなる上昇を呼ぶというわけである。しかし、投機と信用の拡大は限界点に達するときが必ずやってきた。そのときビジネスサイクルはまるで復讐するかのようによみがえり、永久運動機関は逆方向に回りだし、新時代は歴史のかなたに消える。

注

一．E・L・スミス著『Common Stocks as Long Term Investments』（New York, 1924, p.4）。ケインズは『Nation and Athenaeum』紙（一九二五年五月二日）のなかでスミスの本を絶賛している。ケインズによれば、債券に比べて株式のほうがパフォーマンスが高いのは、内部留保と、長く持っていることで驚くほど複利効果が働くことで説明がつく。

二．フレデリック・ルイス・アレン著『Only Yesterday』New York, 1957, p.168（邦訳は『オンリー・イエスタデイ――1920年代・アメリカ』）。一九二六年には六五％の自動車が割賦信用で購入された。デパートでは四〇％を超える商品が信用で購入された。

三．一九二七年にはマージンローン残高は八億ドル増加して三六億ドルになっていた。実にダウ平均が記録した二八・七五％に匹敵する上昇率である。

四．企業から直接提供されている証券担保ローンは六〇％を上回るのではないかとバリー・ウィグモアは推定している。コールローン市場への貸し手にはUSスチール、ゼネラルモーターズ、AT&T、スタンダード・オイル・カンパニー・オブ・ニュージャージーなどが名を連ねる（バリー・ウィグモア著『Crash and Its Aftermath』p.94）。

五．一世紀前のイギリスと同じように、一九二〇年代の「新興市場」ローンは市場の大暴落の直後悪化した。ナショナル・シティー・カンパニーは公約を守らないことで有名なペルーの公債を発行したが、公債価格は発行時の九六・五ドルから、一九三一年にペルーが債務不履行になってからは五ドルを下回るまでに下落した（フェルディナンド・ペコラ著『Wall Street Under Oath』London, 1939, p.98-102）。

六．ゼネラルモーターズの経営トップはデュポン家（ピエール・デュポンがゼネラルモーターズの社長に就任していた）からGMの株を手に入れていたため、株価の上昇に気をもんだ。一九三〇年には八人の経営トップが平均で三〇〇万ドルを超えるGM株を保有していた。

七．企業のレバレッジは投機家のマージンローンに似ている。例えば、企業の利払い前利益が一億ドルで、利払いが九〇〇〇万ドルだとすると、税引き前の純利益は一〇〇〇万ドルになる。利益が一〇％増加して一億一〇〇〇万ドルになると、税引き前利益は一〇〇％増加して二〇〇〇万ドルになる。一九二〇年代、インサルをはじめとするそのほかの持株会社経営者は、多くの借金を背負った会社と株式を持ち合うことで企業のレバレッジ比率を高めた。

八．新株引受権の入手と証券の優先的な配布は一九八〇年代のマイケル・ミルケンのジャンクボンドの運用を彷彿させる（第八章を参照）。

九．ナショナル・シティー銀行の指揮の下、デトロイトの持株会社の銀行は証券ビジネスに参与した。のちの株式市場の暴落で彼らは倒産し、それによって銀行システムの信用はがた落ちし、一九三三年初期、ルーズベルト大統領は全国的に銀行の休業日を導入した。

一〇．ガルブレイスは株価大暴落にからんだ自殺話は作り話だという。しかし暗黒の木曜日の翌日、チャーチルは次のように書いている――「窓の下を見ると、紳士が一五階から飛び降りて粉々に砕け散った。それで大騒ぎになって消防隊もやってきた」（マーティン・ギルバート著『Churchill』V, p.350）。

一一．クライスラー・ビルはエコノミストが冗談半分で呼んだ「建築指数」の典型例だった。「建築指数」とは新しいビルの高さがそれまでの記録を塗り替えたとき強気相場は天井を付けることを言ったものだ。世界一高いマレーシアのペトロナス・ツインタワーが一九九七年のアジア危機が勃発する数カ月前に完成して以来、この建築指数は信頼できる指数であることが証明された。

一二．ジェームズ・グラントは一九九〇年代初期のＦＲＢによる金利の引き下げを「アメリカの信用の奇跡的な治療」と呼んでいる。「一九九一年以降の強気相場はアメリカではＦＦレートよりもあるいはＦＲＢの国内総生産予測よりも重要な金融的事実として認識されるようになった」とグラントは言う。

一三．この概念はイギリスのファンドマネジャーであるイアン・ラッシュブルックによって簡潔に説明されている――「株式を持たないのは危険だ。なぜなら長期的に見ると株式は必ず上昇するからだ。株式投資においてよく知られるリスクは株価が下落することだが、株式を持たないことが本当のリスクなのである」。

一四．フーバー大統領が一九二九年の市場大暴落とその余波によって大統領職を追われたのとは対照的に、一九九四年の終わりから一九九八年の夏にかけてのアメリカの株式市場の上昇によってクリントン大統領は名を上げた。一九九四年の終わりにS&P指数が四五〇だったとき、クリントン大統領の支持率は四〇%を下回っていたが、一九九八年の春にS&P指数が一二〇〇に近づくとクリントンの支持率はおよそ七〇%に上昇した。しかし、一九九八年の夏に市場が再び下落すると、クリントンの支持率は六〇%に逆戻りした。一九九八年一〇月にはクリントンも市場も復活した(ニューヨーク・タイムズが行った世論調査に基づく)。

第8章　カウボーイキャピタリズム
――ブレトンウッズからマイケル・ミルケンまで

「市場に逆らう方法などない」――マーガレット・サッチャー英首相（一九八八年）

一九四四年の夏、連合国の代表（イギリス代表団はケインズ自身が率いた）がニューハンプシャー州ブレトンウッズに集まり連合国通貨金融会議が開かれた。これによって第二次大戦後の世界の経済体制の基盤が築かれることとなった。彼らは古い金本位制に立ち返ることなく、「米ドルを基軸とした固定為替相場制」を設け、一オンス三五米ドルと金兌換によってアメリカのドルと各国の通貨の交換比率を決めることで合意した。新システムが成功するかどうかは国家間の資本の動きをコントロールできるかどうかにかかっていたため、通貨の投機家たちは厳しくマークされた。ルーズベルトと同じように、ヘンリー・モーゲンソウ米財務長官はブレトンウッズによって「高利をむさぼる金貸したちが国際金融の神殿から追放される」ことを願った。

それからの三〇年間、投機家は誹謗中傷の的になり、戦時中の闇商人とほとんど変わらない位置づけになった。一九四六年初期、穀物先物市場が品不足のため縮小されたあとトルーマン大統領は、「穀物価格は……われわれの商品先物市場の未来でギャンブルをする投機家たちの強欲に支配されてはならない」[1]と言った。トルーマン大統領は穀物投機家を「惨めで不幸な商人」[2]と呼んで非難した。若いサッチャー英首相も同じ意見だった。彼女は一九六一年の庶民院の予算会議で、「われわれが言わんとしているのは投機家のことだ……株式の売買を商売にし、株式を収入をもたらす資産として保有するのではなく、取引から得る利益で生計を立てる人々のことをわれわれは言っているのである」[3]と言った。

各国政府がこの通貨協定の崩壊に気づいたとき、政策の失敗の責任をなすりつけるスケープゴートとして投機家は打ってつけだった。戦前、ヒトラーはワイマール共和国のインフレとデフレを外国通貨の投機家のせいにし、レーニンやスターリンはソ連の経済がうまくいかないことの原因を投機家のせいにして彼らを呪った。今、自由世界のリーダーたちは彼らと同じように投機家を糾弾した。一九五六年のスエズ紛争のとき、未来の首相ハロルド・ウィルソンはスイスの銀行家の投機を激しく非難し、彼らを「チューリッヒの小鬼」と呼んだ。一九六七年、小鬼たちは報復に出て、ウィルソンの労働党政府はポンドの切り下げを余儀なくされた。四年後、ニクソンがドルと金の交換を停止し、ブレトンウッズ体制を終焉させたとき、ニクソンもまた投機家を非難し、「彼らは危機を糧に生きている者たちで、危機を生みだすのも彼らである」[4]と言った。

一九七一年以降の変動相場制の時代でも、政治家の通貨投機家に対する激しい攻撃は続いた。イギリスが再び通貨の切り下げを余儀なくされ、一九九二年九月にＥＲＭ（欧州為替相場メカニズム）を脱退するとき、元大蔵大臣のジェンキンス卿は「舌なめずりする投機家の捕食者集団」を批判した。ミシェル・サパン仏財務大臣はこれを補足して次のように言った――「革命時はこういったやからは相場師と呼ばれ、首をはねられたものだ」[5]。一九九七年のアジア危機のとき、マレーシアのマハティール・モハマド首相は投機家を「獰猛な獣」と呼び、彼らのトレードは「不必要で、非生産的でまったくモラルがない」と言った。彼はヘッジファンドマネジャーのジョージ・ソロスを個人的に悪意を込めて攻撃し、「投機家の背後には発展途上国を植民地に戻そうとする〝ユダヤ人の計略〟が潜んでいる」と言った。マレーシア政府は通貨投機を死罪に相当する罪として扱い、クアラルンプール証券取引所での空売りを禁止し、のちに通貨統制を敷いた。

戦後すぐに投機家と彼らのトレードに対する攻撃が始まったのは、マネーメーキングと利益の追求に対する態度が大きく変わったことを意味した。ケインズは一九三〇年に発表した「エコノミック・ポシビリティーズ・フォー・アワ・グランドチルドレン（Economic Possibilities for Our Grandchildren）」というタイトルの論文のなかで、繁栄と物質的安定が増大すれば、利潤動機がなくなる世界を描いている。一九五〇年代、欧米経済が強く安定した成長を謳歌していた時代、ケインズのビジョンは実現できるのではないかと思えた。一九五六年に出版された人間の欲深さの歴史を描いた『ザ・クエスト・フォー・ウエルス（The Quest for Wealth）』のなかでロバート・ハイルブロナーは次のように断言している。

今の時代のマネーメーキングには華やかさやマネーメーカーたちへの称賛、偉大な富に対する望みは少なくとも一部は新たな価値観――ごまかしの富、「単なる」マネーメーカーの軽視、そして富そのものを目的とすることへの軽蔑や無関心――に取って代わられた。[二]

ハイルブロナーは、この時代のアンチ拝金主義は大恐慌を経験したことによるものである、と言っている。大恐慌は単に経済的な失敗というだけではなく、哲学的基盤の破綻を意味した。[6] 戦後の世界ではビジネスマンは一九二〇年代のように褒めたたえられることもなければ、称賛されることもなく、鈍くて、当てにはなるが生気のない人間とみなされ、スローン・ウィルソンは「グレーのフランネルのスーツを着た男」と皮肉った。こうした流行の変化に伴って企業の優先事項も変わった。従業員やコミュニティーの安定、継続的雇用、彼らに対する責任といったほかの目的が単なる利潤動機よりも優先されるようになったのである。ハイルブロナーによれば、個人の富の追求は企業の理想に取って代わられた。個人は企業の収益のわずかな分け前に預かり、その代わりに継続的雇用を確保する。一九五〇年代にはこうした変化は自明の理で永遠に続くように思えた。ハイルブロナーは、近い将来における富のさらなる蓄積はアダム・

スミスの「見えざる手」に取って代わる新たな経済的動機を生むかもしれないと結論づけている。

金融革命

一九七一年八月一五日にニクソン大統領がドルと金との交換を一方的に停止し、四半世紀続いたブレトンウッズ体制が破綻すると、投機の歴史の新時代が到来した。[三]一七世紀末の最初の金融革命では金銭として流通していた国債が拡大したが、すべての価値は依然として金を基準に決められた。しかし、金は投機的価値とは対立するものだった。投機に歯止めが利かなくなって金融危機が発生すると、だれもが貴金属に逃避した。金を含むすべての金銭の価値はコンセンサスによって決まることを理解していたのは、土地銀行の事業家でミシシッピバブルを生んだジョン・ローだけだった。一七二〇年にローがフランスに紙幣制度を導入すると、パリのイギリス駐在大使であるステア卿はローが最近カトリックに改宗（財務総監である経済担当大臣のポストに就くためだった）したことについて次のように書いた――「ローの見解の広さは疑いの余地のないものだ。なぜなら……彼は紙をお金に変えて、パンとぶどう酒をキリストの肉と血に変化させることができることを証明したのだから」。ステアや当時の人々にしてみればローの紙幣発行は信念の証しのような行為で、聖餐の奇跡を信じるのと同じくらい大胆なものだった。一九七一年は偶然にもジョン・ローの生誕三〇〇年の年で、このとき彼のビジョンはようやく実現し、信条から信用への移行は完結した。

ブレトンウッズ体制が終焉したあと、お金は想像の産物にすぎず、無重力で空気のようなものになった。金銭的価値が流動的なこの新世界では、投機――社会の起こりそうなことに対する自己適応（オリバー・ウェンデル・ホームズの言葉）――がこれまでよりも大きな役割を果たすことになる。過去においてはドルと金との交換が停止されたのは制御できない投機熱（例えば、フランスでは一七二〇年、アメリカでは一八六〇年代）によるものとされてきた。ブレトンウッズ体制の崩壊を巡る混乱のなかで、この事実は見落とされた。したがってこれ以降、すべての通貨価値は認識された将来価値を反映したものになる。つまり、将来が現在によって決まるように、現在もまた将来によって決まるということである。そして、この混乱した新システムの支配者は投機家だった。

こうした一連の出来事の重大性にいち早く気づいたのはシティーバンク会長のウォルター・リストンで、彼は次のように言った――「世界金融の基礎が金本位から情報本位になった」[四]。新たな金融革命はこの重大な変化に順応する必要があり、それは情報テクノロジーの発展によって促進されていった。一九六九年以降、銀行の債券取引の詳細はテレレートマシンによって提供されるようになり、テレレートはのちにアメリカ国債市場の電子市場となった。四年後にはイギリスの通信社であるロイターがモニター・マネー・レートという画期的なサービスを導入

し、二四時間の外国為替市場が生まれた。それからの数年にわたって金融市場のコンピューター化が急速に進んだ。[五]

ほとんどの評論家は情報テクノロジーの発展は一時的なブームにすぎないと思っていた。市場が本質的に効率的ならば、良い情報が与えられれば市場はさらに効率的になるかもしれないし、頼りになる自動車のように鈍化してしまうかもしれない。[六]コミュニケーションの向上によって金融市場が御しやすくなったり、情報に基づいた投資判断ができるようになるかと言えば、これまでの歴史を見てもそういった証拠はない。[七]それどころか、まったく逆であるように思える。過去を振り返ると、金融情報が普及し、伝達手段が向上すると、投機ゲームには衝動に駆られた新たなプレーヤーが続々と参入してきた。例えば、第一世代である初期の日刊新聞は南海バブルをかき立て、イギリスの新聞の新しい「マネーマーケット」欄は一八二五年の鉱山ブームを生み、鉄道は一八四〇年代の鉄道投機を生みだした。これは金メッキ時代にティッカーテープが株式市場でのギャンブルを助長したり、一九二〇年代にはラジオ番組がのちの世代の投機家を興奮させたのとまったく同じである。

もっと最近では、インターネットの普及によって株取引が家庭でできるようになったおかげで株取引が盛んに行われるようになった。携帯電話、コンパクトな取引デバイス、ブローカーのオンライン口座の普及によって投資家たちは世界中どこからでも取引ができるようになった。これによって、コストの安いオンラインブローカーを使って家から取引するアマチュア投機家の「デイトレーダー」（ポジションをその日の終わりに手仕舞いするので「デイトレーダー」と呼ばれる）と呼ばれる大群が出現した。[八]一九九八年の夏にはインターネットのディスカウントブローカーに口座を持っているアメリカ人は五〇〇万人にも達し、そのうちのおよそ一〇〇万人はデイトレーダーだった。オンラインブローカーでの平均売買高は従来のブローカーの一二倍にも及んだ。一日に一〇〇〇回も取引を繰り返すトレーダーもいた。

インターネットは身元を隠すことができるため、この情報革命は異常な株の詐欺（ほとんどは低俗なものばかり）を生んだ。世界中のネット上には「すぐに金持ちになれますよ」といった投資の悪徳商法が蔓延した。[九]匿名というベールに隠れて、不心得者がオンライン投資フォーラムを使って株価を「上げ下げ」した。詐欺の出現よりも危惧すべきことは、インターネットが投資家を落ち着かない気分にさせてしまうことだったのではないだろうか。初期の提唱者によって「アフィニティグループ（共通の目的のために構成されたグループ）」と呼ばれたインターネットは投機家集団のフォーラムと化していった。個人トレーダーたちはインターネットの掲示板にメッセージを投稿して互いに励まし合った。オンライン投資家のなかには個別銘柄に対して不健全なほどの執着を持つ者もいた。[一〇]株価の上下動に合わせて買ったり売ったりする「モメンタム投資」は「情報過負荷」に投資家が反応している兆候だと言われた。[一一]

ウォール街はシリコンバレーとともに仮想世界における投資の隠語を作った。少しだけ例を挙げると、モモス（モメンタム株）、P＆D（株価操作）、ヘッドフェイク（フェイントを意味する。株の動きについて錯覚を起こす大口トレーダー）、ギャップアップ（株価が急上昇すること）、スケアードマネー（一日の終わりにポジションを手仕舞いする絶望的なトレーダー）、グラインディング（たくさんのトレードを行い、小利を得ること）、ジグル（ボラティリティの高い株）、ノイズ（トレーダー間での意見の不一致）などだ。バッシャー（弱気派）とハイプスター（強気派）でひしめき合う二〇世紀の終わりのサイバー市場は、バブラー、詐欺師、仲間たちでひしめき合った三世紀前のチェンジアリーのコーヒーハウスに非常によく似ている。市場に集まる人々や彼らのやり方は昔も今も変わらない。使う言葉とテクノロジーが新しくなっただけである。

情報の進歩と金融的聡明さとの関係が良好でなかった最も顕著な例は、一九八〇年代の「バブル経済」のさなかにあった日本だった。「情報中毒」の国は金融データにあふれていたにもかかわらず、史上最悪の投資判断をしたのである（次の9章を参照）。コミュニケーションの進歩がプロの投資家のパフォーマンスを向上させたかどうかも疑問だ。よりスピーディーなコミュニケーションによってフィードバックが増え、金融市場ではトレンドにつく動きが盛んに見られるようになったが、それによって市場の運用効率の向上は相殺された。パニックに陥ったトレーダーによって引き起こされた自己実現的な通貨危機は一九九〇年代の標準になった。コミュニケーションがスピーディーになるほど伝染が拡大するスピードも上がった。

経済的自由主義の復活

ブレトンウッズはケインズが一九四六年に亡くなる前に行った最後の大仕事だったが、これは実践面での不備のため失敗した。[三] そして、一九七〇年代初期には経済思想としての「ケインズ主義」（ケインズは企業を活性化させ雇用率を上げるために、政府による金融・財政プログラムを提唱した）は長期にわたって非難を浴びた。シカゴ大学の経済学教授であるミルトン・フリードマンはケインズ主義が正当かどうかを二〇年にわたって疑問視してきた。一九世紀の経済的自由主義を「マネタリズム」という新たな装いの下で復活させた彼は、市場は基本的に自己修正メカニズムであり、その運営に政府が介入しようという試み、例えばインフレを阻止するために価格統制を敷いたり、経営者に失業率を下げるように強要したりといった試みは、失敗する運命にあると述べた。自由経済主義の入門書とも言える『選択の自由』はフリードマンと妻のローズとの共著だが、このなかでフリードマンは、政府の介入はどんなに善意であっても有害な副作用を持つと強く主張した。フリードマンは、市場はたとえ不公平が生じたとしても情報を拡充させインセンティブを与える最良の方法だと考えていた。一九七三年のプレイボーイ誌のインタビューでフリードマンは、すべての社会は強欲のうえに成り立つものであると大胆な発言をした――「社会組織の課題は、強欲がもっとも被害を及ぼさないような取り決めをどのようにして定めればよいかである。資本主義はそれに答えてくれるシステムである」と述べた。

フリードマンは大恐慌を起こしたと非難される投機家を擁護しただけでなく、投機家の経済的役割も高く評価した。厳しい非難を浴びた投機家は将来の経済的発展を追求し、現在価格の決定に影響を及ぼす。よって、彼らは希少資源の不足を防ぎ、その効率的な分配に貢献する。保険会社と同様、投機家は資本主義過程の不可避のリスクをとる覚悟がある。投機家のモチベーションが個人的な利益を得ることだとすれば、そのほうがなおさら好都合だ。一九六〇年に発表された論文「イン・ディフェンス・オブ・デスタビライジング・スペキュレーション（In Defense of Destabilizing Speculation）」のなかでフリードマンは次のように主張している――「投機が経済学者によって酷評されたのは、学術界はギャンブルに対して偏見を持っているからである。[7] 投機は経済に有害な副作用を与える可能性は低い。なぜなら市場を不安定にする投機家（価格が安いときに売り、高いときに買う投機家）は必ず損をするだろうし、一方、相手方は投機家が出した損失のおかげで利益を得るからである」と彼は述べている。社会ダーウィン主義によって市場を不安定にする投機家はやがては淘汰されるということである。[三] フリードマンにとって先物市場の投機は、最悪の場合、サービスを要求する人にゲーム活動を提供するゼロサムゲームだったのである。

フリードマンは、経済的自由主義の復活に貢献したアメリカ学術研究者のなかでもひときわ目立つ存在だった。金融市場の働きに関心のあるほかの経済学者が集まって形成したのが効率的市場仮説（ＥＭＨ）という新しい経済思想だった。効率的市場仮説の主唱者たちは、投資家は自らの富を最大化しようとする合理的な人々であり、株価には利用可能なすべての情報が常に織り込まれているためランダムに変動する（つまり、株価が動くのは本質的にランダムな新しい情報が提供されたときのみである）と主張した。[一四]フリードマンが貨幣数量説といった廃棄された理論を復活させた一方で、効率的市場仮説論者たちは、ニュートンの均衡理論を取り入れたアダム・スミスの均衡理論（「見えざる手」は「神の時計職人」に例えられている）や、ライプニッツの合理性の内在理論を彷彿させる金融市場の均衡理論を復活させた。一九七〇年代には効率的市場仮説はアメリカ中の大学やビジネススクールに広がり、企業や銀行はこの仮説に基づく金融テクニックを応用するようになった。[一五]一九七〇年代の終わりには効率的市場仮説は金融資本主義の基本的理論となった。ウォーレン・バフェットの言葉を借りれば、「聖書」[一六]である。

　効率的市場仮説学派の経済学者（彼らの多くはノーベル賞を受賞した）は投機家に非常に同情的だった。もし市場が効率的で常に均衡状態にあり、値動きが常にランダムなら、投機家の活動は非合理的ということはなく、市場を不安定にすることもない。そうなると投機の歴史は書き直さなければならず、「非合理的なバブル」は「合理的なバブル」という偏向した概念で置き換えなければならない。フリードマンは一九三〇年代の経済破綻を招いたのは行きすぎた投機であるという考えをはねつけた。また経済学者のなかにはゆがんだ歴史観を持つ者もいて、彼らはチューリップバブルや南海バブルは単なる伝説であることを示そうとした。彼らは株価が上昇したのはしかるべき理由があったからだと主張した。

しかし、だれもが確信していたわけではない。[8]ウォーレン・バフェットが指摘するように、効率的市場仮説は「おおむね」正しいが、「常に」正しいわけではない。これら二つの命題は夜と昼ほどに違う。[一七]逆説的ではあるが、広く受け入れられた効率的市場仮説は市場をより非効率にすることに貢献したかもしれない。効率的市場という楽観的な世界では、投資家たちは理論的には金融資産にお金を払いすぎることはないと教えられた。その結果、彼らは価格を持続不可能なレベルにまで競り上げたのである。[一八]

デリバティブ革命

紙幣、経済的自由主義、情報テクノロジーという新しい時代から生まれたのがクリエイティブな金融だった。これは一八世紀に起こった金融革命同様、深遠で広範に及んだ。金融デリバティブほど、こうした豊かな創造性が見られた分野はない。ご存知のとおり、デリバティブとは株や債券などの原資産から価値が派生する金融商品のことを言う。株や商品の先物やオプションなどがそれに当たるが、こうしたデリバティブは資本主義と同じくらい古くから存在する。株式オプションなどのデリバティブは「実際」の株を買うよりも手付金は少なくてすむ（通常、三カ月物オプションの場合およそ五％）ので、投機を促すと信じられてきた。こうした偏見によって、例えばオランダでは一六〇九年に先物が禁止されたり、一七三四年にはイギリス議会でサー・ジョン・バーナード法が可決するなど、デリバティブ取引を禁止する政府のさまざまな取り組みが行われてきた。しかし経済的自由主義の新時代においては、デリバティブは古くからの汚名が返上され、金融イノベーションの最前線に躍り出た。

一九六七年にミルトン・フリードマンはイギリスの通貨引き下げに先立ってポンドの空売りをしようとしたが、空売りは投機を助長するものとしてシカゴ銀行に断られた。彼はこの経験を論文にした。彼の論文はレオ・メラメドＣＭＥ（シカゴ・マーカンタイル取引所。マークとも呼ばれている）会長の目に留まった[一九]。フリードマンが一貫して自由競争主義を唱え、投機を擁護し、政府の規制を嫌っていたことを考えると、熱狂的な自由市場の信者であるメラメドがフリードマンに史上最も過激な先物を作る計画に協力を要請したのも驚くにはあたらない。

ブレトンウッズ体制が崩壊したあと、メラメドはフリードマンに近づき、通貨先物市場を作ることを正当化する論文を書いてくれと要請した。フリードマンはメラメドの要請を受け入れ、その見返りとして五〇〇〇ドル要求した（フリードマンは、「私は資本主義者です。それを忘れないように」と言ったと伝えられている）[9]。これまでフリードマンは資本規制に対して異議を唱え、変動為替相場と資本の自由移動の必要性を唱えてきた。メラメドのために書いた論文「ザ・ニード・フォー・フューチャーズ・マーケッツ・イン・フォーリン・カレンシーズ（The Need for Futures Markets in Foreign Currencies)」のなかで彼は、通貨先物は為替を安定させる効果があり、この国においてほかの金融活動の発展を促すことになると書いた[10]。メラメドがフリードマンに支払ったお金は非常に効果的だったことになる。財務省とFRB（連邦準備制度理事会）からCMEにIMM（国際通貨市場）を開設する許可が出たのである。IMMは一九七二年五月に開設され、金融革命が始まった。それから一年もしないうちに、CBOT（シカゴ商品取引所）は株式オプションを扱う新たな取引所を開設した[11]。この時期にはほかのデリバティブ市場も開設された（一九七五年には金先物市場、同じく一九七五年にはアメリカ連邦政府抵当金庫［ジニーメイ］先物市場、一九七六年にはTボンド先物市場、一九七八年には原油先物市場、一九八二年には通貨オプション市場が開設された）。

過去にはデリバティブと単なるギャンブルとが法的に区別されたこともあった。先物の場合、買い手と売り手は納会時には現物を実際に受け渡すことができなければならないという条項が設けられた。一方、ギャンブル取引の清算は金銭でのみ行われた。一九七六年、CMEはユーロドル金利先物市場を開設した（フリードマン教授は初日にベルを鳴らした）。金利は受け渡しができないので、これは画期的なイノベーションだった。受け渡し不可能なこのデリバティブは、米商品先物取引委員会（デリバティブ市場を監視するために一九七四年に設立された政府の取り締まり機関）の委員長が先物取引では受け渡しはもはや不要で、差金決済も可能だと宣言した五年後に遡及合法化された。この決定はさまざまな取引所における指数先物の導入に道を開いた。最も人気のある最初の指数先物であるS&P五〇〇指数先物（ダウ平均よりも銘柄数が多い）の取引は一九八二年四月二一日、CMEで開始された。それから一年もしないうちにS&P先物の売買高はNYSE（ニューヨーク証券取引所）の売買高を上回った。ちょうど同じころ、CBOTは先物オプション（デリバティブのデリバティブ）の取引を開始した。

一九八〇年代初期、投資銀行であるソロモン・ブラザーズの債券スペシャリストであるシドニー・ホーマーが債券からクーポン部分を切り離し（専門用語では「クーポンストリッピング」と言う）、元本とクーポンを別々に取引するというアイデアを着想してからこの金融革命にはさらに拍車がかかった。この斬新なアイデアによって銀行は以前は流動性の低かった資産を市場性のある証券に変える（証券化）ことができるようになった。ホーマーのアイデアは政府保証の巨大な住宅ローン市場にも適用され、「合成」不動産抵当証券（クーポンと元本を切り離し［ストリッピング］て別々の債券として取引する）が生まれた。PO債券（元本債）は返済順位が異なるいくつかのトランシェに分けられた。返済順位が最後のZ債券はボラティリティが非常に高いため、この債券を取り扱うトレーダーは「有毒廃棄物」と呼ばれた。これはアメリカの投資家に提供された最も投機性の強い商品と言われた。[11]

この時期、ソロモン・ブラザーズは、CARS（自動車ローン証券）、SPINS（クーポンの低い債務証券で、返済額はS&P五〇〇指数の上下動に連動する）、ヘブン・アンド・ヘル・ワラント（支払いがさまざまな状況によって異なる）といった新しい金融商品を開発した。ソロモン・ブラザーズは一九八一年には初めて債務スワップ（世界銀行とＩＢＭ間）を手配し、これによって国際スワップ市場は急成長した。[三] 金融イノベーションは一九八〇年代に入っても続き、譲渡可能な変動利付債、インカムワラント、プッタブル債、バタフライスワップ、通貨スワップ、フロア・シーリング・スワップ、金利スワップ、スワプション、シンセティック株式、シンセティック・キャッシュ、ゼロクーポン債券など新たな金融商品が数多く開発された。ロンドンのユーロ債オフショア市場は外国債（「ショーグン」「スシ」「ダウンアンダー」「キウイ」など）、ゼロクーポン転換社債、デュアルカレンシー円建債、無数のワラント債など創造性に富んだ商品を数多く開発した。[三]

一九九六年末のデリバティブ残高はおよそ五〇兆ドルと推定されたが、ほとんどのデリバティブは相対取引（店頭取引＝ＯＴＣ取引）だったので確かな数字はだれにも分からなかった。[三] 一九九〇年代に入ってもデリバティブの創造性が失われることはなかった。投資銀行の「ロケットサイエンティスト」や「クオンツ」は、離散ペイオフブルノート、元本為替連動証券、プライムＬＩＢＯＲインバース変動利付債といったエキゾチックな金融商品の開発に追われた。新しいデリバティブには「順イールド曲線」「オプション調整後スプレッド」「デュレーション」「負のコンベクシティー」といった難解な言葉が頻出するが、これらの言葉の創案者以外言葉を理解できる人はおらず、これらの金融商品の内容を理解できる者もほとんどいなかった。

こうした新しい金融商品の増殖が投機を刺激するかどうかについては、意見は分かれる。ノーベル経済学賞を受賞したマートン・ミラーCME理事は、デリバティブは「本質的には工業原料のようなもので、ブレトンウッズ体制の崩壊と一九七四年のオイルショック後の不確実性と金融ボラティリティに対処するために作成されたものである」[12]と述べた。しかし、ある人にとっての保険は別の人にとっては投機になる。デリバティブのポジションはヘッジすれば（つまり、デリバティブのリスクが株式などの原証券の保有や、外貨イクスポージャーのような通常のビジネスリスクによって補われるということ）、潜在的リスクに対して保険を掛けることになるが、ヘッジしなければそれは投機性の高いものになる。[二四]

事例が示す証拠によれば、プレーヤーたちは新しいデリバティブ市場が提供するスーパーレバレッジ投機の機会に飛びついた。これは最近起こった出来事によって裏付けられている。一九九〇年代中ごろに発生した一連のデリバティブ事件のうち、ヘッジ手法の不手際によって発生したものはメタルゲゼルシャフト社のケースだけである。ほかのケース——ベアリングス（八億五〇〇〇万ドルの損失）、オレンジ郡（一七億ドルの損失）、住友商事（二六億ドルの損失）——は不正投機によるもので、ヘッジをしていなかった結果発生したものである。[二五] 左官職人の息子として生まれた二七歳のニック・リーソンは一九九五年二月、女王陛下の銀行と呼ばれたベアリングス銀行を破綻させた。彼は投機家特有の大の階層制度嫌いで、実力だけでのし上がれるアジア市場に新機軸を見いだした。彼はシンガポール先物市場でオプションや先物を売った。トータルイクスポージャーは一八〇億ドルに上り、当時のベアリングス銀行の自己資本金の何倍にも及んだ。結局、損失が膨れ上がり銀行を破綻に追いやったが、これはデリバティブでなければできなかったことである。ほかにもアメリカ企業がデリバティブで大きな損失を出したケースはあるが、これらはすべて投資銀行がデリバティブをアグレッシブに推し進めたことと、企業の財務担当者が投機的なリスクテイクを行ったことによるものである。プロクター・アンド・ギャンブルが一九九四年にデリバティブで一億二〇〇〇万ドルの損失を被ったとしてバンカーズ・トラストに対して訴訟を起こしたとき、バンカーズ・トラストのデリバティブの営業マンの語った内容が記録されている。彼は次のように言い放った――「平穏な時期に客をおびき寄せて、それから完全にめちゃくちゃにしてやる」[13]。ミラー教授はこうしたデリバティブがらみのスキャンダルを「単なるマネジメント上の失敗であって、大したことはない」と一蹴した。

レーガン革命

金融革命がその潜在能力を十分に発揮できるのは政治がうまくいっているときだけである。復活した自由市場主義がアメリカの大学から政治の世界に行き渡るまでにはほぼ一〇年を要した（一九七〇年代の大半）。その過程で重要な役割を演じたのが政治色の強い経済学者であるミルトン・フリードマンだった。一九六〇年代には彼はリチャード・ニクソンを含む共和党の大統領候補に助言を与え、のちにはロナルド・レーガンに指示を与えている。レーガン大統領は手で宙にマネーサプライのチャートを描いてみせることで、経済のことがよく分かっていることをアピールした。[14] 一九七〇年代にはフリードマンはイギリスを頻繁に訪問している。彼のアイデアが当時の保守党指導者のサッチャー女史によって支持されたからである。一九七〇年代末にはフリードマンは世界一有名な経済学者になっていた。一九七六年にはノーベル経済学賞を受賞、彼の顔はタイムの表紙を飾り、一〇時間のテレビドキュメントが組まれた。大西洋の東側ではマーガレット・サッチャー（一九七九年四月に首相に就任）が、西側ではロナルド・レーガン（一九八〇年一一月に大統領に就任）がフリードマンの経済哲学を実行する態勢に入っていた。経済的自由主義者とレーガンの共和党の間で強力な同盟が結ばれた。経済に対する政府の介入は望ましくなく、市場の判断が最優先されるべきであることで両者の意見は一致した。

レーガン政権では政府による規制は「大きな政府」の有害な側面にすぎないとみなされ、規制に対する深い不信感があった。[二六] レーガン政権の司法省が最初に行った仕事はＩＢＭに対する一〇年にわたる独占禁止法違反訴訟を取り下げたことだった。一九三〇年代の規制構造は投機の行きすぎを取り締まるのが目的だったが、この構造は衰退していった。[二七] グラス・スティーガル法による証券業務と商業銀行業務の分離は徹底して実行されたわけではなく、ＳＥＣ（証券取引委員会）の予算はカットされ、どこにでもいて目を光らせる規制者は自由市場と規制撤廃の精神を持つことを期待された。

フリードマンやアーサー・ラファーといった自由市場経済学者の影響を受けたレーガンはケインズの利益に対する嫌悪を否定し、自己利益の追求を積極的に奨励した――「何よりも私が見たいのは、この国が、だれもが、いつでも、お金持ちになれる国であり続けることである」[15]。一九二〇年代のときのように、所得税と法人税は減税され、起業家たちは称賛された。一九八一年の夏にはレーガンは航空管制官のストライキを抑え、労働組合の力を弱め、実質賃金を下げ、富の不平等を加速させた。だれもがいつでもお金持ちになれる国を作るのが彼の夢だったが、彼の自由競争主義が実際に生みだしたものは、金融業者が信じられないほどの富を手に入れることができる国だった。お金持ちがお金を使えば税金を節約でき、税金を節約できた分のお金はぜいたく品の消費に使われるため、貧しい者にも自然に富が滴り落ちるというわけである[16]。

トレーダーの台頭

一九七〇年代は金融が慢性的に不安定な時代だった。変動通貨、インフレの上昇、ストップ・ゴー経済政策（経済の引き締めと拡大を交互に繰り返す財政政策）、成長率の低下はありがたくないボラティリティを生みだし、株式市場は投資家にとって危険な場所となった。優良銘柄にはいくら払っても払いすぎるということはないとされた一九七二年の「ニフティ・フィフティ」

ブームが去ると、市場は急落した。成長率が低くインフレ率が高い（スタグフレーション）時代には株式は大衆の投機的興味はそそらなかった。ダウ平均は一九六六年二月に一〇〇〇ドルを下回り、一九八〇年の春には八〇〇ドルを下回った。不確実性の時代に直面した個人投資家の多くは安全で金利の高いマネーマーケットファンド（ＭＭＦ）へと逃避した。

リスク選好度の高い投資家は、当時の慢性的なインフレに対してベストヘッジになる商品や貴金属への投機に走った。この機会を好機ととらえたのがアーカンソー州知事の妻であるヒラリー・ローダム・クリントンだった。一九七八年の終わり、未来のファーストレディーは短期間だが投機に乗り出した。生牛先物、大豆、生豚のトレードでヒラリー・クリントンは初期出資の一〇〇〇ドルを一〇カ月後には一〇万ドルにした。彼女はこの時点で投機をやめている。当時、彼女が投資したデリバティブはリスクが非常に高く、その丸代金レベルではクリントン家の純資産のおよそ三〇倍にあたる三〇〇万ドルを上回っていた。しかしこの投機で最も注目すべき点は、生牛価格が二倍になったときでも彼女のトレードのほとんどは空売りで、それでも彼女は大成功したということである。[29]

ボラティリティの高い商品先物市場で手っ取り早く儲けようとしたのはヒラリー・クリントンだけではなかった。一九七九年一月、ソ連軍がアフガニスタンに侵攻したあと金価格は一オンス八七五ドルに上昇した。それから六カ月後、テキサスの石油長者Ｈ・Ｌ・ハントの息子であるネルソン・バンカー・ハントとウィリアム・ハーバート・ハント兄弟は数人の裕福なアラブ人と銀投資プールを組織した。彼らは短期間のうちに世界の銀供給量のおよそ半分に当たる二〇〇〇万オンスの銀をかき集めた。銀価格はおよそ一〇倍に跳ね上がり、ピーク時には五〇ドルを超えた。銀市場が買い占められるとアウトサイダーたちもそれに追随したが、ＣＯＭＥＸ（ニューヨーク商品取引所）のトレードルールの変更とＦＲＢの介入とによってバブルは崩壊した。一九八〇年三月には銀価格は一〇ドルに下落し、ハント兄弟は一〇億ドルを超える損失を被り、最終的には破産した。[三〇]銀バブルのとき、ペルーの銀生産をヘッジするために雇われたペルー商務省の職員は不法に銀を空売りして八〇〇〇万ドルの損失を出した。これは国家としては大した額ではなかったものの、「ならず者トレーダー」が近代の金融シーンに初めて登場したことを示すものだった。

プロのマーケットトレーダーの台頭には数々の組織的要素が絡んでいた。一九七〇年代にはモルガン・スタンレーを含むいくつかの大手投資銀行が上場した。これらの銀行は無限責任と有限資本を持つ控えめなパートナーというよりも、今や巨大な資本資源を持ち匿名株主の要望にも応えることができる存在だった。「自己勘定売買（プロップトレーディング）」と呼ばれる機関投資家による投機は素早く利益を得ることができ、巨額のボーナスにも直結するため魅力的な手段となった。ＮＹＳＥで証券手数料が完全自由化された一九七五年の証券市場改革のあと、プロップトレーディングは魅力をより増した。「証券化」（流動性の低い資産を市場性のある証券に変えるプロセス）の急成長によってトレーダー兼セールスマンの役割はさらに高まっていった。

　一九八〇年代初期にはウォール街はトレーダーが席捲するようになっていた。食肉卸売業の息子で葉巻をくゆらすジョン・グッドフレンドは地方債のトレーダーからソロモン・ブラザーズの会長に上り詰めた人物である。またゴールドマン・サックスのリスクアービトラージのヘッドのロバート・ルービンは、ニクソン政権下で財務長官を務めたソロモンの伝説的トレーダーであるウィリアム・E・サイモンと同じように、ゴールドマン・サックスのシニアパートナーになり、のちにクリントン政権下で財務長官を務めた。口の悪いルイス・グラックスマンは投資銀行の名門リーマン・ブラザーズのCEO（最高経営責任者）に任命された（彼のリーマンでの短期間で波乱に満ちた在職期間はリーマンがアメリカンエクスプレスに買収されて終了した）[16]。一九八〇年代には最も影響力を持つ二人の金融家がいた。ルイス・ラニエリとマイケル・ミルケンである。ラニエリはソロモン・ブラザーズで不動産抵当証券ビジネスを一兆ドル市場にした人物である。一方のミルケンはドレクセル・バーナム・ランバートの社員でジャンクボンドの帝王として名をはせた。二人ともたたき上げのトレーダーだった。

　投資銀行の世界の外で活躍するトレーダーもいた。通信の発達によってSECの規制をうまくすり抜けたヘッジファンドが急成長した[三]。ヘッジファンドのなかで最も成功したのがクオンタム・ファンドで、これは一九七三年にハンガリー生まれのマネーマネジャーであるジョージ・ソロスによって設立された。クオンタム・ファンドは株式、債券、通貨市場のレバレッジを効かせたポジションで二五％を上回る平均年次リターンを上げた。ヘッジファンドに並行して一九七〇年代には「リスクアービトラージ」が登場した。これもヘッジファンド同様に高いレバレッジを効かせて、企業買収による急激な値動きから利益を得ることを目的とするものである。最も有名なリスクアービトラジャーの一人が、デトロイトのバーオーナーの息子であるアイバン・F・ボウスキーで、彼は合名会社を一九七五年に設立した。

傲慢で短気で派手なトレーダーは一九八〇年代の象徴的存在だった。トレーダーはトム・ウルフの『虚栄の篝火』では「宇宙の支配者」と記述され、マイケル・ルイスの『**ライアーズ・ポーカー**』（パンローリング）では「大暴れデカチン（スタープレーヤー）」と記述されている（この本のタイトルはグッドフレンドがソロモン・ブラザーズのチーフトレーダーだったジョン・メリウェザーに対して挑んだ〝うそつきポーカー〟と呼ばれるひと勝負一〇〇万ドルのゲームのこと）。トレーダーは国際的な現象になり、いわば規制撤廃とグローバル化の申し子とも言える存在だった。ロンドンでは急成長するアメリカの投資銀行に雇われた若いトレーダーは「ビッグバン」（一九八六年に行われたロンドン株式取引所の規制撤廃）のときに六桁のボーナスを稼いだ。彼らはメディアでは「ポルシェを走らせる行商人」と揶揄され、キャリル・チャーチルの『シリアス・マネー』でも風刺された。さらに多くのボーナスを求めてトレーダーたちは金融の世界に熱狂と残虐性を取り込んだ。「アグレッシブ」という言葉は若いトレーダーの履歴書のなかでは「意欲的」と解釈され、中国のクラウゼビッツこと孫武の『孫子兵法』が金融サークルで流行の読み物になった。トレーダーの言語は乱暴な隠喩で表現された。ソロモン・ブラザーズでは営業マンたちは客を「だまして法外なお金をむしりとる（ripping the faces off）」ことを自慢し合った。

今や資本はルーレット盤のようにグルグルと目まぐるしいスピードで移動し、トレーダーたちはそれについていかなければならなかった。彼らに休んでいる暇などなかった。オリバー・ストーンの映画『ウォール街』でゴードン・ゲッコーは「ランチを取るのは無能なヤツだ」と言った。おそらくはドレクセル・バーナム・ランバートのビバリーヒルズ証券部門のマイケル・ミルケンほど長時間働いていた者はいなかった。夜は三〜四時間寝ると、ニューヨーク市場のオープニングに間に合うように朝の四時前には出社し、一日におよそ一〇〇〇件の取引を処理した。[三] ミルケンはお金以外の刺激を自らに禁じ、アイバン・ボウスキーは常にコーヒーを片手に二一時間の激務をこなした。トレーダー文化の産物ともいえるハードワークはいつしかスーパーリッチになるためのプレーに置き換わっていた。ソースティン・ヴェブレンの『有閑階級の理論』に描かれた特権階級の贅沢なゆとりは消えた。一九八〇年代の富の新しい象徴――富めるものの自家用ジェット機、低所得層の携帯電話――は安息を与えてくれるものではなく、絶え間ない競争の典型例だった。[17] グローバルな二四時間市場の時代、お金は眠らず、お金を追求する者も眠らなかった。

マイケル・ミルケンの登場

一九八〇年代初期には、大恐慌から学んだ貴重な教訓はすでに過去のものになっていた。レーガンの影響もあって、ビジネスは再び崇拝の的になった。負債は不謹慎なものというよりも節税効果のあるものとみなされ、資本市場では規制撤廃が監視に取って代わり、個人的な富の追求は一〇〇％の雇用と平等な配分に取って代わられた。しかし、レーガン政権になってからの最初の一八カ月間は、インフレ退治のために金利が史上最高レベルに達したため、債券市場と株式市場は依然として低迷したままだった。市場金利は二〇％を超えてピークに達し、長期債の利回りは一五％を超えるまでに上昇した。一九八二年の夏、ポール・ボルカーFRB議長はついに公定歩合を下げた。これによって長く続いたインフレとの闘いは終わった。一九三二年に株式市場が底を付けてから、実に半世紀ぶりに市場は上昇し始めた。

サッチャーは国営の公共企業を株式市場に上場させて民営化したパイオニアだが、レーガン大統領のアメリカでは民営化は少し違った形で行われた。例えば、公開企業（株式市場で値付けされる企業）を買収したあと、それを民間に戻すという手法などがそうである。このLBO（レバレッジド・バイアウト。対象企業の資産を担保とした借入金による買収）の目的は最大の負債を抱える企業を買収することにあった。会社を買収したあとキャッシュフローを増加させることでLBO負債の金利と元本はできるだけ速やかに返済していく。負債が標準的なレベルになったら、その会社は売りに出すか、株式市場に再上場させる。

このタイプの取引の潜在能力が初めて大衆に示されたのは、ギブソン・グリーティングス・カードが上場した一九八三年夏のことだった。一八カ月前、ウィリアム・サイモン元財務長官とそのパートナーはギブソンを株式一〇〇万ドルと負債七九〇〇万ドルで買った。しかし会社が株式公開されると、その時価総額は二億九〇〇〇万ドルにまでなり、サイモンの三三万ドルの投資は六六〇〇万ドルを超える財産に変わった。これはひとえにタイミングが良かったとしか言いようがない。サイモンがこの会社を買ったのは株式市場が低迷しているときで、売ったのは金利が下落し市場が復活したときだった。

ＬＢＯにとって追い風となったのは金利の低下と資産価格の上昇だけではなかった。配当の支払いは税控除にはならないが、金利の支払いは税控除になるという会計制度が有利に働いたのである。この傾向は一九八一年にさらに強まった。レーガン政権が経済再建税を可決するように議会を説得し、企業に減価償却を加速させ、それによって税の支払いを減らし借入金を増やすことができるようにしたのである。ＦＲＢは、信用取引での委託証拠金率を五〇％以下にすることを禁じていたが、ＬＢＯの額に制約はなかった。ＬＢＯの参加者にはほかにも信用取引の投機家よりも有利な点がいくつかあった。金利支払いが税控除になったり、追証（差し入れている委託証拠金の総額が相場の変動等によって必要額より不足してしまった場合に差し入れなければならない証拠金）の対象にならなかったり、ＬＢＯ負債（債券に包括されており、ほかの投資家に売ること（ができる）に対して責任を負う必要がないことなどだ。もし会社が倒産しても責任を負うことはなく、損失もほとんど被ることはないが、取引が成功すれば巨額の利益を得ることができた。

ドレクセル・バーナム・ランバートのマイケル・ミルケンは会計士の息子だったが、会計士にとってはありがたくない情報を伝道して回った。彼は会社のバランスシートを逆さにして、株主資本を負債と置き換えることを推奨したのである。彼は一九七〇年に高利回りの「ジャンク」なボンド（債券）担当トレーダーとしてドレクセルに入社した。ジャンクボンドとは、発行者の信用格付けが低いため高い金利を支払うローン証券のことを言う。彼は高利回り債はリスクが高いという意味で、「投機的」だという世間一般の考え方に異論を唱えた。彼のこの考えは、格付けの低い企業の債券（ミルケンは「堕天使」と呼んだ）は利回りがこれまでのデフォルト率を補って余りあるほど高いため、良い投資機会を与えてくれるという分析に基づくものだった。投機的債券のポートフォリオに投資することは、ゼネラルモーターズのような格付けがトリプルAの会社の債券のポートフォリオよりも長期的に見れば高いリターンをもたらしてくれるというのが彼の考えだった。

一九七〇年初期以来、この考えを広めることに成功した彼はジャンクボンドの新たな適用方法を探していた。最初に考えついたのが、テッド・ターナーのCNN（ケーブル・ニュース・ネットワーク）やマッコウ・セルラー（携帯電話会社）、それにラスベガスのカジノビジネスのような急成長しているビジネスのベンチャー資本の調達手段として使うことだった。ミルケンが高利回り債の発行市場と流通市場の両方を支配するようになると、彼のジャンクボンド哲学のビジョンが本性を現してくる。一般的な認識と現実とは区別することができる、と彼は言った。ムーディーズのような債券格付け会社は過去を見ているだけで未来は見ていない、と彼は言った――「人も業界も将来的にはリスクが付き物だ……ジャンクボンドユーザーは未来の業界に属する人々なのだ」[18]。彼のビジョンは理解されないときもあった。彼はジャンクボンドを弁護して、「私たちが好きなのはジャンクなものばかりだ。ジャンクフードにジャンク服にジャンクレコード。時の試練に耐え得るのはジャンクだけなのだ」[19]と主張した。

彼のセールスマンとしての本能は金融頭脳と同様、ピカ一だった。彼の頭の中にはいろいろな会社の金融史とマーケット情報が百科事典並みに記憶されていた。もし彼がその活動域を格付けの低い社債の既存市場とハイリスクベンチャーのための債券の発行に限定していれば、彼の名前はプロの世界以外では知られることはなかっただろう。しかし、ドレクセル・バーナム・ランバートの合併・買収部門からは高利回り債を上場企業のＬＢＯの資金調達のために使おうというアイデアが出てきた。一九八四年八月、テキサスの石油王でメサ・ペトロリアムＣＥＯのＴ・ブーン・ピケンズのガルフオイル乗っ取りを支援するために、ミルケンとドレクセルは初めて敵対的買収を仕掛けることになる。実際には乗っ取りに必要な資金がないにもかかわらず、ドレクセルはジャンクボンドを販売して必要資金を必ず調達することができるという書簡をピケンズに送った。この乗っ取りは失敗に終わったが、その自信に満ちた書簡は無限の規模の取引に対する資金を調達できるドレクセルの能力を象徴するものだった。ドレクセルが初めて敵対的買収に成功したのは一九八五年四月のことで、ミルケンの支援を受けた乗っ取り屋のネルソン・ペルツがナショナル・カンを負債・自己資本が一一対一のレバレッジ比率で四億六五〇〇万ドルで買収した。数カ月後、ドレクセルの顧客のロン・ペレルマンが化粧品メーカーのレブロンを買収した。これは史上最大の敵対的LBOだった。このあとさらに大型の買収が続く。一九八六年四月、バイアウトファンドのKKR（コールバーグ・クラビス・ロバーツ）がドレクセルを通じて六〇億ドルの資金を調達し、サムソナイト・スーツケースからエイビス・レンタカーまで手掛けるベアトリスを買収した。

ミルケンと彼の乗っ取り屋は企業社会に対するアウトサイダーとしての立場を大いにエンジョイした。一九八五年のドレクセル・ハイ・イールド・カンファランス──またの名を「捕食者の晩餐会」──で当行のフレッド・ジョゼフCEOは「歴史上初めて、ようやく公平な土俵で競争できるようになった。小さな者は大きな者のあとをついていけばよい」[20]と勝ち誇ったように宣言した。ジェイ・グールドのやり方に倣って、乗っ取り屋たちは自分たちのやっていることは公共事業なのだと言った。今の経営──彼らはこれを「コーポクラシー（企業官僚主義）」と呼んだ──は非効率的で、やつらが気になるのは自らの安全と臨時収入だけである、と彼らは吐き捨てるように言った。ネルソン・ペルツはさらに過激に、アメリカの経営者はロシア人よりも共産主義的だ[21]、と声を荒らげた。もっとあからさまだったのはジェームズ・ゴールドスミス卿で、彼は「乗っ取りは公共の利益になるものだ。しかし私はそのために乗っ取りをやるのではない。私はお金のためにやるのだ」と言った。しかし「資本の民主化」を促進しているのだという彼らの主張は空虚に響くだけだった。ミルケンのジャンクボンドの饗宴では招かれざる客の入る余地はなかった。ミルケンは派閥を組んで事業を進めた。その派閥はエスタブリッシュメントよりもはるかに排他的だった。ジャンクボンドは少数の乗っ取り屋のために発行され、少数の機関投資家たちに売られた。彼らのグループは団結力が強く、「デイジーチェーン（ヒナギクの花輪）」[三]というあだ名で呼ばれた。

　ミルケンはビバリーヒルズのX字型のトレードデスクから金融界と企業に指示を出した。ミルケンは顧客や仕事仲間からは神のように崇められた。「彼は真実を明らかにすることだけを考えていた。ミルケンは証券ビジネスの世界に入っていなかったら、宗教復興活動のリーダーになっていただろう」[22]と元ドレクセルの経営幹部は言った。また別の仲間は「ミルケンは今世紀で最も重要な人物だ」[23]と言った。当時の人々はミルケンのことをジャンクボンド「ゴスペル」を伝道する「救世主」と呼んだ。ミルケンは次第に力を増していき、金融以外の問題にも手を広げ、世界の人々を洋上ホテルに住まわせるといったことを延々と語ったり、食品パッケージに手を加えることのリスクを人々にレクチャーしたり、人間の長寿について考えたりした。[24]

　しかし、ドレクセルには荒っぽくごろつき的な性質があり、何かの宗派というよりもマフィアのような雰囲気を醸しだしていた。ほかの投資銀行とも暴力的な縄張り争いが繰り広げられた。ミルケンはジャンクボンド市場のおよそ三分の二を支配していたため、だれも彼を無視することはできず、彼とは取引しない会社にはミルケンの乗っ取り屋、あるいはドレクセルそのものがやって来て、敵対的買収を仕掛けられるほどの株を買い占めて株主名簿に名を連ねた。[24] 一九八六年にはドレクセルは一五〇社以上の企業の株式を取得し、数億ドル規模のジャンクボンドのポートフォリオを保有していた。これによってミルケンはさらにパワーアップし、ジャンクボンド市場を独占するという夢を絶えず追い続けた。匿名の同僚はコニー・ブルック（『ウォール街の乗取り屋』［東洋経済新報社］の著者）に次のように言った――「ミルケンが興味があるのは権力、支配、一〇〇％の市場シェアだけだ。彼にとってそれ以外は意味はない。彼は私の知るかぎり最も不幸な人だ。これで十分ということがないのだから。彼は人をけなして駆り立てる。もっと、もっと、もっと取引を取ってこいと駆り立てるんだ」[25]。

ミルケンは富を誇示することには興味はなかったが、彼には富を蓄積するという飽くなき願望があった。あるドレクセルの社員は、「ミルケンは才能があり想像力豊かな天才だが、この世で最も強欲で無慈悲で腐敗した人物の一人でもある」[26]と言った。一九七〇年代初期、ミルケンはドレクセルに掛け合って、彼が会社のために稼いだ三ドルのうち一ドルを彼の報酬とするように交渉した。敵対的ＬＢＯは何千万ドルという手数料をドレクセルにもたらした。ミルケンはドレクセルでの収入に加え、もっと儲けの良い民間投資合名会社を経営していた。あるとき顧客が乗っ取りのときに債券を発行すると、ミルケンは賄賂としてワラント（株を買うオプション）を要求した。これらのワラントはジャンクボンドの購入者に分配することなく、懇意にしている顧客に配ったり、ミルケンの合名会社やドレクセルが保持した。[26]「友人からお金を儲けなければ、だれから儲けられるというのだね？」[27]とミルケンは言ったと伝えられている。一九八六年一月、ミルケンは有名な合併買収アドバイザーのマーティン・シーゲルからドレクセルでの仕事についてインタビューを受けた。彼はシーゲルに次のように言った――「ドレクセルの社員が現状に満足すれば、のろまでデブになるだけだ。自分のお金を数えてはならない。もっと多くのお金を稼ぐように自らを奮い立たせなければならないのだ」[28]。一九八六年、ミルケンはジャンクボンド部門の七億ドルのボーナスのうち五億五〇〇〇万ドルを取得し、アメリカ史上最高の高給取りになった。

　時にはミルケンの乗っ取り屋の報酬はミルケンを超えるときがあった。レブロンを乗っ取ったロン・ペレルマンは一九七〇年代に二〇〇万ドルを借り入れ、それを一〇年後にはおよそ三〇億ドルの財産に変えたと言われている。ＬＢＯのあとはコストカットが実行され、経営陣は削減されたが、会社の浪費は続いた。レブロンのマイケル・ベルジュラック元ＣＥＯは、乗っ取りの間も贅沢三昧を続けたが、ペレルマン率いる新しい経営陣はもっと贅沢だった、と述べている。「いわゆる乗っ取り屋は大企業の一つを手に入れたあと、その会社の〝企業文化〟を少しずつ吸収していくのではないだろうか。彼らはスーツを買いにロンドンに行き、フランス人のシェフを雇い、フランスのワインを飲み、自家用ジェットも一つだけでは飽き足らず、二機、三機持っている者もいる。私に言えるのは、こうした仕事をしているとこうなってしまうということだけである。あるいは豊かな暮らしは伝染するのかもしれない[29]」

新たに見つけた富に舞い上がった「ジャンクボンド・ビリオネア」――あるライターは彼らをこう呼んだ――とボーナス漬けの彼らの金融アドバイザーたちはアメリカ史上類を見ない富を人々に見せつけた。一九八一年一月に行われたレーガン大統領の六〇〇万ドルをかけたきらびやかな就任式はそれからの一〇年間を方向づけたと言えよう。顕示的消費がアメリカンドリームのバイタリティーを示すものになったのである。ニューヨークの文化施設では豪華なパーティーが開かれた。メトロポリタン美術館――あるゴシップコラムニストは〝クラブメット〟と呼ぶ――は乗っ取り屋のソール・スタインバーグとロウズ・コーポレーションのラリー・ティッシュCEOの子供たちの結婚式を祝って、一万二〇〇〇本のオランダのチューリップと五万本のフランスのバラで飾られた。「まるで一五世紀のアラゴン王太子とカスティーリャ王女の結婚式並みの贅沢さだった[30]」とヴァニティ・フェアのティナ・ブラウン編集長は語った。

ソロモン・ブラザーズ会長の妻であるスーザン・グッドフレンドは、短期間だが〝ヌーベル・ソサイエティー〟の指導者だった。五番街のアパートを二〇〇〇万ドルと噂される費用で改装したり、夫の六〇歳の誕生ケーキを送るのにコンコルドを二席予約したり、ブレナム宮殿で開かれるパーティーへの招待状を「自宅で（At Home）」と書いて送ったりと、街では「ソーシャル・スージー」の噂でもちきりだった。元スチュワーデスの彼女は世界をその〝ぶざまさ〟で楽しませた。ファーストレディーに紹介された生粋のテキサス人は、「ボンソワー、マダム」と彼女にひざまづいた。「まるでおとぎ話のなかにいるようだった」と彼女はニューヨーク・タイムズに話している。グッドフレンドからの招待の価値は、ソロモン・ブラザーズの株価が上昇すれば上昇し、下落すれば下落するように思えた、とマイケル・ルイスは**『ライアーズ・ポーカー』**のなかで述べている。株式市場の大暴落の数週間後、「お金持ちでいるのにはお金がかかるのよ」と彼女は嘆いた。

力関係が銀行家から顧客にシフトすると、ジョン・グッドフレンドは「ウォール街の王」（ビジネスウィークが付けたあだ名）の名をヘンリー・クラビスに奪われた。社交界では、スーザン・グッドフレンドはクラビスのファッションデザイナーである妻キャロリン・ロイームにその地位を譲った。クラビス夫人はアメリカ中西部出身で背が高く痩せていた。まさにトム・ウルフが言うところの「拒食症を患った社交界の知名人」だった。彼女はゴシップコラムニストに執拗に追い回された。自分自身を磨くことに夢中になった彼女はフランスでフランス語を学び、ザルツブルクでオペラを学んだ。ピアノも始め、自分はブラームスの生まれ変わりだとも言うようになった。夫の会社の社員たちが夫の行ったＬＢＯの負債を返済するために安い賃金でこれまでよりも長時間労働を強いられる一方で、ロイームは、自分は宝石で刺繍されたドレス（報道によれば彼女はダイアモンドに目がなかった）をデザインして「奴隷のように」働いている、とマスコミに言った。彼女がメトロポリタン美術館で開いたパーティーのことをあるゲストは「メディチッチ」と言った。小柄なクラビス――ロイームが言うには、彼は財布の上に立つと背が非常に高くなる――は上流階級のような雰囲気を醸し出していた。[31]マンハッタンのオフィスではウエッジウッドの陶器で昼食を取り、マホガニーの机に座ったまま靴磨きをしてもらい、あるときはマーガレット王女がジョージ・スタッブス（馬の絵で有名）の絵画を観るために立ち寄ったこともあった。ヌーベル・ソサイエティーの住人には非現実的な雰囲気が漂っていた。キャロリン・ロイームの宣伝資料には「美と華やかさは心の状態を示すものだ」と書かれていた。彼女の夫も株式市場の価値についてはおそらくは同じことを言っただろう。

ＬＢＯブームに乗って一九八〇年代中盤の上昇相場はますます勢いづいた。従来の価値の尺度は「プライベート・マーケット・バリュー」（ＰＭＶ＝事業家的市場価値）と呼ばれるＬＢＯ評価に取って代わられた。ＰＭＶとはその会社がどれくらいのキャッシュ（フリーキャッシュフロー）を生みだし、どれくらいの負債に耐えられるのかに基づいて算出される。次なる乗っ取りを探すプロの「リスクアービトラジャー」が媒体となって、ＰＭＶは株式市場でその地位を固めていった。アービトラジャーたちは非公式に共謀して価値の高い企業を探し、そういった企業に巨額の出資を行う。ここからがゲームの始まりだ。一九二〇年代の大衆が株式市場プールのまねをしたように、この時代の大衆もアービトラジャーたちをまねた。アービトラジャーもその追随者たちも株を保有している企業に対する忠誠心などなかったため、乗っ取り屋たちにとっては行動しやすかった。乗っ取りが一般に向けて発表されると、乗っ取り屋のブローカーはアービトラージクラブのメンバーに電話して会社の経営権を取得するように指示するだけだった。この手法は「ストリートスイープ（道路掃除）」と呼ばれた。ストリートスイープの代表例はロバート・キャンポーによるアライド・ストアの乗っ取りである。ロバート・キャンポーからの電話一本で、ロサンゼルスのブローカーであるボイド・ジェフリーズは流通している株のおよそ半分に当たる三二〇〇万株を取得し、四〇億ドルの会社の経営権はキャンポーのものになった。[三六]

アービトラジャーには、会社の株式を取得して、もし買収が行われなかったり、失敗に終われば、巨額の損失を被るリスクがあった。例えば、一九八二年五月のガルフ・オイルによるシティーズ・サービスの買収が失敗したとき、アイバン・ボウスキーは二四〇〇万ドルの損失を被った。ボウスキーがキダー・ピーボディのマーティン・シーゲルやドレクセルのデニス・リーバインなどを含む投資銀行家のシークレットネットワークを構築したのは、この損失を受けてのことだったのは明らかである。シーゲルから提供されたインサイダー情報を使って、ボウスキーは一九八四年のネッスルによるカーネーションの買収で二八〇〇万ドル儲けた。ずる賢い手段を使ってプレーしようと考えていたのはボウスキーだけではなかった。一九八五年春のビジネスウィークの調査によれば、ＴＯＢ（株式公開買付け。友好的なものと敵対的なものがある）のおよそ三分の四は株価の急騰によって予測できることが判明した。これはインサイダー取引が行われていることを示すサインである。[31]

年間の平均投資リターンが八〇％を超えるボウスキーは、そのリターンはインサイダー情報による投機によるものではないかとの疑いが広まった。一九八六年五月一八日、彼はカリフォルニアのビジネススクールでヤッピーたちのウォーという歓喜の声に包まれて、一九八〇年代の時代精神を次のように語った――「強欲は正しいものだ。強欲は健全なものだと思っている。皆さんも強欲になるべきだし、快く感じられるはずだ」[32]。このスピーチは諸悪の根源としての富を追求した彼の人生への歪んだ惜別の言葉として、彼らの取るべき行動指針を示すものではなかった。というのは彼がこの言葉を発したとき、彼にはもう時間が残されていないことを知っていたからである。六日前、彼の主な情報提供者であるデニス・リーバインがニューヨークでインサイダー取引のかどで逮捕されていたのである。一九八六年一一月一四日、ＳＥＣはウォール街の最も悪名高いアービトラジャーはインサイダー取引をしていたことを認め、捜査に協力していると発表した。「ボウスキーの日」の三日後、ウォール・ストリート・ジャーナルはこの事件へのミルケンの関与も捜査中であることを報じた。これに反応してダウは四三ドル下落し、ジャンクボンドも急落、そしてロン・ペレルマンはジレットの買収を断念した。ゲームはまだ終わってはいなかったが、曲がり角に来ていたことは確かだった。

市場はインサイダー取引のスキャンダルのことはすぐに忘れた。一月、レーガン大統領は当時の国の雰囲気をとらえた活気に満ちた一般教書演説を行った――「アメリカという国は年月で判断することはできない。なぜならわれわれは終わりのない自由の実験の場であるべきであり、われわれが達成できるもの、われわれができることは無限で、われわれの希望に終わりはないからである」[33]。この無限の志を目指すスピーチによって、ダウは初めて二〇〇〇ドルの大台を超え、それ以降も上昇し続けた。しかし一九八七年一月に急落し、SEC委員長からは迫りくる「第一級のカタストロフ」への警告が発せられた。投機がはかないものであることは世界中で実感されていた。ロンドンでは、「労働者は働いていない」というキャッチコピーでサッチャーによる保守党政権獲得に寄与した広告会社のサーチ・アンド・サーチ社が、アメリカ最大の商業銀行の一つであるミッドランド銀行の買収を試みたが失敗した[三六]。

「金融界のヒトラー」、ウォール街に現る

アメリカではボウスキーの日のあと、M&AとLBOが復活し、ミルケンとドレクセルは彼らのLBOフランチャイズに力づくで割り入ろうとするウォール街のほかの銀行との競争にさらされていた。ジャンクボンドと敵対的乗っ取りの世界はゲームの様相を呈し、難解な遊び言葉で表現されるようになった――乗っ取りのターゲットとなる企業は「インプレー」と呼ばれ、「ホワイトナイト」が救済にやってこなければ経営陣はプレデターを「ポイズンピル」や「パックマン」（プレデターに対して対抗買収を仕掛ける）で追い払い、これらがすべて失敗すれば、

ＣＥＯは「ゴールデンパラシュート」で脱出する。取引を提案している銀行家は「コンセプトをティーアップ（ゴルフ用語。ボールをティーの上に載せる）」し、ライバルの入札を阻止する高い入札は「ハットトリック」、成功したジャンクボンドの発行は「ホームラン」。そして、銀行家には締結した取引の詳細が記録されたプラスティックの箱入りの小さなトゥームストーン（トロフィー）が贈られる。これは「ディールトイ」と呼ばれた。ドレクセルの幹部の間ではこのトロフィーは「大人のためのディズニーランド」[34]と呼ばれていた。

競争が激化するなか、取引の質は落ちてきていた。カナダの土地開発者であるロバート・キャンポーのような人物が成功した乗っ取り屋の部類に入るところを見ると、これは明白だった。キャンポーは賞をもらうに値するほどの変わり者で、その仰々しさ、虚栄心、風変わりさがビジネスを成功に導いた。彼は二つの家庭を持ち、発声法のレッスンを受け、歯には被せ物をし、顔のしわ伸ばしの整形をし、髪は移植していた。気鬱症の彼は定期的にドイツに行き羊の脳を注入し、どこに行くにも大量のミネラルウォーターとフレッシュオレンジは欠かさず持参した。彼の風変わりな格好は羽を突き立てたポークパイハットを被ることでより一層際立った。ニューヨークでは夜中に銀行家を呼びつけて、ホテルの部屋でパンツ一丁でミーティングをした。あるミーティングでは彼はフォークをテーブルに突き立てて要点を強調した。実は彼は躁鬱病で、かんしゃくを起こしては、意識の流れに任せて長い攻撃的な演説を繰り広げた。[三九]その瞬間、彼の目――外科のナイフが触れることのできない彼の人相の一部――は頭から突き出て、手は震えた。カナダのビジネス界はキャンポーを疑いの目で見た。一九八〇年代の初期、彼は大きな金融機関を乗っ取ろうとしたがビジネス界はそれを阻止した。しかし、一九八〇年代の目の回るような雰囲気のなか、ウォール街はえり好みはしなかった。

一九八六年、キャンポーはニューヨークにやってきた。彼はウォルドルフ・アストリア・ホテルのスイートルームに滞在し、ウォール街の有名な合名会社から弁護士を雇い、買収対象を物色し始めた。いろいろと考えあぐねた結果、彼はデパートに目を付けた。彼が狙いを定めたのは、上品な衣料品店で傘下にブルックス・ブラザーズを抱えるアライド・ストアーズだった。アライド・ストアーズの売り上げは四〇億ドルで、従業員の数は七〇〇〇人、時価総額は二〇億ドルでキャンポー・コーポレーションの一〇倍を超えていた。ファースト・ボストンのスター・ディールメーカーであるブルース・ワッサースタイン率いるキャンポーの金融アドバイザーたちは、プレデターと犠牲者の規模の違いや顧客の小売業に関する経験不足（キャンポーは不動産と小売業との相乗効果について漠然と話はしていた）を気にすることはなかった。それどころかファースト・ボストンはその大手デパートに金庫から九億ドル（ファースト・ボストンの全資本に相当する）の融資を申し出て、アライド株を担保にしたマージンローンによってさらに六億ドルを貸し出すと提案した。キャンポーは四〇億ドルの買収を成功させると約束して、株主資本から三億ドル調達することに成功した。キャンポーの借り入れのうち最高額の一〇億ドルはジャンクボンドの発行によって調達した。アライドは負債に対する金利支払いを十分まかなえるだけのキャッシュを生みだしていなかったので、ファースト・ボストンはキャンポーに代わって二億五〇〇〇万ドルのＰＩＫ優先株（キャッシュではなくローンノートで配当を支払う証券）を発行した。アライドの買収にかかわる費用は四一億ドルに上った。

一九八七年三月、アライドはキャンポーの手に落ちた。アライドのＣＥＯは解雇され、列車一台分の道化師の不意打ちをくらったと愚痴をこぼした。しかし、彼は一五〇〇万ドルの「ゴールデンパラシュート」を手にした。銀行は五億ドルを超える手数料を受け取り、「金融界のヒトラー」――キャンポーの金融アドバイザーであるブルース・ワッサースタインのこと――はアメリカ第二位のデパートグループの責任者になった。アライドの乗っ取りに使われた新しい手法（①銀行が見ず知らずの者に銀行の全資産を出資する、②資産を売らずして負債は払えない、③債券の金利を支払うのにさらなる債券を発行する、④アドバイザーの手数料は投資家のエクイティ投資を上回る）をワッサースタインは「商業銀行の新時代の夜明け[35]」と絶賛した。

一〇月の大暴落

一九八七年八月二五日、ダウ平均は年初から四三％上げて二七四六ドルで引けた。秋になってもセンチメントは依然として強気で、モルガン・スタンレーは顧客に一〇〇％株式のポートフォリオを持つことを勧めたが、市場への資金の流れは勢いが弱まっていた。ＮＴＴ（日本電信電話）の三五〇億ドルの新株発行に備えて、日本人投資家は資金を本国に送還し始めた。米国債の利回りがインフレ懸念から上昇し、円高になってドルが下落すると、日本人投資家の米国債への巨額の投資は大損を出し始めたため、彼らは米国債を売り始めた。これによって国債価格はさらに下落し、株式はＰＥＲ（株価収益率）が二三倍という高さになり、過大評価されているという思いはますます強まった。

一〇月の第二週の初めに国債利回りは一〇％を超え、不安をかき立てるような報告が立て続けに出された――ジェームズ・ベーカー財務長官はドイツ連邦銀行が金利を下げなければドルを急落させると脅しをかけ、一〇月一三日火曜日には議会がＬＢＯに有利な税制優遇措置を終わらせることを計画しているという噂で市場はもちきりになり、その翌日には予想を上回る米国の貿易赤字が発表された。金曜日、米国タンカーがペルシャ湾でイランのミサイルによって攻撃されたというニュースに反応して、市場は一〇八ドル下落した。これは史上最大の下落だった。同日、ハリケーンがイギリス南部を直撃し、ロンドン証券取引所は閉鎖された。その週の初めにはシェアソン・リーマンのリサーチアナリストであるエレーヌ・ガーサレリがＣＮＮで「市場の崩壊が差し迫っている」ことを予測した。彼女の予測（ビジネスウィークは彼女の言葉を「世紀の予測[四]」と呼んだ）はやがて現実のものになる。

一九八七年一〇月一九日の株式市場の世界的大暴落は夜明けとともに始まった。ニューヨークがまだ眠りについているとき、香港、マレーシア、シンガポールと大暴落が始まり、ヨーロッパ市場のいくつかもそれに続いて大暴落した。[四] ＮＹＳＥが月曜日の九時三〇分に開くと、多くの大型株に対して買い注文がまったく入らなかった。オープンから三〇分後にＳ＆Ｐ五〇〇指数の五〇〇の銘柄のうち二五銘柄の注文がようやく入った。株を売ることができなくても、少なくともＣＭＥでは株価指数先物を売ることはできた。しかし先物の大量売りは先物市場を下落させ、その下落はＮＹＳＥにも波及した。通常、アービトラジャーは先物を買って株を売ることでサヤを埋めるのだが、この日はアービトラージするにはボラティリティが高すぎ、サヤはさらに広がった。先物のパニック売りが株式市場を下げ、さらに先物が売られるという悪循環に陥った。正午少し前、ＳＥＣが取引の一時的停止を検討していることをメディアが発表した。人々は市場が開いているうちに株を売ろうと、さらに急いだ。

一九二九年一〇月の大暴落は信用取引口座の強制的な清算が原因の一つだったが、一九八七年一〇月の混乱はコンピューターによるプログラム売買による売りが殺到したことが原因だと言われた。この売りは「ポートフォリオインシュアランス」によって引き起こされたものだった。ポートフォリオインシュアランスとは、株価指数を売ることで現物である株式ポートフォリオの市場リスクをヘッジする、いわゆる安全装置のような投資戦略のことを言う。ポートフォリオインシュアランス業者が運用するファンドはその年に急激に増加し、運用資産は九〇〇億ドルにも達した。大暴落前の三日間、ポートフォリオインシュアランス業者は下落市場で四〇億ドルもの株式を売った。そしてブラックマンデーの日、午後一時からの一時間における彼らの売りは、ＣＭＥでの株価指数先物の売りの半分以上を占めた。ポートフォリオインシュアランス業者は先物市場で売りまくり、先物市場が株式市場の本質的価値以下にまで下落しても彼らは売り続けた。彼らの売りを予測したアグレッシブなトレーダーは彼らに便乗して株を空売りした。市場が引けるころには、ポートフォリオインシュアランス業者は先物市場で四〇億ドル分もの先物を売っていた。これはその日の売買高の四〇％に相当する量だった。[四三]

その日のパニックは、それまでに起こった無数の株式市場でのパニックに似ていた。ＣＭＥのあるトレーダーは仕事を放棄して、それまで貯めてきた貯金のすべてを銀行から引き出し、ポルシェに乗って水平線のかなたに消えていった。[36] 下落したＣＭＥの会員権を売ったトレーダーもいた。ホワイトハウスではある政府高官が廊下を走りながら、「下げ止まる兆しが見えない！」[37]と叫んでいるのが目撃されている。一九二九年のときとまったく同じように、市場のテクノロジーも崩壊し始めていた。ＮＹＳＥでは自動売買システムが故障（プリンターが洪水のような売りをさばききれなかった）したため、ブローカーはトレードを確認することができなくなった。新しいデリバティブ市場も似たようなものだった。ボラティリティが極端に上昇し、株式オプションの値付けが不可能になり、オプション市場は干上がってしまった。

市場が引けたとき、指数がすべてを物語っていた。ダウ平均は二二・六％の下落、Ｓ＆Ｐ五〇〇は二〇・五％の下落、Ｓ＆Ｐ先物は二九％下落していた。ＮＹＳＥの売買高は六億株を超え、売買金額は二一〇億ドルで、前の金曜日に記録した数字の二倍に達した。先物市場でもほぼ同額が取引されていた。この大暴落でNYSEの二つの由緒ある会員、E・F・ハットンとL・F・ロスチャイルドが、およそ六〇の小さなブローカーとともに姿を消した。多くの人にとって市場の崩壊はシステミックな金融危機の前兆のように思えた。おそらくはこれで資本主義は終わってしまうのだろうと。金融家のジェームズ・ゴールドスミス卿は大暴落を予感してほとんどの資産を売ったばかりだった。彼は当時の気持ちを次のように語っている――「タイタニックのカードルームでラバーブリッジに勝ったような気分だった[43]」。

ゴールドスミスの大暴落予想は誇張されていたようだ。一〇月二〇日の火曜日、最初に急落が発生し、CMEの先物市場が一時閉鎖されたあと、株式市場は急騰した。これは銀行の危機を回避するためにFRBが介入して、金融市場に流動性をもたらしたためだった[44]。大手企業のいくつかはホワイトハウスからの電話に促されて自社株買いを発表した。陰謀セオリストは、株価の上昇は株価操作をするためにCMEの先物市場の取引を一時停止した当局がたくらんだことだ[45]、とのちに指摘した。理由はどうであれ、株価の上昇によってパニックは終わった。その年の終わりには、一月から株式ポジションを保有してきた投資家は史上最大の大暴落に遭いながらも、ささやかな利益を得ることができた。

一〇月の一カ月だけでアメリカの株式市場の価値は総額で一兆ドルも下落したものの、一九八七年のパニックは（一九二九年とは違って）経済危機には至らなかった。評論家によれば、それは一九八七年の強気相場は一般大衆を引き付ける「小口市場」ではなく、したがって株価が大暴落したとき、大衆の信用や消費に対する影響はほとんどなかったからということだった。イギリスのエコノミストであるアンドリュー・スミザーズの見方はこれとは異なる。彼は、一九八七年の大暴落が景気後退につながらなかったのは、当時、株価は実際には過大評価されていなかったからだ、と述べた。スミザーズはトービンのq（ノーベル賞を受賞したジェームズ・トービンによって考案された測度。時価総額を資本の再取得価格で割って算出する）を使って、一九八七年八月のピーク時でも株価は長期平均をやや上回る程度だったことを示した。[38] 一九八七年の大暴落の余波がなぜマイルドだったのかは多くの人にとって不可解だったが、それは投機ブームや株式市場のパニックが恐慌の原因になることはめったにないことの証しだと効率的市場仮説の支持者たちは解釈した。[四六]

賄賂まみれの政治と貯蓄貸付組合の危機

ＬＢＯがブームになったのは、レーガン政権のレッセフェール（自由放任主義）がその背景にあった。レーガン政権はＦＲＢがＬＢＯに対してマージンの制約を適用するのを阻止したのである。[四七] しかし、レッセフェールはいつの日か自己の利益を追求する近道になり、そこからは一気に不正へとつながるだけである。レーガン政権が長期化するにつれて、金メッキ時代や一九二〇年代初期のハーディング政権のように、腐敗が首都ワシントンを覆うようになった。一九八七年の春には、レーガン政権のときに連邦ポストに任命された一〇〇人以上の高官が不正行為によって告訴された。[39] 国家の政治的リーダーの多くは、政治献金と引き換えに自分を一番高く買ってくれる人に自分を売った。一九八六年四月、ミルケンは厚かましくもワシントン・ポストに、高利回り証券を買うこの国の力はあらゆる規制に打ち勝った、[40] と話した。その年、ドレクセルは上院銀行委員会安全小委員会議長のアルフォンス・アル・ダマト上院議員の政治献金として五〇万ドルを調達した。ダマトは以前は敵対的買収規制を支持していた人物だ。この寄付を受け取ったあと、ダマトのジャンクボンドに対する態度は一変した。[41]

賄賂まみれの政治、独善的な規制撤廃、投機便宜主義は一九八〇年代終わりの貯蓄貸付組合スキャンダルを生みだすことになる。「Ｓ＆Ｌ」とか「スリフト」と呼ばれる貯蓄貸付組合は元々はアメリカのマイホーム所有者に住宅ローンを提供するために作られた地方銀行だった。フランク・キャプラ監督の映画『素晴らしき哉、人生！』ではその役割が理想化された形で描かれている。映画ではジェームス・スチュワートが良心的で信頼のおけるＳ＆Ｌマネジャーを演じている。しかし、一九八〇年代初期、これらの機関の多くはトラブルに巻き込まれる。金利の自由化によって、短期の預金に高い金利を支払わなければならなくなった（ボルカーＦＲＢ議長がインフレを抑えるために行った金融引き締め政策のときは特に高かった）一方で、住宅ローンとして貸し付けたときの金利は低く、この「逆ザヤ」が収益を圧迫した。

こうしたＳ＆Ｌ危機を受けてレーガン政権はＳ＆Ｌの規制撤廃へと動き出す。その結果、Ｓ

&Lは地方の顧客の預金に依存する必要がなくなり、資金をウォール街のマネーブローカーから借りることができるようになった。それと同時に、個人のS&L口座に対する連邦預金保険が一〇万ドルに引き上げられた。また、ローンポートフォリオの分散化が進められ、地方の住宅市場への依存度を低減することができるようになった。一九八二年に施行されたガーンセントジャーメイン預金機関法によってS&Lローンへの規制が撤廃され、S&Lはジャンクボンド、土地取引を含めあらゆる投機ベンチャーに投資できるようになった。法案に署名するにあたってレーガン大統領は、「これはホームラン（大成功）になるだろう」[40]とコメントした。

S&Lの会計法も大きく変わった。これによってS&Lは不良債権を売っても、すぐに損金として処理する必要がなくなった（これは婉曲的に「繰越損失金」と呼ばれた）。一方、不動産投資に対する利益も期待できた。不動産開発融資は評価額の一〇〇%まで許可された。つまり、慎重な銀行のルールがことごとく無視されたのである。預金者は彼らの預金が連邦政府によって保証されなければ、これらを警戒して預金をもっと安全な場所に移したかもしれないが、預金保険が彼らの足を鈍らせた。彼らは預金保険という名の下、足元の揺らぐ機関によって提供される高金利を選んだのである。ある評論家の言葉を借りれば、預金保険は「アメリカ金融のクラック（コカイン）」[41]だったのである。

預金者たちが眠っている間、S&Lマネジャーは変化する状況に素早く反応した。彼らはS&Lの枠を超えた事業に着手し始めていた。カリフォルニアでは「手っ取り早く金持ちになるために新しい法律をどう使えばよいか」[42]と題してセミナーが開かれた。以前は慎重だったS&Lマネジャーは不動産抵当証券担保債券の投機に手を出し始めた。伴うリスクを警告されながら、彼らの一人は「ヘッジなんて意気地なしのやることだ」と反論した。こうしてS&Lの多くはジャンクボンドに投資するようになった。元ドレクセルのセールスマンでカリフォルニアのS&L（コロンビアS&L）の経営者だったトーマス・スピーゲルは特にミルケンと親しく、ミルケンはコロンビアS&Lに大金を投資していた。ジャンクボンド市場が動きだすと、スピーゲルの会社のバランスシートは一九八二年初期には四億ドルだったのが五年後には一三〇億ドルに増加した。そのうちのおよそ三分の一はジャンクボンドに投資されていた。ドレクセルの債券部門にほど近いビバリーヒルズのオフィスから、コロンビアはミルケンの大型取引のほぼすべてに参加した。スピーゲルは豪華な暮らしを謳歌した。彼は社有機を二機購入し、一九八五年の彼の年収は九〇〇万ドルだった。

ジャンクボンドに投資するS&L界のもう一人の男が美食家で元住宅建造業者のデビッド・ポールだった。彼はマイアミのセントラストS&Lの経営者だった。ポールはセントラストの買収資金を工面してくれたドレクセルから一四億ドルものジャンクボンドとほぼ同額の投資不適格債を買った。ポールの年収は一六〇〇万ドルで、マンハッタンのカーライルホテルに住み、社有機に年間一四〇万ドルを使い、ルーベンスの絵画に一三〇〇万ドル、ヨット（「ル・グラン・クル」と呼ばれ、天井には金箔が張られ、主寝室にはジャグジーが備えてあった）に八〇〇万ドル使った。ヨットや絵画コレクションは銀行のバランスシート上で資産として計上されたが、ジャンクボンドの損失は報告されなかった。

テキサスS&Lの経営者たちの行動はデビッド・ポールよりももっと非現実的だった。彼らは融資を年平均一二〇〇%も拡大し、融資先のほとんどは投機的な不動産取引だった。彼らは事業にはもちろん関心があったが、生活をエンジョイすることも忘れなかった。例えば、バーノンS&Lのドン・レイ・ディクソンは「市場調査」と題して自家用ジェットとロールスロイスを使って妻をミシュランの三ツ星レストランに連れていった（これに対して彼女は『素晴らしい料理［Gastronomie Fantastique!］』というタイトルのリポートを銀行のために書いた）。彼はさらにジェット機を六機、年代物の車を扱う販売特約店、ルーズベルト大統領のヨットの姉妹船を購入した。また、サンベルトS&Lのエドウィン・〝ファストエディ〟・マクバーニーはダラス北部の彼の自宅で客をライオンとアンテロープの肉でもてなし、お祝い行事ではヘンリー八世の格好をしてドライアイスの白い煙に包まれて登場した。ラスベガスの彼のペントハウスでのパーティーでは、銀行の顧客に「レズビアンとのセックス」で楽しませ、売春婦たちには好みの客にフェラチオをさせた。[43]

ミルケンのS&L界での相関図は複雑だった。例えば、ドレクセルを通じてジャンクボンドを発行し、不動産取引の資金調達のためにヒューストンのサン・ジャッキントS&Lを買収したコングロマリットのサウスマーク・コーポレーションは、ミルケンの別の顧客であるサーカス・サーカス（ラスベガスのカジノ）の経営権を握った。またサウスマークはシルバラードS&Lを保有し、ドレクセルを通じてジャンクボンドを発行したデンバーのMDCホールディングスとつながりがあった。さらに、マクバーニーのサンベルトS&Lのジャンクボンドポートフォリオのなかにサウスマークと MDC の債券が含まれていた。

ミルケンのS&L界における関係者のなかでも群を抜いて悪評が高かったのは、カリフォルニア州アーバインのリンカーンS&Lのヘッドであるチャールズ・キーティングだった。元水泳チャンピオンのキーティングはかつて、豪商で乗っ取り屋でもあるカール・リンドナーの弁護士として働いていたことがあった。一九七八年、彼はリンドナーから大手住宅建造会社を買い、会社の名前をアメリカン・コンチネンタルと改名した。五年後、ドレクセルはアメリカン・コンチネンタルのジャンクボンドと優先株を発行し、同社の株式を一〇％取得した。調達したお金でキーティングはリンカーンS&Lを買収した。リンカーンの支配権を握ると、キーティングはリンカーンS&Lの経営陣を解雇し、銀行を急成長させるためにウォール街のマネーブローカーからの資金供給を増やし、リスクの高い証券や不動産取引への投機を始めた。

キーティングはボウスキーのアービトラージ合名会社に一億ドル出資した。一九八五年の春、彼はジェームズ・ゴールドスミスがペーパーカンパニーのクラウン・ゼラーバックにLBOを仕掛けるのを支援した。また、彼はサウスマーク・コーポレーションとファストエディー・マクバーニーとともにテキサスとアリゾナで不動産取引を行った。ウォール街ではキーティングはクレディ・スイスで外国為替取引に乗り出したが損失を出し、ドレクセルからジャンクボンドのなかでも最もジャンクな債券を買い、ソロモン・ブラザーズが開発した安全と思えたコンピュータートレードシステムを使って株式オプションや株式の投機を行ったが、数百万ドルの損失を出した。レーガン時代の規制撤廃と甘い銀行監督を利用して、キーティングは多大な損失隠しのために数々の不正な会計操作を行った。一九八六年、彼はアメリカン・コンチネンタルの無担保債券を発行し、それをリンカーンの顧客に分配した。リンカーンの顧客の多くはその債券は政府保証があるものだと誤認していた。

　無謀な投機を行う一方、キーティングは細心の注意を払って政治家や規制当局者に近づいた。彼は九人の上院議員と数人の下院議員に選挙資金を提供し、リンカーンの銀行規制当局者と会計監査人の何人かに金になる仕事を与えた。ひところはリンカーンに対して大きな負債を抱えるある男をリンカーンの業務を規制する銀行役員会の理事に任命したことさえあった。銀行規制当局者に雇用をちらつかせても買収することができないときは、訴訟を起こすと脅した。彼はのちにＦＲＢ議長になるエコノミストのアラン・グリーンスパンを雇って、リンカーンの直接投資を資産の一〇％以上にする増加申請を支援させた（グリーンスパンはカリフォルニアの銀行規制当局宛てに手紙を書いたが、のちに深く悔やんだに違いない。手紙の内容は、「リンカーンとアメリカン・コンチネンタルの経営陣は健全で利益の出る直接投資に成功した長い実績を持つベテランだ[50]」だった。キーティングが損失隠しをし、直接投資が規制枠を超えていたことが規制当局に知れたとき、彼は懇意にしていた上院議員――のちに「キーティングファイブ」とあだ名がつけられた――を使って銀行役員会の議長を脅させた。[五二]

キーティングは二年以上にわたって規制当局をかわした。そしてついに一九八九年の春、リンカーンは当局の手に落ちた。このあと行われた記者会見で、キーティングは次のように言った――「最近疑問に思ったことの一つは、私が何らかの形で行った金銭的支援が何人かの政治家に私の主義に賛同するように影響を与えたかどうかである。私は影響を与えたと思っているし、そうであったことを願っている」[44]。ほかのS&Lも似たような方法で政治献金を使って行動の自由を確保した。バーノンS&Lのドン・ディクソンは彼のヨットでジム・ライト下院議長やほかの大物民主党員のために資金集めのパーティーを開いた。[五三] テキサスのS&Lのロビイストによれば、「金（ゴールド）を持つ者がルールを作る」[45]というのが「ゴールデンルール」だった。たとえ金を連邦政府の保証の下で借りたとしてもである。

一九八〇年代の終わりには急成長するS&Lの融資と投資ポートフォリオの膨大な損失は、相当な額に上っていた。シルバラードS&Lの救済だけでも一〇億ドルのコストがかかったほどだ。軽率な経営によって一一〇〇を超えるS&Lが破綻し、そのツケを支払わされたのはアメリカの納税者だった（およそ二〇〇〇億ドル）。しかし、彼らの無謀な投機を促した連邦預金保険が存在したため、S&L業界が崩壊すると取り付け騒動が発生し、そして一九三〇年代のときのように信用収縮と資産価値の下落へとつながった。

一九八〇年代の終焉

一九八八年に入ってからもジャンクボンドブームは続いた。フロリダでバカンスを楽しんでいたキャンポーはアライド・ストアの経営権を握ったあと、次はブルーミングデールズに狙いを定めた。彼は両手を上げて言った――「これは私が買うべき店だ」[46]。彼がブルーミングデールズの親会社であるフェデレーテッド・ストアの買収を仕掛けたのは一九八八年一月末のことだった。熾烈な争いが繰り広げられたが、キャンポーは金に糸目はつけなかった。彼の投資金額が二億ドル以下であったにもかかわらず、およそ一一〇億ドルで会社を手に入れた。そのときの銀行手数料はフェデレーテッドの年間利益を超えていた。フェデレーテッドを買収した直後、キャンポーは彼のビルとストアの写真を載せた豪華な総革の本を製作するように命じた。アメリカ最大のデパートのマネジャーは本のまえがきでその退屈な哲学を次のように説明した――「われわれのできることはわれわれの目指すところを超えることはない。だからわれわれはわれわれの目標を、できる範囲を超えたところに置くのである」[47]。

ＬＢＯした会社の収益とジャンクボンドの金利支払いとの差が縮まるにつれ、ジャンクボンドの質は徐々に低下していった。その結果、収益がちょっと下がるだけでジャンクボンドは債務不履行に陥り、会社は倒産に追い込まれることになった。このもろさを隠すために、ドレクセルやほかの投資銀行はＰＩＫ債やゼロクーポン債などの「未払利息」証券をさらに発行した。これは金利をキャッシュではなくて社債で支払い、会社のキャッシュフローへの金利支払いの影響を遅らせるためだった。ＬＢＯの資本金の額も減少していった。ジェームズ・グラントが試算したところによると、一九八七年と一九八八年のＬＢＯの資本金は平均で四％を下回った。[48] ソフトドリンクメーカーのドクターペッパーなどは多くのバイアウトを行ったが、その買収額はますます高まるばかりだった。ニューヨーカーの漫画ではウォーレン・バフェットを連想させる人物が登場し、借り手は銀行マネジャーに感謝して次のように言う。「この恩をどうお返しすればよいか分かりません」。バフェットは投資家に真剣に警告した。「結局、錬金術というものは冶金であれ金融であれ、失敗する運命にあるのだ。卑金属ビジネスは会計操作や資本構造をごまかしても黄金のビジネスに変えることはできない[49]」

結局はジャンクボンド市場の健全性はマイケル・ミルケンに対する揺るぎない信頼のうえに成り立っていたのである。不幸にも、インスピレーションを与えてくれる彼の存在がより必要とされるときに、主人公の錬金術師は舞台から姿を消した。彼が逮捕された直後、アイバン・ボウスキーは彼自身の罪を軽減するためにミルケンの関与をほのめかした。一九八八年九月、ミルケンとドレクセルは数々の証券法違反の罪で告発された。たかり・ゆすり、市場操作、インサイダー取引、株の預け買い（税金逃れをするために当事者の間でウソの取引をすること）など彼らの罪は多岐にわたった。最初は抵抗したものの、ドレクセルは一定の罪を認め罰金六億五〇〇〇万ドルを支払い、ミルケンを解雇した。ミルケンは最初はかたくなに抵抗した。一九八九年の春、兄のローウェルと別のドレクセルの同僚とともにミルケンは九八件の罪で起訴され、五〇〇年を超える実刑判決と途方もない罰金が課されることが予想された。その直後、彼の兄に対する寛大な処置を求める司法取引と引き換えに、ミルケンはいくつかの小さな罪を認めた。本格的な裁判が行われれば、ミルケンのジャンクボンドブームにおける役割は完全解明され、彼の犯罪行為の全貌は明らかになったのだろうが、これが行われることはなかった。一九九一年一一月二一日、ミルケンには一〇年の実刑判決が下された。罰金は六億ドルを超えた。

　彼が有罪判決を受けたとき、一九八五～一九八七年の間のミルケンの累積所得は一二億ドルを超えていたことが判明した。これが発覚すると、メディアはミルケンを「マネーマッドマイク」[五三]と書きたてた。人々はミルケンの一〇年の禁固刑は「一〇年間の貪欲」に対する妥当な刑だと思ったが、彼の弁護士たちは当然ながらそうは思わなかった。ルドルフ・ジュリアーニ率いる検察局によるミルケンに対する訴訟について、ミルケンの弁護士であるアーサー・リマンは次のように述べた――「社会は悪魔を必要としていると私は確信している……これは魔女狩り裁判にほかならない……ミルケンは時代の象徴にされたのだ。私の力ではどうにもならない」[五四]。

　ミルケンは比較的軽い犯罪（司法取引によってもっと重い罪を逃れた）で起訴された。一般の認識とは違って、彼の財産の大部分は異常なほど有利な報酬体系によって合法的にもたらされたものだが、彼は弁護団や広報会社（彼らの報酬は何百万ドルにも上った）が言うような罪のないスケープゴートなんかではなかった。ジャンクボンド市場を牛耳ったミルケンと彼のドレクセルの同僚トレーダーたちはごろつきの自慢屋だった。彼らは利益を追求するために近道をした。お金と権力に対する欲望によって、彼らのなかをアドレナリンが駆け巡り、やがてアドレナリンは増殖し、ミルケンとドレクセルは飽くことを知らないほどの貪欲の鬼と化していった。一七二〇年のジョン・ブラント卿とまったく同じように、ミルケンは自分の限界を超えて、ついには自らが崩壊を招いたのである。偉大な銀行家を目指そうという人々には常に誠実さが求められるのである。

ミルケンのキャリアを解明しようと思ったら、ジャンクボンド市場での出来事を一つずつ明らかにしていくのが最も良い方法だろう。ＬＢＯブームが最高潮に達したのは一九八九年初めで、コールバーグ・クラビス・ロバーツ社が食品・タバコメーカーのＲＪＲナビスコを二六〇億ドルで買収したときである。このときのエピソードは金融ジャーナリストのアンソニー・ビアンコが書いているように『ニーベルングの指環』に似ている。メル・ブルックス監督によって映画化されたこの映画にはギャングに扮装した冷酷な目つきの意地悪な小人たちがたくさん登場する。[50] タイムはこれを「貪欲ゲーム」と呼んだ。それからほどなくジャンクボンドの世界は崩壊した。一九八九年四月、チャールズ・キーティングのアメリカン・コンチネンタルが破産宣言した。ミルケンが崩壊した六月一五日にはドレクセルの顧客であるインテグレーテッド・リソーシズの発行したジャンクボンドが債務不履行になった（これ以降インテグレーテッドは

「ディスインテグレーテッド」と呼ばれるようになった）。そして七月、議会ではS＆Lの保有するジャンクボンドを処分させる法案が可決した。それから二カ月後、キャンポー・コーポレーション（ドレクセルの顧客ではない）が債券に対する利払いができなくなったことを認めた。「それはまるで国中の投資家たちが一〇年間の夢から覚めて、高いリスクなしに高いリターンを実現することは不可能であることをようやく悟ったかのようだった」[51]と金融ジャーナリストのジェームズ・スチュワートは書いている。

一九八九年一〇月、ユナイテッド・エアラインズの買収が失敗に終わると、ジャンクボンド市場は崩壊し、ダウは六％下落した。数カ月後、キャンポー・コーポレーションとインテグレーテッド・リソーシズ、およびコールバーグ・クラビス・ロバーツが買収したジム・ウォルター・コーポレーションが会社更生法の手続きに入った。価値の下がったジャンクボンドを多く抱えたバランスシートを見て、ドレクセルは短期債務のロールオーバーは不可能であることを悟った。ウォール街で敵の多かったドレクセルを救済しようという人はだれもいなかった。一九九〇年二月一三日、一九八〇年代の金融カルチャーの象徴だったドレクセルはその顧客とともに地に沈んだ。そのあとの一二カ月の間、ミルケンのジャンクボンドの最大の買い手だったフレッド・カーのファースト・エグゼクティブ（保険会社）とトーマス・スピーゲルのコロンビアS＆Lも破綻した。それはかつてはピアモント・モルガンの後継者と言われた男の帝国が残した悲しい遺産だった。

乗っ取り屋たちは現職経営陣をこき下ろし、それまでの上級管理職はもはや用なしだと言った。しかし、乗っ取り屋たちの出資金のほとんどは借金だった。その負債は労働者を解雇し、営業経費をカットし、進行中の投資を削減することで返済された。こうすることで会社から贅肉がそぎ落とされ効率性は向上するかもしれないが、ＲＪＲナビスコのケースのように競争力は著しく弱体化するおそれがあった。ペレルマンによるレブロンの買収やコールバーグ・クラビス・ロバーツによるベアトリスの買収のようにタイミングが良ければ、乗っ取り屋はよだれの出るような巨額の利益を手にすることができた。しかし、キャンポーのデパートビジネスへの参入のように、タイミングが悪ければ債権者の損失は計り知れなかった。

ジャンクボンド革命はリスクとリワードの大きな非対称の上に成り立つものであり、ジャンクボンドの購入者がリスクのほとんどを被り、「乗っ取り起業家」たちがリワードの大部分をせしめるという構造だった。事実、ＬＢＯは投機的マージンローンのリターンを裏口から手に入れることを意味した。例えば、ロバート・キャンポーは一一〇億ドルの会社の経営権をわずか二億ドルの証券投資で手に入れた。彼の持ち分部分は借り入れによって賄ったため、ほとんどがマージンローンだった。この点から見れば、ＫＫＲ（コールバーグ・クラビス・ロバーツ）の投資家に対するリターンは感動的でも何でもない。ゴールドマン・サックスのパートナーであるレオン・クーパーマンの試算によれば、一九八〇年代の強気相場のときに株式を八五％のマージンで保有していれば、年次利益はおよそ七五％になった。同じレバレッジを使ってＫＫ

Rが投資家のために達成したリターンはわずか六〇%だった。[52] しかし、KKRのパートナーのための巨額の個人財産作りにはこのリターンで十分だった。

数値をじっくりと調べてみれば、ミルケンの福音とは裏腹にジャンクボンドは投資不適格債券だったことがはっきりする。リターンが低いだけでなく、リスクはミルケンの最初の分析よりもはるかに高かった。ジャンクボンドのデフォルト率は一九九〇年代初期にはおよそ九%にも上った。これはヒストリカルな平均の四倍以上である。[五三] デフォルト率の変化はジョージ・ソロスが金融市場のリフレキシビティ（再帰性）と呼んだものを示している。つまり、投資家がジャンクボンドは高いリターンを提供してくれるというミルケンの考えを信じてジャンクボンドを買えば、ジャンクボンドの相対的質は下落し、最終的には最も投機性の高い投資になるということである。ミルケンのジャンクボンドに対する考えは、一九二〇年代のE・L・スミスの株式投資に対する考えに似ている。いずれも過去のリターンの統計学的分析に基づくものだが、その有効性はそのあと発生した熱狂によって大きく損なわれた。ミルケンのジャンクボンドの初期のケース（ヒストリカルなアウトパフォームに基づく）についてウォーレン・バフェットは次のようにコメントしている――「歴史書が成功へのカギだと言うのなら、フォーブス四〇〇の富豪リストはすべて図書館司書たちばかりで占められることになっているだろう」[53]。

マイケル・ミルケンが有罪判決を受けた日はくしくもサッチャー政権が倒れた日だった。一九八〇年代の行きすぎのあと、一九二〇年代のあとがそうだったように、投機スピリットは薄れていくだろうと多くの人は思った。今にして思えば、一九八七年の株式市場大暴落は一九二九年のイベントとはまったく違ったメッセージを発していた。市場の復活は株式のバイ・アンド・ホールドが最良の投資戦略であることを示し、市場大暴落は経済不況の到来を告げるものではないように思えた。それどころか、慎重な投資家が行う「押し目買い」にとっては格好の買い場を与えてくれた。株式市場という名の列車が暴走して緩衝装置を壊してしまいそうなときは、ＦＲＢがいつでも混乱を防いでくれる。銀行が倒産すれば、納税者が支払ってくれることを預金保険が保証してくれた。ポートフォリオインシュアランス業者は大衆に非難され、舞台から姿を消した。効率的市場仮説支持者は鳴りを潜めているが、これは一時的なものでしかない。数年後、数字に強い二人の学術研究者が、一九八七年の株式市場大暴落は根拠のない幻想にすぎず、数学的な逸脱で、再発する確率は一〇の一六〇乗分の一しかない極めて特異なイベントだったことを示す分析結果を発表した――「人間が二〇〇億年生きるとして、そのサイクルを二〇〇億回経験したとしても（ビッグバンが二〇〇億回起こるということ）、その期間にそういった大暴落が一回でも起こる可能性は実質的にゼロに等しい[五六]」。

注

一．ブレトンウッズ体制によって投機家の自由は厳しく制限されることになった。通貨の不必要な流れを阻止するには、われわれ（当局）は郵便物を開封することさえせざるを得ないかもしれない（リチャード・N・ガードナー著『Sterling-Dollar Diplomacy in Current Perspective』New York, 1980, p.73-76）。

二．ハイルブロナーは次のように述べている――「一つだけはっきりしたことがある。もし大恐慌以前の貪欲な心が一つの病によって死んだとすれば、それは貪欲な社会の冷たい空気にさらされすぎたことが原因だ」（ロバート・ハイルブロナー著『The Quest for Wealth』New York, 1956, p.213, 221）。

三．ブレトンウッズ体制の破綻は一九七三年にスミソニアン協定が終焉を迎えるまで正式に発表されなかった。

四．リストンはさらに次のように言い添えた――「新しいグローバル金融市場では、お金に関する情報はお金そのものと同じくらい重要になった」（アドリアン・ハミルトン著『The Financial Revolution』London, 1986, p.30。邦訳は『金融革命の衝撃――日本を襲うグローバリゼーションの波』［ダイヤモンド社］）。

五．この時代、金融コミュニケーションの分野では重要な進歩がいくつかあった。一九七〇年に店頭取引所のナスダックが自動化売買を導入、一九八〇年にはブルームバーグが債券電子情報サービスを開始、一九八三年に銀行間の決済のためにポンド同日電子送金システム（CHAPS）が開発された。

六．一九七二年、メリルリンチ会長で将来財務長官となるドナルド・リーガンは次のように予測した――「一九八〇年にはウォール街には独特の香りはなくなるだろう……ウォール街ではこれまでの数年とは違って生き生きとした活動は見られなくなるだろう……すべてが電子機器に取って代われば、NYSEなんて必要なくなるのではないだろうか」（ジョン・ブルックス著『The Go-Go Years』p.356）。

七．「金銭に関する知識やコンピューターソフトウェアが高度化したにもかかわらず、平均的な投資家の情緒的安定性が向上したというようなことはない」とジェームズ・グラントは書いている（『Mr. Market』p.xiv）。

八．デイトレーダーは国中に氾濫する複数の「デイトレード会社」を股にかけて取引することが多い。こうした近代版バケットショップではわずか二万五〇〇〇ドルから取引することができる。このお金は住宅担保ローンから調達されることが多い。また私設取引システムと呼ばれる代替株式市場の登場で、デイトレーダーたちは古い取引所で要求されるような最低取引条件の制約を受けることがなくなった。

九．eメールによる（具体的には「スパミング」というテクニックを使って）何千という詐欺スキームが横行した。こうしたスキームは無線ケーブルテクノロジー、銀行証券、ウナギの養殖場などに「無リスク」で投資し、一〇〇％の投資リターンを謳うものが多かった。

一〇．情報革命によってあおられた投資家の妄想を示す典型例として、一九九六年春のイオメガ（コンピューターのハードディスクメーカー）の株価上昇が挙げられる。イオメガは人気の投資情報サイト「モトリー・フール」の好みの銘柄で、専用の掲示板では「イオメガン」（彼らは自分たちをこう呼んでいた）たちがイオメガとその株価について延々と語り合った。サイバー空間ではイオメガを応援する声が響いた。「ゴー、イオメガ、ゴー！　ゴー！　ゴー！」は著者が見た一つのメッセージだ。イオメガンのなかには明けても暮れてもイオメガのことばかり考えていた者もいたし、年金のための貯蓄をすべてイオメガに投資した者もいた。掲示板では、強気派（イオメガ株価の上昇を「信じている者」）と弱気派（真実ではないことを吹聴して回った者）の間で激しいバトルが繰り広げられた。最初は強気派が勝利した。イオメガの株価は一九九五年春には二ドルを下回っていたが、一年後には二七ドルを超え、PERは一六九、時価総額は五〇億ドルを超えた。しかしバブルはすぐにはじけ、イオメガの株価は暴落した。一九九八年末には株価は四ドルを下回っていた。

一一．一九九八年末にはオンラインデイトレーダーはナスダックの売買高の一五％を占めていると言われた。その年末、インターネット株が急上昇したのは彼らの投機によるものだった。ほとんどのデイトレーダーはファンダメンタルズに注意を払うことはなかった。時にはどの株を買っているのか知らないのではないかと思えることもあった。一九九八年の終わりにズーム・ドットコム（シンボルはXMCM）が上場すると、ズーム・テレフォニックス（シンボルはZOOM）の株価は二七％上昇し、平均の一五倍の売買高を記録した。そしてティッカーマスター（シンボルはTMCS）の株価が初日に三〇〇％上昇すると、その株とは無関係のビルメンテナンス・防犯会社のテムコサービス（シンボルはＴＭＣＯ）の株価も一五〇％上昇した。デイトレーダーたちの無謀な取引は不安材料となった。投資銀行のハンブレット・アンド・クイストの共同創設者であるウィリアム・ハンブレットは、彼らは取引所に「暴民政治」を持ち込んだと懸念した。一九九九年一月二七日、アーサー・レビットＳＥＣ会長は次のように述べた――「投資家は投資の基本を忘れてはならない。誤った安心感を得るために、あるいは素早く頻繁にトレードするために容易さやスピードを持ち込むべきではない」。

一二．ブレトンウッズ体制は構造的な貿易赤字を解消することができず、一定の国からの通貨価値の上昇や下落の度重なる要望に応えることもできなかった。

一三．この議論には欠陥があるように思える。投機家の行動は、たとえ投機家自身が彼らの行動によって破産したとしても、市場を不安定にさせることもある。一九九〇年代初期、日本の多くの投機家が失敗した。彼らが銀行システムに残した不良債権がこれを物語っている。結局は失敗した投機家は新しい世代に取って代わられるため、「適者生存」理論は当てはまらない。

一四．新株引受権に手を出して失敗したマサチューセッツ工科大学のポール・サミュエルソン教授は、投資に失敗したのは市場の価格付けが効率化した兆候だと解釈した――「将来の価格を過去や現在の価格から予測することが不可能なのは経済法則に不備があるからではなく、むしろ最善を尽くして競争したあと経済法則が勝利したことを示すものである」（ピーター・バーンスタイン著『Capital Ideas』New York, 1992, p.117。邦訳は『証券投資の思想革命――ウォール街を変えたノーベル賞経済学者たち』［東洋経済新報社］）。

一五．彼らが使った金融テクニックには、要求される投資利益率を「科学的」に算出する資本資産価格モデル（ＣＡＰＭ）や、一九七二年にフィッシャー・ブラックとマイロン・ショールズという二人の経済学教授によって発表されたブラック・ショールズ・モデルなどが含まれる。

一六．ジョージ・ソロスなどの批評家によれば、複雑な公式を使う効率的市場仮説論者たちは一八世紀の合理主義者というよりも、ピンの頭に立つことができる天使の数を計算する中世のスコア哲学者に似ている（ジョージ・ソロス著『Crisis of Global Capitalism』p.128）。邦訳は『グローバル資本主義の危機』［日本経済新聞社］）。ルイス・ラップハムは「こうした学問のある紳士たちは分かりにくい言語を話し、書く。ローマカトリック教会と大して違わず、儀式めいている」（ルイス・ラップハム著『Money and Class in America : Notes and Observations on the Civil Religion』New York, 1989, p.251）。

一七．もし株価の動きが本当にランダムならば、投資家が一貫して市場をアウトパフォームすることは不可能だ。したがって、効率的市場仮説支持者は株価指数ファンドへの投資を勧める。ところがウォーレン・バフェットの半世紀にわたる驚異的な投資リターンは効率的市場仮説論者を当惑させた。彼らはバフェットは例外であり、これは「三シグマのイベント」だと言い、統計学的にあまりにも異常なので彼らの理論では考慮に入れなかった。これに対してバフェットは、効率的市場仮説を教える講座を大学に寄付しなければならないね、と答えた――「ブリッジであれチェスであれ銘柄選択であれ、知恵の競争をしているときに、「考えるのは時間の無駄使いだ」と相手が教えられていることほど有利な条件はあるだろうか」（バークシャー・ハサウェイの一九八五年の年次リポート）。

一八．『Capital Ideas』（邦訳は『証券投資の思想革命』［東洋経済新報社］）のなかでピーター・バーンスタインは一九七二年の〝ニフティ・フィフティ〟ブームのとき、効率的市場仮説の第一人者であるマイロン・ショーズルと会ったときのことを書いている。バーンスタインはショールズに、市場は過大評価されているのかどうかを聞いた。ショールズは、それはない、と答えた――「もし投資家がリターンが良くないことを知れば、株なんて買わないだろう」。ショールズは、個人が情報に通じた合理的な投資家よりも将来についてよく知り得ることはないと考えていた（その当時、市場は大幅に過大評価されており、そのあと急落した）。この話は、通りを歩いている二人のエコノミストの古いジョークを彷彿させる。一方のエコノミストは歩道に一ドル札が落ちているのを見つけるが、もう一方のエコノミストはそんなものはないと言う。もし本当に一ドル札があったのなら、すでにだれか（合理的な人）が拾っているはずだから一ドル札なんてあるはずがないと。

一九．ＣＢＯＴは一九世紀中ごろからトウモロコシ市場を独占してきたが、ＣＭＥは卵、バター、玉ねぎ（目に余る投機によって一九五七年から玉ねぎの取引は禁止された）、もっと最近ではポークベリーといったおこぼれの小さな畜産物を取り扱ってきた。一九六〇年代、ＣＭＥはユダヤ人一族によって支配された静かな場所で、取引所内では〝エッグブレーカー〟と呼ばれるトレーダーたち（ビジネスウィークは彼らを「ポークベリークラップシューター」と呼んだ）はトランプに興じたり、卓球をしたり、座って煙草をふかしていた。

二〇．新しいオプション市場ではブラック・ショールズ式が使われ、オプション価格はパワフルなハンドヘルド端末を使って算出することができた。

二一．最も初期のスワップは比較的シンプルで、二当事者の間で債務（通常は異なる通貨建て）に対する将来の金利を交換するものだった（元本については各人が償還義務を持つ）。一九八一年、世界銀行が米ドル債の債務をＩＢＭのスイスフラン債とドイツマルク債の債務と交換したのがスワップの始まり。変動金利建て債務と固定金利建ての債務を交換するスワップもある。

二二．ジェームズ・グラントは想像力豊かなこの一〇年で開発された一風変わった商品のいくつかを列挙している――長期上場通貨ワラント、累積償還コモディティインデックス優先株、劣後第一次資本変動利付債、ＰＩＫ優先株、内包オプション付債券、為替ワラント、ＶＣＲ、変動スプレッド変動利付債、保有者の自由選択で米ドル建て変動利付債に転換可能な変動利付ポンド債、ＥＣＵ建てリトラクタブル債購入保証付き変動利付債、累積償還コモディティインデックス優先株、デュエット債、シンセティック変動利付債、リトラクタブル複製債（ジェームズ・グラント著『Minding Mr. Market』p.134-44、および『Money of the Mind : Borrowing and Lending in America from the Civil War to Michael Milken』New York, 1992, p.368）。

二三．一九九〇年から一九九六年にかけて上場デリバティブ市場の名目残高は二兆三〇〇〇億ドルから九兆八〇〇〇億ドルに上昇（三三一％の上昇）し、相対市場（店頭市場）は二兆三〇〇〇億ドルから二五兆ドルに上昇（七二九％の上昇）した。これらの数字は国際決済銀行の調べによる（アルフレッド・スティンハー著『Derivatives : The Wild Beast of Finance』New York, 1998, p.214）。

二四．ヘッジされない株価指数先物ポジションはレバレッジが高くなり、九五％のマージン（一九三〇年代から連邦政府によって禁じられてきたローン・トゥ・バリュー・レシオ）で原資産である株式を買うことに等しい。

二五．住友商事の損失はロンドン金属取引所で銅先物価格を操作しようと試みた四八歳のトレーダーの浜中泰男によってもたらされたものだった。「ミスター・ファイブ・パーセント」や「ハマー」と呼ばれた浜中は二五〇万トンを超える銅先物を買った。これはアメリカの一年間の銅の消費量に相当する。彼は銅価格を一九九四年終わりの一トン一八〇〇ドルから一九九五年夏には三二〇〇ドル近くまでつり上げることに成功したが、一九九六年七月に価格操作をやめると、銅価格は一日で三〇〇ドル下落し、数カ月後には二〇〇〇ドルを下回るまでに下落した。のちに価格操作のかどで彼は懲役七年の実刑判決を受けた。

二六．フリードマンはルーズベルトの市場改革には懐疑的で、規制者としての政府の役割はもっと制限すべきだと提唱した。彼の考えによれば、アメリカの金融市場に対する証券取引委員会の規制は非効率的で、官僚制の最大化につながりかねなかった――「今早急にやるべきことは、規制を追加することではなく、規制を取っ払うことである」（ミルトン&ローズ・フリードマン著『Free to Choose』London, 1980, p.94。邦訳は『選択の自由』）。

二七．金融史家のロバート・ソーベルによれば、規制緩和と緩い監視は「一九五〇年代の注意深く規制された動物園を生みだし……動物園はやがてジャングルとなる」（ロバート・ソーベル著『Dangerous Dreamers : The Financial Innovators from Charles Merrill to Michael Milken』New York, 1993, p.83）。

二八．トリクルダウン理論（「富める者が消費すれば、貧しい者にも自然に富が滴り落ちる」とする経済理論）はバーナード・デ・マンデヴィル著『蜂の寓話』（法政大学出版局）の理論（私的悪徳が公共的便益につながる）を復活させた。

二九．ヒラリー・クリントンは彼女の投機が成功したのはウォール・ストリート・ジャーナルを読んでいたからだとのちに話している。しかし、ビクター・ニーダーホッファーはこの発言には疑問を感じた。「そうしたゲームで一〇〇倍のリターンを得る可能性は、八月にリトルロックの歩道で雪玉を見つける可能性よりも低い」と彼は書いている（『リバティー』VII, No.5, July 1994の「First Speculatrix」）。

三〇．一九八八年八月、ハント兄弟には銀市場を操作したかどで有罪判決が下された。彼らの銀市場買い占めに関するストーリーについてはステファン・フェイ著『The Great Silver Bubble』（London, 1982）を参照のこと。

三一．ヘッジファンドは、一九五〇年代にA・W・ジョーンズが始めたファンドがロングポジションと同じ量のショートポジションを持つことで株式市場イクスポージャーを「ヘッジ」したのが名前の由来。彼のファンドのポートフォリオは「マーケットニュートラル」（株式市場に連動して上下動しない）なものだった。今日、この方式で運用されているヘッジファンドはほとんどない。

三二．ミルケンのリーダーシップの下、一群が彼に従った。ミルケンの債券セールスマンの一人は一九八四年にロサンゼルス・タイムズに次のように自慢した――「朝の四時に起きて、ランチは取らず、電話も取らず、野球の話もしない。アメリカ中探しても私たちほどハードに働いている人間はいないだろう」（ジェームズ・グラント著『Mr. Market』p.240から引用）。

三三．ミルケンは彼の顧客がジャンクボンドを発行するとき、要求される以上の資金を提供した。ジャンクボンドの発行に対する過大な資金提供にはいくつかのメリットがあった。例えば、会社が債券の償還が難しい場合、ミルケンはその債券を再構成し、新たな債券を好みの客に売ることができるといった具合だ。好意を示せば好意が返ってくるのがミルケンの世界だった。時にはジャンクボンドで「ブラインドプール」を組織し、将来の買収に備えることもあった。

三四．ウイックスという建材メーカーがドレクセルの申し出を断ったところ、ドレクセルの顧客（ソール・スタインバーグ）はその会社の株を一〇％取得した、とコニー・ブルックは話している。結局、ウイックスはドレクセルを通じて三〇億ドル相当の債券を発行した。ブルックに言わせればこれは「ゆすり」以外の何物でもない。またドレクセルはトウモロコシ処理業者のステーリー・コンチネンタルにLBOを行うように圧力をかけた。ステーリーが断ると、ドレクセルはこの会社の株を一五〇万株買って、証券取引を迫った。

三五．ベアトリスの乗っ取りのあとKKRによって提供されたワラントは六億五〇〇〇万ドルを超える利益をもたらしたが、その大部分はミルケンの家族の口座に入った。

三六．アービトラジャーとジェフリーズは結託していたため、この取引はおそらくは違法。この件に関してはSECは起訴しなかったが、それ以降は「ストリート・スイープ」を禁じた。のちにジェフリーズはミルケン関連で証券詐欺を働いたかどで有罪になった（ジョン・ロスチャイルド著『Going for Broke』New York, 1991, p.86-90を参照）。

三七．ビジネスウィーク、一九八五年四月二九日号『インサイダー・トレーディング（Insider Trading : The Wall Street

Epidemic That Washington Can't Stop)』。エコノミストのなかにはインサイダー取引は情報を大衆に普及させるため健全な現象だと言う者もいる。一九三〇年代に投機に対して激しい反発が発生するまでは、インサイダー取引は完全に合法的だったと彼らは指摘する。しかし、インサイダー取引を禁止するのには健全な理由がいくつかある。第一に、インサイダーやその関係者が有利な立場に立つことを許せば市場は公平ではなくなる。第二に、インサイダー取引は顧客の信用を失うことが多く、場合によっては顧客に損失を与えることもある。第三に、インサイダー取引は株価を強制的につり上げる。株価のこの上昇を見てインサイダー情報を知らない既存の株主は株を売るが、もう少し待っていればもっと多くの利益を手に入れられたことだろう（インサイダー取引を擁護する意見としては、ダニエル・フィッシェル著『Payback』New York, 1995を参照）。

三八．日本の金融システムにおける過剰流動性はグローバルな強気相場を活気づかせ、「今回だけは違う」として新たな評価法を正当化する賛否を巡って議論が起こった。一九八七年の最初の九カ月で日本人投資家はアメリカの大型株に一五〇億ドル投じた。これはＮＹＳＥで取引された株式の一〇分の一以上に相当した。同じころイギリスのＦＴＳＥ一〇〇指数はおよそ五〇％も上昇し、香港のハンセン指数は三倍になり、オーストラリアの株式は四倍に跳ね上がった。

三九．一九八〇年代後半のウォール街の熱狂はキャンポーやジェフ・〝マッドドッグ〟・ベックのような過度に浮かれた人物を引き付けた。ベックはドレクセルの優れたディールメーカーで、ベトナム戦争では英雄だったとでっち上げた。ベックはのちにウォール街での幻想的な生活について次のように回顧している――「ディールゲームでは私たちは隣人の野心を狂気にまで高めていった……私たちは何もないところから富と権力を作り出すマジシャンだった……一九八〇年代のウォール街には現実と幻想との境界はなく、私の創造したものが独り歩きしていった」（ビアンコ著『Mad Dog』p.461-69）。

四〇．ガーサレリの予測は、一九二九年のロジャー・バブソンの予測のように、タイミングが良かったと言わざるを得ない。一〇月の大暴落の前のストックオプション市場を計量経済学分析したデビッド・ベイツは次のように言った――「一九八七年一〇月一九日の二カ月前には市場が暴落する予兆などまったくなかった。一〇月一六日の金曜日の午後遅くにおいても、暴落の予兆などまったくなかった」（D・S・ベイツの「The Crash of 1987：Was It Expected? Evidence from the Options Markets」、『ジャーナル・オブ・ファイナンス』XLVI, No.3［July 1991］, p.1037）。

四一．リチャード・ロールは、「大暴落が世界的規模で起こった（ニューヨーク市場が開く前に大暴落した市場もあった）ことを考えると、これがアメリカのプログラムトレーディングによって引き起こされたというようなことはあり得ない」と述べた。正体不明の国際的な何かが引き金になったと彼は指摘した。しかし、大暴落が世界的に波及した（なかには一〇月一九日の月曜日以前に起こったものもある）ことを考えると、それはアメリカから始まったと考えるのが妥当だった。第一に、一〇月一六日の金曜日のニューヨーク市場の暴落は、翌週の月曜日に開くアジア市場（香港、シンガポールなど）のようなニューヨークよりも規模の小さな市場を不安定にさせるのに十分だった。第二に、一〇月一六日の金曜日のニューヨークの売り圧力が週末にロンドンに波及した。第三に、メジャーな市場はニューヨークが大暴落（ブラックマンデー）したあとでのみ暴落している。日本は月曜日には若干下落する程度だったが、火曜日に大暴落（一五％の下落）し、オーストラリア（二五％の下落）やニュージーランドも火曜日に大暴落した。ロンドンは月曜日も火曜日も暴落した（リチャード・ロールの「The International Crash of October 1987」、ファイナンシャル・アナリスト・ジャーナル、一九八八年九～一〇月号）。

四二．ポートフォリオインシュアランスを開発したファイナンスの教授は効率的市場仮説の信奉者で、「情報に基づかない」トレードが株価の変動を引き起こすとは信じていなかった。しかし、そうではなかった。「ポートフォリオインシュアランス」は実は誤った名称だったのだ。なぜなら保険の効率性は市場の流動性に依存し、パニックのときは流動性はなくなるからである。

四三．ゴールドスミスが資産を売ったのは金融的な洞察からではなく、エイズの蔓延に対する黙示録的な恐れからだった（イバン・ファロン著『Billionaire』London, 1991, p.438）。

四四．ＦＲＢは政府発行証券を大量に買い、およそ一二〇億ドルの預金支払準備金を創出した。これによってＦＦレートは七五ベーシスポイント（〇・七五％）下落した。また証券保有者に対する銀行ローンも七〇億ドル増加した。

四五．前日の暴落と同じか、それを上回るとさえ思われた一〇月二〇日の株式市場の暴落を回避することができたのは、株式と先物の市場情報と価格が組織的に操作されたからだった……ＮＹＳＥとＣＭＥのリーダーやマーケットメーカーたちが協力し合って株式情報や価格を不正操作して市場の下落を阻止した、とティム・メッツは指摘する（ティム・メッツ著『Black Money』p.210）。もっと最近になって、イギリスのファンドマネジャーであるトニー・ダイも、一九九七年一〇月の株式市場の混乱のとき、アメリカ当局が介入して先物市場を操作することで暴落を阻止した、と指摘している（一九九八年三月二二日付サンデー・テレグラフ）。もし本当にこうした介入が行われたとすると、それは株式市場における「モラルハザード」問題につながる。

四六．例えば、マサチューセッツ工科大学の経済学者であるピーター・テミン教授は最近、アメリカの株式市場の下落が最後に景気停滞を引き起こしたのは一九〇三年だとする論文を発表した（「The Causes of American Business Cycles : An Essay in Economic Historiography」1998/6）。

四七．一九八七年の株式市場大暴落のあと、ＬＢＯを制限するいかなる法律も考えられなくなった。ＬＢＯを制限すれば株式市場に脅威を与えると考えられたからである。

四八．ティモシー・ワース下院議員は以前はグリーンメールは違法だと言っていたが、ドレクセルの社員から政治献金を受け取り、ドレクセルの一九八六年のプレデターの晩餐会にゲストスピーカーとして出席した。グリーンメールとは一九八〇年代に乗っ取り屋がよく使った手法で、あらかじめ企業の株式を買い占めておいて、企業に対して高額で株式を引き取るように迫ることを言う（ロバート・ソーベル著『Dangerous Dreamers』p.169。スチュワート著『Den of Thieves』p.219。邦訳は『ウォール街――悪の巣窟』［ダイヤモンド社］）。

四九．低迷するＳ＆Ｌを救済するためにほかにも多くの規制が撤廃された。預金金利の上限が撤廃され、必要資本額は資産の三％に低減され、相互会社から民間会社になり、最小株主数は四〇〇人から一人に変更された（マーティン・メイヤー著『The Greatest-Ever Bank Robbery : The Collapse of the Savings and Loan Industry』New York, 1992, p.95。邦訳は『こうして銀行はつぶれた――米国Ｓ＆Ｌの崩壊』［日本経済新聞社］）。

五〇．一九八五年二月一三日付の別の手紙ではグリーンスパンは、キーティングの経営はリンカーンを健全な財務体質の企業に変えたため、当分は連邦保険会社が損をするリスクはないだろうと断言した。これら二通の手紙を書き、キーティングに代わって証言したことでグリーンスパンには四万ドルが支払われた（マーティン・メイヤー著『Bank Robbery』p.140, 337）。

五一．キーティングファイブの一人、カリフォルニア上院議員のアラン・クランストンはキーティングから九〇万ドル受け取った（ドレクセルからも選挙献金を受け取った）。このほかのキーティングファイブは、ドナルド・リエグル、デニース・デコンチーニ、ジョン・グレン、ジョン・マケイン（いずれも上院議員。マケインだけが共和党員）。

五二．テキサスのまた別のS&L、インデペンデント・アメリカのトム・ゴーベールもジム・ライトを支援していた。その見返りとしてライトはS&Lを過激なまでに保護した。彼は銀行役員会が彼の経費勘定を乱用したこと、そしてテキサスの銀行規制当局者の一人を同性愛者だと非難した。その結果、インデペンデント・アメリカの救済に九億ドルのアメリカ納税者のお金が使われた（マーティン・メイヤー著『Bank Robbery』第九章）。

五三．バロンズ紙はミルケンのことを「金メッキ時代や狂騒の二〇年代を彷彿させる歴史的に貪欲な時代の申し子」と呼んだ（フィッシェル著『Paybck』p.181）。

五四．ロバート・ソーベル著『Dangerous Dreamers』（p.213-14）。ジャンクボンドブームの二人の修正論者は、ミルケンを行きすぎた金融に対する一般大衆の激しい怒りに対して無罪の罪を着せられた犠牲者として描いている（フェントン・ベイリー著『Junk Bond Revolution』とダニエル・フィッシェル著『Payback』）。

五五．一九八〇年代の投資適格債券のトータルリターンが二〇二％で、株式が二〇七％だったのに対し、ジャンクボンドのトータルリターンは一四五％だった。一九九〇年にはドレクセルが発行したジャンクボンドの五五億ドル以上が債務不履行になった。それから一年後、ドレクセルを通じてジャンクボンドを発行した小企業のおよそ四分の一が利息支払い不能に陥った（ジェームズ・スチュワート著『Den of Thieves』p.430。邦訳は『ウォール街――悪の巣窟』［ダイヤモンド社］）。

五六．こうした奇想天外な確率は、大暴落が空前絶後の規模であったことを述べる極めて複雑な言い方にすぎない（レオ・メラメド著『Escape to the Futures』p.363から引用。邦訳は『エスケープ・トゥ・ザ・フューチャーズ』［ときわ総合サービス出版調査部］）。

第9章　カミカゼ資本主義──一九八〇年代の日本のバブル経済

「年老いたピストルよ、汝の忍耐によって運命の女神は盲目に描かれている。彼女が盲目であることをあなたに知らせるために、彼女の目を首巻きで覆って。彼女は気まぐれで、柔軟で変わりやすくもある。このことをあなたに知らせるために彼女は紡ぎ車にも描かれている。これは道徳なのだ。彼女の足を見てごらん。球状の石にしばられているだろう。球状の石はころころとよく転がるから。これを最もよく表現しているのは詩人だ。運命の女神は最高の道徳なのである」──シェークスピア著『ヘンリー五世』第三幕六場

「日本人論」という思想の中核をなすものが、日本は一種独特であるという考え方である。外国製品の輸入を妨げるために日本の当局は時として日本と欧米の認識された違いを引き合いに出すことがある。例えば、日本人の腸は欧米人の腸とは違うため、日本人は外国の肉やコメは消化しないといった具合だ。またアメリカと日本とでは降る雪の質が違うため、アメリカのスキーは日本では使えないとも言われてきた。こうした違いを指摘することで日本人の文化的ナショナリズムと外国（人）嫌いをかろうじて隠してきたのである。日本人の脳は自然の音に非

常に敏感で社会関係を欧米人よりも複雑に理解すると言われてきた。日本人は欧米の合理主義を「和」（社会の調和）を尊ぶ心にそぐわないとして嫌ってきた。日本人は「本音」（本心）と「建前」（耳に心地よく響く言葉）を区別し、両方とも同じように重要なものであるとみなしてきた。日本人の論理は、日本の主食である甘ったるい米のように「ウエット」であるのに対し、欧米人の論理は「ドライ」で個人主義的である。日本人と欧米人とでは倫理観も違うと言われてきた。悪事が公になると日本人が感じるのは罪の意識ではなく、恥だった。こうした違いは本当に違っている場合もあるだろうし、間違って認識されている場合もあるだろうが、その根底には個人主義に対する深い不信感がある。個人主義の対極にあるのが、コミュニティーに対する強い愛着と権威に対する服従である。

資本主義の欧米モデルは個人主義を重視する。たとえ一人ひとりの行動が個人の利益を追求するものであっても、それが無数に集まれば、「見えざる手」によって社会全体の利益になるということである。個人の利益は権威によって制御することはできないため、アダム・スミスは市民社会が完全に自由であって完全なる自由競争が行われる状況こそが市場システムをうまく機能させると説いた。欧米資本主義においては、個人の利益を中心に据えることで数々の経済政策が生まれてきた――政府の経済活動に対する限定的役割、独占とカルテルに対する不信、商人、起業家、資本主義者、消費者といった個人の保護。レッセフェール（自由放任主義）とは、政府が企業や個人の経済活動に干渉せず市場の働きに任せ、比較優位の法則によって政府は国内産業を対外競争から保護したりしないことを言う。

日本の資本主義は多くの点で欧米モデルとは異なる。一九世紀中ごろまで日本は封建社会で外の世界に対しては閉ざされた社会であり、個人の法的権利を守るという伝統もなかった。明治時代になって日本当局は、一九世紀中ごろにやってきたペリー提督の黒船の来襲によって国家の近代化を進めることになったとき、新しい経済システムを構築するのに欧米を部分的にまねた。しかし、封建制度の階級制度はそのままの状態だった。農業主体から工業中心社会に変わっただけだった。以前は領主にひざまずいていた小作人は今や企業の主人となった。第二次大戦後でも労働者は会社の名前で呼ばれることが一般的だった。例えば、日本最大の自動車メーカーのトヨタで働いているとすると、彼は「トヨタさん」と呼ばれた。従業員は社歌を歌い、会社の創設者を祭っている神社に礼拝に赴くことが求められた。自己を犠牲にして献身的に働く見返りに、終身雇用と年功序列が約束された。日本のシステムにおける会社の優位性は当局によって認められ、「財閥」と呼ばれる企業連合や企業集団が生まれた。第二次大戦後、アメリカの占領軍によって財閥が部分的に解体されると、彼らは企業間で株式を相互に持ち合う複雑なシステムで関係を維持する「系列」と呼ばれる私的グループに姿を変えた[二]。

日本の資本主義では当局の役割は漠然とはしていたが広範にわたった。通産省と大蔵省は行政指導（会社を認可する官僚の権限に基づいて説得や威嚇を行うシステム）という非公式なプロセスによって産業を支配し、税金特権を与え、政府からの受注契約を提供したりした。戦後、どの産業を支持し、産業カルテルのなかでどの会社に特権的な地位を与え対外競争から保護するかは通産省が決定した。また大蔵省は金融セクターを監視し、低金利の貸し出し（ローン）を倹約的な預金者から資金不足で借り入れの多い企業に振り向けた。こうしたお膳立てによって金利が人為的に低く維持され、企業はわずかな配当しか払わなかったため、日本人投資家のリターンは低かった。「日本の資本主義」とは名ばかりで、実際にシステムの本質を決めていたのは「資本」ではなかった。国内消費者もまた日本のシステムの食い物にされた。輸入はあの手この手で規制され、東京では日本のメーカーが作った製品がニューヨークよりも高値で売られていることは珍しくなかった。

日本人は、自分たちのシステムは欧米のシステムに比べると利己的ではなくて安定していることを自負していた。欧米が短期利益を追求するのに対して、自分たちは長期的視野に立って行動することを誇りに思っていた。また日本の会社は収益性よりも市場シェアに関心があり、ROC（資本利益率）よりも行政指導や系列の義務を重視した。こうしたシステムの下では市場の役割は厳しく制限された。ある欧米評論家は、「日本人はアダム・スミスに追いついていない……彼らは見えざる手を信じないのだ」[1]とこぼした。個人の利益の追求は激しく非難され、貿易不信はなかなか消えなかった。お金は政治においては権力の源とみなされ、サムライの伝統によって質素倹約が重んじられた。戦前はヌーボーリシュ（ニューリッチ。にわかに裕福になった者）は「成金」とさげすまれた。成金とは元々は将棋用語で低位の駒が金将と同じ階級に変化することを言い、階層的権限を持たない者を指すようになった。システムの根底には階級制度があった。社員は企業の序列のなかで地位が決められ、会社は系列内でランク付けされ、そのランクによって経団連（経済団体連合会）の序列のなかでの地位が決まった。

日本のような国が主導する経済システムにおいては投機はその対極にあった。なぜなら投機は本質的に短期間で利益を最大化することを目指すものであるのに対し、日本のシステムは表面的には長期的視野に立ち、特恵産業の開発といった経済目標のほうが利益よりも重要視されたからである。投機にはリスクの移転も含まれるが、一九二〇年代と一九三〇年代初期に発生した株式市場大暴落や数々の銀行破綻のあと、日本当局はこうした失敗は二度と再び容認することはないと宣言した。その結果、リスクは欧米よりもはるかに大規模な形で民間に押し付けられた。しかし一九八〇年代、投機は日本にやってきた。投機は日本のシステムの奥深くに潜入した。そして五年かそこら潜伏したあとで日本を立ち去るとき、日本のシステムは廃墟と化していた。当局はばらばらになった物を拾い集め古い秩序を取り戻そうとしたが、それはムダでしかなかった。これがバブル経済が日本に残した遺産だった。

平和を勝ち取る

投機による高揚感は傲慢さの現れであることが多い。そのため経済的な権力バランスが一つの国から別の国にシフトするとき、巨大な投機ブームが発生する。例えば、オランダではアムステルダムが世界の貿易の中心となった「経済の奇跡」の直後、チューリップバブルが発生した。また二〇世紀の初めにニューヨークで株式市場ブームが発生したのは、世界の主要工業国としての地位をアメリカがイギリスから奪取したときだった。[三]七五年以上にわたってアメリカは世界一の経済大国として君臨してきたが、一九八〇年代の中ごろには、その地位は日本の急成長によって脅かされるようになった。日本の世界貿易のシェアは一〇%を超え、貿易黒字は大幅に膨れ上がり、資本輸出は一九世紀のイギリスと肩を並べるまでになり、日本の一人当たりの国民所得はアメリカを抜くまでになっていた。日本の会社は家電分野やほかの多くの分野でニューテクノロジーを支配し、日本の銀行は資産と市場価値の両方で世界最大になっていた。

アメリカは追われる側に転落した。日本が貿易黒字であるのに対して、アメリカの貿易赤字は増える一方だった。おまけにレーガン政権は財政赤字に陥っていたが、その赤字は日本の投資家が貿易黒字で稼いだお金をアメリカ国債に投資することで維持されていた。デトロイトではUAW（全米自動車労働組合）の労働者たちが、日本車の輸入に抗議して日本車をたたき壊すという事件が起こった。ニューヨーク・タイムズは、「第二次大戦終結から四〇年たった今日、日本人は再び史上最大の商業的反撃に出た。彼らはアメリカの産業を崩壊させようとしている」[2]と警告した。一方、評論家たちからは、アメリカ人は近視眼的で慢性的な個人主義病を病んでいると言われ、彼らは自信を失った。アメリカは「経済的な真珠湾攻撃」[3]を仕掛けられているとささやかれた。そんななか、エズラ・ヴォーゲル著『ジャパン・アズ・ナンバーワン――アメリカへの教訓』（ティビーエス・ブリタニカ）は日米両国でベストセラーとなった。[4]

日本人は貿易黒字で儲けたお金をアメリカ国債だけではなくアメリカの資産にも投資した。日本人投資家が特に好んだのがアメリカの不動産だった。一九八六年に三井が六億一〇〇〇万ドルを投じてマンハッタンのエクソンビルを購入したとき、三井の社長はギネスブックに載るためにエクソンの言い値より二億六〇〇〇万ドルも多く支払ったと報じられた。[5]当時の日本人が海外投資に過度のお金を支払ったことを考えると、この話もあながちウソではないだろう。一九八九年には日本はアメリカ資本主義の象徴ともいえるロックフェラーセンターとコロンビア映画を買収した。日本資本によるこうした大規模な投資はアメリカ人が戦時中の敵に示した外国人に対する強い嫌悪感を復活させた。アメリカ人の「黄禍」（黄色人種に対する恐怖）に対する恐怖を描いたスーザン・トルチン著『投資摩擦――買われるアメリカ』（阪急コミュニケーションズ）やダニエル・バースタイン著『YEN！――円がドルを支配する日』（草思社）は、マイクル・クライトンのベストセラー小説『ライジング・サン』（早川書房）とともに広く読まれた。『ライジング・サン』は「日本がアメリカを買いあさっている」というヒステリー状態が最高潮のときに発売された。[6]クライトンはニューヨーク・タイムズに、彼がこの小説を書いたのは「アメリカ人に目を覚ましてもらいたい」からだと言った。

アメリカ人が恐怖を募らせる一方で、日本人は自信を取り戻していった。敗戦によって味わった深い屈辱と廃墟と化した国を建て直すために被った長い犠牲の日々を乗り越えて勝ち取った自信だった。新たに芽生えた自信は日本の政治家の態度に顕著に現れた。一九八六年の秋、新たに選任された中曽根康弘首相は、日本経済が成功したのは日本が民族的単一国家だったからであり、アメリカ経済が衰退したのはアメリカが人種が混ざった国家だったからであると言った。これは大和民族の優位性を主張する戦時中のプロパガンダを思い起こさせる発言だった。[7] 政府高官のなかには、明治以降の戦争で亡くなった軍人が祭られている靖国神社を公然と参拝する者もいた。中曽根首相は「日本国は屈辱の気持ちをすべて捨て、栄光に向かって歩き出さなければならない」と宣言した。戦争に敗け、太平洋帝国建設の夢を打ち砕かれた日本はついに平和を勝ち取り、経済大国として姿を現したのである。[四] こういった状況の下、日本が傲慢になったのも致し方のないことだった。

財テク――会社による余剰資金の投機

日本は一九七一年にブレトンウッズの固定相場制度が崩壊（ちなみにこのときニクソン大統領は慢性的に過小評価された日本円のために、このシステムは弱体化したのだと日本を責めた）したあと、金融革命の渦に巻き込まれていくことになる。一九八〇年には外為法が改正され海外との金融取引が原則自由になった。それでも日本の改革ペースはアメリカ人批評家の目から見ればあまりにものろく、日本の金融システムにおける規制を継続することは日本円を意図的に標準的水準以下にとどめようとする計略であり、日本の輸出品を安くするためだと彼らは日本を批判した。実際、日本の金融システムの自由化はアメリカの圧力によるものだけではなかった。増え続ける貿易黒字と国民の高い貯蓄率とによって蓄積された余剰資本を再循環させるために、日本は金融市場の改革を行わざるを得なかったのである。日本当局にとって金融革命はもはや避けて通れることではなかったが、この改革によって東京がニューヨークやロンドンと並ぶグローバルな金融の中心地となることを彼らは望んだ。

一九八四年の春、日本当局は外銀の日本国債ディーリング業務と信託銀行業への参入を認可し、同時に外国為替取引の規制も撤廃した。日本の銀行に対しては初めて大口預金金利規制が撤廃された。こうした改革の結果、日本の資本市場はたちまちのうちに金融革命の残骸――カナダとオーストラリアのクレジット・デフォルト・スワップ、リバース・デュアル・カレンシー債、サムライ債やスシ債、即時リパッケージ永久債、ゼロクーポン債、かご抜けリースとダブルディップ方式によるレバレッジドリース、ユーロ円債、ハラキリスワップ[8]――であふれた。日本の国債と株価指数の先物市場の開設に伴って、東京にも金融デリバティブが到来した。

一九八〇年代初期、日本の企業は経常利益に加え、財テク（金融エンジニアリング）による資産運用によって利益を増やし始めた。一九八四年、大蔵省は「特金」口座と呼ばれる株式保有のための特別口座を持つことを企業に認可した。この口座によって証券取引利益に対してキャピタルゲイン税を支払わずにすむようになった。[五] 証券会社も「営業特金」と呼ばれる半合法的なサービスを提供するようになった。これは特別投機口座を運用するためのサービスで、現在の金利を上回る最低リターンが保証された。[六] これは顧客側が必ず勝者になるように設定されたゲームだった。一九八五年には特金ファンドに投資されたお金は九兆円にすぎなかったが、四年後には四〇兆円にまで膨らんだ。[七]

　財テク投機は日本の会社がロンドンを拠点とするオフショア資本市場であるユーロボンド市場にアクセスできるようになったことでブームになった。金融規制撤廃の一環として大蔵省は一九八一年、日本の会社にユーロボンド市場でワラント債を発行することを許可した。ワラント債とは、ワラントの有効期間（通常、発行から五年）の間に会社の株式をあらかじめ決められた価格で買い付ける権利（ワラント）の付いた社債のことを言う。日本の株価は急上昇していたため、ワラントの価値も上昇し、低い利息で債券を発行することができた。[八] ワラント債は発行者にとっても魅力的だった。というのは、ワラント債は主としてドル建てで発行され、あとでスワップ市場で日本円に変換されたからである。満期までの期間中、日本円はずっと上昇し続けることが予想されたため、ドル債務を日本円債務に変換するということはワラント債を発行した会社にとってマイナス金利になることを意味した。つまり、日本の会社は投機の資金調達のためにお金を借りることに対して金利が支払われたということである。ワラント債の発行によって調達されたお金は株式市場に直接投資するか、あるいは営業特金口座に入れておけば八％のリターンが保証された。財テクはだれも敗者になることのないゲームだったのである。

一九八〇年代後半、日本の株式市場の上昇に伴って日本の会社の財テクによる利益も増加した。これは金融システムにおいて危険な循環を生みだした――財テクによって利益が生みだされ、それによって株価はさらに上昇し、株価が上昇すると財テク利益はさらに増加する。一九八〇年代の終わりには東京証券取引所に上場している企業のほとんどは財テクを行っていた。国際的に有名な自動車メーカーであるトヨタやニッサン、三菱電機やシャープなどの家電メーカーの公表利益の半分以上は財テクによるものだった。[九] さらに特金口座による利益は一九八五年三月の二四〇〇億円から二年後には九五二〇億円に増加した。同じ時期の通常営業利益が減少していることを気にする者などいなかった。[9] なかには投機活動が事業の中核となる企業もあった。「東洋の小鬼」と呼ばれた鉄鋼会社の阪和興業は一九八〇年代に財テクで四兆円の利益を上げ、投機による利益は通常の営業業務から得る利益の二〇倍を超えた。[一〇]

一九八〇年代の終わりに日本の会社が調達したすべての資本が投機につぎ込まれたわけではない。ワラント債の発行も「これまで世界で類を見ない生産能力に対するすさまじい投資の波」[10]に貢献した。一九八〇年代後半、日本の資本投資は三兆五〇〇〇億ドルに上り、日本の経済成長の三分の二に相当した。この巨額の投資によって日本経済は、強い円によって成長率とROCが低下した困難な時期を乗り切ることができた。[一一] 評論家のなかには、日本の大蔵省はこの重要な時期に日本の業界に安い資本を提供するために、意図的にバブル経済を作り出したと指摘する者もいた。[三]バブル時代の資本支出は、日本経済の奇跡は真の成長力を失ったあとも長く続くという幻想を生み、その結果非生産的な投資に莫大な資金が誤って投じられることになった。投機を経済政策のツールとして使おうとしたことで、大蔵省の官僚たちはパンドラの箱を開けてしまったのである。

土地本位制

バブル経済（日本人は単に「バブル」と呼ぶ）は、そもそもは不動産ブームがそのきっかけだった。土地は日本人にとって特別な意味を持つ。封建時代の隷属関係が長く続いた社会のなかで土地の保有者は社会的地位を維持してきた。日本は山の多い国で開発された土地が比較的少ない。日本の土地価格が高いのにはほかにも理由があった。官僚たちが日本人に「長期的視点」を持つことを促すために取り入れた懲罰的なキャピタルゲイン税は、短期的な不動産取得に利益の一五％の税金が課せられた。土地を売却させないようにし、非流動的な不動産市場を構築することで、日本の財政制度は実質的に土地投機を刺激してきたことになる。[11]不動産価格が高いため、元欧州委員会委員のロイ・デンハム卿の言葉を借りれば、ウサギ小屋に住む「仕事依存症」にされてしまった日本人は貯蓄を奨励され、その貯蓄を産業機械に再投資させる政府の秘密政策の一環だったのではないかと指摘する欧米の評論家もいるほどだ。

一九五六年から一九八六年にかけて、消費者物価は五倍にしかなっていないのに、土地価格は五〇倍も上昇した。この間で土地価格が下落したのは一度（一九七四年）だけだった。土地価格が下落することはないという土地神話の下、日本の銀行はキャッシュフローではなくて土地を担保に融資を行ってきた。一九八〇年代の終わりごろ、銀行の土地を担保にした融資――特に小企業向け融資――は増加した。上昇する土地価格は経済全体における信用創造のエンジンになった。[一三]こうして「土地本位制」が生まれた。

一九八七年一二月初旬にスイスのバーゼルで開かれた国際決済銀行会議では、世界の中央銀行の代表たちが銀行資本の新たな国際統一基準を決定するために集結した。日本の銀行は大蔵省の保護によって破綻することがなかったため、彼らの自己資本比率（銀行資産の融資額に対する比率として表される銀行の健全性の尺度）は欧米の銀行に比べると低かった。外国銀行は、低い資本準備率は国際的な銀行制度のなかで日本の銀行に不公平な競争優位性を与えることになるため、日本の銀行は銀行資本の国際基準に従うべきであると要求してきた。その結果、日本の銀行は自己資本比率を一九九三年の春までに八％に上げることが義務づけられた。

しかし、ある重要な特権は日本の代表団によって守られた。株式の持ち合いという日本に特有の制度によって、日本の銀行は他の会社の株式を大量に保有していた。この株式の持ち合いによる利益の一定比率は自己資本に加算することが認められたのである。[一四]バーゼル合意によって、日本の銀行の信用拡張能力――つまり、お金を製造する能力――は東京証券取引所の株価水準に関連付けられることになった。ほかの条件が一定だとすると、もし銀行が不動産を担保にした融資を増やせば、土地や株式の価値は上昇（日本の会社は保有する不動産によって価値評価されるようになった）し、株価が上昇すれば銀行の持ち合い株の価値も上昇、その結果、資本が増え融資額も増える。世界の中央銀行は、株価が上昇するかぎり信用の創造も続くという循環論を容認したが、これがバブル経済の「致命的な欠陥」だった。[一五]

プラザ合意

一九八〇年代中ごろの日本の経済政策はアメリカのそれとはまったく逆だった。日本は、財政政策は厳しく、金融政策は緩かったが、アメリカは金融政策は厳しく財政政策は緩かった。インフレ抑制策としてＦＲＢ（連邦準備制度理事会）は金利を高く維持していたが、それが逆効果となってドル高を招き、それによって輸出は抑制され貿易赤字は増大した。[一六] アメリカの輸出業者は政府の支援を口やかましく要求した。ドル高円安によって変動為替相場が理論的には問題解決の糸口になるはずだったが、実際にはもう少し刺激が必要だった。

一九八五年九月、ジェームズ・ベーカー米財務長官は先進五カ国の蔵相をマンハッタンのプラザホテルに集めた。ベーカーに駆り立てられた蔵相は他国通貨、特に日本円に対して協調的なドル安路線を図ることで合意した。[12] 数カ月後、ドルは一ドル二五九円から一五〇円を下回るまでに下落した。別の視点から見ると、日本円の購買力が四〇％以上上昇したことになり、ドル建てのあらゆるものが円を持っている人にとってははるかに安く買えるようになった。こうしてルイ・ヴィトンのハンドバッグからゴッホの絵画へと、日本人の爆買いが始まった。

しかし、円高になって不都合なことがいきなり起こった。ジョセフ・ドッジが一ドル＝三六〇円の単一為替レートを設定した一九四九年四月以来、為替では日本円は常に過小評価されてきた。一九七〇年代と一九八〇年代初期、アメリカは日本よりも高インフレが続き、おまけにドル円レートは固定されていたため、円安は続いた。これは日本の経済的奇跡を支える力の源だった日本の輸出業者にとっては追い風だった。しかし、プラザ合意のあとこの状況は一変した。国際市場における日本製品はいきなり価格が倍近くに跳ね上がったのである。日本経済への打撃は必至だった。一九八六年初期、経済成長率は二・五％を下回り、「円高不況」に陥った。[七] 円高ドル安が進むにつれて輸出業者は「これは経済の空洞化だ」と警鐘を鳴らした。緊急対策が必要だった。日本企業は大蔵省に解決策を求めた。大蔵省は（表向きには独立している）日銀に経済を刺激するために金利を下げるように圧力をかけた。一九八六年だけで公定歩合は四回下げられ、最終的には三％まで下がった。原油価格が下落し、円高のおかげで輸入品は安くなったため、そのあと貨幣供給量が増加しても消費者物価インフレは起こらなかった。[八] しかし、土地や株価といった資産価格は上昇し始めた。

一九八六年八月には日経平均は年初よりおよそ四〇％上昇して一万八〇〇〇円に達した。日経平均の急上昇により経済問題に対する大衆の関心は高まった。また日本経済新聞社が発行した日本経済に関する漫画がベストセラーのトップに躍り出た。その年の年末にはファー・イースタン・エコノミック・レビューは、「日本では突然、普通の人でもみんなが株に夢中になる株式ブームがやってきた」と報じた。

市場が上昇するなか、政府は長く待たれた国営の電話会社であるNTT（日本電信電話）の株式公開を行うことになった。一九八六年一〇月、新規株式二〇万株が一般に売り出された（当時、NTTの規定によって外国人はNTT株の保有を禁じられていた）。政府は発行価格をまだ発表していないにもかかわらず、二カ月でおよそ一〇〇〇万人が株式募集に応募した。応募者が多かったため、株式の販売はくじ方式で行わざるを得なかった。一九八七年二月二日、NTT株は東京証券取引所に上場し、一株一二〇万円の初値が付いた。そして公開後二日で、株価は二五％も上昇した。

二月末、先進七カ国蔵相会議がパリのルーブルで開かれ、ドル安に歯止めをかけ、日米間の通貨レートの不均衡を是正することで合意した。この合意のあと、日本の金利は戦前の水準である二・五％にまで下がった（この金利は一九八九年五月まで続いた）[19]。これは株価に大きな影響を与えた。NTT株は数週間で年間純益の二〇〇倍を上回る三二〇万円にまで上昇した。NTTの時価総額は今では五〇兆円を超え、西ドイツと香港の株式市場を合わせた価値以上になっていた。NTT株への熱狂を見てNTT会長の真藤恒は記者に何気なく次のように言った――

「マネーゲームに夢中になっている人はいつの日か神の怒りを招くだろう」[二〇]。

ＮＴＴの民営化は一七二〇年の南海会社の株式募集を彷彿させた。いずれも公共財政を改善することが目的だった。いずれのケースも価格が公示される前に人々は株式募集に応募し、そのあと株価が「合理的な水準」を上回って上昇すると投機バブルが発生した。最も注目すべきことは、一七二〇年、そして一九八七年にも、投機家は政府は株価を下げることはないと信じてしまったことである。一九八七年一一月にＮＴＴ株の第二回売り出しが行われたとき、ジャパン・エコノミック・ジャーナル紙（その後、日経ウィークリー）は次のように報じた。

> ＮＴＴ株が人気だったのは、政府が公募している株だから損失を出すことはない、と個人投資家が信じたからである……ＮＴＴ株を買うということは日本そのものを買うことに等しいと個人投資家は思ったのである。だから彼らは何の心配をすることもなくＮＴＴ株を買った……[二一]。

日本の株式市場が一〇月の大暴落から復活したとき、政治はＮＴＴ株だけでなく株式市場全体を守ってくれると広く信じられていた。

金権政治

日本の政治家は株式市場を支えたいという公共心だけでなく、支配力を高めたいという個人的な関心も高かった。日本では、政治は金のかかるビジネスになってしまっていた。日本の国会議員が議席を維持するのにはおよそ四億円の年間経費がかかった[13]。日本の政治ではお金こそが権力の源だった。お金で派閥をまとめ、お金で大臣職を買い、お金で恩恵を得、お金で票を買った。金メッキ時代のタマニーホールのボスのように、日本の政治家は自分の金庫をお金で満たすために株式市場を利用したのである。選挙のときには証券会社は「政治銘柄」を推した。政治家は投資した政治銘柄から利益を得、それを選挙資金として使い、選挙が終われば株価は下落する[14]。このように仕組まれた株を政治銘柄と言う。バブル時代、株式は国の金権政治のための補助的通貨となった。政治家は株式市場を絶対に下落させないという考えが支持された背景にはこういった事情があった。

政治家の株式市場への深い関与が明らかになったのがリクルート事件だった。一九八八年六月、川崎市助役は急成長する人材あっせん会社の不動産会社として設立されたリクルートコスモス株を内部情報を利用して買ったことを認めて辞任した。リクルートの会長は野望を抱くビジネスマンの江副浩正で、彼は会社にとって不利な法案が施行されるのを阻止するために多数の政治家、ビジネスマン、官僚たちにリクルートの未公開株を譲渡した。一九八八年一二月末、リクルート事件を調査するために新たに指名された長谷川峻法相も、リクルート株を受け取っていたことが発覚して、就任からわずか四日で辞任した。宮沢蔵相も辞任した。数カ月後、竹下首相もリクルートコスモス株の売却で一億五〇〇〇万の利益を得たことをついに認めた。竹下首相の秘書は、竹下の代理としてお金を受け取っていたことが発覚して自殺した[三]。余波は広がり、中曽根前首相、NTT会長、日本経済新聞社社長にもコスモス株が譲渡されていたことが発覚した。一九八九年の夏にはおよそ五〇人の政治家、公務員、ビジネスマン、ジャーナリストの事件への関与が明るみに出た。欧米の評論家は、日本のシステムは「縁故主義的資本主義」と言うのがふさわしいのではないかと言った。

リクルート事件は戦後日本最大の政治スキャンダルだった。この事件は賄賂による買収政治がバブル経済に不可欠の要素であることを示すものだった。上昇する株式市場は、最初は日本が新たに発見した日本の経済的能力の素晴らしさを反映するものだと思われていた。しかし、日本の高まる自信は国粋主義的な目的のために政治家たちによって私物化された。のちには官僚たちは日本企業が困難な移行期に資本調達しやすいように一般大衆の投機を促した。株式市場の上昇によって、政府は高すぎる電話会社株をバブルの熱狂に浮かれた何も知らない投資家に売ることで財政問題を解決することができた。その背景には底知れぬ金銭的要求を賄うために投機を利用した日本の金権政治の構造的腐敗が潜んでいた。権力の座にいる者はだれ一人として投機を抑制しようとしなかったため、投機熱は手の付けようがないほどに高まった。アメリカ人は日本が「経済的な真珠湾攻撃」を仕掛けようとしていると言ったが、ある意味それは正しかったと言えるだろう。軍国主義への自信は日本を第二次大戦へと盲目的に突っ走らせたが、今度はバブル経済の投機によって自信をつけた日本は再び暴走し始めた。歴史は繰り返すと言われるが、今回は株式市場の茶番劇が戦争の悲劇に取って替わったという点が異なるだけだった。

日本の株式市場の価値

一九八〇年代の終わりには、日本の株価は企業収益（財テクからの非持続的な利益を含む）の三倍の速さで上昇した。東京の株式市場にはこれまで類を見ないほど高値を付けた株式がわがもの顔で闊歩していた。繊維セクターの平均のＰＥＲ（株価収益率）は一〇三倍、サービス業は一一二倍、海運業は一七六倍、漁業・林業はなんと三一九倍という高さだった。[15] 民営化過程にあった日本航空のＰＥＲは四〇〇倍を超えた。こういった株価が正当化されるはずがないと信じていた欧米投資家は一九八〇年代の中ごろから日本株の保有率を徐々に減らしていった。彼らが日本株から離れていったことで日本市場はもはや割引キャッシュフローや信用分析といったドライな「欧米合理主義」に束縛されることはなくなった。権力によって広められた「現実を処理する方法は人によって異なる」という考え方を受け入れる傾向の強い日本人にとって、株式の高い価値を正当化することに何らの問題もなかった。

　高い株価を説明するのに、日本の会計実務は実質所得を実態よりも低く評価するとか、株式の持ち合いによってＰＥＲが上昇したとか、都合の良い話がいろいろと語られた。[15] しかし、日本は「世界の成長の原動力」になりつつあるとか、消費者需要が急増するのは時間の問題だといった主張にも動じないもっと保守的な分析によって、株価のさらなる上昇を正当化するための「お金の重み」議論が持ち上がった。この議論によれば、金利が低く維持され、円高によって投資家はお金を海外に持ち出さないため、日本人は国内の株式市場への投資を続ける以外に方法はなかった。マル優が一九八八年四月から高齢者などの貯蓄以外は原則として廃止され、三〇〇兆円を超えるお金が新しい投資に向けられたことでこの議論は説得力を増した。日本人の貯蓄の巨大な流れが株式市場へと向かい、株式の持ち合いが徐々に増加したことで、株式不足に陥ったというのが株価の上昇を説明するのに頻繁に引き合いに出されるようになった。

　バブル時代、ファンダメンタルズが無視されたが、これはいろいろな形で現れた。同じセクターの銘柄は収益やビジョンが異なるにもかかわらず同じように動き、市場は収益性の向上よりも市場シェアの増加を重視した。何百万円もするＮＴＴ株との関連で手ごろな価格で入手できるというだけで誇大広告される株もあった。[16] 安い株はいつかは高くなるとも言われた。株式は新株の発行（既存の株主の持分の価値が希薄化される）で上昇するだけでなく、既存株主への株式の無償交付（単に株式分割するだけであり、会社は真の価値を生みだしてはいない）が発表されると急上昇することもあった。日本の輸出業者の収益性が低下し、製造業の空洞化が進んでいても、株価は上昇し続けた。一九八九年一月に昭和天皇が崩御しても、株価は上昇し、半年後に東京を小地震が襲っても株価は上昇した。

上昇する株価の背景には異常な不動産ブームがあった。信用供給量がかつてないほどに増加することで不動産価格は上昇した。五年後の一九九〇年三月には銀行融資は総額で九六兆円も増加した。この半分以上は小企業向け融資で、彼らは不動産セクターに多額の投資を行った。規制の緩い消費者金融、いわゆる「ノンバンク」の不動産担保ローンは一九八五年の二二兆円から一九八九年末には八〇兆円にまで増加した。時には不動産担保価値の二倍の融資が行われることもあった。不動産価格が上昇するにつれ、大卒のサラリーマンの平均生涯賃金では東京の都心に小さなマンションさえ買えなくなった。家を買う人は数世代にわたる一〇〇年ローンを組まざるを得なかった。

一九九〇年には、日本の不動産市場は二〇〇〇兆円を上回った。これはアメリカ全体の不動産価値の四倍に相当する。東京の皇居の敷地はカリフォルニア全体（あるいはカナダ）の不動産価値を超えると言われた。低い空室率と外資系金融機関からのオフィススペースに対する需要とによって東京では建築ブームが起こった。ビルの上に立ち並ぶクレーンの数が熱心に数えられたほどだ（アナリストはこれを「クレーン指数」と呼んだ）。ＮＴＴが東京の都心にハイテク高層ビルを建造すると、外資系銀行が一平方メートルが三〇〇〇ドルもするオフィスを借り、このNTTビルは「バブルタワー」と呼ばれるようになった。銀座一等地の土地価格は一平方メートルが五〇〇〇万円にも上昇したため、東京に深さ一〇〇メートルの地下都市を作る計画が持ち上がった。[17]

　不動産セクターの上昇は株式市場にもろに影響を与えた。アナリストの間では会社の「含み資産」（所有する土地と株式の持ち合い価値を含む）の調査が流行した。そんな折、東京大学のある経済学者はトービンの「q」（会社の資産の市場価値に対する株価の比率）を復活させた。バランスシート上の「含み資産」は簿価を四三四兆円上回っていたため、この測度で言えば日本の会社は安く評価されているように思えた。[18]

　投機フィーバーではよくあることだが、トレンドが反転すると、ハイテク企業の業績見通しは無視され、バランスシート上の不動産価値が重視されるようになった。証券会社はこれを「ランドプレー」と呼んだ。NTTでさえ最初は電気通信会社としてというよりも土地の価値で評価された。拡大する土地所有に駆り立てられるように、一九八六年、東京電力の市場価値は香港証券取引所の全上場株の価値を上回るまでに上昇した。別の「ランドプレー」である全日空のPERはおよそ一二〇〇倍に上昇した。企業が所有する土地の四分の三以上は値上がりを期待して保有された。[二四] 株式の持ち合いと「含み」土地資産を持つ日本の企業は、投資信託と不動産会社を混合したようなものになった。そういった状況の下、通常の事業活動など無意味、最悪の場合、市場価値の足手まといとまで言われるようになった。

日本市場の株価操作

日本の株式市場が崩壊することについては多くの人が予測していた。最も有名なのはヘッジファンドマネジャーであるジョージ・ソロスが一九八七年一〇月一四日にフィナンシャル・タイムズ紙に記事を書いたが、その数日後に発生した世界規模の株式市場の大暴落を最もうまく切り抜けたのは東京だった。[35] 一〇月の大暴落の翌日、日本の四大証券会社――「ビッグフォー」と呼ばれた野村、大和、山一、日興――の代表が大蔵省に召集された。彼らはNTT株をマーケットメークし、日経平均を二万一〇〇〇円水準以上に維持するように要請された。[36] この要請を受けて、各証券会社は最大の顧客を再び市場に参入させるために彼らに損失補填を約束した。それから数カ月のうちに日経は元の水準を回復し、新高値を付けた。大蔵省の高官は株式市場の操作は外為を操作するよりも簡単だと密かにほくそえんだ。

ビッグフォーは東京証券取引所の売買高の半分以上を占めていた。なかでも断トツだったのは野村證券で、バブル期には日本のなかで最も利益を上げる企業になり、その流動資産は四〇〇〇億ドルを超えていた。野村は五〇〇〇万人の忠実な国内顧客を擁していた。顧客は主に主婦で、彼らは貯めたお金を毎日せっせと野村の特別貯金箱に入れ、野村のソフトウェアで株式ゲームをプレーし、野村の選んだ銘柄に忠実に従い（野村は「売り」推奨はけっして出さなかった）、何千という野村のセールスマンの一人に毎週お金を手渡した。野村の社員には毎月販売ノルマが課され、推す銘柄を毎朝言い渡された。

一九八〇年代の後半、およそ八〇〇万人の新しい投資家が市場に参入し、投資家の総数は二二〇〇万人を超えた。彼らの取引が総時価総額（大部分の銘柄が会社の株式持ち合いと関連があった）に占める割合はほんの数%だったが、個人投資家が売買する株は毎年一〇〇〇億株を超えた。証券会社に投機を勧められた個人客は株式の三分の一を信用口座で運用していた。[二七]

中国人はギャンブル好きとよく言われるが、日本人にも似たような国民的特徴がある。ギャンブルは昔から怖いものとされてきたが、特に日本人は株式市場に魅了されやすい傾向がある。それはなぜか。まず第一に、日本人はある活動――仕事でも遊びでも――を追求するとき群れて行動する傾向がある。群れの行動は稲作農業という共同社会で必要だったからと言われている。稲作農業によって「集団帰属意識」というものが生まれた。戦時中、日本は「一億総玉砕」という政府のスローガンの下、戦争に突き進んだ。一〇月の大暴落のあと、ある証券会社の社長は、日本がこの不安定な時期を乗り越えることができたのは、日本が「合意社会」、つまり同じ方向に動くことを好む国だからである、と豪語した。[二八]第二に、日本人は気分が変わりやすいという特徴を持つ。高揚していたかと思えば、次の瞬間には絶望の淵に落とされ、絶望していたかと思ったらすぐに元気になる。こうした日本人の弱みにつけこんだのが証券会社だった。証券会社は投資家たちに投機の対象となる株式市場の「テーマ」を次から次へと示した。大衆は目の前にぶらさげられた「ちょうちん」銘柄を何も考えずに買った。

テーマのなかでもひときわ目立ったのが、会社の不動産の将来性を目玉にした東京湾の再開発だった。これに続いて、リニアモーターカー、超電導、常温核融合、奇跡のガン治療法などこれまで試みられたことのないテクノロジーが誇大広告された。一九八七年初期に神戸の売春婦がエイズで死んだあと、コンドーム株に関心が集まった。日本人成人の四分の三がすでにゴム製のコンドーム（経口避妊薬は禁じられていた）を使っていたという事実にもかかわらず、相模ゴム工業の株価は四倍に上昇した。また日本ハムが抗エイズ物質を鶏の肝汁から抽出することに成功したという噂が流れると、日本ハムの株価は急騰した。[二九] エイズが恐れられているときにポルノ映画会社の株価が上昇したのは、ポルノ映画が安全なセックスの代替として期待されてのことだったのだろう。「テーマ・チェイシング（Theme Chasing：The Engine of the Tokyo Stock Market）」と題するリポートのなかであるアメリカの投資銀行は顧客に次のように助言した――「群本能は流動性が過度の状況下では健全な生存本能である[19]」。

マスコミの株を大量に保有していたビッグフォーは顧客に与える情報を操作することなど朝飯前だった。[三〇] 週一回行われるミーティングでは、ビッグフォーは推奨銘柄をこっそり結託して選んでいたと言われている。株式市場そのものが噂や耳寄り情報にあふれていたため、証券会社は自分たちの顧客が操作の影響を受けやすいことに気づいていた。ファー・イースタン・エコノミック・レビューの言葉を借りれば、「世界で最もひねくれていて、投機や操作がしやすい市場は東京証券取引所をおいてほかにない」[20]。

市場は止めようがないくらい上昇しているにもかかわらず、平均的な個人客はほとんど儲からなかった。彼らはアウトサイダーであり、証券会社や彼らのお気に入りの顧客の餌食でしかなかった。「客に回転売買させて手数料を搾取する」のが野村の暗黙の了解だったと言われている。個人客の多くは大手証券会社の系列会社が運営する投資信託にお金を投じた。これらの投資信託は手数料を取るために回転売買が行われ、市場が毎年二〇％以上上昇していたにもかかわらず、一九八〇年代後半の投資信託の平均年次リターンは四％を下回っていた[21]。バブル期にお金を儲ける唯一の方法はインサイダーになることだった。お気に入りの顧客――銀行、官僚、政治家、裕福な個人、そしてヤクザ（暴力団）――には証券会社が推している銘柄が事前に教えられた。証券会社はインサイダーに対しては利益を保証し、損失は補填した。市場で大負けしたお気に入りの顧客には彼らの損失を補うために「アンビュランス銘柄」――確実に上昇する銘柄――が与えられた。証券会社は新株発行が発表される前に株を推奨するのが慣例なので、ある会社が資金繰りに困っている、という情報が入れば儲かってしょうがなかった。インサイダー取引は法律で禁止されていたが、そんなことを気にする人などだれもいなかった[三]。

投機家ネットワーク

日本の経済システムは、政治家、官僚、企業の「鉄のトライアングル」を核とするネットワーク資本主義と言われることもあった。バブル経済下の日本では、投機家グループ、ヤクザ組織、銀行、証券会社、政治家が投機による利益を追求するという共通の目的を持つネットワークを作り上げた。株式の大部分は企業間や銀行間で長期的な株式持ち合いが行われていたため、株価を操作したり株式を買い占めたりするのは比較的簡単だった。東京証券取引所の報告によれば、一九八七年四月から一九八九年三月までの間に上場一〇社のうち一社に対しては買い占めが行われた。グリーンメール——企業の株式を買い集めて、そのあとその企業に高値で買い取らせること——は次第に日常的に行われるようになっていった。[三]

アル・カポネは、株式市場は詐欺だと思っていたため株式市場への関与を避けたと言われていたが、一九八〇年代の日本のヤクザはそれほど潔癖ではなかった。この時期、日本第二の暴力団である稲川会を取り仕切っていたのが石井隆匡（本名は石井進）だった。長身で気品のある感じのするインテリとして知られた石井は、けばけばしいピンストライプのスーツと大きなアメ車を好み、無作法なヤクザのなかでは珍しい存在だった。不法ギャンブルで六年の刑を終えた石井は、麻薬密売、売春宿、見かじめ料、パチンコなどによるヤクザの伝統的な収入源への依存を低減させようとしていた。バブルはこうした彼の意向を実現する打ってつけの機会だった。

一九八五年初期、石井は不動産会社（北翔産業）を設立した。北翔産業は、社長が日本の政治界の「ドン」と呼ばれた金丸信とつながりのある大手運送会社から融資と借入保証を受けていた。必要資金と政治的保護を手に入れた石井は大がかりな投機に打って出て、株式市場に一七〇〇億円投資した。彼は東京ガス、新日鉄、野村證券などさまざまな銘柄に大きなポジションを持った。一九八七年には彼は株式投資で一二〇億円以上も稼ぎだした。前年比では五〇倍の増加だった。一平方メートル一五〇〇万円もする土地に新本社を構え、ルノアール、シャガール、モネなどの絵画に推定一〇〇億円を投じた。

一九八九年の春、石井は野村證券と日興證券から東急株を担保に三六〇億円の融資を受けて東急電鉄株の買い占めを行った。東急は野村の顧客だったが、野村はそんなことは一切気にしなかった。一九八九年四月から一一月にかけて石井は東急株を二九〇〇万株買った。このうちの三分の二は野村証券と日興証券から入手し、残りは怪しげな韓国人ビジネスマンの許永中から入手した。許永中は日本最大の暴力団・山口組と関係を持ち、のちにはイトマン事件の中心的人物となる人物だ。こうした経緯のなか、東急株は二倍に上昇した。

石井は一九八〇年代の終わりに登場した「経済ヤクザ」のモデルとも言われている。公衆の面前での対立が恥と言われる社会で、ヤクザはゆすり・たかり・恐喝を使ってバブル経済のあらゆる分野に入り込んできた。彼らは多くの買い占めやグリーンメールに関与し、金融機関（特に、大手銀行のノンバンク系列）から多額の融資を受け、ほかの投機家に高利で貸し付けた。ヤクザは不動産市場でも暗躍した。火炎ビンなどで小規模な土地の所有者をおどし、土地を売らせる「地上げ屋」としてである。時にはゲームは事件に発展することもあった。一九八五年の夏、野村証券の支店長がバイオ株の投機で損失を被ったヤクザに殴り殺された。[22] 三年後、有名な投機家でグリーンメーラーでもあったコスモ証券の社長の遺体がコンクリート詰めで発見された。これはヤクザの仕業であったことが判明した。

暴力団サークルの外部には推定四〇と言われる強力な投機家グループが存在し、彼らはおよそ二〇〇社を対象に投機を計画していた。仕手筋と呼ばれる六人のプロの投機家は一社につき五〇億ドルを超える株式を支配していると噂された。彼らのなかでもひときわ目立つ存在が小谷光浩で、彼は自力で成功したホテルやゴルフ場経営者で、仕手筋集団「光進」の代表でもあった。一九八〇年代末、小谷は株式市場に対して数々の大胆な仕手戦、詐欺、買い占め、グリーンメールを繰り広げた。もう一人の相場師である誠備グループを率いる加藤暠と手を組んで、小谷は政治家、会社の取締役、ヤクザ、銀行役員を彼らの投機ネットワークに引きずり込んだ。

小谷の手口は株式情報を与えて買収することだった。蛇の目ミシン工業の恐喝事件の前、与党自由党の党幹部で稲村利幸元環境庁長官にインサイダー情報を漏らした。また一五〇億円の融資の見返りに、三井信託銀行の社員や顧客に同じインサイダー情報を漏らした。さらに国際航業株の買い占めにおいては、三井信託銀行の幹部四人から支援を受け、彼らに国際航業株を買うためのお金を融通した。一億円の融資と引き換えに、小谷は地産グループ総帥で竹井博友元中部読売新聞社長にもインサイダー情報を漏らした。中曽根元首相の秘書も取引にかかわっていた。次に小谷は住友銀行の支店長に依頼して、銀行の顧客の何人かに小谷に二〇〇億円融資するように説得させた。非公式の貸し手の融資には高い金利が付き、支店長は莫大な手数料を受け取った。

国際航業株の買い占めに成功した小谷には莫大な負債がのしかかった。問題解決のために小谷は藤田観光の株価の操作に乗り出した。そのために小谷は蛇の目ミシン工業に三〇〇億円の融資を要求し、同社の取締役に就任した。蛇の目の社長はこれに反対したが、彼は融資が受けられないときに備えて二人のヒットマンを雇ったと脅しをかけられた。小谷は蛇の目の持ち株をヤクザに売るときも蛇の目を脅迫した。社長は黙って認めざるを得なかった。蛇の目はお金を提供したうえに、小谷の負債一八七〇億円も負担した。小谷は絶対権力を見せつけるかのように、蛇の目の役員室から藤田観光株の注文を出し、蛇の目の役員を使い走りさせた。彼は藤田観光株の売買注文を複数の証券会社を通じて高値で出した。一九九〇年四月下旬、藤田観光の株価は三七〇〇円から五二〇〇円に上昇した。このときも小谷は藤田観光の社員からインサイダー情報を受け取っていた。彼は建設会社二社からも支援を得ていた。そのうちの一社は高値で株を買う契約を結ばされていた。伝統的な日本のネットワークを投機的目的に仕向けるのがいかに簡単であるかを示した者は小谷以外にはいないだろう。

バブルレディー

投機フィーバーというものは既存の構造を壊す傾向があるため、この男社会のなかで最大の個人投機家が女性であっても何の不思議もない。一九三〇年に貧しい家庭に生まれた尾上縫は大阪の歓楽街でウエートレスとして働き始めた。のちに彼女は建設会社役員の愛人になり、一九六〇年代の中ごろにはその役員の支援で二つの料亭を開いた。それからの二〇年間、尾上は人目を避けて料亭を経営してきた。一九八七年のある春の日、尾上は日本興業銀行の大阪支店で割引金融債ワリコーを何億円分も購入した。興銀は尾上におよそ三兆円（彼女の料亭の価値のおよそ一五〇〇倍）融資し、彼女はそのお金を株式市場に投資した。やがて彼女は日本興業銀行や第一勧業銀行など多くの優良企業の最大の個人株主になった。また彼女は住友銀行、大和銀行、ＮＴＴなどの株式も大量に保有した。この保有株を担保に銀行から融資を受け、融資されたお金でさらに株を買った。

銀行や証券会社は先を競うように「バブルレディー」とのビジネスに興じた。彼女はヤクザとの関係や出自がさまざまに噂されたが、尾上の料亭には興銀社長など経済界の大物が訪れた。山一證券などは社員を常に料亭に駐留させた。当然ながら、彼女は自分が注目されていることでいい気になり、有名人が自分の知人であるかのように自慢話をし、銀行の上級幹部をまるで召使いのようにあごで使い、若手社員に夜中に電話してすぐに来るように命じた。「大阪のダークレディー」として知られた尾上は密教の信者だった。週一回、夜を徹した降霊術の会を彼女の料亭で開き、株式市場の上昇などを見事に言い当てた。証券会社はこの降霊術の会に出席することを強要され、出席しなければ彼女との取引を失った。夜が明けるころ、彼女は彼女に見えた銘柄名を彼らに伝えた。バブル隆盛期にはこうした行いは何の疑問もなく受け入れられた。五〇〇〇億円もの資産を持っていると噂された彼女は、「お金があれば何でもできる」と自慢した。

新・金メッキ時代

日本人は戦後の質素倹約などまっぴらだと思っていた。そんな日本人の消費欲に火をつけたのがバブル経済だった。資産価格の上昇（経済用語で言う「資産効果」を生みだした）と強い円とによって、日本人は海外の贅沢輸入品を買いあさった。さらに所得減税によって個人の購買力は増した。低い金利にあおられて、彼らは家屋の純粋価値を担保に新たな融資を取り付けた。クレジットカードの流通量は三倍に増加し、一人当たりの消費者負債はアメリカ並みに上昇した。[三四]

バブル経済期の消費者は「新人類」と呼ばれ、勤勉でお金をあまり使わず辛抱強い先達とはまったく違った価値観の人種だった。東京にグルメブームが到来すると、新人類は伝統的な料理を食べなくなった。新しいフレンチレストランのテーブルにはフォアグラやオマール海老が並んだ。一九二〇年代のフラッパー（欧米で流行したファッションや生活スタイルを好んだ「新しい」若い女性）のように、女性の新人類は膝丈の短いスカートやボディコンをさっそうと着こなした。モスコーミュールを飲み、サラリーマンを「ダサい」といって毛嫌いし、夜はナイトクラブに出没し、コカインやエクスタシーなどのドラッグをやった。東京在住のイギリス人ブローカーは、銀座のナイトクラブでウィスキーフレーバーの水一杯に三〇〇ドルも払っているところを見ると、彼らは日本株が過大評価されていることにまったく気づいていない、と嘆いた。

日本で不動産王国を築いた堤義明の兄である堤清二率いる百貨店グループの西武セゾンは、新人類のメッカになった。バブルが発生するずっと以前、堤は日本人の嗜好が変わることを予見し、「おいしい生活」という言葉を作りだし、海外の贅沢輸入品を販売するようになった。一九八四年の秋、西武は銀座のショッピング街に新しいデパートをオープンし、イヴ・サンローラン、エルメス、ジャンフランコ・フェレなどの有名デザイナーの服を売った。このデパートで最も斬新だったのは八階フロアで、そこでは株や貴金属や不動産を買うことができた。ほかのデパートもこれに追随した。また、堤は銀座に新しいホテルをオープンした。その退廃的な豪華さは泥棒男爵も顔を赤らめるほどだった。このホテルで最高級のスイートルームはフランス女優のカトリーヌ・ドヌーブの寝室をモデルにしたと言われているが、そこにはシルバーフォックスのキルトのカバーのかけられた天蓋付きベッドが備えられていた。ホテルの客は枕の詰め物を人工パールなど七種類の素材から選ぶことができた。ホテルのシェフは東京の最高級フレンチレストランから引き抜かれ、ワインセラーには最高級のフランスワインがぎっしり詰まっていた。[23]

こっけいなモネ――アート市場のバブル

一九八〇年代のアートの世界は、次第にアグレッシブさを増す有名なオークション会社の支配下にあった。特に、一九八三年から新しい経営陣の下で動きだしたサザビーズは美術品に対する需要を刺激すべく積極的に活動した。見込み客には高級な社内雑誌が配布され、有名な製品を売るために豪華なパーティーが開催された。サザビーズは買い手に融資（美術品担保ローン）も行い、売り手の価格を保証し、時には在庫用に絵画を買うこともあった。また、サザビーズはアートの投資としての潜在能力を力説し、「アートマーケット指数」というものを開発して、さまざまなコレクションの値動きを記録した。美術品評論家のロバート・ヒューズによれば、一九八〇年代の美術品の投資資産としての信用の創造は「二〇世紀後半の文化遺産」になった。[24]

美術品は投資としては新しいものではなかった。一九世紀の終わり、鉄鋼男爵でアートコレクターでもあったヘンリー・クレイ・フリックは、「保有している間でも、絵画は最も経営が順調なジョイント・ストック・カンパニーの株式よりも一〇〇倍、一〇〇〇倍の速さで価値が上がっていく[25]」と満足げに語った。しかし、株式とは違って絵画には理論的価値というものがない。絵画はキャッシュフローを生みだすことはなく、配当利回りもＰＥＲもないため、コレクターは良識的な投資なのか、無謀な投機なのかを見分けることができなかった。あるアーティストの作品の価格がいったんオークションで確立されれば、それが将来の評価の基準になるだけだった。ヒューズが言ったように、「アートの価格は真の、あるいは誘発された希少性と純粋で非合理的な欲望とが出合うことで決められる。欲望ほど操作可能なものはほかにない[26]」。一九八〇年代、あの手この手でアート作品を売り込もうとする欧米の野心的な競売人と、財布がバブルマネーで膨らんだ日本人の投機家が出会ったことで、これまでに例がないほどの豪華なアート市場が生まれた。

日本のコレクターが世界のアート市場を独占するようになったのは、プラザ合意のあと円高になってからのことだった。一九八六年、日本に輸入される海外のアート作品のドル価は四倍に跳ね上がった。一九八七年の春、安田火災海上（保険会社）が四〇〇〇万ドルでゴッホの「ひまわり」の絵を購入したときには新聞の一面を飾った。この金額はこれまでの絵画の最高購入価格のおよそ三倍だった。それから数カ月後に世界の株式市場が大暴落すると、日本の投資家は国際的な株式市場に警戒を示すようになったため、アート作品に対する需要は高まった。大暴落から一週間後、世界で最も高価なダイアモンド（六四〇万ドル）と世界で最も高価な書籍（エステレ・ドエニーのグーテンベルク聖書。五九〇万ドル）がオークションで売られた。いずれも買ったのは日本人だった。

アート市場は次第に熱を帯び、一九八八年一〇月から一九九〇年一月までの一五カ月間は「アート界がこれまで見てきたなかで最もセンセーショナル」[26]な期間と言われた。この時期に日本に輸入された絵画のなかにはピカソの「ピエレットの婚礼」も含まれていた。この青の時代のピカソの未完成絵画を購入したのはリゾート開発会社の鶴巻智徳（アートディーラーに一万ドルのチップを与えた）という人物だった。一九八九年一二月、サザビーズは「一〇〇万ドルリスト」を発行した。このリストによれば、先月だけでおよそ六〇枚の絵画が一枚当たり五〇〇万ドルで売れ、さらに三〇〇枚の絵画が一枚当たり一〇〇万ドルで売れたことが分かった。アート界はこれを「一〇億ドルのどんちゃん騒ぎ」と呼んだ。数カ月後、製紙会社の齊藤了英がゴッホの「医師ガシェの肖像」を八二五〇万ドルで競り落とし、ルノワールの「ムーラン・ド・ラ・ギャレットの舞踏会」を七八〇〇万ドルで競り落とした（このほかにも齋藤はルノワールの彫刻を、裏庭に置くのだと言って、一六〇万ドルで購入した）。一九八〇年代の終わりには、フランスの印象派絵画の価格はこの一五年間で二〇倍以上に上昇していた。同じ時期のダウ平均は二倍にもなっていなかった。[27]ヘンリー・フリックが言ったように、アート作品が投資としての潜在能力を持っているのは確かなようだった。

日本のアートコレクターは熟達の域には達していなかった。絵画は富を運んでくるものでなければならないし、排他性があり、とりわけ見て分かるものでなければならないというのが彼らの絵画に対する認識だった。新人類はベルサーチやアルマーニといった「バブルデザイナー」の熱狂的なファンで、日本のアート投機家たちは「ブランド」画家、特にフランスの印象派と後期印象派の熱狂的なファンだった。一九世紀後期のフランス絵画になぜ三億ドルも払ったのかと聞かれ、森下安道（金融会社のオーナー。取り立てが厳しいことから「マムシ」と言って恐れられた）は、「印象派の絵画は近代的な装飾品とよく合うから」[28]と答えた。象徴的な作品に対するこのシンプルな嗜好は鑑識眼なんてなくてもよいのだと思わせ、市場を来るものすべてに開放すると同時に、投機熱はいまだに続いていることを再認識させ、厳選された画家の価格はさらに上昇した。カーディーラーからギャラリーオーナーに転身した沢田正彦はかつてアート雑誌に次のように豪語した――「ルノワールの絵画の価格は私次第だ」。

銀行はアート作品の価値の半分までの融資をした。また、不動産会社のマルコは絵画の分担所有権を提供し、一二〇〇万ドルのアメデオ・モディリアーニの「ユダヤの女」を一口一〇万ドルで売った。さらにマルコはピカソ、シャガール、ルノアールなどの有名画家の絵画を買うために五〇億円のファンドを設立した。マルコの広報担当によれば、「ファンドの会員はマンションや不動産投機家といった常連客で、彼らは分担所有権を買うときはどの画家といったことは気にしない。彼らの欲しいのは絵画ではなく、キャピタルゲインだから」[29]。絵画は株や不動産を買うための融資を受ける際の担保としても使われた。絵画もバブル時代の資産運用の一形態である財テクの一つの支流になった。

ゴルフクラブ会員権ブーム

一九八〇年代後半のアート界では投資と消費が混同されたが、これがもっと顕著だったのがゴルフクラブ会員権である。日本人サラリーマンのおよそ三〇%がプレーすると言われるゴルフは「社員旅行」の重要な要素の一つだった。日本ではゴルフは儀式的な意味を持っていた。ゴルフクラブには階級というものがあり、会員はどのクラブに所属しているかによって、その地位を示すことができ、ビジネスマン、政治家、官僚はクラブで「人脈」を広げた。人脈は社会や仕事のつながりを持つうえで極めて重要だった[三六]。

ゴルフクラブは会員たちによって所有されていたため、一九八〇年代に土地価格が急騰すると、クラブ会員権という財産権は次第に魅力を増していった。一九八二年初期、日本経済新聞は五〇〇のクラブの平均会員権価格を算出した「日経ゴルフ会員権指数」というものを開発した。ゴルフ指数は基準値の一〇〇から、一九八五年末には一六〇にまで上昇した。プラザ合意の翌年は二倍になったが、一九八七年二月には「修正」局面に入った。しかし、一九九〇年の春には一〇〇〇を少し下回るピークに達した。ゴルフ指数は流動性の低い日本の不動産市場の先行指数になった。バブル期には小金井カントリー倶楽部の会員権――会員は三五歳以上の日本人男性に限定されていた――は一億円だったが、四億円にまで上昇した。会員権が一億円を超えるクラブは二〇以上もあった。日本のゴルフクラブ会員権の総価値は推定およそ二〇〇〇億円と言われた。[30]

ゴルフクラブ会員権の流通市場は一〇〇の登録ブローカーと数百の非公式ブローカーによって支持され、ブローカーは売買に対して二％の手数料を受け取ることができた。一九八〇年代後半、一〇〇〇を超えるゴルフ場が建設中で、ブローカーは新しいゴルフ場の会員募集にも客を勧誘した。銀行はゴルフクラブの会員証を担保に、その価格の九〇％を上限に融資をした。会員証は株式市場に投資する資金を調達するのにも使われた。ゴルフ熱は海外にも広がった。日本の不動産開発会社はハワイのゴルフ場の大部分を買い、さらなるゴルフ場の開発に着手した。[31] 一九九〇年九月、中堅の不動産会社のコスモワールドはホテルやゴルフ場が立ち並ぶカリフォルニアのペブルビーチリゾートを八億三一〇〇万ドルで購入した。この破格の価格は多くの注目を集め、「日本はアメリカを買い占めている」と叩かれた。

ブームとなった絵画市場やゴルフ会員権市場でも、操作され高すぎる日本の株式市場をまねて、ブローカー、株式（「分担所有権」）、マーケット指数、融資、「修正」、買い占めという言葉が躍った。絵画市場でもゴルフ市場でもお金だけでなく、地位も投機の対象になった。日本人投機家の地位（ヴェブレンが提示した顕示的消費）と物質的向上に対する熱狂的欲望を見ていると、一七世紀の先人たちを思い出す。ゴッホの「ひまわり」は現在版センペル・アウグストゥスなのである。

一九八〇年代が終わりに近づくと、あるサークルではバブルが大きくなりすぎたことに対して懸念が示されるようになった。日本人は日本を一億総中流社会と見ていたが、上昇する資産価格と不均等に配分された投機の利益によって、大きな格差が生まれた。人口の二〇％を占める富裕層の財産はバブル期に四倍になり、人口の二〇％を占める貧困層の財産は減少した。財産を株や不動産で持つ「ニューリッチ」の対極にあるのが「ニュープア」だった。バブル期の利益のほとんどを取得したのはインサイダーであり、すべての損失を肩代わりさせられたのはアウトサイダーだった。階級格差がないという神話はまったくのでたらめだったわけである。欧米人が投機を非難するとき、彼らはバブルを、労働と報酬の関係を断ち切ることで勤労観をむしばんだものと見た。贅沢とクレジットを好む新人類は、質素倹約なワーカホリックの古い世代から次第に疎まれるようになった。ある日本の調査機関は退廃的な欧米人を表すのによく使われる言葉を使って、新人類を「快楽主義のエゴイスト」[31]と非難した。

一六九〇年代のチェンジアリーの「金持ち」が土地の所有に基づく封建時代の序列を弱体化させたように、バブル経済の「ニューピープル」は投機を通じて確立された社会階層を崩壊させた。バブル経済によって社会的な影響が及ぶことは当局の意図するところではなかったため、当局が遅ればせながらバブル潰しに出たとき、それは経済に対する有害な副次的影響を恐れたからではなく、目的は社会を制御することだった。投機家は成金となり、日本のシステムの繊細な構造に危機をもたらす存在となった。最終的には投機家を排除することが必要になった。

バブルの終焉

一九八九年が終わりに近づくと、日経平均は四万円近くにまで上昇していた。その年だけで二七％上昇し、この一〇年で見ると、およそ五〇〇％の上昇である。株式市場のPERは過去の実績の八〇倍で、一九八七年には九〇倍のピークに達した。株式の配当率はわずか〇・三八％だが、株価は純資産の六倍になった。一九八九年、株式は三八六兆四〇〇〇億円が売買され、日々の売買高の平均はおよそ一〇億株だった。信用取引残高は九兆円で、一九八〇年から八倍に増加した。一九八〇年代の最後の年は日本の海外買収が盛んに行われた年でもあった。三菱地所がマンハッタンのロックフェラーセンターを一〇億ドルで買収し、ソニーはハリウッドのコロンビア映画を三四億ドルで買収した。

野村證券は日経平均は一九九五年には八万円に達するだろうと予測した。通常は懐疑的なファー・イースタン・エコノミック・レビューでさえ一九九〇年は画期的な年になるだろうと予測した。しかし、これらの分析は重要な細部を見落としていた。一九八九年一二月、無力な大蔵省の手先と思われていた日銀総裁の澄田智が退任し、三重野康が就任した。三重野康は日銀にキャリアとして入行し、株なんて持ったことがないと公の場でよく自慢した。三重野はバブルを潰すことが個人的な使命であると考えていた。一九八九年のクリスマスの日、五月に上げた公定歩合を再び上げるように命じた。それから四日後の大納会で、日経平均は史上最高値を付けた。

日本の株式市場は大きな音を立てて、突然大暴落したわけではない。一九二九年や一九八七年の大暴落が繰り返されることはなく、クリスマスパーティーが終わったあとの風船のようにゆっくりと空気が抜けていった。一九九〇年一月末には日経平均は二〇〇〇円も下落した。多くの日本人は、前年の夏に取引が開始された株式先物市場で外国人が空売りをやったためだと外国人を非難したが、本当の原因は厳しい金融引き締めだった。一九九〇年前半、不動産価格が依然として上昇を続けるなか、三重野日銀総裁——不動産価格は二〇％下落するのが望ましいといったが、なぜきっちり二〇％なのかは不明——は金利を上げた。金利は一九九〇年八月に六％になるまで五回上げられた。長期債券利回りが七％を超えているのに対して、平均株式リターンは〇・五％を下回っていた。もはや日本の株式市場を支えるものは何もなかった。

株式市場の上昇をうまく操作してきた大蔵省の官僚は、今度は下落をうまく操作しようとしたが、うまくいかなかった。二月初旬、株式の委託証拠金率は七〇％から五〇％に下げられた。しかし数日後の二月二一日、日経平均はさらに一二〇〇円下落した。一カ月後、大蔵省から圧力をかけられたビッグフォーは、株式市場が回復するまで株式やワラント債の新規発行は行わないことで合意した。それから間もなくして日経平均は三万円を下回った。これは二年ぶりのことだった。そして、東京証券取引所の総時価総額はNYSE（ニューヨーク証券取引所）を下回った。当局は株式市場を支えるべく尽力した。一九九〇年九月に日経平均が二万円を下回ると、証券会社は当局から株を買うよう命じられ、委託証拠金率は三〇％に下げられ、生命保険会社は株の売却をやめるように命じられ、新規株式発行も禁止され、公的年金基金や郵貯口座から株式市場にお金が回された。さらに機関投資家が株式を売却しないように数々の不正会計処理が認められた。[三八]

証券会社はこうした努力を「株価維持操作」だとあざ笑った。こうした操作は株式市場にはほとんど影響を及ぼすことはなく、一九九〇年一〇月には一時的に回復——「デッド・キャット・バウンス」（株価が大幅下落後に一時的に戻すこと）——したが、そのあとは再び下降基調に戻り、一九九二年八月には一万四三〇九円の安値を付けた。ピークから実に六〇％以上の下落である。[三九] 当局は、株式と不動産の価格が清算レベル（買い手と売り手の数が拮抗する地点）にまで下がることを阻止するために、行きすぎを自己調整する市場の能力——シュンペーターが言うところの「創造的破壊」——を妨げた。しかし問題が解決することはなく、当局の不手際によって痛みを伴うバブルの余波は広がるばかりだった（前にも述べたように、一九三〇年代初期のフーバー大統領の政策もこれと同じように非難された）。欧米の経済の教科書には日本のシステムの奇跡が書かれることはなくなり、省庁の有能さが度を越して称賛されることもなくなった。

一九九〇年の夏、バブル期に蔓延した腐敗は突然、金融スキャンダルとして表面に現れた。野村證券と日興証券は、営業特金口座の大口顧客（企業）に対して損失補填（証券会社が顧客に対してリターンを保証すること）を行っていたのである。営業特金口座は表向きには非合法だったが、大蔵省によって非公式に認可されていた。営業特金口座はインサイダーを優遇するシステムの病根の表れだった。株式市場が下降基調になると、こうした優遇措置は認められなくなった。コミュニティーの集団的罪の粛清にはスケープゴートが必要だった。一九九〇年六月、田淵義久野村證券社長は損失補填スキャンダルの責任を取って辞任に追い込まれた。これは民の気持ちを静めるための金融界における儀式的辞任の最初のケースだった。翌年、数社の証券会社が損失をある顧客の口座から別の顧客の口座に不法に移し替える「飛ばし」を行っていることが発覚した。これに関与したのは大和証券とコスモ証券で、両社の社長は辞任に追い込まれた。

一九九一年の夏、富士銀行の架空預金証書（譲渡性預金。クレジットノート）による不正融資（二六〇〇億円）が発覚した。ちょうど同じころ、尾上縫が大阪の小規模銀行の社員から架空預金証書による三四二〇億円の不正融資を受け、興業銀行からも不正融資を受けたとして逮捕された。一九九一年一〇月、興銀会長は辞任した。その数カ月前、尾上は破産宣言しており、尾上は日本最大の個人投資家から日本最大の債務者になっていた。

バブル崩壊によって破滅した大物投機家はほかにもいた。一九九二年、蛇の目ミシン工業からお金をゆすり取ったかどですでに起訴されていた小谷光浩が負債額二五〇〇億円で破産宣言した。のちに小谷は藤田観光株の株価操作によって一八カ月の執行猶予付き判決を受けた（裁判官は彼の犯罪には証券会社も「一部責任がある」と言った）。小谷の投機ネットワークが完全に解体されるころには、大物政治家はすでに投獄され、二つの大手銀行社長は辞任に追い込まれ、政治家、ヤクザ、会社役員、相場師を含むそのほかの数十人も犯罪的株価操作によって起訴されていた。

一九八〇年代の終わりには日本の銀行で最高の収益を上げていた住友銀行も不名誉な事件にかかわっていた。住友銀行の「天皇」と呼ばれた磯田一郎の指揮の下、住友はバブル経済を利用して不動産セクターへの融資を拡大し、特金口座を使って利益を増やした。住友銀行はイトマン（住友の元社員が経営する商社）事件にも深く関与していた。イトマンが絵画の偽評価、株価の不法な買い支え、ヤクザが絡んだ不動産売買などのスキャンダルに巻き込まれたとき、住友は二五〇〇億円を超えるコストをかけてイトマンの救済を余儀なくされた。住友銀行の支店長が顧客に石井に融資（東急株を買い占めようとしたが失敗した）するように説得したことで、住友銀行と稲川会（暴力団）の石井進会長とのつながりが発覚した。磯田はこの事件の責任を取って一九九〇年一〇月に辞任した。住友にとって痛みを伴うバブルの遺産はまだまだ続いた。

一九九四年、投機の失敗にからんで住友銀行支店長がヤクザに殺害された。その翌年、住友銀行はバブル期の不良債権によって二八〇〇億円の損失を出したことを発表した。

イトマンも出資していたコスモワールドのペブルビーチの買収も焦げ付いた。一九九二年初期、コスモはカリフォルニアのゴルフリゾートを三億ドル以上の損失を出して売却した。そのころにはゴルフ会員権指数はピーク時から五〇％近く下落していた。ゴルフ会員権の取引が減少すると、多くのゴルフ会員権のブローカーは経営に行き詰まった。お金に窮した会員が脱退すると、資金の返済に迫られた。これは全部で一〇兆円を超えた。しかし、ゴルフ場開発会社の多くは出資された資金を株式市場で浪費し、破産宣言していた。ほどなくスキャンダルが発覚する。茨城カントリー倶楽部は認可された二〇〇〇を大幅に超えるおよそ六万の会員権を売ったということで強制捜査の手が入った。[32] さらに、一九二〇年代の上流社会を思わせるギャッツビーゴルフクラブも規定を一五倍も超える会員権を違法に売ったことが発覚した。暴力団の石井は、個人会員権のない公共ゴルフコースである岩間カントリークラブで偽造会員権を売って三八〇億円を調達していたことが明るみに出た。

アート市場も似たような運命をたどった。多くのアートディーラーは脱税やゆすり・たかりを行ったことで有罪になった。一九九〇年一〇月にイトマンが経営破綻したあと、その不動産子会社が鑑定書が偽造された何千という絵画を買っていたことが発覚した。これらの絵画は土地を担保にする融資を規制する法律をかいくぐるために、新規融資を受けるときの担保として使われていた。アート関連の有力投機家もトラブルに陥った。一九九二年三月、ルノアールの買い占めを図った沢田正彦が破産宣言した。抱えた負債は六億ドルを超えていた。彼の二〇〇〇枚の絵画は破産裁判所に没収された。森下安道のギャラリーであるアスカ・インターナショナルは、一九九四年に閉鎖され、かつては三〇〇億円の価値が付いた絵画コレクションは債権者の手に渡った。価値の下がった絵画を売って融資の焦げ付きを認めたくない金融会社は世間の目を避けるように絵画を木箱に詰めて保管した。その結果、多くの有名絵画が世間から消えた。一九九七年、首都ワシントンのナショナルギャラリーが展示会のためにピカソの「ピエレットの婚礼」を借りようとしたが、それがどこにあるのかも、今だれが所有しているのかも突き止めることができなかった。

日本の銀行システムの崩壊

東京が世界の金融の中心になるという夢は株価の下落とともについえてしまった。ゼネラルモーターズを含むアメリカの大手企業は東京証券取引所への上場を廃止した[四〇]。株式市場の売買高がバブル期のピークの一〇分の一になったあと、海外の投資銀行の数社は東京証券取引所の会員権を売った。三菱地所のロックフェラーセンターの買収を含む日本の有名な海外投資は破格の低価格で売りに出された。バブル期に思い上がった日本は完全に後退した[四一]。

日本経済は景気後退へと向かっていった。バブル期の安い資本を追い風に大量の設備投資をした結果、過剰生産となりそれが重荷となってのしかかってきた。バブル経済を支えたもう一つの柱である個人消費も「資産効果」が下落すると減少していった。政府は経済を刺激し株式市場を復活させるために財政面での景気刺激策を矢継ぎ早に発表した[四二]。長期にわたって続いた金融引き締め政策も緩和された。さらに公定歩合は連続的に切り下げられ、一九九五年九月には過去最低の〇・五％にまで下落した。公定歩合は一九九八年九月まで〇・五％に据え置かれ、そのあと〇・二五％に切り下げられた。それから間もなく、外国銀行の日本円預金に対する金利はマイナス金利になった（つまり、日本人の預金者は海外の銀行にお金を貸すのに利息を払ったということになる。日本人は自分で持っているよりも銀行に預けるほうが安全だと思っていた）。しかし、低金利も市場を復活させるには至らなかった。大恐慌のときにケインズが言ったように、デフレにおいては金融政策は無意味でしかない[四三]。

一九九二年の終わりには、東京都心の不動産価格はピーク時から六〇％も下落していた。やがて、下落する不動産市場に対する銀行の過度のイクスポージャーによる銀行危機が発生。当時、アナリストは不良債権の額は六〇兆円に上るかもしれないと言った。不動産価格は一九八〇年代半ばにかけて下落し続け、評論家は一九三〇年代のアメリカのように負債デフレスパイラルに陥ることを懸念した。一九九五年八月、戦後初めての銀行取り付け騒ぎが起こり、預金者たちは資金繰りに行き詰まったコスモ信用組合から六〇〇億円を引き出した。これに続いて大阪の大手信用組合の取り付け騒ぎが発生し、大震災に襲われた神戸の小規模な兵庫銀行が倒産した。兵庫銀行はこの半世紀で倒産した初めての上場銀行だった。パニックに陥った預金者たちはわれ先へと人を押しのけながら涙ぐんだ出納係の前までやってきた。この光景は資本主義の歴史のなかで過去に発生したもっと不安定な時期を彷彿させた。一九九五年の終わりには政府は住専と呼ばれる住宅金融専門会社数社の救済を余儀なくされた。その損失額六兆四〇〇〇億円は主にヤクザがらみの融資によるものだった。一九九六年一一月、当局は阪和銀行を経営破綻させた。

一二カ月後、三洋証券が破綻した。これは第二次大戦後初の証券会社の破綻だった。そして一九九七年一一月には日本で一〇番目に大きな北海道拓殖銀行が破綻した。一一月二一日、アメリカの格付け会社のムーディーズはビッグフォーの山一證券の債務を格下げした。山一はオフショア市場の損失隠しを行っていると噂された。山一はたちまちのうちに市場の信用を失い、短期債務をロールオーバーすることができなかった。そして一九九七年一一月二三日、山一證券が一〇〇年の歴史に幕を下ろした。推定負債総額三兆二〇〇〇億円の山一の倒産は日本史上最大の倒産だった。数日後、ある証券営業マンが東京の高層ビルから飛び降り自殺した。新聞によれば、山一の破綻によって被った損失が原因だった。

バブル経済の崩壊から九年後、日本のシステム全体が崩壊の危機にあった。銀行システムは未曽有の規模の不良債権を抱え、企業は記録的な損失を被り、消費者は怖くてお金を使えなくなった。株式市場が下落するにつれ、銀行の自己資本（ほかの会社の株式保有による利益が含まれる）は縮小していった。一九八〇年代には含み資産だったものが、一九九〇年代には含み損失になっていた。一九九八年一〇月に日経平均が瞬間的に一万三〇〇〇円を下回ったとき、日本の主要な一九の銀行間の株式の持ち合いによる損失は五兆円に達した。一九九八年九月、アメリカの格付け会社のスタンダード・アンド・プアーズは、前の数年間の損金処理がたったの数十億円だったのにもかかわらず銀行の不良債権はおよそ一五〇兆円に上ると概算した。[四四] その結果発生した信用収縮によって企業は運転資金不足に陥った。このときにはバブル後の株に対する毛嫌いはさらに強まり、日本人の個人資産の六〇％以上は利回りが年率〇・五％にも満たない預貯金に振り向けられた。

日本システムの危機

日本経済のバブルは、過去に発生した投機熱の注目すべき特徴を合わせ持ったものだった。アート市場やゴルフ市場ブームは一六三〇年代のオランダのチューリップバブルを彷彿させた。一六九〇年代の最初の金融革命が投機ブームを生みだしたように、一九八〇年代の日本のバブル経済はブレトンウッズ協定が崩壊したあとに起こった近代の金融革命もその一因だった。特に、経済政策の自由化過程にある経済圏においては投機の発生は避けられないように思える。また、日本企業が発行した株に転換できるワラント債は一七二〇年の年金国債の南海株への転換を思い出させる。いずれの場合も循環性があり、株価が上がると転換権（一七二〇年は年金国債の南海株への転換権、一九八〇年代はワラントへの転換権）の価値も上昇し、転換権の価値が上昇すると、株価がさらに上昇する。奇跡のガン治療薬や鶏の肝汁から抽出した抗エイズ薬といった現代風「テーマ」への投機は、南海時代のバカげた「泡沫会社」を彷彿させる。日本の銀行に株の保有を資本として認め、それによって信用の創造が株価に結びつけられたことで、一七二〇年のジョン・ローのミシシッピ計画の崩壊と同じ欠陥が再現された。規制の甘い東京証券取引所での株価操作や腐敗によって、金メッキ時代や一九二〇年代のアメリカによく見られた投機が促された。バブル経済時代の日本企業による海外不動産の買収は、アメリカが世界の経済大国としてイギリスを追い抜いた一九〇一年のブームのときのアメリカによる海外買収によく似ている。いずれの場合も思い上がったナショナリズムによって投機が促進された。バブル経済のあとには金融スキャンダル、資産デフレ、銀行危機、長期の経済停滞が発生したが、これは世界大恐慌時のアメリカの状態に非常によく似ている。

何よりも重要なのは、投資家が市場リスクを自らが背負うのではなく、政府が背負ってくれると信じたときに発生する危険性（経済学者はこれを「モラルハザード」と言う）を、日本のバブル経済はわれわれに教えてくれたことである。一九八〇年代の終わりを通じて言われてきたことは、日本の政府は株価を下落させることはなく、日本の銀行や証券会社は「大きすぎて潰せない」ということだった。数年後にバブルが崩壊すると、これまで信じてきたことは幻影であったことが分かった。銀行はこの幻影によって倒産に追いやられたのだった。

モラルハザードは金融界では今に始まったわけではない。日本当局は過大評価された株式市場を維持しようとしたが、これはイギリスの株主たちが南海会社は政府によって支援されているため損をすることはないと信じた一七二〇年に似ている。もっと最近では一九九七年の春、中国本土で活動し香港証券取引所に上場している「レッドチップ」銘柄に対する投資ラッシュが発生した。レッドチップ銘柄の魅力は中国の政治家とつながりがあるということだった。中国の政治家は、元植民地がいったん中国の統制下に置かれれば株価を絶対に下落させないと言われていたからだ。一九九七年五月、北京市政と関係のある新興企業である北京エンタープライズの上場に伴う新株発行には一〇〇〇倍を超える応募が殺到し、発行株式の総価値は香港の通貨供給量を上回った。しかし数カ月後、北京エンタープライズの株価はピーク時から六〇％以上も下落し、レッドチップは輝きを失った。投機市場で「大きすぎて潰せない」という言葉が出るようになれば、それは危機が発生する前触れである。

日本の経済システムは合意に基づく価値に重点が置かれ、欧米の自由気ままな資本主義とは根本的に違う。世界的な金融革命にもかかわらず、日本企業は官僚の深い介入を容認し続けた。資本市場が比較的自由であるかぎり、投機の「熱」と「伝染」は厳しく統制された経済でも感染させてしまうことを日本のバブル経済は教えてくれた。日本のバブル経済が経済危機を誘発したとき、以前の状態に戻ることは困難であることが証明された。中央集権的な産業計画、行政指導、日本産業界における公認されたカルテル、株式の持ち合い、系列グループ、終身雇用、年功序列、高い貯蓄率、短期的な利益よりも長期的視点に立った市場シェアの追求といった、日本の経済システムに不可欠な要素と考えられてきたことは次第に疑問視されるようになった。経済危機を解決するために、当局はさらなる規制撤廃と金融市場の厳しい監視を行うようになった。伝統を無視する特徴を持つ投機は、無政府主義的な特徴を発揮し、無数の規制で日本のシステムを崩壊させた。一九世紀にペリー提督の「黒船」が日本の鎖国を終わらせたように、投機による大混乱の余波によって日本は欧米の経済モデルに従うことを余儀なくされた。将来的には見えざる手は自己主張を強めてくるだろう。そして、見えざる手は四季を持つ日本にも触手を伸ばしてくるだろう。

注

一．「カミカゼ資本主義」という言葉はマイケル・ルイスがスペクテイター誌（一九九〇年六月二日号）のなかで日本のバブル経済を言い表すのに初めて使った。これは実に的確な表現である。

二．日本企業を海外の買収から守るために一九七〇年代に株式持ち合いは増加した。一九八〇年代の終わりには、発行済み株式数のおよそ七〇％が持ち合いによるものだった。

三．一九八〇年代の日本のバブル経済と一九〇〇年代初期のアメリカのブームとの間には共通点がたくさんある。一九八〇年代の日本のように、一九〇〇年代のアメリカは大きな貿易黒字だった（一九九〇年は五億ドル）。一九八〇年代は東京がグローバルな金融センターだったが、一九〇〇年代はニューヨークがロンドンに代わる世界の金融の中心地になった。アメリカ人はアメリカの偉大さをたたえて、一九〇〇年代を「新時代」と呼んだ。一九八〇年代の日本も一九〇〇年代のアメリカも国内投機だけでは飽き足らず、そのはけ口を海外投機に見いだした。一九〇〇年代初期、アメリカはイギリス株に一億ドル以上投資した。投資先は主にイギリスの海運株だった。一九八〇年代に日本企業がアメリカ企業を数多く買収したように、アメリカは無限の資本を持ってイギリスの海運大手を買収し、そのためイギリスで投機熱が発生した（レイランド・ラインズの会長は、提示された金額が非常に高かったので買収に応じざるを得なかったと述べている）。ブームが下火になると、イギリスは当初の売却価格の三分の一以下の価格でインターナショナル・マーカンタイル・マリーンを買い戻した。これと同じように、日本のバブル経済が崩壊すると、日本の「戦利品」であるアメリカの不動産は低価格で買い戻された。アレクサンダー・ダナ・ノイズは一九〇一年のアメリカのブームを「金融エピソードでもあったが同時に社会および心理学的な現象」でもあったと述べている。日本のバブル経済にもまったく同じことが言えるかもしれない（『The Market Place』p.193）。

四．一九八〇年代の後半、日本は「債権大国」「資産大国」「金融大国」とも呼ばれた。

五．一九八〇年一二月から、日本の企業は投資価値を帳簿原価と市場価格のうち高いほうで計上することができるようになった。これによって損失を隠し利益があるように見せかける会計操作が可能になった。

六．営業特金口座は正式に認められたものではないが、大蔵省は黙認した。のちに、この口座は一九九〇年に日本の大手証券会社を巻き込んだ損失補填事件で注目されることになる。

七．簡単にするため本章では一ドル＝一三三円の固定レートを適用する。

八．日本のワラント債の価値評価は異常な循環性を生みだした――株価が上昇するとワラント債の価値も上昇し、したがってワラント債はさらに売れ、株価はさらに上昇する。この状況は一七二〇年のイギリス国債の南海株との交換とまったく同じである。

九．例えば、一九八六年にはトヨタは二％を下回るクーポン支払いの転換社債を発行することで二〇〇〇億円を調達した。翌年には同社は一兆七〇〇〇億円の投資で一五〇〇億円の財テク利益を上げた。

一〇．一九九〇年一〇月、阪和興業は株式市場投資で二〇〇億円の損失を出したことを公表した。このとき阪和のレバレッジ（株主資本に対する負債の比率）は一二〇〇％にまで上昇していた。

一一．一九八〇年代の終わりに資本調達した多くの製造メーカーは円高問題を回避するために工場を海外に移転した。また製品の単位原価を下げるために日本の新しい工場に設備投資する会社もあった。一九九〇年には設備投資は一九八三年から一四％上昇して、日本のＧＮＰの二二％を占めるまでになった（ジーリンスキーとホロウェイ著『Unequal Equities』p.137を参照）。

一二．この点を最も強く指摘するのはＲ・ターガート・マーフィーで、「バブル経済は日本の大蔵省と、大蔵省の代理人になるときも敵になるときもある日本銀行が意図的に作り出したものである」と主張する（『The Real Price of Japanese Money』p.152）。一九八八年初期、匿名の日銀当局者は次のように認めた――「最初は株式市場と不動産市場を上昇させることが目的だった。このセーフティーネット、つまり上昇する市場によって、輸出中心の業界は国内主導型経済に適応できるように改革され、次にあらゆる経済セクションにおける資産が成長する。これによって個人消費と住宅投資が促され、続いて設備投資が増加する。そして最終的に緩和された金融政策によって真の経済成長を達成することができる。私たちはこう考えていた」（谷口智彦氏の『Japan's Banks and the "Bubble Economy" of the Late 1980s』Center of International Studies, Program on U.S.-Japan Relations, Monograph Series, No.4, Princeton University, 1993, p.9から引用)。

一三．一九二〇年代のアメリカでも同じことが行われていた。一九二七年のマクファーデン法までは、国法銀行は土地を担保にした融資は禁じられていたが、のちに国法銀行は土地を担保にした融資を徐々に増やしていき、株式市場ブームと不動産ブームに貢献することとなる。一九三〇年一二月、合衆国銀行が破綻しそれによって銀行危機が発生したが、これは銀行が下落する不動産市場に過剰に投資していたことが原因だった（ジェームズ・グラント著『Money of the Mind』p.211)。

一四．日本の金融機関が自己資本比率を計算するとき、持ち株による含み益の四五％が自己資本の半分まで加算できることが認められた。

一五．「致命的な欠陥」という言葉はクリストファー・ウッドがバーゼル合意を表すのに使った言葉（ウッド著『The Bubble Economy』p.27)。この欠陥の本質が初めて認識されたのは一七世紀の終わりだった。一六九五年、匿名のパンフレット作成者は、金に裏付けられた通貨を農地代に基づく通貨に置き換えようとした土地銀行の事業家を非難した。パンフレット作成者は、土地の株式が固定されたままであれば、マネーサプライを増やせば土地の価値は無限に上昇することを示したのである。土地銀行の事業家だったジョン・ローは、一七一五年から一七二〇年にかけてのフランスのミシシッピ計画で同じ過ちを犯した。ミシシッピ会社の株価が上昇すると、彼はロワイヤル銀行（彼が支配権を握っていた）が発行する銀行券の供給量を増やした。アントワン・マーフォーはミシシッピバブルについて書いた最近の論文で、ジョン・ローがお金と株式を混同したことが彼のシステムの「致命的な欠陥」と書いている（第三章を参照)。

一六．アメリカの経常収支は一九八一年には七〇億ドルの黒字だったが、一九八五年には一一二〇億ドルの赤字に転落した。同時期の財政赤字は七四〇億ドルから二一二〇億ドルに増加した。

一七．一九八六年の第一四半期の日本の経済成長率はマイナス（－〇・五％）だった。

一八．一九八〇年代の終わりには公定歩合は二・五％に維持されていたが、貨幣供給量は毎年一〇％以上増加した（GNPの成長率の二倍。浜田宏一著「Bubbles, Bursts and Bailouts : Comparison of Three Episodes of Financial Crises in Japan」〔未発表論文〕一九九三年九月、p.16を参照)。

一九.R・ターガート・マーフィーによれば、一九八七年のルーブル合意と、ポンドへの圧力を軽減するためにイギリス当局の要望によって金利を下げるという一九二七年にニューヨーク連邦準備銀行が下した決断との間には類似点がある。いずれのケースも、人為的に下げた金利によって投機を活発化させることになった(ターガート・マーフィー著『The Real Price of Japanese Money』p.180)。浜田宏一教授もこの意見に賛同した――「ルーブル合意のあと、ドル安に歯止めをかけようという国際協調によって日本は金融緩和政策を取ることを余儀なくされ、その結果、土地と資産価格のバブルが発生した(浜田宏一著「Bubbles, Bursts and Bailouts : Comparison of Three Episodes of Financial Crises in Japan」p15-16)。

二〇.ジェームズ・グラント著『Mr. Market』p.303。一九八八年のリクルート事件への関与でNTT会長を辞任した真藤恒は、「マネーゲーム」の行きすぎを説明するために召喚された初めての人物の一人だった。

二一.ジェームズ・グラント著『Mr. Market』p.304。一九八八年九月、エコノミスト紙は皮肉たっぷりに次のように述べた――「NTT株はもう一回だけ売り出しがあるが、そのあとが正念場だ」。

二二.彼は自分の有罪をにおわすような遺書を残した――「戦国の英雄が命を懸けて血みどろの闘争を繰り返したのと同じようなことが、この平和な民主国家の舞台裏で展開されている」。

二三.実際には株式の持ち合いは価値測度としての株価収益率をいびつなものに変えた。ジーリンスキーとホロウェイが試算したところによると、東京市場を株式の持ち合いをすべて連結した一つの会社と考えると、東京市場の株価収益率はほぼ半分になることが分かった。

二四.例えば、新日鉄は八兆円以上の休閑地を八三〇〇ヘクタール保有していた。その土地で何をするつもりかと聞かれた社長は、株価が四桁に上昇するまでその土地を所有するつもりだと答えた(都留重人著『Japanese Capitalism』p.163。邦訳は『日本の資本主義』)。

二五.この間のダウ平均の最大下落幅が三一%であったのに対し、日経の最大下落幅は一九%だった。

二六.一九三一年、一九五〇年、一九六五年の動乱期には日本当局が下落する市場を支えるために介入した。

二七．一九八七年二月、日本のすべての証券取引所は最低証拠金率を五〇％から七〇％に上げた（つまり、融資額は株担保の三〇％に限定されるということ）。にもかかわらず、融資は増加し続けた。

二八．このコメントは、投機を隠蔽しバカ高い市場価格を正当化するためにバブル期によく言われた「日本は違うのだ」というお世辞の典型例（アルバート・アレッツホーサー著『House of Nomura』London, 1990, p.17）。

二九．日本ハムの株価が上昇したのは大和証券の株価操作が原因だった。大和証券は日本ハムの抗エイズ薬は間もなくアメリカ食品医薬品局に認可されるだろうという噂を広め、その前に日本ハムの株式一八〇〇万株を自己勘定用に買い集めていた。

三〇．発行部数三〇〇万の日本経済新聞は「ビジネスマンにニュースや解説を提供する厳正なる情報源というよりも、現実を形成するビジネスツール」であると言われた（ジーリンスキーとホロウェイ著『Unequal Equities』p.71）。

三一．ジーリンスキーとホロウェイは一九八〇年代の東京証券取引所を「証券会社カルテルに支配され、上場企業の便益のために運営されている、規制が不十分な取引所」と書いている（『Unequal Equities』p.53）。東京証券取引所は人手不足の証券局の管理下にあり、証券局は運営上、大蔵省から独立した機関ではなかった。

三二．グリーンメールが仕掛けられた企業は一五〇にも及んだと言われた。一九八九年三月、アメリカの企業乗っ取り屋でグリーンメーラーのT・ブーン・ピケンズが日本市場に襲来し、トヨタと関連のある自動車部品メーカーの小糸製作所の株を二〇％買い占めた。

三三．稲村と竹井は株取引で得た利益六〇億円の所得を隠して脱税した容疑で有罪になった。

三四．消費者負債は一九八〇年初期の九兆円から一九九一年三月には六七兆円に増加した（クリストファー・ウッド著『The Bubble Economy』p.4。邦訳は『バブル・エコノミー』）。

三五．ピーター・ワトソン著『From Manet to Manhattan : The Rise of the Modern Art Market』London, 1992, p.400。ピカソの六枚の絵が二〇〇〇万ドル以上で売れたこの時期は「ピカソパッション」と呼ばれた。

三六．ヴァン・ウォルフレン著『Japanese Power』p.333（邦訳は『日本　権力構造の謎』）。ゴルフ会員権の贈与書は政治家への賄賂としてよく使われた。

三七．バブル期の日本人のハワイへの投資はゴルフ場に限ったわけではない。彼らは商用不動産と住居用不動産にも多額の投資を行った。東京の不動産開発業者の川本源司郎はレンタルしたリムジンでホノルルツアーを行い、目に留まった家の前で車を止め、その家を売ってくれるようにキャッシュを提示したことで有名だ。

三八．一九九二年、銀行は株式ポートフォリオの損失を翌年に持ち越すことが許可され、企業は株式の値洗いをする必要はなくなった。

三九．一九九八年一〇月一日、日経平均は一万三一九七円の最安値で引けた。これを受けて当局は空売りの禁止を発表した。

四〇．一九九八年には東京証券取引所に上場している海外の会社は七〇を下回るまでに減少した。これはロンドン証券取引所に上場している海外の会社の八分の一以下だった。同年、ロンドン市場の総時価総額は東京を抜いた。

四一．通産省の副大臣はフィナンシャル・タイムズ（一九九二年一〇月二六日付）に、思い上がりがバブル経済を招いたことを認めた――「われわれは自信過剰になり、強気になりすぎた。現状に満足しすぎてはいけないことを学ぶべきである。日本人は規律のある民族だが、バブルに浮かれて規律を忘れてしまったようだ」。

四二．最初の景気刺激策が一九九二年三月に発表されたあと、次々と政策が発表された。一九九八年一一月には、一九九二年以降、政府が発表した公共事業費は八五兆円（六四〇〇億ドル）に上ると推定された。フィナンシャル・タイムズ紙によれば、日本は「財政刺激策疲れ」を起こしていた。

四三．日本はケインズが言うところの「流動性のワナ」に陥っていた。経済状態が悪化するにつれ、日本人は消費を控え、ただでさえ過剰な貯金をどんどん増やした。彼らの行為は危機を長引かせ深刻化させただけだった。

四四．一九九八年の終わり、当局は日本長期信用銀行を国有化し、日本の銀行の資本構成を改めるための六〇兆円（日本の国内総生産の一二％に相当）プログラムを発表し、遅ればせながら銀行危機に対処した。

エピローグ――ならず者の経済学者

「……経済学者や政治哲学者たちの発想というものは、それが正しい場合でも間違っている場合でも、一般に考えられているよりもかなりの影響力を持っている。実際、これ以外にこの世を支配するものはないのだ。だれの影響も受けていないと思っている実務家でさえ、たいていは過去の経済学者の学説に影響を受けているのが普通だ。天のお告げを聞いたという正気を逸した権力者たちも、過去の三文学者の狂気の思想を信奉しているのである」――ジョン・メイナード・ケインズ著『雇用、利子および貨幣の一般理論』（一九三六年）

民営化と株式市場資本主義は、ソ連崩壊後の新しい世界秩序に不可欠な要素だった。一九九〇年代初期、ワルシャワやモンゴルで株式市場が新しくオープンし、資本が自由に移動するようになり、外国通貨の自由な売買が行われるようになった。一九九〇年代初期を特徴づけるこれらの動きは経済学者や欧米の政治家たちに大いに歓迎された。一九九一年に出版されたウォール街の歴史を描いた著者によれば、何世紀にもわたって論争が繰り広げられてきた投機もついに社会的地位を得るときがきたようだ。

昔の投機家は短期間で急上昇する銘柄を見つけようとしたことで非難されたものだが、今やこれをやろうとする人を非難する人はだれもいない。投機は成熟し、今や投資と肩を並べるまでになった。投機は証券市場そのものと同じように合法的で、しかも必要とされるようになったのである。[1]

今の経済学の教科書では、投機家は、市場が新しい情報を吸収し、効率的になるのを手助けする無害な経済主体であると書かれている。近代経済理論によれば、投機家は金融市場に流動性をもたらし、したがって企業の資本コストを低減させ、それによって経済の生産能力を向上させるのに役立っているということである。彼らがもたらす便益は国内経済に限ったわけではない。彼らの持つ高い処理能力と創造性によって、彼らは海外でも活躍し、発展途上国の株式市場に流動性をもたらしている。繰り返すが、投機は、現地企業に資本を提供し、成長を促し、世界的規模での資源の最適配分に貢献しているのである。[2]

資本主義過程に不可欠なリスクを想定することの重要性を教えてくれたのが投機家である。一九五〇年代初期、ウォートン・ビジネス・スクールのジュリウス・グロディンスキー教授は次のように言った――「株に投資する人は……資本主義と自由企業システムのなかで真にリスクを負担している人々である……将来の利益がどれくらいになるのかなんてだれにも分からないのだから」[3]。投機家の成長株に対する欲求によって起業家は株式市場で資金調達することができる（最近では「ＩＰＯ資本主義」と呼ばれるようになった）[1]。その結果、多くの会社が設立された。投機家は時には損をすることもあるが、経済全体は彼らの活動によって繁栄するのである。ノーベル経済学賞を受賞したウィリアム・シャープ教授は、一九九〇年代、アメリカ人の市場リスクに対する欲求が増大し、それによって経済はよりダイナミックになった、と述べた。これにはアラン・グリーンスパンＦＲＢ（連邦準備制度理事会）議長も同意した。一九九四年一一月、グリーンスパンは次のように述べた――「リスクを進んでとろうとすることこそが自由市場経済の成長にとって重要なのである……貯蓄家とファイナンシャルアドバイザーが無リスク資産にのみ投資すれば、企業が成長することはないだろう」[4]。

また投機家は政府の政策が持続可能なのか、あるいは賢明なものなのかを細かくチェックする。彼らは政治家に大衆に対する説明責任を求める。一九九七年一一月のフィナンシャル・タイムズのインタビューで中国の反体制派指導者のウーアルカイシは、中国に株式市場を設立したおかげで中国は市民社会になりつつある、と言った――「株式市場は国民に国の経済政策に対して関心を持たせる魔法の力を持つものだ……人々の意志がいったん目覚めれば、彼らは再び眠ることはない」[5]。一九九〇年代初期、イギリスは不況に陥り、それは出口がないように思われた。これは、政界のドンたちが独マルクによって支配されている欧州通貨バスケットに英ポンドを連動させようとしたことが原因だった（サッチャーは側近らに押される形でＥＲＭ［欧州為替相場メカニズム］に加入した）。ドイツの再統一によってインフレが起こったため、イギリスは国内の経済情勢が保証するよりもはるかに高く金利を上げることを余儀なくされた。一九九二年九月一六日の水曜日、クオンタム・ファンドのジョージ・ソロスがポンドを売り浴びせたことで、ポンドが急落した。結局、ジョージ・ソロスのポンドの売り浴びせによってイギリスの産業は救われ、イギリスはＥＲＭから脱退することになった。結果的にイギリスの金利は下がり、イギリス経済は復活した。したがって、「暗黒の水曜日」は一転して「白い水曜日」と呼ばれるようになった。

投機家はまた企業経営者の行動に規律を持たせ、株主に対する説明責任を果たさせるうえでも重要な役割を果たしている。彼らが重視するのは価値である。したがって、価値を創造する企業に対しては株価を上げることで報酬を与え、株主の資本を浪費するような会社に対しては株価を下げて懲罰を与える。ここから発生したのが、一九九〇年代の経営理念となった「株主価値」という概念で、これは経営者が最も重視しなければならないのは株価であることを言ったものである。経営者へのストックオプションの付与によって今では経営者の関心は株主の関心と足並みがそろってきたため、投機家は経営者の報酬水準を効果的に決めることができるようになった。彼らはムチを持ち、必要があればムチを鳴らす。

トレンドフォロー投機

これまでの議論は投機や投機家を擁護するものだが、それはあくまで、市場は本質的に効率的であること、そして、投機家の行動は合理的な動機を持ち、市場を安定させる効果があることが前提となる。効率的市場仮説（ＥＭＨ）は、株価にはその価値に関するすべての情報が常に織り込まれているため、株価の動きは予測不可能であることを言ったものである。したがって、株価が変化するのは本質的にランダムな新しい情報が入ってきたときだけである。前にも述べたように、このいわゆるランダムウォーク理論は株式市場バブルとは相いれないものである。なぜならバブル期には投資家は企業の長期見通し（経済学者はこれを「ファンダメンタルズ」と呼ぶ）関連の新情報よりも、株価の変化に敏感に反応するからである。投資家たちのこうした振る舞いは「トレンドフォロー」と呼ばれ、一九九〇年代の金融市場の重要な特徴だった。

アメリカの株式市場ではトレンドフォロー投機は、最近は「モメンタム投資」という新たな名前で呼ばれるようになった。モメンタム投資は上昇している銘柄を買い下落している銘柄を売る戦略（上昇している銘柄は高い「レラティブストレングス」を示し、下落している銘柄は低い「レラティブストレングス」を示すと言われている）で、この戦略を推奨するベストセラーの投資本によって広く知られるようになった。[二] モメンタム投資は多くの支持者を得たが、特に市場に即座にアクセスし秒刻み、あるいは分刻みでトレードを繰り返すデイトレーダーの支持者が多い。この戦略は個別株――特にハイテク株――のボラティリティを上昇させる。こうした銘柄は二〇世紀の終わりには強気と弱気の間で頻繁に転がされる「フットボール」と呼ばれていた。

最近の状況を見ていると、外為市場もまた自己実現的な通貨危機を引き起こすことのできるプロトレーダーのトレンドフォローに不健全なほどに支配されている。新興国が金融危機にあえいでいるとき、外為ディーラーはすぐさまその隣国の経済状態を再調査する。もし隣国が信用を喪失することになれば、金利を上げて為替レートを保護する必要があることを彼らは分かっているからだ。しかし、金利を上げれば借り入れコストが増えるため政府の財政状況は悪化し、さらに現地の資産価格は下落し、現地の銀行や企業はダメージを受ける。そうなると通貨の切り下げが行われる可能性があり、銀行や現地企業が外国通貨で多額の借り入れを行えば、大規模な金融危機につながる。したがって、こういったことが起こらなければ健全であるはずの国の経済は信用を突然喪失し、それが伝染することで深刻なダメージを受ける可能性もある。こうしたことを思いめぐらすトレーダーは、そういった国の通貨を持ち続けてもメリットはないと判断し、当該国の通貨をためらうことなく空売りし始める。

トレンドフォロー投機家たちの予言が自己成就した例は、一九九四年の終わりに発生したメキシコ通貨危機のあとに目の当たりにすることになる。メキシコ通貨危機によって信用危機はほかの新興市場にも波及した。結局、メキシコ通貨危機とそれが他の新興国に波及したテキーラ効果は、アメリカとＩＭＦ（国際通貨基金）による緊急融資によって終止符が打たれた。それから二年後の一九九七年夏、タイの通貨バーツが暴落したことから始まったアジア通貨危機では、アジア各国の通貨が急落し株式市場も大暴落した。しかし、信用の喪失は経済的な「ファンダメンタルズ」によっては説明できないと主張する経済学者もいた。[三] しかし、アジア通貨危機によってアジア各国の金利が上昇し、倒産や失業が相次ぎ、経済が混乱状態に陥ると、景気は急激に落ち込み、信用の喪失は過去にさかのぼって実証された。[四] これはソロスがリフレキシビティ（再帰性。投資家の認識が現実を作りだす）と表現した状態を示しているように思えた。

　効率的市場仮説論者は、通貨危機が発生するのは、例えば一九九二年のイギリスの高金利や一九九八年に消費税の徴収に失敗したロシアなどのように、政府がお粗末な政策を掲げたときのみであると主張する。特にペッグ制は弱点を見つけるのが得意な投機家に両手を上げてどうぞと誘っているようなものだ。しかし通貨トレーダーの群れ行動に悩まされているのはペッグ制を取り入れた国だけではない。マサチューセッツ工科大学のポール・クルーグマン教授は最近次のように述べた――「円がドルに対して、一九九三年の一二〇円から一九九五年に八〇円に上昇したあと、一九九七年には再び一二〇円に下落したが、これは経済的ファンダメンタルズが変わったというよりはトレーダーがトレンドに乗った結果であるように思える」。日本円の上昇で余裕がほとんどない日本経済は大打撃を受けた。[6] ジョージ・ソロスは次のように述べている――「変動相場制では投機取引のウエートが徐々に増大し、そうなると投機はますますトレンドフォローの性質を帯びるようになり、その結果、為替レートは大きく変動する」[7]。

危険なデリバティブ

ファイナンスの教授の間では、デリバティブは資本主義システムのなかで重要な役割を果たしているということで大方の意見は一致している。ブレトンウッズ体制が崩壊したあと変動相場制へと移行したが、変動相場制の下では企業はデリバティブを使ってリスクをヘッジし、生産性は向上する。ノーベル経済学賞を受賞し、デリバティブの熱狂的支持者であるマートン・ミラー教授は最近次のように述べた――「広く認識されているのとは違って、デリバティブのおかげで世界は危険な場所ではなくより安全な場所になった」[8]。アラン・グリーンスパンFRB議長もデリバティブ市場が規制を受けずに成長していることを手放しで喜んだ。[五] しかし、デリバティブは単なる「リスク管理のツール」だとする経済学者の主張は精査に耐えるものではない。

新しいデリバティブ商品の多くは複雑で不可解なものが多く、ジョージ・ソロスでさえデリバティブは仕組みがよく分からないのであまり使わないと言う。[六] 以前はよく理解されていた金融リスクは門外漢には理解し難いものになった。[七]新しいデリバティブの多くは投機を促す以外の目的にかなうものはなく、特にファンドマネジャーが彼らの投資に対する細かい規制をかいくぐるのに利用されることが多いとソロスらは言う。[八]「LIBORキューブドスワップ」（LIBORが三倍になると三倍になる商品）はどういったリスクをヘッジするのか[9]とか、「テキサスヘッジ」（二つの関連するデリバティブポジションを組み合わせたもので、リスク相殺のためのヘッジではなくさらにリスクをとるためのヘッジ）の本当の目的は何か、といった疑問が投じられた。

　店頭取引のオプションもまた、それを発行した投資銀行を脅かすかもしれない。一九九六年末、アメリカの一〇の銀行はトータルでおよそ一六兆ドルのデリバティブを保有していた。彼らはオプションが派生する原資産（株、債券、通貨など）を売買してポジションをヘッジし続けなければならない。こうした売買は「ダイナミック」や「デルタヘッジ」と呼ばれ、オプションの価格変動リスクを回避するのが目的だ（原資産の価格が下落したら売り、上昇したら買う）。ソロスは、市場がパニック状態にあるときのデルタヘッジの売りは深刻な「金融秩序の混乱」を引き起こしかねないと警告した。デルタヘッジの効果は市場の流動性に依存するが、一九八七年一〇月にポートフォリオインシュアランスが破綻したのを見ても分かるように、流動性というものは最も必要なときにないものである。経済学者のアンドリュー・スミザーズは、流動性が喪失される可能性が無視されるので、ストックオプションは基本的にミスプライスされ、その結果として市場が暴落して銀行破綻を引き起こす可能性がある、と言う。そしてスミザーズは、その主な要因は金融規制者が「危機的状況というものを短絡的にしか考えられない」[10]ことであると言う。

ソロモン・ブラザーズの元チーフエコノミストであるヘンリー・カウフマン博士は、一九九二年五月に首都ワシントンでデリバティブが拡大したことについて、もし何かがうまくいかなくなったら世界的規模の混乱を生じさせるものはデリバティブ以外には考えられない[11]、とコメントした。一九九四年、一九八七年一〇月にFRBの救済計画を指揮したジェラルド・コーリガン元ニューヨーク連銀理事は、「金融市場がだんだん複雑になり、リスクを監視・管理するどんなに考え抜かれた政策さえも追いつかなくなっている」と警告した。一年後、コーリガンはIMF総会で次のように述べた――「今日、一九八七年の株式市場大暴落の再来が避けられない状況にあることは疑いの余地のないことだ……」[12]。もっと最近になって、『デリバティブズ(Derivatives : The Wild Beast of Finance)』の著者であるアルフレッド・スタインハーはデリバティブのことを、「金融危機を引き起こすダイナマイトのようなもので、国際変速機のヒューズ線だ。残念ながらその着火装置をコントロールすることはできそうもない」[九]。しかし、FRBの見方は異なり、店頭デリバティブ市場を規制しようとする動きを阻止した。

ヘッジファンドブーム

ヘッジファンドは二〇世紀後半の最も投機色の強い投資ビーグルである。ヘッジファンドマネジャーは外為、商品先物、株式、債券といった世界中のさまざまな市場で取引を行う。彼らが行うのは長期投資ではなく、ヘッジファンドの批評家が言うように、市場の方向性の変化を読み解き、トレンドに乗ることを目指すのが彼らの流儀である。ヘッジファンドは効率的市場仮説論者の熱狂的な支持を得ているが、極度に大きなリスクをとり、金融システムを不安定にしているとヘッジファンドを批判する評論家もいる。

ヘッジファンドマネジャーは通常、利益の一部（およそ二〇％）を手にするが、不利益を被ることはないので、とるリスクはますます大きくなる。ソロスはヘッジファンドマネジャーのリスクとリワードは非対称すぎると警鐘を鳴らす。一九九四年五月、彼は中央銀行に赴き、巨大ヘッジファンドを規制することを要請した――「規制のない市場は本質的に不安定だと思う……規制者なら規制して当然である」[13]。またヘンリー・カウフマン博士は、ヘッジファンドのなかには不健全なトレード戦略を採用しているところもあり、それが金融システムの弱点だ、と言った。さらに一九九四年四月にはディーン・ウイッター・レイノルズのチーフ投資ストラテジストであるウィリアム・E・ドッジは、個々の取引の規模と取引条件に関する情報がないことを危惧した――「ヘッジファンドの投資規模は拡大している……彼らが失敗すれば、銀行システムはシステミックリスクに陥る危険性があり、社会全体の金融構造を危険にさらすことになる」[14]。

当時、こうした警告は無視された。ソロスは一九九四年四月に下院銀行委員会に規制を行うことが望ましいと主張したが、その年の終わり、ヘッジファンドマネジャーから巨額の選挙資金が提供され、共和党が議会の過半数議席を占めると、ヘッジファンドを規制する動きは完全に潰された。アラン・グリーンスパンFRB議長も、ヘッジファンドを規制すればヘッジファンドは外国にシフト（ほとんどのヘッジファンドは金融規制者の精査を逃れるために海外への移転手続きを行っていた）するだけだと言って、ヘッジファンドの規制に反対するロビー活動を行った。それどころか一九九六年にはFRBのルールは緩和され、ヘッジファンドに投資する投資家の数は一〇〇から五〇〇に増大した。それと同時に、さまざまな法の抜け穴を利用してあまり裕福でない投資家をもヘッジファンドゲームに誘い込んだ。

規制の脅威から解放されたヘッジファンドは、一九九〇年には二〇〇を下回っていたのが一九九八年の夏にはおよそ一二〇〇に増加した。同じ時期、運用資産も二〇〇億ドルから一二〇〇億ドルに増加した[10]。しかし、多くのヘッジファンドの財務レバレッジは数倍で、デリバティブを使って自己資本よりもはるかに大きな投資を行うことができたので、この数字は彼らの真の影響力を低く見積もっていたことになる。強気相場のとき、ヘッジファンドのほとんどはレバレッジを使って大きなリターンを取得し、パークアベニューはヘッジファンドの御用達として知られるようになった。一九九七年、アメリカ人のヘッジファンドに対する投資はさらに四〇〇億ドル増加した。

「ウエークアップコール」――警鐘

ヘッジファンドを批判する声は一九九七年のアジア通貨危機のあと高まり、結託して市場を下げていると批判されるファンドもあった。マレーシアのマハティール・モハマド首相は、ヘッジファンドマネジャーは「世界経済の追いはぎ」と批判した。ジョージ・ソロスは、マハティール首相はアジア通貨危機に貢献した人物であり、危機から多くの利益を得たとマハティールの批判を一笑に付したが、ヘッジファンドが通貨を不安定に陥れているという彼の疑念は消えなかった。一九九八年の夏、香港政府は彼らの通貨と株式市場はヘッジファンドグループの一斉攻撃を受けていると言って、株の空売りを禁止し、香港の先物市場に規制を敷いた。

一九九八年八月、ロシアが債務不履行に陥るとともにルーブルが大暴落したことで、ヘッジファンドに新たな試練が訪れた。ヘッジファンドのなかには、ロシアは「大きすぎて潰せない」という原則の下、欧米の大国がロシアを救済することを見込んで、利回りの高い短期ロシア国債に多額の投資をするところもあった。これらの国債がほとんど無価値になると、ヘッジファンドは追証に応じるためにほかのポジションを投げ売りすることを余儀なくされた（一九二九年一〇月に信用取引していたアメリカの投機家を苦しめたのと同じような問題)。これらの投げ売りによってロシア危機は世界に波及し、株式市場や債券市場は崩壊した。数カ月前まではリスクがないと喜んでいた投資家は、比較的安全なアメリカやドイツの国債へと逃げた。

一九九八年八月には大部分のヘッジファンドが損失を出したことを発表した。あるファンド――その名もぴったりの「ハイリスク・オポチュニティーズ・ハブ・ファンド」――は清算を余儀なくされた。ロシア危機で窮地に追い込まれた大手ファンドのなかにはソロスのクオンタム・ファンド(八月に二〇億ドルの損失を出した)や、ソロモン・ブラザーズの元取締役副会長のジョン・メリウェザー率いる最近設立されたLTCM(ロング・ターム・キャピタル・マネジメント)も含まれていた。メリウェザーは彼の債券トレーダーの一人が一九九一年に米国中期国債(Tノート)の価格を不正操作しようとしたことの責任を取ってソロモンを去り、ニューヨーク郊外のコネチカット州グリニッジにLTCMを設立した。グリニッジは投機家たちに人気の町で、高級住宅地の海に面した通りは地元の人々からは「ヘッジ街(Hedge Row)」と呼ばれていた。

メリウェザーのパートナーのなかには二人の元ファイナンスの教授であるマイロン・ショールズとロバート・マートンがいた。マイロン・ショールズは一九九七年にブラック・ショールズ方程式を理論面から完成させたロバート・マートンとともにノーベル経済学賞を受賞した。彼らがノーベル経済学賞を受賞したとき、エコノミストは「リスクマネジメントを推測ゲームから科学へと昇華させた」と教授たちに拍手喝采を送ったが、懐疑的な目で見る評論家もいた。バロンズ紙のアラン・アベルソンはこの受賞を偏見の目で見た。「この二人はオプション価格を算出する方程式を開発することで、栄誉と高額なお金を手に入れたが、オプションを投機的ツールとして拡大させ大量破壊ツールを作り出すお膳立てをしたにすぎない……一九九七年の株価大暴落に油を注ぐ究極の誘惑を巧妙に計画した二人がノーベル賞を受賞したとは。まぁ、おめでとう、と言っておこう」とアベルソンは書いている。

投資の神様とも呼ばれたトレーダーやノーベル経済学賞受賞者を擁するＬＴＣＭにはウォール街の多くの精鋭たちが投資した。そのなかにはデビッド・コマンスキー・メリルリンチＣＥＯ（最高経営責任者。一二二人のメリルの仲間とともにトータルで二二〇〇万ドル投資）、ドナルド・マロン・ペイン・ウェーバーＣＥＯ、ジェームズ・ケイン・ベアー・スターンズＣＥＯらが含まれていた。このほかにも中國銀行（バンク・オブ・チャイナ）、ジュリアスベア銀行、スイスのプライベートバンク、元ハリウッド代理人のマイケル・オービッツ、コンサルタント会社のマッキンゼー・アンド・カンパニーの多くのパートナーたちも投資した。そうそうたる顔ぶれが投資したＬＴＣＭはヘッジファンドのロールスロイスと呼ばれるようになった。

ＬＴＣＭは一九九四年初期に運用を開始した。ショールズとマートンが開発した数学的テクニックを駆使したＬＴＣＭの戦略は、さまざまなクラスの債券間の小さな利回り格差を利用するというものだった。いわゆる「トータル・リターン・スワップ」である。彼らはさまざまな債券の価格差がやがては縮まることを想定して、買ったり売ったりするいわゆる「コンバージェンスプレー」を繰り広げた。これはヒストリカルな価格パターンの推定に基づく過去重視タイプの投機だった。その後、「リスクアービトラージ」にも乗り出した。これはアイバン・ボウスキーによって有名になった手法で、M&A（合併・買収）が成立することを見込んで、その値動きを利用して行う裁定取引のことを言う（「買収合併アービトラージ」とも呼ばれる）。このファンドは市場に対して中立的な立場を取っていた。したがって、理論的には市場が下落しても影響を受けることはなかった。最初、運用は大成功し、一九九五年には五九％のリターン、一九九六年には四四％のリターンを上げた。一九九七年の終わりにはメリウェザーは当初の投資家に対して二七億ドルのリターンをもたらし、進行中の投機においては五〇億ドルを少し下回る程度のリターンを上げることに成功した（ファンドはイクスポージャーを減らすことなく、レバレッジを上げることでこのリターンを達成したことがのちの調べで分かった）。

しかし、一九九八年九月初旬にこの状況は一変した。メリウェザーは前の一カ月でおよそ二〇億ドル（LTCMの資本のおよそ半分）の損失を出したことを発表した。しかしメリウェザーは虚勢を張って、投資見通しはすこぶる順調で、投資家からさらなる資金を集めるのだと言い張った。しかし、投資家は不安を隠しきれなかった。それから三週間後、ニューヨーク連邦準備銀行の指揮の下、LTCMに資金を提供していた大手銀行によるシンジケートが組織され、LTCMに最低限の資金（三四億ドル）を投入し、ファンドの九〇％の株式を取得した。さらに、ＬＴＣＭは一〇億ドルに満たない自己資本に対して負債額が二〇〇〇億ドルにも上ることも発覚した。アメリカの投資銀行のなかには、担保価値の一〇〇％の融資をしているところもあった（ゼロマージンローン）。これらの銀行は、メリウェザーたちがほかの銀行から資金調達していることを考えずに気前良く融資した。これらの融資とデリバティブとで、ＬＴＣＭは一兆四〇〇〇億ドルのポジションを建てた。救済が行われたあと、ＬＴＣＭとの取引で被った損失に対して引当金として処理することを発表する投資銀行もあった。なかでも巨額の損失を被ったのはヨーロッパ最大のＵＢＳ（元スイスユニオン銀行）で、メリウェザーのパートナーへの融資による損失は六億八六〇〇万ドルにも上った（一九九〇年代にはこれは流行したが、実はこれは融資ではなく、ヘッジされない「仕組みエクイティスワップ」だった）。

ＬＴＣＭがアメリカの株式市場に投資した五億四一〇〇万ドル（株式デリバティブのポジションは含まず）のうち、一八〇〇万ドルはベアー・スターンズ株に投資していた（ベアー・スターンズのＣＥＯはＬＴＣＭに一〇〇〇万ドル投資していた）。ウォール街の実力者がＬＴＣＭに個人的に投資していたことや、ＬＴＣＭがゼロマージンローンで優遇措置を受けていたこと、銀行家たちが株主のお金をＬＴＣＭ救済のために使い、彼らの個人投資の少なくとも一〇％は保護することができたことは、一九二〇年代のチャールズ・Ｅ・ミッチェルを含むウォール街の銀行家たちの狂態を彷彿させる。しかし、ウォール街の大手銀行家たちの個人投資を保護するために、ウォール街だけがメリウェザーを救済したと言えば公平を欠くことになる。事態はもっと深刻だった。ＬＴＣＭのポジションを強制清算したことで、推定一四兆円の損失が出たと言われている。[15]この多額の損失は世界の資本市場を揺るがし、銀行のプロップトレーディングポジション（高いレバレッジがかけられ、ヘッジファンドに非常によく似たポジション）を脅かした。結局はリスクの大きさを考慮して、早急に救済措置が取られた。ウォール街の要人はただちに辞任ということにはならなかったものの（ＵＢＳの会長だけは辞任した）、投資家たちは投資銀行を信用しなくなり、夏の終わりから秋の初めにかけて投資銀行の株価は平均で五〇％以上も下落した。数カ月前にヘッジファンドはほかの集合投資スキームよりも安全だというリポートを発表したゴールドマン・サックスは、計画されていた上場が先延ばしになった。救済から数日後、メリルリンチは三〇〇〇人の解雇を発表した。

この事件で発覚したなかでも特に興味深かったのは、イタリアの中央銀行がＬＴＣＭに投資と融資を行っていたという事実だった。あとで分かったことだが、メリウェザーは元イタリア財務省で働いていたイタリア人エコノミストのアルベルト・ジョバンニーニを雇っており、ＬＴＣＭはイタリア国債を大量に（およそ五〇〇億ドル）買っていた。こうした秘密裏の取引を考えると、インサイダー情報が中央銀行からヘッジファンドに流れていた可能性は大いにある。

金銭の安定を監視するという従来の役割を捨てて、投機に魅了されたのはイタリアの中央銀行だけではなかった。一九九〇年代初期、マレーシアの中央銀行であるマレーシア国立銀行は外国通貨に積極的に投機していた。マレーシア国立銀行は巨額の損失を出し、ようやく投機から手を引いた。一九九〇年代を通じて、世界中の中央銀行は価格が下落していた金を売り、その利益で価格が上昇していた米国国債（Ｔボンド）をせっせと買って投機に没頭した。この戦略はヘッジファンドの戦略に似ていたため、ＬＴＣＭの後ろ盾のなかに中央銀行がいても何の不思議もなかった。一九九九年初期、ブラジルの中央銀行の新しい頭取に元ソロスのヘッジファンドにいた者が就任した。

ＬＴＣＭ事件によってＦＲＢも大きなダメージを受けた。メリウェザーのパートナーのなかには元ＦＲＢ副議長のデビッド・マリンズも含まれていた。数年前、マリンズはメリウェザーがソロモンを去るきっかけとなったソロモンの債券価格不正操作事件を調査するＦＲＢの責任者だった。当時、司法省はスタインハルト・マネジメントとキャクストン・コーポレーションという二つの大手ヘッジファンドが結託して不正操作を行ったとして、二社を告発した（のちに二社は罪を認めることなく七〇〇〇万ドルの罰金を払った）。おそらくマリンズはＦＲＢからヘッジファンドに移ったことに関しては良心の呵責はなかったと思われる。日本では官庁から民間に再就職することは「天下り」と呼ばれ、よく行われていた。

マリンズの友人で元同僚だったアラン・グリーンスパンもＬＴＣＭの事件では決まりの悪い思いをした。グリーンスパンは何年にもわたってデリバティブ市場とヘッジファンドの活動を規制することに反対してきた。救済の数週間前になって初めてグリーンスパンは議会に対して、ヘッジファンドはヘッジファンドに融資した者によって厳しく規制されていた、と主張した。しかし、ＬＴＣＭのレバレッジの規模を見るかぎりでは、規制されていたとはとうてい思えなかった。強気相場の時代、グリーンスパンは投機の危険を警告する一方で、アメリカの経済復活を喜ぶようなはっきりしないスピーチを繰り返してきた。ＬＴＣＭの救済のあと、行きすぎた金融拡大も一因とされる株式市場バブルを食い止めることができなかったとグリーンスパンは非難された。少し前まではある議員から「国家の財宝」と言われていたグリーンスパンの評判は、株式市場と同じようにもろさを見せ始めた。

ＬＴＣＭの救済の直後、グリーンスパンの前任者であるポール・ボルカー元ＦＲＢ議長が「なぜ連邦政府は民間の投資家を救済しなければならないのか」と問うたとき、彼の問いに答えたのはグリーンスパンとロバート・ルービン財務長官だけだった。彼らは「国のお金は使っていないのでこれは〝救済〟ではない」[三]と答えた。数年前、五〇〇〇人の社員を擁し、一九世紀から操業を続けてきた歴史ある投資銀行のドレクセル・バーナム・ランベールがウォール街で見放され、流動性不足に陥って破綻したとき、ＦＲＢは救済しなかった。これに対してＬＴＣＭは操業わずか四年で社員二〇〇人のヘッジファンドであったにもかかわらず、パートナーや投資家にファイナンス教授、中央銀行、ウォール街の大物を擁していたため、ドレクセルよりも重視され、「大きすぎて潰せない」と判断されたのである。一九二〇年代にペコラはウォール街の「表が出ても裏が出てもこっちの勝ち」という倫理を非難したが、ミネソタ州のブルース・Ｆ・ベント民主党下院議員は、「実体経済に対するルールとウォール街に対するルールのダブルスタンダードを持つ人物」としてグリーンスパンを非難した。ＦＲＢのＬＴＣＭの救済は、アメリカがアジアの国々をけなしてきた「縁故資本主義」そのものだった。したがって、世界中が金融危機にあえいでいたとき、米国政府は倫理的権威を失い、他国に経済政策を指導することはできなかった。

当然ながら、ヘッジファンド業界はＬＴＣＭの事件で無傷ではいられなかった。弁解者によれば、リスクを分散するのがヘッジファンドのそもそもの仕事である。ところが、メリウェザーとそのパートナーたちは一九八〇年代のロイズの怠慢な保険業者のようにリスクを集中させたのである。投機家は金融リスクに対して保険業者のような役割を果たすというのはウソである。生命保険業者は少しずつ変化する死亡率から導き出された保険数理表に基づいて自信を持って掛け金を算出するが、投機家が戦略の拠りどころにするのは貧弱な統計学情報のみである。さらにほかの投機家の活動によって市場状態は常に変化するため、過去を見ても将来の信頼におけるガイドにはならない。結局、ＬＴＣＭでポジションを「ヘッジ」したはずの銀行は生き残るために保険業者を買収せざるを得なかった。

リベラルな経済学者たちもヘッジファンドは世界の金融市場に流動性を提供してくれたと言った。しかしＬＴＣＭが崩壊の縁にあったとき、ＬＴＣＭが運用していた市場――高利回り債、新興市場国債、転換社債、モーゲージ証券――は流動性が枯渇して、マヒ状態に陥った。これによって、企業の資本コストは上昇した。ＬＴＣＭが救済されたあとも、投資家は長期リスクを避けてキャッシュで持つようになった。こうした「質への逃避」によって金融市場は荒れ狂った状態が続き、世界中の株式市場や債券市場は大荒れが続いた。ヘッジファンドの多くは金利の低い日本円を安く借りて投機の資金源にした。しかしLTCMの救済後、これらのヘッジファンドは顧客のレバレッジポジションを解消せざるを得ず、一〇月の一週間でドルは日本円に対して二〇％も下落した。世界の主要通貨市場がこれほど極端なボラティリティを示したことはいまだかつてなかった。LTCMの救済直後にバミューダで開かれたヘッジファンド会議（最初は会議の表題は「殺到する巨額の資産をどう扱うべきか」だったが、急遽、「危機と調整――ヘッジファンドに対する影響」に変更された）では、世界最大のヘッジファンドであるタイガーファンドのジュリアン・ロバートソンは、ヘッジファンド業界にはさらなる規制が必要であるとするソロスの意見に賛同した[16]。

LTCM事件は急成長するデリバティブ市場にも疑問を投げかけた。これまで見てきたように、ファイナンスの教授はデリバティブは投機目的に使われることはめったにないと言ったが、世界一の「リスク管理の専門家」たちによって運営されていたメリウェザーのヘッジファンドはデリバティブをでたらめに使って、投機の歴史のなかで最大かつ最も大きくレバレッジを使ったポジションを構築していた。LTCMのレバレッジは自己資本一ドルに対して負債は一〇〇ドルを超えていたと言われており、パートナーのエクイティ投資の大部分は借り入れによって行われたものだった。

ＬＴＣＭの破綻は、それが依って立つ知的原理の破綻を意味した。ヘッジファンドのトレード戦略の欠点は、将来の投機はさまざまな資産のヒストリカルな関係に依存すると仮定したことである。ヘッジファンドは自分たちの考えに大きな自信を持っていたため、コンピュータープログラムが基準からの小さな乖離を見つけると、大きな賭けに出た。今や近代デリバティブの心臓部とも言えるショールズとマートンが開発したオプション価格式は、過去のボラティリティは将来のボラティリティの信頼のおけるガイドになるという似たような仮定の下に成り立つものである。しかし、この仮定はバックミラーを見ながら車を運転するようなもので、道路がまっすぐ続いているかぎり問題はないが、最初の曲がり角に来ると事故を起こす。効率市場仮説によって生まれた実践的なアイデアと同じように、この仮定は、金融理論が実践に使われても根底にある事実は変わらないという信念に基づいたものである。一九八〇年代にポートフォリオインシュアランスが破綻した原因は、この仮定にあった。一〇年後もこの過ちはデリバティブ市場で繰り返されたのである。もし市場が効率的ではなくて、混沌としたフィードバックループに依存するとすれば、五〇兆ドルのイクスポージャーを持つ一九九〇年代のデリバティブを中心とする金融体系は脆弱な前提に基づくことになる。

効率的市場仮説の教えはオプションの価格付け以外の分野でも、近代ファイナンスの奥深くに浸透している。今、流行の「株主価値」と企業のストックオプション制度、資本資産価格付けモデル（企業の資本コストを「科学的に」算出する）、人気のある株価指数ファンドへの投資は、程度の差こそあれ、株式は市場によって効率的に価格付けされていることを前提とするものである。しかし、前提が間違っていれば、例えば、投機熱は株価を本質的価値から乖離させるため、こうしたやり方は修正する必要がある。つい先ごろ、ジェイムズ・バカンは、「中世のスコラ哲学は発見される前夜に見いだされた。政治経済はそれとまったく同じ状況にある。つまり爆発寸前ということである」[17]と言った。LTCM危機がわれわれに教えてくれたものは、近代経済理論は金融システムが内部崩壊したときに初めて反論できるということである。あるリスク管理会社のCEOはニューヨーク・タイムズに、「LTCM危機はわれわれに対する警鐘だった」と述べた。まったく彼の言うとおりである。

三次元の領域

マートンやショールズとは違って、ジョン・メイナード・ケインズは自ら投機を行って成功した人物だ。そして、その経験から彼は、市場は基本的に効率的ではないことを知るに至った。『雇用、利子および貨幣の一般理論』のなかで彼は、投機を「市場心理の変化を予測しようとするゲーム」であると定義している。彼は投機をスナップ（トランプのゲーム）、ババ抜き、椅子取りゲームなどのいろいろな室内ゲームに例えたが、嗜好をちょっと変えて、何百という写真のなかから最高の美女六人を選ぶ新聞の美人投票になぞらえた。

したがってそれぞれの参加者は、自分が一番美人だと思う顔を選ぶのではなく、ほかの参加者たちが美人だと思う顔を選ばなくてはならず、しかもほかの参加者たちもまったく同じ視点でこの問題をとらえている……平均的な意見は何が平均的な意見になると期待しているのかを予測することにみんなが知性を働かせたとき、われわれは三次元の領域に到達したことになる。[18]

資本主義過程にとって役立つ、というよりも不可欠な要素である投機は、システムを不健全なまでに支配するようになった。一九三〇年代、ケインズは次のように警告した――「もしある国の資本主義の発展がカジノ活動による副産物だとすれば、それはまずいことになる」。モメンタムを使ったトレンドフォロー投資家はヘッジファンドで過剰なレバレッジをかけているし、株価の日々の変動に一喜一憂する企業の経営陣はグローバル経済のなかで希少資源を最適分配しそうもない。われわれが到達したのはケインズの「三次元の領域」にすぎない。

拘束を受けない投機によって発生した問題を考えている政治家や経済学者は昔からのジレンマに直面している。ニック・リーソンによって破綻に追い込まれたベアリングス銀行のアレクサンダー・ベアリング頭取が一八二五年に言ったように、投機を規制しようとするどんな試みも逆効果になりかねない――「この悪を止めようと当局が企業精神にストップをかければ、角を矯めて牛を殺すことになる（小さな欠点を直そうとして、かえって全体をだめにしてしまう）」。

政府はこれまで投機家が使うツールや慣行を不法化して、投機を規制しようとしてきた。[三] しかし、そのたびごとに投機家は抜け穴を見つけてきた。また、投機家は投機を禁じる法律を政府の弱さの現れだと解釈し、投機活動をさらに活発化させた。ケインズは、人が例えば結婚のように投資を強要されれば、投機をやろうという気にはならないかもしれない（結婚は最初の選択を誤った不幸な人にとってフラストレーションが一生続くことになる）、と気まぐれなことを言ったが、彼がまじめに考えていたのは、短期間の保有に対するキャピタルゲインに高税率をかけることだった。しかし、これまでにも見てきたように、日本では短期の不動産投資に対するキャピタルゲインに高税率をかけた結果、市場の流動性が低下し、一九八〇年代の不動産バブルが起こった。大きな含み益を得た投資家はたとえ株が過大評価されていると思っているときでも売りたがらないため、キャピタルゲイン税が株式市場バブルに貢献しているかどうかについては議論の分かれるところである。またケインズは、カジノは公益のことを考えれば近寄り難く、費用のかかるものにすべきであることを根拠として、アメリカ株を購入したときには取引税を課すべきだと提案した。

中央銀行はインフレターゲットを決めるときには資産価格だけでなく消費者物価も考慮しなければならない、と言う経済学者もいる。この提案の問題点は、株価の上昇は、将来的な展望が本当に改善されたのではなくて投機的圧力によるものであることを証明できる人はだれ一人いないという点である。一九九六年一二月、アラン・グリーンスパンは、「根拠なき熱狂が正当化できる以上に資産価格を上昇させたことを私たちはどうやって知ることができようか」と述べた。あとで振り返って考えてみて初めてそれが分かるのである。

中央銀行が投機を規制する主な手段は金利を上げることである。投機家がキャピタルゲインから巨額の利益を取得し続けるかぎり、金利が高いからと言って彼らが投機をやめることはない。一九三〇年代にケインズが述べたように、ビジネスサイクルの最後で投機を規制するために金利を上げれば、経済全体がダメージを受ける。金利を上げること以外に中央銀行に残された唯一の手段は、投機家たちに投機をやめるように忠告することだけである。いわゆる、一九二〇年代の「道徳的勧告」である。当局はこうした忠告を何度も行ってきたが、投機家たちはただの一度も忠告に耳を貸したことはない。

大恐慌のとき、アメリカの政策立案者は投機を最も効果的に制御する方法として、投機家たちの金融レバレッジを制限した。その結果、委託証拠金は連邦法によって株式価値の五〇％に制限された。この政策は、ＬＴＣＭのケースでも見られたように、金融デリバティブの登場によって失敗に終わった。最近になって、デリバティブにも通常の株式を購入するときと同じ委託証拠金の制限を設けるべきだという提言がなされた。投機家はデリバティブ市場を通じてほぼ無限のレバレッジを使えるが、それに制約を設けることで金融界全体が危機に陥るリスクは低減できるかもしれない。ほとんど規制のないデリバティブの世界で情報開示を向上させれば、

ＬＴＣＭのケースのような負債の過度の蓄積を防止できるかもしれない。
政策立案者にとって早急に解決すべき問題は、新興市場における投機と外国通貨の自由取引に関する問題である。政治家や中央銀行は成長に必要な柔軟性を損なうことなく、経済の安定化を図るためにはどうすればよいか悩んでいる。しかし、投機資本が脆弱な新興市場に流れても、目に見える長期的なメリットは得られなかった。投機がさまざまな国の自由市場システムの進化を本当に妨げたのかどうかは分からないが、投機は資本主義の友だちではなかったことだけは確かである。
外国通貨の不安定問題をどう扱うのがベストなのかについては、実用度の高い・低いは別にして、さまざまな提案がなされてきた。予想外の世界的金融危機の発生によって不意打ちを食らったと見える政策立案者たちは、資本規制の再導入、海外借款の規制、新興市場における会計業務の向上と縁故主義の排除、新興市場への資本流入に対する課税、外為取引への課税、ヘッジファンドに対する規制、最後の貸し手としての機能を効果的に執行できるようにＩＭＦを改革する、そして世界中央銀行の設立案までさまざまなアイデアを振り絞った。フランス蔵相のドミニク・ストロス・カーンは、「新たなブレトンウッズ体制」の構築を提案した。[一四]
新たな固定相場制はある程度の資本規制を必要とするが、これが経済成長を阻害するという証拠はない。一九七〇年代初期以降、欧米諸国の成長率は低下の一途をたどってきた。固定価値を持つ通貨を提供することでデリバティブは必要ではなくなり、デリバティブは金融システムに脅威を及ぼすことなく次第にすたれていくだろう。ヨーロッパの企業はヨーロッパの単一通貨プロジェクトの熱心な支持者である。なぜならヨーロッパが単一通貨になれば、トレードで発生したポジションをデリバティブ市場でヘッジする必要はなくなり、そのためのコストは不要になり、不確実性は低下するからである。[二五]外国通貨の投資家は、投資している国の経済状況がその国の通貨の大量売り浴びせによって突然弱体化することはないという強い信念があれば、資本規制や投資の早期引き揚げに対する規制は容認するかもしれない。固定相場制になれば、一九世紀の金本位制と同じように投機は制限されるだろう。

社会の流れが投機家を悪とみなすようになれば、自由の喪失は避けられない。『隷属への道』（初版本が発行されたのは一九四九年）のなかで、オーストリアの経済学者フリードリヒ・ハイエクは、外為取引を国が規制するようになれば、それは全体主義と個人の自由の抑圧に至る確実な道である、と述べた。ハイエクは混合経済（計画経済と市場経済の混合システム）は必ず社会主義に発展すると信じていた。しかし、ハイエクが間違っていたことは歴史によって示された。彼の分析は、準社会主義経済においてでさえ、反対方向に引き戻すことのできる投機の力を見くびっていたのである。投機は固定相場制を確立させたブレトンウッズ体制を根底から覆し、日本やほかのアジア諸国の国主導の資本主義を崩壊させるだけの力を持っている。国家権力を否定して完全に自由な社会を目指す投機を制御するためには、政府は投機に対して継続的に規制を設ける必要があるが、投機はいかなる鎖をも断ち切り暴れ狂うだろう。経済的自由と制約とのあいだで振り子は行ったり来たりを繰り返すのである。

一九九八年一二月一三日

注

一．ＩＰＯは「initial public offering」の頭文字。新規株式公開を意味する。

二．モメンタム投資を最適な投資戦略として推奨している代表的な投資本は、ジェームス・Ｐ・オショーネシー著『**ウォール街で勝つ法則――株式投資で最高の利益を上げるために**』（パンローリング）と『The Motley Fool Investment Guide』（いずれも一九九六年に発刊）。

三．ジェフリー・サックスとスティーブン・ラデレットは、一九九七年に起きたアジア通貨危機は外国債権者が経済的なファンダメンタルズに基づいて行動することなく、ほかの債権者が行うであろうことに基づいて行動したためだと述べている（「The East Asian Financial Crisis : Diagnosis, Remedies, Prospect」ハーバード大学国際開発研究所、一九九八年春）。

四．一九九七年九月のＩＭＦ・世界銀行総会で、マハティール・マレーシア首相は為替取引に反対の意を示す見解を発表した――「欧米の投機家たちは巨額の資金と大きな影響力で株価を思いのままに上げ下げし、投機から巨額の利益を得ている。われわれにそれを歓迎せよというのは無理な話である……こうした大きな取引ではかかわったトレーダが利益を得ること以外には目に見える便益は何もない。仕事が創造されるわけでもなく、普通の人々が享受できる製品もサービスもない……為替取引は不必要で非生産的で不道徳だと私は思っている。こんなものは違法とすべきだ」。

五．グリーンスパンはデリバティブを、資本を低コストで最も必要としている人に割り当てる最も効率的なシステムだと言っている――「デリバティブはイノベーションの価値を認めるだけでなく、個人投資や公共政策の間違いを正すという意味で従来のシステムよりも基準化されたシステムである」。一九九八年の夏、グリーンスパンは次のように言った。「コンピューター技術や電気通信技術の劇的な進歩と金融商品の高度化が進んだことで、乏しい貯蓄が最も価値があると思われる生産的な資本資産へと割り当てられた」（一九九八年九月二八日付バロンズ）

六．一九九四年四月、ソロスは下院銀行委員会で次のように言った――「デリバティブ商品は星の数ほどあり、なかには難解なものもあり、含まれるリスクが私を含む高度な投資家でさえ正しく理解していない場合もある。これらの商品のなかには、機関投資家が普通であれば容認されないギャンブルをやるために設計されたようなものもある」(リチャード・トムソン著『Apocalypse Roulette』London, 1998, p.107から引用)。

七．リチャード・トムソンは、デリバティブ市場は活発に取引されているが、その活動は無意味なものが多いと言う――「リスクを人々がよく知りよく理解しているものに細断しているが、結局はあまり理解できない新たなリスクに作り直しているにすぎない」(『Apocalypse Roulette』p.261)。

八．以前からあったこうした疑惑は、一九九四年一二月に発生したオレンジ郡の破綻によって実証されることになった。オレンジ郡の一七億ドルの損失は、七〇歳代の財務担当だったボブ・シトロンが仕組み債と呼ばれるハイブリッドデリバティブに投資したことが原因だった。シトロンは学生時代から数学が得意だったが、彼が行った投資に対する細かい規制をかいくぐりポートフォリオをてこ入れするために、デリバティブに手を出したのである。

九．一九九七年に三〇カ国の先進工業国によって行われた大手金融機関に関する調査によれば、次の数年間のうちに世界の金融システムが崩壊する可能性はおよそ二〇%であるとステインハーは述べている。

一〇．数字はエコノミスト(一九九八年六月一三日付)の調べによる。ニューヨーク・タイムズ(一九九八年一〇月一日付)が報じたもっと最近の調査によれば、一九九七年末のヘッジファンドの数はおよそ四五〇〇で、資産は三〇〇〇億ドル。ヘッジファンドの平均レバレッジは五倍。

一一．さらなる調査によってソロスの懸念の正しさが証明され、関与しなかったヘッジファンドの容疑は晴れた。スティーブン・ブラウン、ウィリアム・ゲッツマン、ジェームズ・パークは、一九九七年六月から九月にかけてはヘッジファンドのリンギット(マレーシアの通貨)に対するイクスポージャーは低く、実際には通貨危機のときには、売っていたリンギットを買い戻していたと言った(「Hedge Funds and the Asian Currency Crisis of 1997」NBERワーキングペーパー No.6427, May 1998)。IMFの二人のリサーチャー、バリー・アイケングリーンとドナルド・マシソンも同じ結論に達した。彼らによれば、マクロ系ヘッジファンド(ファンダメンタルズ分析に基づいたグローバルマクロ戦略を主体にしたファンド)は数が少なく、彼らが支配する額も少ない(一九九八年の夏でおよそ三〇〇億ドル)ため、彼らには通貨危機を引き起こすだけの能力はない(「Hedge Funds and Financial Markets Dynamics」IMF調査研究リポート166, May 1998)。

一二．バークシャー・ハサウェイのウォーレン・バフェットがＬＴＣＭに融資を申し出たが、これが却下されたことについて満足のいく説明はなされなかった（おそらくはバフェットの融資はＬＴＣＭのパートナーや投資家に対して残存価値を残さないが、国による救済はＬＴＣＭのパートナーや投資家の最初の投資に対して一七％の年次リターンを維持できると考えられたためだろう）。

一三．空売り筋は株式市場が暴落すると必ず非難されるが、実は問題を引き起こしたのは先の強気相場で買い、株価を持続不可能なレベルにまで上昇させた人々である。株式市場バブルのとき、株式の購入を禁じることを適切だと思う政府はない。

一四．『The Crisis of Global Capitalism』(New York, 1998）のなかでジョージ・ソロスは「世界の資本主義システムの崩壊が差し迫っている」と予言した。規制のない資本の流れによって発生した経済の不安定問題に対して、ソロスは国際的な信用保証制度の導入、変動相場制の停止、「何らかの形の資本規制」、ＩＭＦを最後の貸し手としての機能を持つ世界の中央銀行に改革するといった案を提案した。

一五．フィナンシャル・タイムズ（一九九八年一一月二五日付）に掲載された英労働党議員からの手紙によれば、「ヨーロッパを単一通貨にすることが、イギリスを通貨投機の被害から救う唯一の方法である……」。

謝辞

本書は友人や知り合いの助けがなければこのような形で完成することはなかっただろう。クリス・デニスタウンと故ジャック・クラークは彼らの蔵書からたくさんの本を貸してくれた。アレクサンダー・マルケジーニはヒラリー・ローダム・クリントンの投機活動についてのニーダーホッファーの記事のコピーを送ってくれた。ドミニク・コールデコットは私がうるさくせがんだにもかかわらず、本や証券会社のリポートなどたくさんの貴重な情報を提供してくれた。

浜田宏一教授、MITのピーター・テミン教授、ケンブリッジ・トリニティー・カレッジのブライアン・ミッチェル博士、グレアム・ストレイ博士は未刊の論文を送ってくれた。また、ジョン・ダームズ教授は本書の古代ローマ時代の投機の部分を読んでくれ、ロバート・ジェイ・リフトン教授、ジョン・ケレット博士、ハリー・ブースビー博士は投機の心理に関する部分を議論してくれた。またアンナ・パボードはチューリップバブル（彼女は最近チューリップの歴史について本を書いた）について教授してくれ、ニック・ベネットは日本についての章を読んで貴重な指摘をしてくれた。

一九九〇年代の私の投機に対する考え方に大きな影響を与えたのが二人の金融ライターである。スミザーズのアンドリュー・スミザーズはオフィスからいくつかのリポートを送ってくれた。グランツ・インタレスト・レート・オブザーバーのジェームズ・グラントの本と雑誌は楽しく読ませていただき、大変な刺激になった。

途中の原稿に目を通してくれたのがハミッシュ・ロビンソン、チャールズ・キンドルバーガー教授、レイモンド・カー卿、ドミニク・コールデコット、リチャード・ウインザー・クリーブ、そして私の父のジョン・チャンセラーである。銀行界を離れ、有名な聖書学者および著者に転じた元同僚のピエール・アントワン・バーンハイムにもお世話になった。ピエールは巨大なブックコレクションからたくさんの本を貸してくれただけでなく、忍耐強くアドバイスしてくれ、最終原稿も読んでくれた。

ファー・ストラウス・アンド・ジルーのジョナサン・ガラッシとポール・エリーの二人の編集者にも感謝する。彼らほど素晴らしい編集者はいないだろう。また、エージェントのギロン・エイトケンは忍耐強く私をサポートしてくれた。ドゥルー・ハインツは一九九六年の春、親切にもニューヨークのアパートの部屋を貸してくれた。

最後にアントニア・フィリップスに感謝したい。彼女の私に対する親切な行為はとても紙に書き尽くせるものではない。彼女は、自分の本の進行を犠牲にしてまで本書の一節一節を何度も読み返してくれ、修正すべき箇所を指摘してくれた。完成した本書が彼女の目にかなうものになっていることを願うばかりである。

1953, p.375より)。
4．ピーター・L・バーンスタイン著『Against the Gods : The Remarkable Story of Risk』（New York, 1996）, p.328（邦訳は『リスク――神々への反逆』［日本経済新聞社］)。
5．フィナンシャル・タイムズ（1997年11月8日付)。
6．ポール・クルーグマン著『The Accidental Theorist』（New York, 1998）, p.158（邦訳は『グローバル経済を動かす愚かな人々』［早川書房］)。
7．ロバート・スレイター著『Soros』（New York, 1996）, p.183（邦訳は『ソロス――世界経済を動かす謎の投機家』［早川書房］)。
8．『Merton Miller on Derivatives』（New York, 1997）, p.ix。
9．パートノイ著『F.I.A.S.C.O.』, p.140（邦訳は『大破局（フィアスコ）――デリバティブという「怪物」にカモられる日本』［徳間書店］)。
10. アンドリュー・スミザーズ・アンド・カンパニーの「Stock Options : An Example of Catastophe Myopia?」, Report No.110, October 1997。
11. メイヤー著『Nightmare』, p.232。
12. リチャード・トムソン著『Apocalypse Roulette』(London, 1998), p.256から引用。
13. スレイター著『Soros』, p.232（邦訳は『ソロス――世界経済を動かす謎の投機家』［早川書房］)。
14. 同上、p.233。
15. 数字はエコノミスト（1998年10月3日号）から引用。
16. エコノミスト（1998年10月17日号)。
17. バカン著『Frozen Desire』, p.182（邦訳は『マネーの意味論』［青土社］)。
18. ケインズ著『General Theory』, p.156（邦訳は『雇用・利子および貨幣の一般理論』)。

York, 1991）, p.145-46。
10. タガート・マーフィー著『The Real Price of Japanese Money』, p.168。
11. クリストファー・ウッド著『The Bubble Economy』（Tokyo, 1993）, p.67（邦訳は『バブル・エコノミー――日本経済・衰退か再生か』［株式会社共同通信社］）。
12. タガート・マーフィー著『The Real Price of Japanese Money』, p.139。
13. カレル・ヴァン・ウォルフレン著『The Enigma of Japanese Power』（London, 1989）, p.134（邦訳は『日本――権力構造の謎』［早川書房］）。
14. ブライアン・リーディング著『Japan : The Coming Collapse』（London, 1993）。
15. ジーリンスキーとホロウェイ著『Unequal Equities』, p.85。
16. 同上、p.91。
17. 日経ウィークリー（1988年6月号）、グラント著『Mr. Market』, p.172から引用。
18. 都留重人著『Japanese Capitalism : Creative Defeat and Beyond』（Cambridge, 1993）, p.162（邦訳は『日本の資本主義――創造的敗北とその後』［岩波書店］）。
19. グラント著『Mr. Market』, p.169から引用。
20. ファー・イースタン・エコノミック・レビュー（1986年8月7日号）。
21. アル・アレツハウザー著『House of Nomura』（London, 1990）, p.193（邦訳は『ザ・ハウス・オブ・ノムラ』［新潮社］）。ジーリンスキーとホロウェイ著『Unequal Equities』, p.48。
22. 同上、p.206。
23. レズリー・ダウナー著『The Brothers』（London, 1994）, p.357-62（邦訳は『血脈――西武王国・堤兄弟の真実』［徳間書店］）。
24. ロバート・ヒューズ著『Nothing If Not Critical』（London, 1990）, p.396。
25. ジョセフソン著『The Robber Barons』, p.343。
26. ヒューズ著『Nothing If Not Critical』, p.396。
27. ピーター・ワトソン著『From Manet to Manhattan : The Rise of the Modern Art Market』（London, 1992）, p.427。
28. ファー・イースタン・エコノミック・レビュー（1990年1月18日号）。
29. 日経ウィークリー（1990年9月15日号）。
30. ウッド著『The Bubble Economy』, p.60。
31. ジョン・ウォロノフ著『The Japanese Economic Crisis』（London, 1993）, p.163。
32. ウッド著『The Bubble Economy』, p.60。

エピローグ

1. ウォルター・ワーナーとスティーブン・スミス著『Wall Street』（New York, 1991）。
2. ギャート・ベカアートとキャンベル・ハービーの「Foreign Speculators and Emerging Equity Market」, NBERワーキングペーパー No.6312, 1998。
3. ソーベル著『Dangerous Dreamers: The Financial Innovators from Charles Merrill to Michael Milken』, p.27から引用（グロディンスキーの教科書『Investments』,

済新報社］)。
41. マーティン・メイヤー著『The Greatest-Ever Bank Robbery』(New York, 1992), p.20（邦訳は『こうして銀行はつぶれた——米国Ｓ＆Ｌの崩壊』［日本経済新聞社］)。
42. 同上、p.118。
43. ジェームズ・リング・アダムス著『The Big Fix : Inside the S&L Scandal』（New York, 1991）, p.224。
44. メイヤー著『The Greatest-Ever Bank Robbery』,p.221（『こうして銀行はつぶれた——米国Ｓ＆Ｌの崩壊』［日本経済新聞社］)。
45. アダムス著『Big Fix』, p.228。
46. ロスチャイルド著『Going for Broke』, p.137。
47. 同上、p.211。
48. グラント著『Money of the Mind : Borrowing and Lending in America from the Civil War to Michael Milken』, p.426。
49. バークシャー・ハサウェイの年次リポート, 1989, p.16-20。
50. ビアンコ著『Mad Dog : The Story of Jeff Beck and Wall Street』, p.428。
51. スチュワート著『Den of Thieves』, p.428（邦訳は『ウォール街——悪の巣窟』［ダイヤモンド社］)。
52. アンダース著『Merchants of Debt : KKR and the Mortgaging of American Business』, p.58。
53. バークシャー・ハサウェイの年次リポート, 1990, p.18。

第９章

1. ドナルド・ドーア著『Flexible Rigidities』、ジョン・ダワー著『Japan in War and Peace』（London, 1995）, p.307から引用（邦訳は『昭和——戦争と平和の日本』［みすず書房］)。
2. アダム・スミス（ペンネーム）著『Roading '80s』, p.136。
3. ダワー著『Japan in War and Peace』, p.292-93（邦訳は『昭和——戦争と平和の日本』［みすず書房］)。
4. エズラ・ボーゲル著『Japan as Number One』（New York, 1979）（邦訳は『ジャパン・アス・ナンバーワン』［阪急コミュニケーションズ］)。
5. マイト誌（第６号、1995年10月）に掲載のテッド・ロールの「A Sprocket in Satan's Bulldozer : Confessions of an Investment Banker」。
6. イアン・ブルマ著『The Missionary and the Libertine』（London, 1996）, p.262-68（邦訳は『イアン・ブルマの日本探訪——村上春樹からヒロシマまで』［阪急コミュニケーションズ］)。
7. ダワー著『Japan in War and Peace』, p.284（邦訳は『昭和——戦争と平和の日本』［みすず書房］)。
8. Ｒ・タガート・マーフィー著『The Real Price of Japanese Money』（London, 1996）, p.113。
9. ロバート・ジーリンスキーとナイジェル・ホロウェイ著『Unequal Equities』（New

the Civil Religion』（New York, 1989）, p.8。
16. ケン・オーレッタ著『Greed and Glory on Wall Street : The Fall of the House of Lehman』（New York, 1986）（邦訳は『ウォール街の欲望と栄光――リーマン・ブラザーズの崩壊』［日本経済新聞社］）。
17. アンソニー・サンプソン著『The Midas Touch』(London, 1989), p.29 (邦訳は『ザ・マネー――世界を動かす“お金”の魔力』［全国朝日放送］)。
18. フェントン・ベイリー著『The Junk Bond Revolution』（London, 1992）, p.39-40。
19. 同上、p.284。
20. ジェームズ・B・スチュワート著『Den of Thieves』（New York, 1991）, p.117（邦訳は『ウォール街――悪の巣窟』［ダイヤモンド社］）。
21. コニー・ブルック著『The Predators' Ball』(New York, 1988), p.145 (邦訳は『ウォール街の乗取り屋』［東洋経済新報社］)。
22. 同上、p.25。
23. アンソニー・ビアンコ著『Mad Dog : The Story of Jeff Beck and Wall Street』（London, 1993）, p.323。
24. ジョージ・アンダース著『Merchants of Debt : KKR and the Mortgaging of American Business』（New York, 1993）, p.95。
25. ブルック著『Predators' Ball』, p.302（邦訳は『ウォール街の乗取り屋』［東洋経済新報社］）。
26. 同上、p.314。
27. 同上、p.285。
28. スチュワート著『Den of Thieves』, p.213（邦訳は『ウォール街――悪の巣窟』［ダイヤモンド社］）。
29. ベイリー著『Junk Bond Revolution』,p.92。
30. 同上、p.99。
31. 同上、p.82。ドミニック・ダンの小説『People Like Us』のなかでも同じ引用が見られる。
32. ブルック著『Predators' Ball』, p.5（邦訳は『ウォール街の乗取り屋』［東洋経済新報社］）。映画『ウォール街』ではゴードン・ゲッコーは「強欲は善だ」とボウスキーと同じような言葉を吐いている。
33. ラップハム著『Money and Class in America: Notes and Observations on the Civil Religion』, p.182から引用。
34. ブルック著『Predators' Ball』, p.248（邦訳は『ウォール街の乗取り屋』［東洋経済新報社］）。
35. ロスチャイルド著『Going for Broke』, p.93。
36. ティム・メッツ著『Black Monday』（New York, 1988）, p.134, 165。
37. スティーブン・K・ベックナー著『Back from the Brink : The Greenspan Years』(New York, 1997）, p.50。
38. アンドリュー・スミザーズ・アンド・カンパニーの「The Economic Threat Posed by the US Asset Bubble」, Report No.92, July 1996, p.8。
39. ラップハム著『Money and Class』,p.106。
40. ブルック著『Predators' Ball』, p.266（邦訳は『ウォール街の乗取り屋』［東洋経

54. ジョナサン・デービス著『The Money Makers』(London, 1998), p.3。
55. ガルブレイス著『The Great Crash 1929』, p.50(邦訳は『大暴落1929』[日経BP社])。
56. グランツ・インタレスト・レート・オブザーバー(1997年8月15日号)。
57. グランツ・インタレスト・レート・オブザーバー(1997年3月14日号)。
58. グランツ・インタレスト・レート・オブザーバー(1997年2月17日号)から引用。
59. グランツ・インタレスト・レート・オブザーバー(1997年6月20日号)。
60. インベスターズ・ビジネス・デイリー紙(1996年10月29日付)と、グランツ・インタレスト・レート・オブザーバー(1996年11月6日付)から引用。

第8章

1. ジェームズ・グラント著『The Trouble with Prosperity』(New York, 1996), p.13から引用。
2. マーティン・メイヤー著『Markets』(New York, 1988), p.11(邦訳は『大暴落――誰が儲け、誰が損する[ダイヤモンド社])。
3. ヒューゴ・ヤング著『One of Us』(London, 1991), p.46。
4. ロバート・ソロモン著『The International Monetary System 1945-81』(New York, 1982), p.186。ニクソンは投機家を「アメリカのドルに全面戦争を仕掛けている」として批判した。
5. エコノミスト(1992年10月10日号)。
6. ロバート・ハイルブロナー著『The Quest for Wealth』(New York, 1956), p.219。
7. ミルトン・フリードマン著『Optimum Quantity of Money and Other Essays』(Chicago, 1960), p.286。
8. 効率的市場仮説に対する初期のころの攻撃については、デビッド・ドレマン著『The Psychology of the Stock-Market : Investment Strategy Beyond Random Walk』(New York, 1977)(邦訳は**『株式投資は心理戦争』**[パンローリング])。
9. グレゴリー・ミルマン著『Around the World on a Trillion Dollars a Day』(London, 1996), p.109。
10. レオ・メラメド著『Escape to the Futures』(New York, 1996), p.177(邦訳は『エスケープ・トゥ・ザ・フューチャーズ』[ときわ総合サービス出版調査部])。
11. マーティン・メイヤー著『Nightmare on Wall Street : Salomon Brothers and the Corruption of the Market Place』(New York, 1993), p.153。
12. マートン・H・ミラー著『Financial Innovations and Market Volatility』(Oxford, 1991)と『Merton Miller on Derivatives』(New York, 1997)(邦訳は『デリバティブとは何か』[東洋経済新報社])。
13. フランク・パートノイ著『F.I.A.S.C.O. : Blood in the Water on Wall Street』(London, 1997), p.33(邦訳は『大破局(フィアスコ)――デリバティブという「怪物」にカモられる日本』[徳間書店]))。
14. ジョージ・J・W・グッドマン(ペンネームはアダム・スミス)著『The Roaring '80s』(New York, 1988), p.26。
15. ルイス・ラップハム著『Money and Class in America: Notes and Observations on

27. ウィグモア著『The Crash and Its Aftermath 1929-1933 : A History of Securities Markets in the United States, 1929-1933 』, p.41。
28. ノース・アメリカン・レビュー誌, 228, p.75。
29. ノース・アメリカン・レビュー誌, 227。
30. コマーシャル・アンド・ファイナンシャル・クロニクル誌（1929年３月９日号）。
31. ノース・アメリカン・レビュー誌, 228, p.159。
32. チャールズ・マッケイ著『Extraordinary Popular Delusions and the Madness of Crowds』（New York, 1932）, p.xiii（邦訳は**『狂気とバブル』**［パンローリング］）。
33. ギュスターヴ・ル・ボン著『The Crowd : A Study of the Popular Mind』（London, 1922）（邦訳は『群集心理』）。ジークムント・フロイトの「Group Psychology and the Analysis of the Ego」（in『Collected Works』［J・ストレイチー訳, London, 1955, XVIII］）。
34. フロイト著『Collected Works』, XVIII, p.127, 101。
35. 同上、p.96。
36. ファウラー著『Ten Years on Wall Street』, p.322。
37. アレン著『Only Yesterday』, p.319（邦訳は『オンリー・イエスタデイ――1920年代・アメリカ』［筑摩書房］）。
38. ガルブレイス著『The Great Crash 1929』, p.108から引用（邦訳は『大暴落1929』［日経BP社］）。
39. トマスとモーガン・ウィッツ著『The Day the Bubble Burst』, p.226。
40. マーティン・ギルバート著『Winston S. Churchill』（London, 1976）, V, p.350。
41. アレン著『Only Yesterday』, p.333（邦訳は『オンリー・イエスタデイ――1920年代・アメリカ』［筑摩書房］）。
42. エディー・カンター著『Caught Short! A Saga of Wailing Wall Street』［1929］（Burlington, Vt., 1992）, p.22。
43. トマスとモーガン・ウィッツ著『The Day the Bubble Burst』, p.368。
44. ノイズ著『The Market Place』, p.342。
45. ペコラ著『Wall Street』, p.260。
46. ケインズ著『General Theory』, p.159（邦訳は『雇用・利子および貨幣の一般理論』）。
47. C・P・キンドルバーガー著『The World in Depression 1929-39』（London, 1987）, p.106（邦訳は『大不況下の世界――1929-1939』［岩波書店］）。
48. ピーター・テミン著『Lessons from the Great Depression』（Cambridge, Mass., 1990）（邦訳は『大恐慌の教訓』［東洋経済新報社］）。
49. フーバー著『The Memoirs of Herbert Hoover』, III, p.30。
50. マレー・ロスバード著『America's Great Depression』（Princeton, 1963）, p.295（邦訳は『アメリカの大恐慌』［きぬこ書店］）。
51. ウィグモア著『The Crash and Its Aftermath 1929-1933 : A History of Securities Markets in the United States, 1929-1933 』, p.337。
52. F・スコット・フィッツジェラルド著『The Crack-Up』（エドムント・ウィルソン編集, New York, 1945）, p.21。
53. アレン著『Only Yesterday』, p.338（邦訳は『オンリー・イエスタデイ――1920年代・アメリカ』［筑摩書房］）。

第7章

1. バジョット著『Lombard Street』, p.158。
2. ノイズ著『The Market Place』, p.195。
3. ハーバート・フーバー著『The Memoirs of Herbert Hoover : The Great Depression 1929-1941』(London, 1953), III(The Great Depression), p.6。
4. ノース・アメリカン・レビュー誌, 227(1929), p.75-76。
5. アービング・フィッシャー著『The Stock Market Crash--And After』(New York, 1930), p.126。
6. 同上、p.176。
7. M・S・フリドソン著『It Was a Very Good Year』(New York, 1998), p.50から引用。
8. J・R・レビン著『Anatomy of a Crash』(New York, 1966), p.20から引用。
9. ジェームズ・グラント著『Bernard M. Baruch : The Adventurers of a Wall Street Legend』(New York, 1997), p.216-17。
10. スミス著『Common Stocks as Long Term Investments』, p.81。
11. グレアム著『Intelligent Investor』, p.315-21(邦訳は**『賢明なる投資家』**[パンローリング])。
12. ノース・アメリカン・レビュー誌, 228(1929), p.156。
13. 同上。
14. バリー・ウィグモア著『The Crash and Its Aftermath 1929-1933 : A History of Securities Markets in the United States, 1929-1933』(Westport, Conn., 1985), p.27。
15. ノース・アメリカン・レビュー誌, 228, p.166。
16. グラント著『Bernard M. Baruch』, p.221。ジョン・ケネス・ガルブレイス著『The Great Crash 1929』[1954](London, 1994), p.116(邦訳は『大暴落1929』[日経BP社])。フレデリック・ルイス・アレン著『Only Yesterday』[1931](New York, 1957), p.324(邦訳は『オンリー・イエスタデイ――1920年代・アメリカ』[筑摩書房])。
17. ガルブレイス著『The Great Crash 1929』, p.42から引用(邦訳は『大暴落1929』[日経BP社])。
18. トーマス・モーティマ著『Elements of Commerce』(London, 1772), p.400。
19. フェルナンド・ペコラ著『Wall Street Under Oath』(London, 1939), p.93。
20. ガルブレイス著『The Great Crash 1929』, p.103(邦訳は『大暴落1929』[日経BP社])。
21. 同上。
22. ノース・アメリカン・レビュー誌, 227, p.406。
23. ゴードン・トマスとマックス・モーガン・ウィッツ著『The Day the Bubble Burst : A Social History of the Wall Street Crash』(London, 1979), p.356。
24. ロバート・T・パターソン著『The Great Boom and Panic 1921-1929』(Chicago, 1965), p.18から引用。
25. ノース・アメリカン・レビュー誌, 227, p.410。
26. グルーチョ・マルクス著『Groucho and Me』[1959](London, 1995), p.147。

24. メドベリー著『Men and Mysteries of Wall Street』, p.205。
25. ボイデン・スパークスとサミュエル・モールス著『Hetty Green, The Woman Who Loved Money』(New York, 1930), p.139。
26. ヘンリー・アダムスの「The New York Gold Conspiracy」(チャールズ・フランシス・アダムス・ジュニアとヘンリー・アダムス著『Chapters of Erie and Other Essays』[Boston, 171], p.102)。
27. メドベリー著『Men and Mysteries of Wall Street』, p.241。
28. ファウラー著『Ten Years on Wall Street』, 第18章。
29. 同上、p.195。
30. メドベリー著『Men and Mysteries of Wall Street』, p.153。
31. モーリー・クライン著『The Life and Legend of Jay Gould』(Baltimore, 1986), p.127から引用。
32. ヘンリー・アダムスの「Gold Conspiracy」, p.111。
33. ジョセフソン著『The Robber Barons』, p.373。
34. マーク・トウェインとチャールズ・ダッドリー・ワーナー著『The Guilded Age』(Hartford, 1873), p.397(邦訳は『金メッキ時代』[彩流社])。同書では「熱」と「狂気」という言葉は株式市場の挙動を表す言葉として頻繁に使われている。
35. ファウラー著『Ten Years on Wall Street』, p.387。
36. ヘンリー・クルーズ著『Twenty-eight Years in Wall Street』(New York, 1888), p.115。
37. ヘンリー・アダムスの「Gold Conspiracy」, p.113。
38. 同上、p.111。
39. チャールズ・アダムス著『Chapters of Erie and Other Essays』, p.139。
40. サコルスキー著『The Great American Land Bubble』, p.291。
41. ジョセフソン著『The Robber Barons』, p.94。
42. スプレーグ著『History of Crises Under the National Banking System』, p.27。
43. ソーベル著『Panic on Wall Street : A History of America's Financial Disasters』, p.184-85から引用。
44. ノイズ著『The Market Place』, p.19-20。
45. プラット著『The Work of Wall Street』, p.43。クルーズ著『Twenty-eight Years in Wall Street』, p.97。
46. ジョセフソン著『The Robber Barons』, p.351。
47. ノイズ著『The Market Place』, p.42。
48. メドベリー著『Men and Mysteries of Wall Street』, p.128。
49. 同上、p.198。
50. ソーベル著『Panic on Wall Street : A History of America's Financial Disasters』, p.209から引用。
51. メドベリー著『Men and Mysteries of Wall Street』, p.210。
52. アームストロング著『Stocks and Stock-Jobbing』, p.23。
53. エメリー著『Speculation On The Stock And Produce Exchanges Of The United States』, p.100。

イツ　未来を語る』［アスキー］)。
72. フォーブス（1995年12月４日号）。
73. ゲイツ著『The Road Ahead』, p.231（邦訳は『ビル・ゲイツ　未来を語る』［アスキー］)。

第６章

1. Ｊ・Ｓ・デービス著『Essays in the Early History of American Corporations』（Cambridge, Mass., 1917）, I, p.33。
2. ファウラー著『Ten Years on Wall Street』, p.171。
3. ロバート・ソーベル著『Panic on Wall Street : A History of America's Financial Disasters』（New York, 1968）, p.223。
4. ケインズ著『The General Theory of Employment, Interest and Money』［1936年］（London, 1973）, p.159（邦訳は『雇用・利子および貨幣の一般理論』)。
5. Ａ・Ｍ・サコルスキー著『The Great American Land Bubble』（New York, 1932）, p.30から引用。
6. ウィリアム・アームストロング著『Stock and Stock-Jobbing on Wall Street』［1848］, p.12（『マガジン・オブ・ヒストリー』誌, 1933, 45, No.1に転載）。
7. ファウラー著『Ten Years on Wall Street』, p.327。
8. アームストロング著『Stock and Stock-Jobbing on Wall Street』, p.24。
9. ファウラー著『Ten Years on Wall Street』, p.329。ジェームズ・メドベリーはマージンのことを「投機の原動力」と呼んだ（Ｊ・Ｋ・メドベリー著『Men and Mysteries of Wall Street』［Boston, 1870］, p.59)。
10. ファウラー著『Ten Years on Wall Street』, p.155。
11. マシュー・ジョセフソン著『The Robber Barons』（New York, 1934）, p.59（邦訳は『泥棒男爵』)。
12. 同上、p.28。
13. ファウラー著『Ten Years on Wall Street』, p.131。
14. チャールズ・Ｆ・アダムス・ジュニア著『Chapters of Erie and Other Essays』（Boston, 1869）, p.4。
15. ファウラー著『Ten Years on Wall Street』, p. 142。
16. 同上、p.489。
17. メドベリー著『Men and Mysteries of Wall Street』, p.161。
18. ソーベル著『Panic on Wall Street : A History of America's Financial Disasters』, p.125から引用。
19. ファウラー著『Ten Years on Wall Street』, p.281。
20. 同上、p.320。
21. 同上、p.243。
22. Ｓ・Ｄ・キャッシュマン著『America in the Guilded Age』（New York, 1984）, p.41から引用。
23. セレーノ・Ｓ・プラット著『The Work of Wall Street』（New York, 1903）, p.140。

40. タイムズ（1845年８月９日付）から引用。
41. 『Ten Minutes' Advice to Speculators in Railway Shares』（作者不明。Manchester, 1845）, p.5。
42. エコノミスト（1845年８月16日号）。
43. ベイリー著『George Hudson』, p.60。
44. エコノミスト（1845年９月６日号）。
45. エバンス著『Commercial Crisis 1847-1848』, p.167。熱狂とペストの比較に注目（第３章を参照）。
46. タイムズ（1845年10月16日付）。
47. タイムズ（1845年11月７日付）。
48. タイムズ（1845年10月24日付）。
49. ランバート著『Railway King』, p.189。
50. トゥック著『History of Prices』, V, p.369（邦訳は『物価史』［東洋経済新報社］）。
51. エコノミスト（1846年８月22日号）。
52. トーマス・カーライル著『Collected Letters』（Ｃ・Ｒ・サンダース他編集。Durham, NC, 1970-）, XXI, p.74。
53. エバンス著『Commercial Crisis 1847-1848』, p.35。
54. フランシス著『History of the Railways』, II, p.195。
55. エバンス著『Commercial Crisis 1847-1848』, p.73。
56. 同上、p.86。
57. エコノミスト（1847年11月20日号）。
58. ベイリー著『George Hudson』, p.88。
59. アーサー・スミス著『The Bubbles of the Age : or, the Fallacies of Railway Investments, Railway Accounts, and Railway Dividends』（London, 1848）。スミスによれば、会社によっては株価を上げ、運賃収入を大きく見せかけるための低俗な策略を毎日繰り広げるところもあった」
60. Ｓ・スマイルズ著『Railway Property : Its Condition and Prospects』（London, 1849）, p.63。
61. エバンス著『Commercial Crisis 1847-1848』, p.126。
62. ベイリー著『George Hudson』, p.95。
63. 同上、p.102。
64. 同上、p.95。
65. ランバート著『Railway King』, p.276。
66. 同上、p.280。
67. ジェームズ・ワード著『Railways for the Many, and Not for the Few』, 1847, p.5。
68. リチャード・エーレンバーグ著『Die Fondsspekulation und die Gesetzgebung』（Berlin, 1883）, p.70-73。ラディック・レッサー著『Zur Geschichte der Berliner Borse und des Eisenbahnaktien-Handels』（Berlin, 1844）。
69. トゥック著『History of Prices』, V, p.373（邦訳は『物価史』［東洋経済新報社］）。
70. ニコラス・ネグロポンテ著『Beig Dgital』（London, 1995）, p.230（邦訳は『ビーイング・デジタル［アスキー］）。
71. ビル・ゲイツ著『The Road Ahead』（New York, 1995）, p.9（邦訳は『ビル・ゲ

8．レオーネ・レビ著『The History of British Commerce』(London, 1880), p.191-92。
9．ジョン・フランシス著『History of the Railways』(London, 1850), I, p.292から引用。
10. リチャード・S・ランバート著『The Railway King 1800-1871 : A Study of George Hudson and the Business Morals of His Time』(London, 1964), p.62。
11. フランシス著『History of the Railways』, II, p.139。
12. 同上、p.139。
13. ブライアン・ベイリー著『George Hudson : The Rise and Fall of the Railway King』(Stroud, England, 1995), p.13。
14. 同上、p.55。
15. ランバート著『The Railway King 1800-1871』, p.157。
16. 同上、p.29。
17. 同上、p.137。
18. ベイリー著『George Hudson』, p.44。
19. ハント著『The Development of the Business Corporation in England 1800-1867』, p.101から引用。
20. タイムズ（1845年10月22日付）。
21. タイムズ（1845年10月25日付）。
22. タイムズ（1845年10月27日付）。
23. エコノミスト（1845年９月６日号）。
24. ロバート・ピール著『From His Private Papers』（C・S・パーカー編集。London, 1899), III, p.188。
25. エコノミスト（1845年９月６日号）。
26. エコノミスト（1845年３月15日号）。
27. P・J・G・ランソン著『The Victorian Railway and How It Evolved』(London, 1990), p.83。
28. タイムズ（８月14日付）。
29. タイムズ（７月28日付）。投機のカーニバル的な性質についての言及に注目。ジョン・フランシスは鉄道フィーバーについて書いた本のなかで、「証券取引所の近辺はまるで市場のようだった」と書いている（『History of the Railways』, II, p.183)。
30. タイムズ（７月２日付）。
31. ハント著『The Development of the Business Corporation in England 1800-1867』, p.105。
32. タイムズ（８月13日付、７月12日付）。
33. D・M・エバンス著『Commercial Crisis 1847-1848』(第２版, London, 1849), p.15。
34. フランシス著『History of the Railways』, II, p.182。
35. エコノミスト（1845年10月25日号）。
36. タイムズ（1845年７月12日付）。
37. タイムズ（1845年10月11日付）。
38. タイムズ（1845年11月１日付）。
39. G・R・ホーク著『Railways and Economic Growth in England and Wales 1840-70』(Oxford, 1970), p.206。

41. ボイド・ヒルトン著『Corn, Cash, Commerce』(Oxford, 1977), p.227から引用。ヒルトンはこの政策はサドマゾ的だと言っている。
42. マルティノ著『History of England』, I, p.364。
43. 同上、p.373。
44. スマート著『Economic Annals』, II, p.334。
45. ドーソン著『The First Latin American Debt Crisis』, p.214。
46. 同上、p.119。
47. ヘッド著『Rough Notes』, p.279。
48. 同上、p. iv。
49. フランシス著『History of the Bank of England』, II, p.4。
50. マルティノ著『History of England』, I, p.352。
51. S・T・コールリッジ著『Lay Sermons』(R・J・ホワイト編集。London, 1972), p.204。
52. ジョプリン著『Case for Parliamentary Inquiry』, p.12。
53. S・J・ロイドの「Reflections suggested by a perusal of Mr. J. Horsley Palmer's Pamphlet on the Causes and Consequences of the Pressure on the Money Market」[1837]、『Tracts and Other Publications on Metallic and Paper Currency』(London, 1858), p.30。オーバーストーンの分析を取り上げたこのほかの著者は、ジョン・フランシス(『History of Bank of England』)、ウォルター・バジョット(『Lombard Street』)、キンドルバーガー『Manias, Panics, and Crashes』, New York, 1989(邦訳は『熱狂、恐慌、崩壊――金融危機の歴史』[日本経済新聞出版社])。
54. バジョット著『Lonbard Street』[1873](London, 1910), p.139(邦訳は『ロンバード街』)。
55. J・S・ミル著『Principles of Political Economy』, p.543(邦訳は『経済学原理』(岩波書店)。

第5章

1. J・A・シュンペーター著『Business Cycles : A Theoretical, Historical and Statistical Analysis of the Capitalist Process』, I, p.86(邦訳は『景気循環論――資本主義過程の理論的・歴史的・統計的分析』[有斐閣])。
2. W・T・ジャックマン著『The Development of Transportation in Modern England』(London, 1962), p.406。新しい市場がオープンし、輸送されてきた物品の価格が下がると、運河に隣接する土地の価値は上昇した。
3. J・R・ワード著『The Finance of Canal Building in Eighteenth-Century England』(Oxford, 1974), p.107。
4. 同上、p.91。
5. 同上、p.136。
6. B・C・ハント著『The Development of the Business Corporation in England 1800-1867』, p.14。
7. ワード著『The Finance of Canal Building in Eighteenth-Century England』,p.176。

: 1816-1846』(London, 1848), I, p.357。トーマス・トゥックはマカロック著『Principles of Political Economy and Taxation』を引き合いに出して、アイススケートがリオに初めて導入されたのは1808年だと主張している。この話は疑わしい。

11. F・B・ヘッド著『Rough Notes』(London, 1826), p.304。
12. ジェーン・リドレー著『The Young Disraeli』(London, 1995), p.31。
13. ベンジャミン・ディズレーリ著『An Inquiry into the Plans, Progress, and Policy of the American Mining Companies』(初版は1825年3月。すぐに第3版まで増刷)。
14. キナストン著『The City of London : A World of Its Own』, I, p.63。
15. リドレー著『Young Disraeli』, p.33。
16. 同上、p.34。
17. ドーソン著『The First Latin American Debt Crisis』, p.98-99。
18. このバカげた冒険はクレマン・ジュグラー著『Des Crises Commerciales et de leur retour periodique en France, en Angleterre et aux Etats-Unis』(Paris, 1889), p.366のなかでは額面どおりに解釈された。
19. フランシス著『History of the Bank of England』, II, p.3。
20. 『Remarks on Joint Stock Companies by an Old Merchant』(作者不明。London, 1825), p.46。
21. ウィリアム・スマート著『Economic Annals of the Nineteenth Century 1821-1830』(London, 1917), II, p.318。
22. フランシス著『History of the Bank of England』, II, p.2。
23. ドーソン著『The First Latin American Debt Crisis』, p.163。
24. 同上、p.90。
25. 同上、p.100。
26. スマート著『Economic Annals』、II, p.296。
27. B・C・ハント著『The Development of the Business Corporation in England 1800-1867』(Cambridge, Mass., 1936), p.35。
28. マルティノ著『History of England』, I, p.356。
29. 『Parliamentary Debates』(国会議事録), New Series (London, 1825), XII, p.1。
30. 同上、p.1048-1073。
31. 同上、p.1194-95。
32. ディズレーリ著『An Inquiry into the Plans, Progress, and Policy of the American Mining Companies』, p.95。
33. 『Parliamentary Debates』(国会議事録), XII, p.1076。
34. ドーソン著『The First Latin American Debt Crisis』, p.108-10。
35. トーマス・ジョプリン著『Case for Parliamentary Inquiry』(London, 1835), p.13。
36. 同上、p.16。
37. 『Parliamentary Debates』(国会議事録), New Series (London, 1826), XIV, p.200。
38. トゥック著『History of Prices』, II, p.162 (邦訳は『物価史』[東洋経済新報社])。キナストンはこの話には疑いを抱いている(『The City of London : A World of Its Own』, II, p.70を参照)。
39. 『Dictionary of National Biography』, XVII (Oxford, 1897), p.1035。
40. キナストン著『The City of London : A World of Its Own』, I, p.73。

33. サタデーズ・ポスト（ミスツ・ジャーナル）の1720年７月30日号。
34. カースウェル著『The South Sea Bubble』, p.144。
35. アップルビーズ・オリジナル・ウィークリー・ジャーナル（1720年８月27日号）。
36. スコット著『The Constitution and Finance of English, Scottish and Irish Joint-Stock Companies to 1720』, III, p.328。
37. アップルビーズ・オリジナル・ウィークリー・ジャーナル（1720年10月１日号）。
38. バージニア・カウルズ著『The Great Swindle』（London, 1960）, p.143。
39. ポープ著『Correspondence』, II, p.53-54。
40. ハリデーとフューラー著『Psychology of Gambling』, p.281から引用。
41. アップルビーズ・オリジナル・ウィークリー・ジャーナル（1720年11月15日号）。
42. エドワード・ギボン著『Memoirs of My Life』（London, 1984）, p.49（邦訳は『ギボン自伝』［筑摩書房］。
43. 同上、p.49。
44. アダム・スミス著『Lecturers on Jurisprudence』（R・L・ミーク、D・D・ラファエル、P・G・スタイン編集。Oxford, 1978）, p.519。
45. ディクソン著『The Financial Revolution in England』, p.153とC・P・キンドルバーガー著『Manias, panics, and Crashes』, p.134-35（邦訳は『熱狂、恐慌、崩壊――金融危機の歴史』［日本経済新聞出版社］）。
46. アンダーソン著『Origin of Commerce』, III, p.91-92。
47. シュンペーター著『Business Cycles : A Theoretical, Historical and Statistical Analysis of the Capitalist Process』, I, p.250（邦訳は『景気循環論――資本主義過程の理論的・歴史的・統計的分析』［有斐閣］）。
48. ニール著『Stock Market Crashes nd Speculative Manias』（E・N・ホワイト編集。Brookfield, Vt., 1996）, p.155。
49. カースウェル著『The South Sea Bubble』, p.133。

第４章

１. フランク・G・ドーソン著『The First Latin American Debt Crisis』（New Haven, 1990）, p.41-42, 59-61。
２. デビッド・キナストン著『The City of London : A World of Its Own』（London, 1994）, I, p.49。
３. 同上、I, p.47。
４. ドーソン著『The First Latin American Debt Crisis』, p.227。
５. 同書、p.105。
６. ジョン・フランシス著『History of the Bank of England』(London, 1848), II, p.27。
７. ドーソン著『The First Latin American Debt Crisis』, p.121。
８. トーマス・トゥック著『History of Prices』（London, 1838）, II, p.142（邦訳は『物価史』［東洋経済新報社］）。
９. 同上、p.144。
10. ハリエット・マルティノ著『The History of England during the Thirty Years' Peace

評価については、アントワン・E・マーフィー著『John Law : Theorist and Policy Maker』（Oxford, 1997）とジェームズ・バカン著『Frozen Desire』（New York, 1997）を参照のこと（邦訳は『マネーの意味論』［青土社］）。
3．ウィークリー・ジャーナルとサタデーズ・ポスト（ミスツ・ジャーナル）の1720年２月13日号。
4．アーチボルド・ハッチソン著『Some Seasonable Considerations...』，14 April』（London, 1720）。
5．カースウェル著『The South Sea Bubble』，p.16。
6．『Secret History of the South-Sea Scheme』，p.429。
7．ディクソン著『The Financial Revolution in England』，p.131。
8．カースウェル著『The South Sea Bubble』，p.108, 165。
9．アントワン・E・マーフィー著『Richard Cantillon』（Oxford, 1986），p.165。
10. アダム・アンダーソン著『The Original of Commerce』（London, 1801），III, p.102。
11. スコット著『The Constitution and Finance of English, Scottish and Irish Joint-Stock Companies to 1720』，I, p.424。
12. カースウェル著『The South Sea Bubble』，p.99。
13. アンダーソン著『Origin of Commerce』，III, p.103-7。
14. スコット著『The Constitution and Finance of English, Scottish and Irish Joint-Stock Companies to 1720』，I, p.420。
15. カースウェル著『The South Sea Bubble』，p.243。
16. 『A Collection of Several Pieces of Mr. Toland』（London, 1726）のなかの『The Secret History of the South-Sea Scheme』，p.443
17. 同上、p.427-31。
18. アレクサンダー・ポープ著『Correspondence』（G・シャーバーン編集，Oxford, 1956），II, p.48-51）。
19. 同上、p.52。
20. マーフィー著『Richard Cantillon』，p.171。
21. 同上、p.168。
22. コリン・ニコルソン著『Writing and the Rise of Finance』（Cambridg, 1994），p.16から引用。
23. 『Secret History of the South-Sea Scheme』，p.446。
24. C・P・キンドルバーガー著『Financial History of Western Europe』（第２版，London, 1989），p.182。
25. ディクソン著『The Financial Revolution in England』，p.126。
26. E・シェマジャー著『A Letter to the Patriots of Change Alley』（London, 1720），p.8-9。
27. カースウェル著『The South Sea Bubble』，p.116。
28. ウィリアム・ファウラー著『Ten Years on Wall Street』（New York, 1870），p.450。
29. アップルビーズ・オリジナル・ウィークリー・ジャーナル（1720年８月６日号）。
30. 『Exchange-Alley : or the Stock-Jobber turn'd Gentleman』（1720）。
31. アップルビーズ・オリジナル・ウィークリー・ジャーナル（1720年８月５日号）。
32. カースウェル著『The South Sea Bubble』，p.127。

19. デフォー著『Essay upon Projects』, p.173（邦訳は『十七世紀末の英国事情――デフォーの社会改善計画』［同志社大学出版部］）。
20. ピーター・バーンスタイン著『Against the Gods』（New York, 1996）, p.90（邦訳は『リスク――神々への反逆』［日本経済新聞社］）。
21. スペクテーター紙（D・F・ボンド編集。Oxford, 1956）, II, p.249。
22. デフォー著『Anatomy of Exchange Alley』（1719, p.379）（ジョン・フランシス著『Chronicles and Characters of the Stock Exchange』1849に転載）。
23. J・M・ケインズ著『The General Theory of Employment, Interest and Money』［1936年］（London, 1973）, p.157（邦訳は『雇用・利子および貨幣の一般理論』）。
24. デフォー著『The Villainy of Stock-Jobbers Detected』（London, 1701）, p.4。
25. 『A Discourse Concerning the Coining of the New Money Lighter』［1696］より。バカン著『Frozen Desire』, p.105から引用（邦訳は『マネーの意味論』［青土社］）。
26. スペクテイター紙, IV, p.5。
27. ケインズ著『The General Theory of Employment, Interest and Money』［1936年］（London, 1973）, p.154（邦訳は『雇用・利子および貨幣の一般理論』）。
28. ディクソン著『The Financial Revolution in England』, p.258。
29. スコット著『The Constitution and Finance of English, Scottish and Irish Joint-Stock Companies to 1720』, III, p.247。
30. 『Angliae Tutamen』, p.16。
31. スコット著『The Constitution and Finance of English, Scottish and Irish Joint-Stock Companies to 1720』, II, p.216から引用。
32. ジョン・イブリン著『Diary』（E・S・デビア編集。Oxford, 1955）, V, p.246。
33. デフォー著『The Villainy of Stock-Jobbers Detected』, p.4。
34. チャールズ・キンドルバーガー著『Manias, Panics, and Crashes』, 第2版, New York, 1989, p.24（邦訳は『熱狂、恐慌、崩壊――金融危機の歴史』［日本経済新聞出版社］）。
35. ジョン・カースウェル著『The South Sea Bubble』（London, 1993）, p.14。ディクソン著『Financial Resolution』, p.518。
36. J・S・ミル著『Principles of Political Economy』［1848］（Toronto, 1965）, p.542（邦訳は『経済学原理』［岩波書店］）。
37. 『Angliae Tutamen』, p.21。
38. アレクサンダー・ダナ・ノイズ著『The Market Place』（Boston, 1938）, p.193。
39. 『Angliae Tutamen』, p.16。
40. アップルビー著『Economic Thought and Ideology in Seventeenth Century England』, p.257。
41. ジェームズ・グラント著『Minding Mr. Market』（New York, 1993）, p.7。

第3章

1. デフォー著『Anatomy of Exchange Alley』, p.378。
2. ミシシッピバブルの詳細については本書の範疇を超える。ジョン・ローの最近の

43. ピーター・ガーバーの「Tulipomania」、『ジャーナル・フォー・ポリティカル・エコノミー』97, No.3（1989年６月号）。
44. ジェイムズ・バカン著『Frozen Desire』（New York, 1997）, p.110（邦訳は『マネーの意味論』［青土社］）。
45. ベガ著『Confusion de Confusiones』, p.18。
46. エマニュエル・ル・ロワ・ラデュリ著『Carnival : A People's Uprising at Romans 1579-1580』（London, 1980）。
47. ミハイル・バフチン著『Rabelais and His World』（ヘレン・イスウォルスキー訳。Bloomington, Indiana, 1984）, p.9。

第２章

1．「Discourses on the Public Revenues」1698より。Ｊ・Ｇ・Ａ・ポコック著『The Machiavellian Moment』（Princeton, 1975）, p.439から引用。
2．デフォー著『Essay upon Loans』（1710）（サマーズ男爵著『A Collection of Scarce and Valuable Tracts』［London, 1815, XIII］, p.36より）。
3．Ｗ・Ｒ・スコット著『The Constitution and Finance of English, Scottish and Irish Joint-Stock Companies to 1720』（Cambridge, 1912）, I, p.323。
4．Ｐ・Ｇ・Ｍ・ディクソン著『The Financial Revolution in England』（Oxford, 1967）, p.465。
5．スコット著『The Constitution and Finance of English, Scottish and Irish Joint-Stock Companies to 1720』, II, p.285-86。
6．同上、p.417。
7．作者不明『Angliae Tutamen』（London, 1695）, p.21。
8．デフォー著『Essay Upon Projects』（London, 1697, p.13。1969年にスコラー・プレスで再版。邦訳は『十七世紀末の英国事情――デフォーの社会改善計画』［同志社大学出版部］）。
9．スコット著『The Constitution and Finance of English, Scottish and Irish Joint-Stock Companies to 1720』, III, p.78。
10. 同上、III, p.95。
11. 同上、III, p.483。
12. 同上、III, p.33。
13. トーマス・シャドウェル著『Works』（London, 1720）, IV, p.435。
14. クリスティーン・マクロードの「The 1690s Patents Boom--Invention or Stockjobbing」、エコノミック・ヒストリー・レビュー, 2nd. Ser., XXXIX, No.4（1989）。
15. スコット著『The Constitution and Finance of English, Scottish and Irish Joint-Stock Companies to 1720』, I, p.345。
16. ジョン・ホートン著『A Collection for the Improvement of Husbandry and Trade』, June 1694, 第101号。
17. 同上、第99号。
18. ディクソン著『The Financial Revolution in England』, p.45。

12. 同上、p.241。
13. バイオレット・バブアー著『Capitalism in Amsterdam in the Seventeenth Century』（Baltimore, 1950）, p.95-122。
14. 同上、p.142。
15. 同上、p.44。
16. フェルナン・ブローデル著『The Wheels of Commerce』（New York, 1982）, p.100。
17. ジョセフ・デ・ラ・ベガ著『Confusion de Confusiones』, 1688（in「Portions Descriptive of the Amsterdam Stock Exchange」［H・ケレンベンツ編集。Boston, 1957, p.27］）。
18. 『The Psychology of Gambling』（ジョン・ハリデー、ピーター・フューラー編集。London, 1974, p.126）から引用。
19. ベガ著『Confusion de Confusiones』, p.11。
20. 同上、p.22。
21. 同上、p.10, 12。
22. 同上、p.18。
23. ベンジャミン・グレアム著『The Intelligent Investor』（第４版, New York, 1973）, p.108（邦訳は**『賢明なる投資家』**［パンローリング］）。バークシャー・ハサウェイの年次リポート, 1987。
24. 『Autobiographical Recollections of Sir John Bowring』（London, 1877）, p.110-13。
25. ジョナサン・イスラエル著『The Dutch Republic』（Oxford, 1995）, p.533。
26. ポール・テイラー著『Dutch Flower Painting 1600-1720』（New Haven, 1995）, p.10。
27. N・W・ポスチュマスの「The Tulip Mania in Holland in the Years 1636 and 1637」、ジャーナル・オブ・エコノミック・アンド・ビジネス・ヒストリー, I, 1928-29, p.462。
28. 同上、p.451。
29. 同上、p.455。
30. 同上、p.458。
31. 同上。
32. 同上、p.450。
33. 同上、p.451。
34. テイラー著『Dutch Flower Painting』, p.13。
35. ポスチュマスの「Tulip Mania」, p.436。
36. テイラー著『Dutch Flower Painting』, p.13。
37. ポスチュマスの「Tulip Mania」, p.447。
38. ウィルフリッド・ブラント著『Tulipomania』（London, 1950）, p.15。
39. ポスチュマスの「Tulip Mania」, p.452。
40. テイラー著『Dutch Flower Painting』, p.47。
41. ブラント著『Tulipomania』, p.17。この伝説はズビグニエフ・ハーバート著『Still Life with a Bridle』（London, 1994）をはじめとするチューリップバブルについての最近の記述のなかに登場する。
42. アップルビーズ（1721年１月14日号）。J・K・ガルブレイス著『The Great Crash 1929』（London, 1975, p.148-50（邦訳は『大暴落1929』［日経BP社］）。

原注

序文

1．L・スチュアート・サザーランドの「Sir George Colebrooke's World Corner in Alum, 1771-73」、『Economic History 3』（London, 1936）。
2．ジョセフ・A・シュンペーター著『Business Cycles : A Theoretical, Historical and Statistical Analysis of the Capitalist Process』（New York, 1939），p.679（邦訳は『景気循環論――資本主義過程の理論的・歴史的・統計的分析』［有斐閣］）。
3．フレッド・シュエッド・ジュニア著『Where are the Customers' Yachts? or a Good Hard Look at Wall Street』（第1版，1940）（New York, 1995），p.172（邦訳は**『投資家のヨットはどこにある？――プロにだまされないための知恵』**［パンローリング］）。
4．バーナード・M・バルーク著『My Own Story』（London, 1958），p.208。

第1章

1．『Satyricon』（マイケル・ヘーゼルタイン訳、London, 1913）（邦訳は『サテュリコン』［岩波書店］）。
2．ジェローム・カルコピノ著『Daily Life in Ancient Rome』（London, 1956），p.74。
3．『Curculio』，Act IV, Sc.II。
4．E・バディアン著『Publicans and Sinners』（Oxford, 1972），p.104。
5．同上、p.102。
6．キケロ著『Ad. Familias XII, 10.2』（テニー・フランク著『Economic History of Rome』［London, 1927, p.282］から引用）。
7．ポリュビオス著『Rise of the Roman Empire』Book IV, 17（イアン・スコット＝キルバート訳。London, 1979），p.316。
8．『Satyricon』，p.257（邦訳は『サテュリコン』［岩波書店］）。
9．ミハイル・ロストフツェフ著『The Social and Economic History of the Roman Empire』（Oxford, 1957），p.472（邦訳は『ローマ帝国社会経済史』［東洋経済新報社］）。
10．リチャード・エーレンバーグ著『Capital and Finance in the Age of the Renaissance』（H・M・ルーカス訳。London, 1928），p.309。
11．同上、p.245。

チャールズ・P・キンドルバーガー著『経済大国興亡史――1500-1990』（岩波書店）
Charles P. Kindleberger, "Asset Inflation and Monetary Policy," Banco Nazionale del Lavoro *Quarterly Review*, March 1995.
– "Economic and Financial Crises and Transformations in Sixteenth-Century Europe," *Essays in International Finance*, No.208 (June 1998), Princeton.
Michael Syron Lawlor, "On the Historical Origins of Keynes's Financial Market Views," in Supplement 26 to *History of Political Economy*, 1994.
エドウィン・ルフェーブル著『欲望と幻想の市場――伝説の投機王リバモア』（東洋経済新報社）
ロジャー・ローウェンスタイン著『ビジネスは人なり投資は価値なり――ウォーレン・バフェット』（総合法令出版）
Robert K. Merton, "Self-fulfilling Prophecies," *Antioch Review*, vol.8 (1949).
David Parker and Ralph Stacey, *Chaos, Management and Economics : The Implications of Non-Linear Thinking*. London, 1994.
アンナ・パヴォード著『チューリップ――ヨーロッパを狂わせた花の歴史』（大修館書店）
エドガー・ピーターズ著『カオスと資本市場――資本市場分析の新視点』（白桃書房）
Cliff Pratten, *The Stock Market*. Cambridge, 1993.
Charles Raw et al., *Do you sincerely want to be rich? Bernard Cornfeld and IOS : An International Swindle*. London, 1971.
David Roberts, *$1000 Billion a Day : Inside the Foreign Exchange Markets*. London, 1995.
Arnold Rose, "Rumor in the Stock Market," *Public Opinion Quarterly*, No.15 (1951).
Robert J. Schiller, *Market Volatility*. Cambridge, Mass., 1989.
– "Stock Prices and Social Dynamics," *Brookings Papers on Economic Activity* 2, 1984.
– "Speculative Prices and Popular Models," *Journal of Economic Perspectives*, vol.4, No.2 (Spring 1990).
Eric Schubert, "Innovations, Debts, and Bubbles : International Integration of Financial Markets in Western Europe, 1688-1720." *Journal of Economic History*, vol.48, No.2 (June 1988).
S. M. Sheffrin, *Rational Expectations*. Cambridge, 1996.
ウィリアム・シャーデン著『予測ビジネスで儲ける人びと――すべての予測は予測はずれに終わる』（ダイヤモンド社）
ピーター・タスカー著『インサイド・ジャパン』（講談社）
Jean Tirole, "On the Possibility of Speculation Under Rational Expectations," *Econometrica*, vol.50, No.5 (September 1982).
John Train, *The Dance of the Honey Bees*. New York, 1974.
Paul Volcker and Toyoo Gyohten, *Changing Fortunes : The World's Money and the Threat to American Leadership*. New York, 1992.
M・ミッチェル・ワールドロップ著『複雑系――科学革命の震源地・サンタフェ研究所の天才たち』（新潮社）
W. A. Weisskopf, *The Psychology of Economics*. London, 1955.

参考文献

M. Abolafia and M. Kilduff, "Enacting Market Crisis : The Social Construction of a Speculative Bubble," *Administrative Science Quarterly*, vol.33, No.2 (June 1988).

Gordon Aliport and Leo Postman, *The Psychology of Rumor*. New York, 1947.

W. Brian Arthur, "Positive Feedbacks in the Economy," *Scientific American*, February 1990.

Fischer Black, "Noise," *Journal of Finance*, XLI, No.3 (July 1986).

Shaheen Borna and James Lowry, "Gambling and Speculation," *Journal of Business Ethics*, vol.6 (1987).

Reuven Brenner, *Gambling and Speculation : A Theory, a History, and a Future of Some Human Decisions*. Cambridge, 1990.

David Carrier, "Will Chaos Kill the Auctioneer," *Review of Political Economy*, vol.5, issue 3 (1993).

B・アイケングリーン著『グローバル資本と国際通貨システム』（ミネルヴァ書房）

ビル・エモット著『日はまた沈む――ジャパン・パワーの限界』（草思社）

Eugene F. Fama, "Perspectives on October 1987," in Robert W. Kamphuis, ed., *Black Monday and the Future of Financial Markets*. Chicago, 1989.

スティーブン・フェイ著『ベアリングズ崩壊の真実』（時事通信社）

レオン・フェスティンガー著『認知的不協和の理論――社会心理学序説』（誠信書房）

ベンジャミン・グレアムとデビッド・ドッド著『**証券分析**』（パンローリング）

Bob Haq, ed., *The Tobin Tax*. Oxford, 1996.

Henry Howard Harper, *The Psychology of Speculation*. New York, 1926.

Bernard Hart, "The Psychology of Rumour," *Proceedings of the Royal Society of Medicine*, vol.9 (March 28, 1916).

ロバート・A・ハウゲン著『株式投資の新しい考え方――行動ファイナンスを超えて』（ピアソン・エデュケーション）

Nicholas Kaldor, "Speculation and Economic Stability," *Review of Economic Studies*, vol. VIII (1939-40).

George Katona, "The Relationship Between Psychology and Economics," in S. Koch, ed., *Psychology : A Study of a Science*, vol.6 (New York, 1959).

D. Kelsey, "The Economics of Chaos," *Oxford Economics Papers*, vol.40, No.1 (March 1988).

J. M. Keynes, *Collected Writings* (Economic Articles and Correspondence : Investment and Editorial), vol.XII, London and. Cambridge, 1983.

■著者紹介

エドワード・チャンセラー（Edward Chancellor）

ケンブリッジ大学とオックスフォード大学で歴史を学び、1990年代初期、投資銀行のラザード・ブラザーズに勤務。フリーライターとして、フィナンシャル・タイムズやエコノミストを中心に執筆。本書はチャンセラーの初めての著書で、マネー誌では1999年のビジネス書トップ５入りを果たし、トーク誌でも同じく1999年のベスト10ブック入りを果たした。

■監修者紹介

長尾慎太郎（ながお・しんたろう）

東京大学工学部原子力工学科卒。北陸先端科学技術大学院大学・修士（知識科学）。日米の銀行、投資顧問会社、ヘッジファンドなどを経て、現在は大手運用会社勤務。訳書に『魔術師リンダ・ラリーの短期売買入門』『新マーケットの魔術師』など（いずれもパンローリング、共訳）、監修に『高勝率トレード学のススメ』『ラリー・ウィリアムズの短期売買法【第２版】』『コナーズの短期売買戦略』『続マーケットの魔術師』『続高勝率トレード学のススメ』『ウォール街のモメンタムウォーカー』『堕天使バンカー』『ゾーン【最終章】』『ウォール街のモメンタムウォーカー【個別銘柄編】』『マーケットのテクニカル分析』『ブラックエッジ』『逆張り投資家サム・ゼル』『とびきり良い会社をほどよい価格で買う方法』『マーケットのテクニカル分析 練習帳』『プライスアクション短期売買法』『インデックス投資は勝者のゲーム』など、多数。

■訳者紹介

山下恵美子（やました・えみこ）

電気通信大学・電子工学科卒。エレクトロニクス専門商社で社内翻訳スタッフとして勤務したあと、現在はフリーランスで特許翻訳、ノンフィクションを中心に翻訳活動を展開中。主な訳書に『EXCELとVBAで学ぶ先端ファイナンスの世界』『リスクバジェッティングのためのVaR』『ロケット工学投資法』『投資家のためのマネーマネジメント』『高勝率トレード学のススメ』『勝利の売買システム』『フルタイムトレーダー完全マニュアル』『新版　魔術師たちの心理学』『株式超短期売買法』『プライスアクションとローソク足の法則』『トレードシステムはどう作ればよいのか　１　２』『トレードコーチとメンタルクリニック』『トレードシステムの法則』『トレンドフォロー白書』『スーパーストック発掘法』『出来高・価格分析の完全ガイド』『アメリカ市場創世記』『ウォール街のモメンタムウォーカー』『グレアム・バフェット流投資のスクリーニングモデル』『Rとトレード』『ザ・シンプルストラテジー』『システマティックトレード』『市場ベースの経営』『世界一簡単なアルゴリズムトレードの構築方法』『システムトレード 検証と実践』『アルゴリズムトレードの道具箱』『ウォール街のモメンタムウォーカー【個別銘柄編】』『プライスアクション短期売買法』（以上、パンローリング）、『FORBEGINNERSシリーズ90　数学』（現代書館）、『ゲーム開発のための数学・物理学入門』（ソフトバンク・パブリッシング）がある。

2018年7月3日　初版第1刷発行

ウィザードブックシリーズ264

新訳 バブルの歴史
――最後に来た者は悪魔の餌食

著　者　　エドワード・チャンセラー
監修者　　長尾慎太郎
訳　者　　山下恵美子
発行者　　後藤康徳
発行所　　パンローリング株式会社
〒160-0023　東京都新宿区西新宿7-9-18　6階
TEL 03-5386-7391　FAX 03-5386-7393
http://www.panrolling.com/
E-mail　info@panrolling.com
編　集　　エフ・ジー・アイ（Factory of Gnomic Three Monkeys Investment）合資会社
装　丁　　パンローリング装丁室
組　版　　パンローリング制作室
印刷・製本　　株式会社シナノ

ISBN978-4-7759-7233-5

ウィザードブックシリーズ75

狂気とバブル

なぜ人は集団になると愚行に走るのか

定価 本体2,800円+税　ISBN:9784775970379

「集団妄想と群衆の狂気」の決定版！
150年間、世界的大ベストセラー！

昔から人は荒唐無稽な話にだまされ、無分別なヒステリー症にかかってきた！

「いつの時代にも、その時代ならではの愚行が見られる。それは陰謀や策略、あるいは途方もない空想となり、利欲、刺激を求める気持ち、単に他人と同じことをしていたいという気持ちのいずれかが、さらにそれに拍車を掛ける」―― 著者のチャールズ・マッケイは1841年にこう述べている。当時は確かにそうだった。しかし、1980年代後半の日本の株式市場や2000年のアメリカ株式市場のITバブルを見れば、現代も間違いなくそうだろう。

狂った投機熱から聖遺物崇拝まで、集団妄想にまつわる幅広いテーマを扱った知的でユーモアあふれるこの著作は、大衆の狂気、群衆の行動、人々の愚行に関する研究論の決定版となっており、読者の知的好奇心をくすぐらずにはいられない。本書ではさまざまな詐欺やいかさま行為のほかにも、魔女の火刑や壮大な十字軍運動、ノストラダムスの予言、16世紀のオランダの国中を巻き込んだチューリップバブル ――たったひとつのチューリップの球根で全財産を失った投機家たちの話 ―― に関する論考も取り上げているが、そこには服のすそを上げ下げし、髪型を変えたりひげを伸ばしたりといった人々の奇行も見え隠れしている。

思い当たる節があるという読者 ―― マッカーシズムやエルビスフィーバーを思い出しただろうか？ ―― に、そして途方もない狂気や荒唐無稽な計画、大衆をけむに巻く詐欺事件に興味津々の読者に、古今を問わず、どんな時代でも、大衆がいかに無分別なヒステリー症にかかりやすいかを諭してくれるのが本書である。

ベストセラー『トビアスの教える投資ガイドブック』（パンローリング）の著者であるアンドリュー・トビアスは本書について、「ほかの古典的名著と同じように、一度読めば本書の存在を知らなかったことなど想像するのも難しい――だからどうしても本書を薦めずにはいられなくなるのである」。

ウィザードブックシリーズ 226

アメリカ市場創世記

1920-1938年大恐慌時代のウォール街

定価 本体2,200円+税　ISBN:9784775971932

ウォール街が死んだ日の迫真のノンフィクション。歴史を見れば、未来が見える

ビジネス作家のなかでも傑出した一人であるジョン・ブルックスが、史上最もよく知られた金融市場のドラマである1929年の世界大恐慌とその後遺症の雰囲気を完璧に伝えているのが本書である。遠い昔々のことと思っている現代の読者にとっても身近で興味深い話題が満載されている。

本書は戦争をはさんだ時代に起きたウォール街の盛衰と痛みを伴う再生を描いた劇的な年代記だ。この時代に生きた最も印象的なトレーダー、銀行家、推進者、詐欺師の人生と運命に焦点を当て、好景気にわいた1920年代の貪欲、残忍さ、見境のない高揚感、1929年の株式市場の大暴落による絶望、そしてそのあとの苦悩を生き生きと描き出している。

本書の原題にも使われている「ゴルコンダ（GOLCONDA）」とは、「今ではすっかり廃墟となったが、昔はそこを通過するだけで、だれでもが金持ちになれたというインド南東部の町」のことである。富者は勢いを失い、美しい建物は廃れ果て、その輝ける栄光は失せ、二度と元に戻ることはなかった。株式に関心ある人には知識や常識として知っておくべき史実がいっぱい詰まっている！ 再び、ゴルコンダが起こらないように（あるいは、ゴルコンダが起こったときに備えて）！

ウィザードブックシリーズ 204

アノマリー投資

定価 本体2,200円+税　ISBN:9784775971710

歴史（マーケット）は何度も何度も繰り返す！ 知っておくのと知らないのでは大差がつく市場のサイクル

いかなるときでも、株式市場の方向性を予測するのは、不可能とは言えなくとも大変難しいものだ。しかし、市場に明確で予測できる周期的なパターンがあることもまた事実である。例えば歴史的に見ると、株を保有する最高の半年は11月から4月までであり、10月か11月に買って4月か5月に手仕舞えば、利益を増やしつつ、リスクを大幅に減らすことができる。市場について、ほかにどういう重要な教訓が歴史から得られるだろうか？ 投資戦略を最適なものにするために、知っておくべき重要なサイクルやパターンは何だろうか？ 本書でそれを見つけてほしい。

ウィザードブックシリーズ 44

証券分析【1934年版】

著者　ベンジャミン・グレアム／デビッド・L・ドッド

電子書籍版あり

定価 本体9,800円+税　ISBN:9784775970058

「不朽の傑作」ついに完全邦訳！

研ぎ澄まされた鋭い分析力、実地に即した深い思想、そして妥協を許さない決然とした論理の感触。時を超えたかけがえのない知恵と価値を持つメッセージ。

ベンジャミン・グレアムをウォール街で不滅の存在にした不朽の傑作である。ここで展開されている割安な株式や債券のすぐれた発掘法にはいまだに類例がなく、現在も多くの投資家たちが実践しているものである。

ウィザードブックシリーズ 10

賢明なる投資家

割安株の見つけ方とバリュー投資を成功させる方法

電子書籍版あり　オーディオブックあり

定価 本体3,800円+税　ISBN:9784939103292

市場低迷の時期こそ、威力を発揮する「バリュー投資のバイブル」

ウォーレン・バフェットが師と仰ぎ、尊敬したベンジャミン・グレアムが残した「バリュー投資」の最高傑作！　だれも気づいていない将来伸びる「魅力のない二流企業株」や「割安株」の見つけ方を伝授。

ウィザードブックシリーズ87

新 賢明なる投資家(上)・(下)

定価 本体各3,800円+税
ISBN:9784775970492/ISBN:9784775970508

時代を超えたグレアムの英知が今、よみがえる！古典的名著に新たな注解が加わり、グレアムの時代を超えた英知が今日の市場に再びよみがえった！

ウィザードブックシリーズ24

賢明なる投資家【財務諸表編】

定価 本体3,800円+税　ISBN:9784939103469

ベア・マーケットでの最強かつ基本的な手引き書であり、「賢明なる投資家」になるための必読書！ブル・マーケットでも、ベア・マーケットでも、儲かる株は財務諸表を見れば分かる！

ウィザードブックシリーズ207

グレアムからの手紙

定価 本体3,800円+税　ISBN:9784775971741

ファイナンスの分野において歴史上最も卓越した洞察力を有した人物のひとりであるグレアムの半世紀にわたる證券分析のアイデアの進化を示す貴重な論文やインタビューのコレクション。

ウィザードブックシリーズ235

株式投資が富への道を導く

定価 本体2,000円+税　ISBN:9784775972045

バフェットの投資観を変えた本！

本書はフィリップ・フィッシャーが1958年に書いた『株式投資で普通でない利益を得る』（パンローリング）の続編である。上の最初の高名な著書は、スタンフォード大学経営大学院で基本書として使われ、ウォーレン・バフェットをはじめ多くの読者の投資観を一変させた。まさしく、バフェットがベンジャミン・グレアムの手法と決別するきっかけとなった本である。本書を一読すれば、真の天才の言葉や考察にはいくら時間がたっても色あせることのない真理や普遍性があることが分かるだろう。

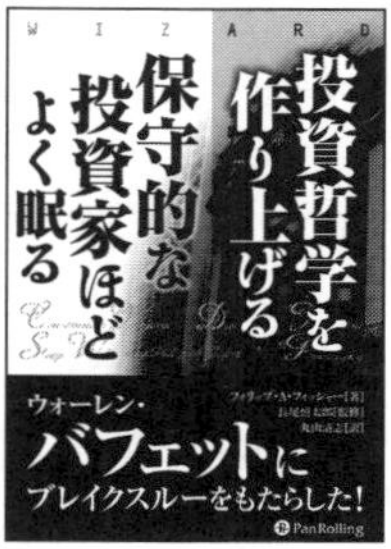

ウィザードブックシリーズ236

投資哲学を作り上げる／保守的な投資家ほどよく眠る

定価 本体1,800円+税　ISBN:9784775972052

ウォーレン・バフェットにブレイクスルーをもたらした大事な教えが詰まっている！

フィッシャーは全部で4冊の本を執筆したが、本書はそのうち3冊目と4冊目を収録している。1冊目の『株式投資で普通でない利益を得る』（パンローリング）は20世紀に発売された投資本のなかでベスト3に入る名著であり、フィッシャーの最高傑作であることに間違いはない。

ウィザードブックシリーズ227

ウォール街のモメンタムウォーカー

定価 本体4,800円+税　ISBN:9784775971949

「効率的市場仮説」を支持したサミュエルソンはなぜ投資先をバークシャーにしたのか

本書ではGEMを、裏づけとなる理論、これまでの分析、理解しやすいデータを使って、簡単かつ明確に解説する。デュアルモメンタムトレードがなぜうまくいくのかについての理解を深め、あらゆることを網羅している本書を読めば、投資に対する自信が向上することだろう。